民法研究系列

2023年重排版

不当得利 第二版

王泽鉴 著

北京大学出版社
PEKING UNIVERSITY PRESS

著作权合同登记号　图字：01-2009-3933

图书在版编目(CIP)数据

不当得利/王泽鉴著．—2版．—北京：北京大学出版社，2015.11
（民法研究系列）
ISBN 978-7-301-26398-3

Ⅰ.①不… Ⅱ.①王… Ⅲ.①债权法-研究 Ⅳ.①D913.04

中国版本图书馆 CIP 数据核字(2015)第 244488 号

简体中文版由元照出版有限公司（Taiwan）授权出版发行
不当得利，王泽鉴著
2015 年 1 月版

书　　　名	不当得利（第二版）
	BUDANG DELI（DI-ER BAN）
著作责任者	王泽鉴　著
责 任 编 辑	陈　康
标 准 书 号	ISBN 978-7-301-26398-3
出 版 发 行	北京大学出版社
地　　　址	北京市海淀区成府路 205 号　100871
网　　　址	http://www.pup.cn　http://www.yandayuanzhao.com
电 子 邮 箱	编辑部 yandayuanzhao@pup.cn　总编室 zpup@pup.cn
新 浪 微 博	@北京大学出版社　@北大出版社燕大元照法律图书
电　　　话	邮购部 010-62752015　发行部 010-62750672　编辑部 010-62117788
印 刷 者	三河市北燕印装有限公司
经 销 者	新华书店
	650 毫米×980 毫米　16 开本　32.25 印张　524 千字
	2009 年 12 月第 1 版
	2015 年 11 月第 2 版　2023 年 12 月第 15 次印刷
定　　　价	79.00 元

未经许可，不得以任何方式复制或抄袭本书之部分或全部内容。
版权所有，侵权必究
举报电话：010-62752024　电子邮箱：fd@pup.cn
图书如有印装质量问题，请与出版部联系，电话：010-62756370

总　　序

　　拙著民法研究系列丛书包括《民法学说与判例研究》(八册)、《民法思维:请求权基础理论体系》《民法概要》《民法总则》《债法原理》《不当得利》《侵权行为》及《民法物权》,自2004年起在大陆发行简体字版,兹再配合法律发展增补资料,刊行新版,谨对读者的鼓励和支持,表示诚挚的谢意。

　　《民法学说与判例研究》的写作时间长达二十年,旨在论述1945年以来台湾地区民法实务及理论的演变,并在一定程度上参与、促进台湾地区民法的发展。《民法思维:请求权基础理论体系》乃在建构请求权基础体系,作为学习、研究民法,处理案例的思考及论证方法。其他各书系运用法释义学、案例研究及比较法阐述"民法"各编(尤其是总则、债权及物权)的基本原理、体系构造及解释适用的问题。现行台湾地区"民法"系于1929年制定于大陆,自1945年起适用于台湾地区,长达六十四年,乃传统民法的延续与发展,超过半个世纪的运作及多次的立法修正,累积了相当丰富的实务案例、学说见解及规范模式,对大陆民法的制定、解释适用,应有一定的参考价值,希望拙著的出版能有助于增进两岸法学交流,共为民法学的繁荣与进步而努力。

　　作者多年来致力于民法的教学研究,得到两岸许多法学界同仁的指教和勉励,元照出版公司与北京大学出版社协助、出版发行新版,认真负责,谨再致衷心的敬意。最要感谢的是,蒙　神的恩典,得在喜乐平安中从事卑微的工作,愿民法所体现的自由、平等、人格尊严的价值理念得获更大的实践与发展。

王泽鉴
二〇〇九年八月一日

2023年重排版说明

不当得利法的发展体现于区别给付型不当得利与非给付型不当得利（尤其是权益侵害型不当得利），明确其规范功能及成立要件，使法之适用的涵摄及论证更为透明，更具可检视性。本书旨在整合判例（裁判）学说，建构不当得利法释义学的体系，稳定不当得利法的适用，减轻论证负担，并提供未来开展的理论基础。

这次修正除检讨全书的文字与内容外，特就下列重要课题作较深入的论述：

1. 给付目的不达不当得利。
2. 撤销赠与契约与不当得利。
3. 借名登记与不当得利。
4. 事实上处分权与不当得利。
5. 无权占用(或租用)他人无权占用第三人土地所建造房屋的不当得利。
6. "最高法院"关于无权占用他人土地不当得利的回顾与展望。
7. 不当得利法上所受利益与致他人受损害。
8. 不当得利请求权的客体及返还范围。
9. 双务契约上的不当得利返还请求权。
10. 不当得利请求权的消灭时效。

本次重排版由李昊教授负责专业审校，认真尽责，为本书增色不少，谨致谢意。

本书承蒙刘春堂教授审阅全文，指正疏误，使本书至臻完善，万分感激。新学林出版公司许承先生负责编辑本书、缮打稿件及绘制图表，东吴大学博士生陈旺圣同学校阅全书、搜集资料与提供法律见解，并致诚挚敬意。

王泽鉴

二〇二三年八月十五日

第 二 版 序 言

不当得利法的革命
——从罗马法学家Pomponius"损人利己,违反衡平"
的理念到不当得利法的现代化

本书初版发行于1990年,在方法论上系采非统一说的理论,将不当得利区分为给付型不当得利及非给付型不当得利(尤其是权益侵害型不当得利),组构不当得利的类型,并以此为基础综合整理分析判例学说,建立不当得利法释义学,期望能够稳定不当得利法的体系,并增强其发展可能性。二十余年来,理论与实务的共同协力,累积了具有创造性的案例,推陈出新,促进不当得利法的演变,体现于"最高法院"2012年台上字第1722号判决:"不当得利依其类型可区分为'给付型之不当得利'与'非给付型不当得利',前者系基于受损人有目的及有意识之给付而发生之不当得利,后者乃由于给付以外之行为(受损人、受益人、第三人之行为)或法律规定所成立之不当得利。又于'非给付型之不当得利'中之'权益侵害之不当得利',凡因侵害归属于他人权益内容而受利益,致他人受损害,即可认为基于同一原因事实致他人受损害,并欠缺正当性;亦即以侵害行为取得应归属于他人权益内容的利益,而不具保有该利益之正当性,即应构成无法律上之原因,成立不当得利。"

"最高法院"判决的重大历史意义在于,总结了"民法"自1929年施行以来不当得利法的变迁,促成不当得利法的现代化,以新的概念体系规范变迁中的社会经济发展,在某种意义上可以说是不当得利法的革命。将不当得利区别为给付型不当得利与非给付型不当得利,更能呈现不当得利法的功能,明确不当得利请求权的要件,建立可供涵摄的规则,而有助于"不当得利法"的解释适用。

不当得利法类型化的另一个深远贡献在于更新传统的思考方法。值得特别强调的是,在给付型不当得利,"最高法院"采目的性的给付概念,并以给付关系取代"致他人受损害"的要件,排除了因果关系的争论,显现了给付型不当得利与私法自治的关联。"最高法院"创设了非给付型不当得利中的"权益侵害型不当得利",采取权益归属理论,扬弃了以受有积极或消极损害为要件的传统见解,凸显了权益侵害型不当得利保护权益的机能。不当得利法的体系再构成是一个发展阶段的结束,也是一个新的开展起点,判例与学说担负着承先启后的任务。

不当得利法旨在调整私法秩序无法律上原因的损益变动。陈忠五教授特为本书制作各级法院不当得利判决统计如下表:

各级法院不当得利判决数量简表(件)				
	"最高法院"	高等法院	地方法院	总计
5年内(2009—2013)	1017	7311	24138	32466
3年内(2011—2013)	551	4740	15617	20908
1年内(2013)	230	1563	5596	7389

本表资源来源:法源法律网裁判书查询系统
查询条件:1. 检索字词:不当得利
    2. 裁判类别:判决
    3. 裁判日期:2009年1月1日至2013年12月31日

由前揭统计简表足见不当得利法的广泛适用范围,及其在社会生活中的重要性。众多的案例具体化了抽象的法律原则,丰富了不当得利制度,创造了日益更新的判例法(case law),丰富了法律生命。"民法"上的不当得利虽然仅有5个条文(第179—183条),但贯穿融合"民法"总则、债法、物权法、身份法、无体财产权法及强制执行法等。学习不当得利可以增进理解整个私法秩序的运作,能够训练、培养及测试法律人的基本能力。

本书修订的目的在于进一步阐释"最高法院"区别给付型不当得利及非给付型不当得利所构成的体系,重新检视"最高法院"数以百计裁判的论证说理。修订重点有二:其一系以给付概念结合法律评价,提出处理三人关系不当得利的思路途径;其二系更深刻地探究权益侵害型不当得利的权益归属内容,整理日益增加的案例,尤其是无权使用他人姓名、肖像作商业广告得否成立不当得利的问题。

为增补资料,了解比较法的动向,曾于2014年5月在德国柏林洪堡大学与柏林自由大学法学院图书馆校阅本书。德国不当得利法的形成及发展深受萨维尼的影响(Savigny, System des heutigen römischen Rechts, Bd. 5, Berlin 1841)。在柏林市中心有一个以萨维尼命名的广场(Savignyplatz),连结于康德大道(Kantstrasse),两个生于不同年代的伟人,以一种独特的方式相会于今日,向世人宣扬影响人类文化发展的理念。康德(1724—1804)所倡导的"人是目的,而非手段"的正义观,是"司法院"大法官用于解释"宪法"所保障人性尊严的基准。萨维尼(1779—1861)所主张的法律是"人民精神"之体现的历史法学派思想,及其在马尔堡大学的(Universität Marburg)博士后论文《占有权》(Das Recht des Besitzes, Gießen 1803)对古典罗马法在研究方法上创新的诠释,推动建立了德国19世纪学说汇编法学(拉丁文为Digest,希腊文为Pandekten,通称为Pandekten法学,中文多译为潘德克顿法学),深刻地影响了欧洲法学及台湾地区法律的发展。为体验萨维尼在马尔堡大学的学术生涯,在一个风和日丽的清晨,我从马尔堡庄严的伊丽莎白大教堂,沿着美丽兰河(Lahn)河畔的萨维尼街(萨维尼曾居住此街),经过大学教堂,前往为纪念萨维尼而命名的马尔堡大学法学院图书馆(Savigny Haus),在那里重读萨维尼的《占有权》及《当代罗马法体系》。之所以特别提到康德及萨维尼,主要目的在于强调研究法律应该重视其哲学及历史基础。就不当得利法言,罗马法学家Pomponius提出"损人利己,违反衡平"的著名法谚,其公平正义理念滋养着不当得利法长达2000年的变迁发展,经由德国法而实践于台湾地区不当得利制度的现代化。

本书增订新版,首先要感谢各级法院(尤其是"最高法院")所作成众多具有创意的法律见解,及陈忠五教授在分科民法精选的裁判。本书亦受惠于学说的启发,早在50年前(1964年)曾世雄教授就已发表《论"所受利益已不存在"——有关不当得利之法学理论》的卓越奠基性论文[①],

---

① 参见曾世雄:《论"所受利益已不存在"——有关不当得利之法学理论》,载《法学丛刊》1964年第9卷第2期。

深入探讨不当得利制度上的核心问题,开启不当得利制度研究的方法及方向。另"法务部"司法官训练所图书室及台湾大学法律学院图书馆提供借阅参考书籍的便利;元照出版公司提供文献资料;许承先先生整理稿件,认真负责,均在此并志谢忱。最要感谢的是　神的恩典,保守我的岁月,坚定我的心志,能够不断学习,以卑微的工作,彰显祂的荣耀。

《中华人民共和国民法通则》第92条规定"没有合法根据,取得不当利益,造成他人损失的,应当将取得的不当利益返还受损失的人",体现了罗马法学家Pomponius"损人利己,违反衡平"的法谚,虽然仅创设一个概括原则性的条文,但因其明确肯定独立的不当得利制度,深具意义。在立法修正前,判例学说负担三个重要任务:(1)明确解释适用《中华人民共和国民法通则》第92条不当得利请求权的要件。(2)以法之续造方式创设不当得利的法律效果,包括返还客体及返还范围,尤其是所受利益不存在的问题。(3)有系统地整合判例学说,促进交流,建立共识。台湾地区"民法"的不当得利继受德国法区分给付型不当得利及非给付型不当得利的类型论,80多年来,以本土丰富的实务案例及学说建构了法律适用上具涵摄能力的请求权基础,形成了一个具有可认知性、可学习性、可合理操作实践的规范模式,或可供大陆不当得利法发展的参考,更进一步完善债法体系,规范私法秩序的财产变动及权益保护。

王泽鉴
二〇一四年十二月三十一日

增订版序言

拙著《不当得利》初版发行于1990年,2002年修正再版,兹再整理"最高法院"2001年至2008年间的重要判决,综合加以评释。之所以不将个别判决纳入本书相关部分说明,乃在凸显实务见解的变迁。自"民法"施行以来,不当得利法累积了众多丰富的案例,应对各级法院,尤其是"最高法院"表示敬意,他们的努力使"不当得利"成为一个以判例法为基础的制度,而能有创造性的持续发展,并使本书得以建构理论体系而参与此项发展过程。20年来对"不当得利"的学习及写作,要特别感谢师长的教导、同事的支持、台湾大学法律学院及"法务部"司法官训练所图书室的协助及读者的鼓励,岁月易逝,书亦老矣,愿能蒙　神的恩典仍有时日再作全面修订,尤其是期盼看到新的著作,使不当得利法的研究更上层楼。

王泽鉴

二〇〇八年十一月二十五日

序　　言

　　拙著《不当得利》初刊于1990年，曾于2000年撰一长序，综合论述其后判例及学说的变迁。兹再全面修订，纳入最近实务案例，补充新的文献，重新检视争议问题，强化说理论证，并增列附录资料，计增加篇幅200余页，虽力求周全，疏误难免，敬请读者不吝指正。

　　关于不当得利，现行"民法"设5条抽象概括的规定（第179条至第183条），自"民法"施行以来，"最高法院"所著判例多达72则，相关判决数以千计（请参见"司法院"网页，司法资料检索），累积甚为丰富宝贵的经验及智慧，使不当得利法成为活的法律（Living Law）。本书旨在整理分析判例学说，建构不当得利法的理论体系。原预定另撰一本不当得利案例法（Case Law on Unjust Enrichment），选择德国联邦法院相关判决，俾资对照，从事比较研究，期能更深刻洞察不当得利法的实际运作（Law in Action），认识不同的裁判风格及论证方法。此项工作的艰巨初非所料，拟暂搁置，而将汇编的不当得利法案例体系作为附录（一），使其得与本书内容相互对照，让本书在某种程度兼具教科书与案例法的功能。此为方法论上新的尝试，希能结合理论与实务，有助于不当得利法的研究与发展。

　　本书付梓，承蒙林清贤先生校阅全书，惠赐卓见，获益良多，深为感激。马纬中君协助整理"最高法院"判决，并此致谢。为修正本书，曾于2001年8月间回到德国海德堡大学，搜集研读相关资料，并常漫步于Neckar河畔、旧桥及中世纪的狭巷，尤其是躺卧于哲学家之道的花园草坪，眺望落日余晖中灿烂的古堡及大学图书馆耸立的尖顶，在远处圣母教堂（Frauenkirche）传来的钟声中，沉思那历经两千年发展的不当得利。

王泽鉴
二〇〇二年一月二十八日

目 录

第一章 绪 论 … 1
- 第一节 不当得利的意义、机能及体系构成 … 1
- 第二节 不当得利在比较法上的观察 … 9
- 第三节 台湾地区民法上不当得利制度的创设及发展 … 22
- 第四节 衡平思想与不当得利 … 30
- 第五节 不当得利的统一说、非统一说及类型化 … 35

第二章 不当得利请求权的发生(一):给付型不当得利 … 53
- 第一节 请求权基础 … 53
- 第二节 给付型不当得利的意义、功能 … 57
- 第三节 给付型不当得利请求权的要件 … 65
- 第四节 给付型不当得利请求权的排除 … 151

第三章 不当得利请求权的发生(二):非给付型不当得利 … 182
- 第一节 权益侵害型不当得利 … 182
- 第二节 支出费用型不当得利 … 265
- 第三节 求偿型不当得利 … 268
- 第四节 体系构成及适用关系 … 269

第四章 不当得利请求权的发生(三):多人关系的不当得利 … 276
- 第一节 绪 说 … 276
- 第二节 给付连锁 … 281
- 第三节 缩短给付 … 283
- 第四节 指示给付关系 … 286
- 第五节 第三人利益契约 … 297
- 第六节 债权让与、债务承担 … 303

第七节 保　证 ··· 307
第八节 第三人清偿 ·· 309
第九节 误偿他人之债 ·· 312
第十节 体系构成、案例研习 ··· 313

第五章 不当得利请求权的法律效果
　　——内容与范围 ·· 318
第一节 法律问题及规范模式 ··· 318
第二节 不当得利返还的客体 ··· 321
第三节 不当得利返还的范围 ··· 337
第四节 不当得利的多数当事人：连带责任？ ············· 362
第五节 无权占用他人土地不当得利请求权的消灭时效
　　——困扰"最高法院"数十年的法学方法论上的重要
　　问题 ·· 366

第六章 "得依关于不当得利之规定，请求返还所受之利益"
　　——要件准用（全部准用）或效果准用？ ··········· 373
第一节 侵权行为损害赔偿请求权的消灭与不当得利的返还：
　　"民法"第197条第2项规定 ································· 373
第二节 因不可归责于当事人双方给付不能的效力与不当得利：
　　"民法"第266条第2项规定 ································· 379
第三节 赠与的撤销与不当得利："民法"第419条第2项规定
　　··· 380
第四节 添附与不当得利："民法"第816条规定 ·········· 381

第七章 不当得利请求权与其他请求权的关系 ············ 383
第一节 不当得利请求权的独立性 ································· 383
第二节 不当得利与契约 ·· 385
第三节 不当得利与无因管理 ··· 392
第四节 不当得利与物上请求权、占有回复关系 ········· 395
第五节 不当得利与侵权行为 ··· 401

第八章　民法上的不当得利请求权与公法上的不当得利请求权 …… 402
　第一节　公法上不当得利请求权的理论基础及其发展 …………… 402
　第二节　"司法院"释字第515号解释 ……………………………… 403
　第三节　公法上不当得利请求权的成立要件及法律效果 ………… 404
　第四节　二个判决 …………………………………………………… 406

第九章　不当得利法的体系构造、请求权基础与案例法的形成 …… 410
　第一节　不当得利法的体系构造 …………………………………… 410
　第二节　不当得利请求权基础的思考方法 ………………………… 414
　第三节　不当得利案例法的形成 …………………………………… 423

主要参考书目 ………………………………………………………… 485
索　引 ………………………………………………………………… 491

第一章 绪 论

第一节 不当得利的意义、机能及体系构成

第一款 问题的提出

在社会生活经济活动中,一方受利益,致他方受损失,财产发生变动,时时有之,处处有之,兹先举十例:

1. 甲投巨资兴建商场,邻近乙的房屋的价值剧增;甲渔港建造灯塔,乙渔港的渔民丙常加利用,夜航捕鱼;甲爬登乙后院大树,观赏丙主办的职业棒球赛。

2. 甲不知对乙欠款业已清偿,再为支付。

3. 甲售 A 油画给乙,乙转售给丙,乙与甲约定丙得直接向甲请求。甲对丙交付该画后,发现甲与乙、乙与丙间的买卖契约均不成立(无效或被撤销)。

4. 甲出租 A 屋给乙,月租 10000 元。乙违约将该屋以 15000 元转租于丙。

5. 甲之子(未成年人)毁损乙的汽车,丙误认系其子所为,而对乙为赔偿。

6. 甲发现其所扶养的婴儿乙,系其妻丙与丁通奸所生之子,提出婚生子女否认之诉。

7. 甲对乙银行撤销支票的委托付款,乙银行的职员疏于注意,仍对持票人丙付款。

8. 甲擅将乙寄托的 B 书赠与于善意的丙,并为交付,由丙善意取得其所有权。

9. 甲误认乙的油漆为其所有,油漆其墙。

10. 甲未经乙的同意,拍摄乙的泳装照片,作为杂志的封面女郎,杂志畅销,获巨利。

在前揭事例,法律上所面临的问题是:当事人间的财产变动究竟应予维持抑或不予维持,而应成立不当得利,如何区别引发不当得利的案例类型,认定在一定要件下,使受益者应向受损者负返还其所受利益的义务?

第二款　不当得利的意义

不当得利,指无法律上的原因而受利益,致他人受损害者,应负返还之义务(第179条)。关于不当得利的构成要件及法律效果,"民法"系于第179条至第183条设其规定。① 乙的房屋因甲于邻地兴建商场而增值,乃属反射利益,并未侵害甲的权益归属内容,致甲受损害。利用他人灯塔夜航捕鱼②,亦属如此,均不成立不当得利(案例1)。甲不知欠乙的债务业已清偿,仍为支付(案例2),系典型非债清偿的不当得利。

须注意的是,一方受利益,致他方受损害,是否无法律上原因,与其他法律领域具有关联。买卖契约不成立、无效或被撤销时,一方当事人所受领的给付应如何返还,涉及债权行为与物权行为无因性理论(案例3)。在违法转租情形,出租人得否向承租人请求返还转租所获利益,涉及租赁契约的权益归属内容(案例4)。误偿他人之债,涉及债务清偿的效力(案例5)。夫抚养其妻与他人通奸所生子女,涉及亲属法上的扶养义务(案例6)。撤销委托付款后银行仍为支付,应如何处理,涉及指示给付的三人关系不当得利(案例7)。无权处分他人动产,致第三人善意取得动产所有权(第801条、第948条以下,案例8);使他人的动产与自己的不动产附合(第812条、第816条,案例9);擅用他人照片作商业广告(案例10),均涉及侵害他人权益归属内容。

---

① 本书条文未注明的皆为台湾地区"民法"规定。学习法律的重要方法之一,系阅读教科书时必须要查阅相关条文,来回于教科书与法条之间,并为精读(或朗诵之),虽不必强行记忆,但须了解其规范内容,把握其体系关联与结构,设想适用的案例,以开发法律思维的想象力,能够举例说明、提出法律问题。本书裁判未注明的皆为"最高法院"的民事裁判。

② 建造灯塔应否由政府提供财物、管理及收费,是经济学上著名的问题(The Lighthouse in Economics),系从密尔(John Stuart Mill)、庇古,乃至于寇斯、萨缪尔森等伟大的经济学家及无数经济学教科书所讨论的问题。

由上述可知,财产变动是否欠缺法律上原因,应予返还,系于债法、物权法、知识产权法、人格权法、身份法等领域作其判断,认定受益者有无保有其所受利益的正当性,而由不当得利制度加以调整。不当得利制度旨在规范私法上无法律上原因的财产变动,可谓是财产法体系的反射体①,牵涉綦广,错综复杂,此为其研究困难所在,亦为其研究魅力所在。研究不当得利有助于更深刻了解整个私法上财产变动秩序的价值判断及其调整机制。

第三款　不当得利法的机能

一、调整秩序

不当得利法的机能,在于认定财产变动过程中受益者得保有其所受利益的正当性,是否具有法律上的原因,乃属于所谓的调整秩序(Ausgleichordnung)。就前揭案例进一步加以观察,可知不当得利法具有二个基本机能:

(一)矫正欠缺法律关系的财货移转:不当得利法与私法自治

基于当事人间意思而发生财货移转(私法自治),系以有效成立的法律关系,尤其是债之关系为基础。一方为财产的给付,而其法律关系不存在时(如买卖契约不成立、无效或被撤销),其财货的移转欠缺法律上原因,构成非债清偿,有赖不当得利法加以调整或矫正。在此种情形,不当得利与契约发生密切关系,其主要机能在于补救不成立、无效或被撤销的契约(失败的法律交易),使一方当事人得向他方当事人请求返还其所为的给付。

(二)保护财货的归属:权利保护的继续作用

不当得利法亦具有保护财货归属的功能。在擅自出售他人寄托之画,致受让人善意取得其所有权;无权出租他人房屋,收取租金;径在他人墙壁悬挂广告;擅以他人肖像作为营业广告等情形,权利人得向加害人请求返还侵害其权益归属内容而取得的利益。不当得利请求权具有权利保护的继续作用。

---

① 参见〔日〕加藤雅信:《事务管理·不当得利》,三省堂1999年版,第67页;Koppensteiner/Kramer, Ungerechtfertigte Bereicherung (2. Aufl., 1988), S. 1。

二、除去所受利益，而非填补损害

无论是在矫正欠缺法律关系的财货变动或保护财货的归属，不当得利法的规范目的乃在除去"受益人"无法律上原因而受的利益（除去所受利益功能，Abschöpfungsfunktion），而非在于赔偿"受损人"所受的损害，故受益人是否有故意或过失，其行为是否具有可资非难的违法性，均在所不问。[①] 不当得利常与侵权行为同时并存，因侵害他人权益多以侵权行为为之，然此非谓不当得利的成立须以具备侵权行为的要件为必要。如甲不知租赁契约无效，而在乙所有的屋顶悬挂广告招牌，虽未致乙的屋顶受有损害，仍得成立不当得利，应返还其使用他人之物的利益。

第四款　不当得利法的体系构成

第一项　不当得利的法律性质

不当得利与契约、无因管理、侵权行为等均为债的发生原因。例如甲出售 A 车给乙，依让与合意交付后发现买卖契约不成立时，甲得向乙主张的，不是"所有物"返还请求权（物上请求权，第 767 条第 1 项前段），而是"汽车所有权""占有"的不当得利请求权（债权请求权，第 179 条）。

债的发生原因不一，有基于行为，有基于行为外的事实。行为可分为适法行为（事实行为、法律行为）及违法行为（侵权行为）。行为外的事实，可分为事件（如出生或死亡）及状态（如生死不明、善意）。契约上请求权的发生系基于法律行为。无因管理系基于事实行为。侵权行为的损害赔偿请求权系基于违法行为。

不当得利请求权的发生则系基于"无法律上之原因而受利益，致他人受损害"的事实（事件），之所以造成此种事实，是否基于人的行为，在所

---

① 不当得利亦得因犯罪行为而发生，得提起附带民事诉讼，"最高法院"1995 年台上字第 1460 号判决谓："因犯罪而受损害之人，于刑事诉讼程序得附带提起民事诉讼，对于被告及依'民法'负赔偿责任之人，请求回复其损害，'刑事诉讼法'第 487 条第 1 项定有明文。而不当得利系以无法律上之原因而受利益，致他人受损害为其成立要件。如受损害之人所受之损害，系由于受益人犯罪所致，则受损害之人提起附带民事诉讼，请求返还不当得利，以回复其损害，自非法所不许。"

不问。其系基于人之行为的,不以当事人具有行为能力或识别能力为必要,亦不论其有无过失,例如甲之牛误食乙的饲料,未成年人或受监护宣告人无权占用他人的房屋,消耗他人的食物,均得成立不当得利。

不当得利与无因管理、侵权行为乃基于法律规定而发生,系属法定债之关系(gesetzliche Schuldverhältnisse)。①

第二项　不当得利的请求权基础

现行"民法"于债编通则债之发生一节中设 5 个条文(请阅读条文),规定不当得利请求权的请求权基础,分为:

一、成立要件

1. 积极要件(不当得利的成立)。"民法"第 179 条规定:"无法律上之原因而受利益,致他人受损害者,应返还其利益。虽有法律上之原因,而其后已不存在者,亦同。"

2. 消极要件(不当得利请求权之排除)。"民法"第 180 条规定:"给付,有左列情形之一者,不得请求返还:一、给付系履行道德上之义务者。二、债务人于未到期之债务因清偿而为给付者。三、因清偿债务而为给付,于给付时明知无给付之义务者。四、因不法之原因而为给付者。但不法之原因仅于受领人一方存在时,不在此限。"

二、法律效果

1. 不当得利返还客体(第 181 条):"不当得利之受领人,除返还其所受之利益外,如本于该利益更有所取得者,并应返还。但依其利益之性质或其他情形不能返还者,应偿还其价额。"

2. 不当得利返还范围(第 182 条):"不当得利之受领人,不知无法律上之原因,而其所受之利益已不存在者,免负返还或偿还价额之责任。受领人于受领时,知无法律上之原因或其后知之者,应将受领时所得之利益,或知无法律上之原因时所现存之利益,附加利息,一并偿还;如有损害,并应赔偿。"

---

① Manfred Wandt, Gesetzliche Schuldverhältnisse: Deliktsrecht, Schadensrecht, Bereicherungsrecht, GoA (11. Aufl., 2022).

3. 无偿受让人之返还责任(第 183 条):"不当得利之受领人,以其所受者,无偿让与第三人,而受领人因此免返还义务者,第三人于其所免返还义务之限度内,负返还责任。"

值得注意的是,"民法"尚设有"依不当得利之规定"的条文。例如第 197 条第 2 项规定:"损害赔偿之义务人,因侵权行为受利益,致被害人受损害者,于前项时效完成后,仍应依关于不当得利之规定,返还其所受之利益于被害人。"第 266 条第 2 项规定,因不可归责于双方当事人之事由,致一方之给付全部不能时,他方"已为全部或一部之对待给付者,得依关于不当得利之规定,请求返还"。第 419 条第 2 项规定:"赠与撤销后,赠与人得依关于不当得利之规定,请求返还赠与物。"第 816 条规定:"因前五条之规定而受损害者,得依关于不当得利之规定,请求偿还价额。"前揭条文所谓"依关于不当得利之规定",究系指依不当得利的全部规定(包括构成要件及法律效果),抑或仅指不当得利的法律效果而言,甚有争论,将于相关部分加以说明(本书第 373 页以下)。

兹为便于观察,将不当得利法的体系构成,图示如下:

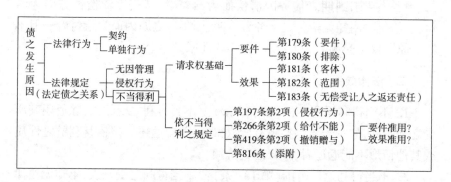

为增进对"民法"关于不当得利规定的通盘了解,举例加以说明。甲售 A 书给乙,误交付 A、B 二书。乙将 B 书转赠于丙,并依让与合意交付之,其法律关系如下(请再阅读"民法"第 179 条至第 183 条规定):

1. 乙受有甲移转 A 书所有权及交付占有的利益(第 761 条),甲系履行其买卖契约所生给付义务(第 348 条),具有法律上原因,不成立不当得利。

2. 乙受有甲移转 B 书所有权及交付占有的利益,买卖契约不包括 B 书,自始欠缺给付目的,无法律上原因,应成立不当得利,乙负返还其所受利益的义务(第 179 条)。

(1) 不适用"民法"第 180 条不得请求返还的规定(尤其是第 3 款)。

(2) 不当得利受领人乙应返还所受 B 书所有权及占有的利益(第 181 条)。乙将 B 书赠与于丙,并移转其所有权(第 761 条),致不能返还,应偿还其价额(第 181 条但书)。

(3) 乙不知无法律上之原因,而其所受之利益已不存在,免负返还或偿还价额的责任(第 182 条第 1 项)。

(4) 乙以其所受者,无偿让与第三人丙,乙因此免负返还义务,已如上述,第三人丙于乙所免返还义务的限度内,负返还责任(第 183 条)。甲得向丙请求返还 B 书所有权及占有。

第三项　不当得利与私法体系

不当得利法旨在调整无法律上原因的财货变动,与整个私法秩序具有密切关系,前已提及,兹再分四点加以说明(以下简要论述,请于读完全书后再为复习,更能了解)。

一、不当得利与契约

契约系当事人得依其意思自主决定私法上的权利义务关系,交换各种资源,创造财富,满足社会生活。对不当得利言,契约系财产变动的法律上原因。不当得利旨在补救失败的契约(给付型不当得利,详见后文),与契约解除后回复原状义务(第 259 条),同具调整功能,二者究具何种关系,是一个有争议的重要问题(本书第 132、385 页)。

二、不当得利与无因管理

无因管理指无法律上义务为他人管理事务(第 172 条),例如修缮他人遭台风毁损的房屋、饲养他人遗失的宠物等。对不当得利言,无因管理系为他人支出费用的法律上原因,不成立不当得利。就他人之物支出费用不成立无因管理时,例如误他人之物为己有而修缮、承租人不知租赁契约不成立而整修房屋,则得发生支出费用型不当得利请求权,属于非给付型不当得利的一种类型(本书第 265、392 页)。

三、不当得利与侵权行为

侵权行为系故意或过失不法侵害他人权益,应就所生损害负损害赔偿责任(第 184 条)。在不当得利类型中所谓"权益侵害型不当得利"(Eingriffskondiktion),此系指无法律上原因而取得他人权利的归属内容,例如消费他人食物;无权占有他人土地;以他人之水泥修缮自己房屋,因动产与不动产附合,而由不动产所有人取得动产(水泥所有权)(第 811 条、第 816 条)。此种不当得利的成立,不以受益人具有过失,被害人受有损害为要件,具有补充侵权行为法及物权法、强化权益保护的功能,其适用范围由物权更扩大到知识产权及姓名、肖像等人格法益的保护(本书第 186、401 页)。

四、不当得利与物权关系

不当得利与物权的密切关系,分三点言之:

1. 物权行为无因性:此涉及原因行为(如买卖契约)或物权行为不成立、无效或被撤销时,究应适用物上请求权(第 767 条)或不当得利请求权的问题。

2. 无权处分与善意取得(第 759 条之 1、第 801 条、第 948 条)、添附(第 811 条、第 816 条):在此等物权归于消灭的情形,不当得利请求权具有替代物上请求权保护权利的作用。

3. 所有人与占有人的占有回复关系(第 952 条以下):此主要涉及不当得利请求权与占有回复请求权的竞合(本书第 395 页)。

综据上述,不当得利涉及债法(契约、无因管理、侵权行为)及物权法的核心领域,必须有体系通盘的了解,始能认识不当得利法的适用范围、竞合关系及解释适用问题,为便于理解,图示如下(请借由案例研习理解法之适用,写成书面):

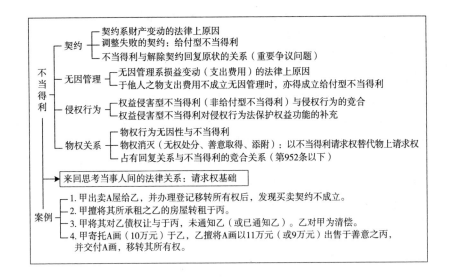

第二节 不当得利在比较法上的观察

第一款 比较法方法论

要理解台湾地区"民法"不当得利法的构造,须对不当得利从比较法上观察。① 分四点简要言之:

1. 比较法的意义。比较法系一种法学方法,旨在从事各国和地区法律异同的比较。

2. 比较法的功能。其主要者有四:(1)知己知彼,增进理解沟通。(2)在立法上探寻规范模式。(3)在法律适用上,以比较法作为一种法律

---

① Zweigert/Kötz, An Introduction to Comparative Law, 2nd ed. (Oxford 1987), translated by T. Weir (1992), pp. 575-633; Frank L. Schäfer, Das Bereicherungsrecht in Europa (Berlin 2001);另参见刘言浩:《不当得利法的形成与开展》,法律出版社2013年版;陈自强:《从返还诉权到一般不当得利请求权》,载《月旦法学杂志》2021年第309期;陈自强:《民法典不当得利返还责任体系之展开》,载《法学研究》2021年第4期;陈自强:《不当得利体系之再构成——围绕〈民法典〉展开》,载《北方法学》2020年第5期。陈自强的三篇论文有助于以历史发展及体系构成宏观地认识不当得利法。须说明的是,此三篇论文涉及《中华人民共和国民法典》,《法学研究》与《北方法学》均系中国大陆的法学杂志。

适用方法(法律解释及法之续造)。(4)促进法律整合或统一。

3. 法系分类。为便利法律比较研究,应建构法系分类(尤其是以罗马法为基础的大陆法系及英美法系),从事总体(如大陆法与英美法)或个体(如缔约上过失)的比较研究。

4. 功能性研究方法。探究不同国家和地区法律如何规范处理相同或类似的法律问题,其重点有三:(1)发现异同(Differences and similarities)。(2)解释说明其异同。(3)应用于所设定的研究目的。

比较法(或法律比较研究)可采十字架型的模式,即就某个法律问题追溯其历史发展过程(垂直比较),与各国和地区现行法律作横向比较,再探究该法律问题的解释适用或其立法修正发展。兹就不当得利的比较研究图示如下:

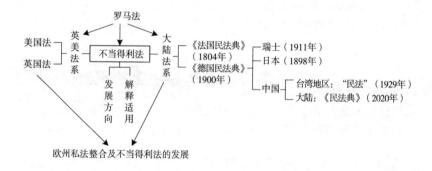

第二款　大陆法系的不当得利

一、罗马法

民法上很少有一个制度像不当得利那样源远流长,历经两千余年的演变,仍然对现行法律的解释适用具有重大的影响。历史的回顾有助于了解不当得利制度的形成过程及发展趋势。① 以不当得利作为债之发生

---

① Dawson, Unjust Enrichment: A Comparative Analysis (Harvard 1951); Kupisch, Ungerechtfertigte Bereicherung: Geschichtliche Entwicklungen (1987). 简要说明参见 Reuter/Martinek, Ungerechtfertigte Bereicherung, S. 4 f.。

原因,乃罗马法所创设。① 不当得利请求权在罗马法上称为 condictio,是一种对人诉讼(actio in personam),以请求给付特定债之标的物为内容(如请求返还贷与的金钱),其主要特色在于诉讼上原告不必陈述被告应为给付的原因,具有广泛的适用范围,从而亦被用于请求被告返还无法律上原因而取得的特定标的物,例如清偿债务后,发现债务自始不存在或业已消灭时,得依 condictio indebiti(非债清偿的不当得利)请求返还之。

罗马法上不当得利之诉,除非债清偿外,其主要的尚有:(1)基于目的不能达成的不当得利(condictio ob rem),即当事人一方为特定目的而为给付,其后目的不能实现(如预期结婚而赠与,而其后解除婚约)时,为给付的一方得向受领给付的一方请求返还所受的利益。(2)基于窃盗的不当得利(condictio furtiva)。(3)基于污染行为的不当得利(condictio ob turpem causam),即受领给付违背善良风俗(如绑匪勒索赎金),为给付之人,纵其期待的结果业已发生(如被绑架者已被释放),仍得向受领者,请求返还。(4)基于不法原因的不当得利(condictio ex injusta causa),即受领给付的行为虽尚未违背善良风俗,但与法律所非难之目的不符者(如收取高利贷的利息),亦负有返还的义务。

由上述可知,罗马法系依不当得利的发生原因承认个别的诉权,尚无统一的不当得利请求权。公元 3 世纪罗马法学家 Pomponius 曾提出著名的法谚:"Jure aequum est neminem cum alterus detrimento et iniuria fieri locupletiorem(损人利己,违反衡平)。"② 必须注意的是,此为学者对不当得利制度所作的概括说明,并非表示罗马法已有一般化的不当得利请求权。③

---

① 关于罗马法上不当得利,Kaser, Römisches Privatrecht, 2. Aufl. Bd. 1 (1971), S. 592 ff.; Bd. 2 (1975), S. 421 ff.; v. Lübtow, Beiträge zur Lehre von der condictio nach römischem und geltendem Recht (1952); Niederländer, Die Bereicherungshaftung im klassischen römischen Recht (1953); Schwarz, Die Grundlagen der condiction im klassischen römischen Recht (1952)。

② D. 12. 6 I4: 英译为"For this by nature is equitable, that no one be made richer through another's loss"。参见 Dawson, Unjust Enrichment, p. 3。

③ Zimmermann, The Law of Obligations, Roman Foundations of the Civilian Tradition (Oxford 1992), pp. 838-921。

二、法国民法①

1804 年的《法国民法典》对不当得利未设概括原则，仅就非债清偿（paiement de l'indu）设如下规定："因错误或故意受领非当然可受领之物者，对误为给付者，负返还之义务。（《法国民法典》第 1376 条）""因误信自己为债务人而为债务之清偿者，对债权人有返还请求权。前项权利，于债权人因受领支付而废弃其债权时消灭。但清偿人对真正债务人求偿权之行使不因此而受影响。（《法国民法典》第 1377 条）"②法国民法上的非债清偿与无因管理（gestion d'affaires）同被视为准契约，尚未成为独立的制度。

法国民法上的不当得利请求权系由学说及判例所创设。诚如 Ripert 氏所云，不当得利原则犹如地下水，滋润着个别规定而显现其存在，但从未见天日。③ 19 世纪，Aubry、Rau 二位民法学者倡导不当得利请求权的一般原则，法国最高法院（Cour de Cassation，称为破毁法院）于 1882 年在著名的 Boudier 案件中加以肯定承认。本件事实为：甲承租乙的农地，向丙购买肥料，施于农地。甲、乙合意解除契约后，约定由乙收取尚未收取的果实，折算支付租金。原告丙知悉此事，乃以甲迄未支付肥料价金为理由，径以乙为被告请求偿还。法国最高法院以衡平为依据，肯定原告的不当得利请求权，是为 action de in rem verso，学说上另称为 enrichissement san cause。此项诉权的最大特色在于得向间接受其利益的第三人主张之。为避免其范围过分扩大，法国的判例学说又创设不当得利请求权辅助性理论（Subs-diarite），加以限制，须别无契约或侵权行为请求权时，始得适用。④

---

① 关于法国民法上不当得利较详细的论述，参见 Dawson, Unjust Enrichment, p. 92; Amos and Waton, Introduction to French Law, 3rd ed. (1967), p. 192 (194); Bell/Boyron/Whittaker (eds.), Principles of French Law (Oxford 1998), pp. 398–430; Zweigert-Kötz, Einführung in die Rechtsvergleichung, 3. Aufl. (Tübingen 1996), S. 546。
② 《法国民法典》关于非债清偿之规定共设 6 个条文（第 1376 条至第 1381 条）。
③ 1 G. Ripert, La regle morale dams les obligations civiles (1949), 246, in: Bell/Boyron/Whittaker (eds.), Principles of French Law (Oxford 1998), p. 399: like a subterranean river, (the principle of unjust enrichment) nourishes detailed rules and these show that it exists, but it never comes to the light of day.
④ 实务上有缓和辅助性严格要求的趋势，相关判决参见 Schlectrim, Restitution und Bereicherungsausgleich in Europa, Band I (München 2000), S. 7 ff.。

三、德国民法

(一) 不当得利法的结构

关于德国民法上不当得利的发展,须特别指出的是德国自 15 世纪开始全面继受罗马法,于 19 世纪建立发展了以优士丁尼大帝国法大全中学说汇编(拉丁文 Digert,希腊文 Pandekten)为历史基础的 Pandekten 法学。并以 Savigny(历史法学派创始人)及温德沙伊德(集 Pandekten 法学大成的伟大法学家)的理论制定德国民法的不当得利法。

1881 年,德国民法第一次草案系采 Pandekten 体系,参照罗马法明定个别的不当得利。因受学者的批评,于第二次草案创设不当得利的一般原则及若干特别类型。现行《德国民法典》①采之,于第 812 条规定:"无法律上原因,因他人之给付,或以其他方法,致他人受损害而取得利益者,对该他人负返还之义务。法律上原因嗣后不存在,或按法律行为之内容,给付所欲达成之结果不发生者,仍有返还之义务(第 1 项)。因契约就债务关系存在或不存在所为之承认,亦视为给付(第 2 项)。"此外并规定若干前述源自罗马法的个别不当得利,及排除不当得利的消极要件。在法律效果方面设 5 个条文规定不当得利的法律效果(《德国民法典》第 818 条至第 822 条)。德国民法建构了比较法上最完整的不当得利制度,最丰富的实务案例及论文,影响各国和地区不当得利法的发展,被认为系德国法学的一项重大成就②,并为台湾地区民法所继受(本书第 22 页)。

(二) 由统一说到非统一说:现代的不当得利法

德国判例学说主要争点在于《德国民法典》第 812 条所规定的不当得利请求权是否具有统一的原则及要件,而发生统一说(Einheitstheorie)及类型区别说(Trennungstheorie,非统一说)的争论。1934 年奥地利学者 Wilburg 提出非统一说,区别给付及非给付二种情形,分别探讨受利益是否有法律上的原因。③ 1954 年 von Caemmerer 教授以 Wilburg 的见解为基础,建立不当得利类型化的理论,发展形成了所谓"现代不当得利法"(Modernes Bereicherungsrecht),其主要特色在于区别类型,探讨法律上的

---

① 《德国民法典》关于不当得利共设有 11 个条文(第 812 条至第 822 条)。
② Stürner, Die Zivilrechtswissenschaft und ihre Methodik, AcP 214 (2014), 12.
③ Wilburg, Die Lehre von der ungerechtfertigten Bereicherung nach österreichischem und deutschem Recht (Graz 1934).

原因，检讨"受利益致他人受损害"的要件，除给付型不当得利外，特别重视所谓侵害他人权益的不当得利（Eingriffskondiktion），并以三人关系的不当得利为其研究的重点。①

四、瑞士债务法

《瑞士债务法》对不当得利的发展最具意义的是，早于1882年的旧法即将不当得利列入债之发生原因，并设一般规定。1911年的新法仍采旧法的立法原则，于第62条规定："不当由他人之财产受有利益者，应返还其利益。有效之原因不存在、不实现或其后消灭时，其受有对价者，亦负有返还之义务。"值得特别提出的是，瑞士判例学说将此不当得利概括条款予以类型化，分为给付型不当得利（Leistungs-oder Zuwendungskondition）与非给付型不当得利（Nichtleistungs-kondifion），分别定其要件及法律效果。②

五、日本民法

1898年《日本民法典》第703条规定："无法律上之原因，由他人之财产或劳务受利益，致他人受损失者，于其利益现存之限度内，负返还之义务。"对不当得利请求权设一般规定。③ 日本学者对不当得利的研究甚多，百年来的累积，有丰实的文献资料。④

---

① Von Caemmerer, Bereicherung und unerlaubte Handlung: Festschrift für Ernst Rabel, Bd. 1. (München 1954), 333. 德国民法上关于不当得利的著作甚多，可谓汗牛充栋，请参见 Staudinger/Lorenz, §812; MünchKomm/Schwab §812 所附资料。专论请参见 Reuter/Martinek, Ungerechtfertigte Bereicherung; Flume, Studien von der ungerechtfertigten Bereicherung (Hrsg. von Wolfgang Ernst, München 2003). 教科书上详细深入的讨论，Larenz/Canaris, Schuldrecht Ⅱ/2, S. 117-348; Martin J. Schermaier, Performance-Bared and Non-performance-Bared Enrichment Claims. The German Pattern, European Review of Private Law 2006, pp. 369-389. 日本相关资料，参见〔日〕山田幸二:《现代不当得利の研究》，创文社1989年版；〔日〕藤原正则:《不当得利法》，信山社2002年版；〔日〕近江幸治:《事务管理·不当利得·不法行为》，成文堂2004年版。

② Bucher, Schweizerisches Obligationsrecht, Allgemeiner Teil, 2. Aufl. (Zurich 1988), S. 684 f.; Schwenzer, Schweizerisches Obligationenrecht, Allgemeiner Teil, 2. Aufl. (Zurich 2000), S. 329 ff. 《瑞士债务法》关于不当得利制度设有6条规定（第62条至第67条）。

③ 《日本民法典》关于不当得利设有6条规定（第703条至第708条）。

④ 参见〔日〕谷口知平:《不当得利的研究》，有斐阁1949年版；〔日〕松板佐一:《不当得利论》，有斐阁1953年版；〔日〕加藤雅信:《财产法体系と不当得利法の构造》，有斐阁1986年版。最具体系性的专著，参见〔日〕藤原正则:《不当得利法》，信山社2002年版。

日本不当得利法的发展深受德国法及德国学说的影响①,以不当得利法的本质(衡平说)财产损益变动的直接性及所谓转用物诉(actio de in dem verso)为重要研究课题。近年来,衡平说甚受批评,乃引入德国法上"给付型不当得利"与"非给付型不当得利"二类型分离理论,建立不当得利的类型,已成为学者的通说。②

六、中国大陆

在中国大陆,1949年废除国民政府的"六法全书"(包括"民法"),于1986年制定《中华人民共和国民法通则》(以下简称《民法通则》),重建私法秩序,关于不当得利,仅设第92条1个条文:"没有合法根据,取得不当得利,造成他人损失的,应当将取得的不当得利返还受损失的人。"系采概括原则,强调不当得利的违法性。《最高人民法院关于贯彻执行〈中华人民共和国民法通则〉若干问题的意见(试行)》(1988年4月2日公布施行)第131条规定:"返还的不当利益,应当包括原物和原物所生的孳息。利用不当得利所取得的其他利益,扣除劳务管理费用后,应当予以收缴。"此亦在体现不当得利的违法性。③

2020年公布(2021年施行)的《中华人民共和国民法典》(以下简称《民法典》),对不当得利设有较完整的规定:

> 第一编 总 则
> 第五章 民事权利
> **第122条** 因他人没有法律根据,取得不当利益,受损失的人有

---

① 参见〔日〕广中俊雄、〔日〕牧野英一编:《民法典の百年Ⅲ:个别の观察(2)债权编》,所收论文,参见〔日〕川角由和:《民法第703条、第704条、第705条、第708条(不当得利)》,有斐阁1998年版,第469页以下。

② See Toshiyuki Kono, Theorierezeption und Theorienfunktion, zum hundertjährigen Bestehem des BGB aus japanischer Sicht, ZeuP 1999, S. 417 ff.; Norman Taylor Braslow, Legal Transplants and Legal Change: Unjust Enrichment Law in Japan, Doctoral Dissertation, University of Washington (1997).

③ 关于大陆不当得利法的理论基础、功能及解释适用的基本问题,参见刘言浩:《不当得利法的形成与开展》,法律出版社2013年版,第199—223页;王洪亮:《〈民法典〉中得利返还请求权基础的体系与适用》,载《法学家》2021年第3期;吴国喆:《〈民法典〉不当得利制度的返还规则续造》,载《法律科学》2023年第2期;崔建远:《不当得利规则的细化及其解释》,载《现代法学》2020年第3期;陈自强:《不当得利法体系之再构成——围绕〈民法典〉展开》,载《北方法学》2020年第5期。

权请求其返还不当利益。

第三编　合　同
第三分编　准合同
第二十九章　不当得利

第985条　得利人没有法律根据取得不当利益的,受损失的人可以请求得利人返还取得的利益,但是有下列情形之一的除外:
(一)为履行道德义务进行的给付;
(二)债务到期之前的清偿;
(三)明知无给付义务而进行的债务清偿。

第986条　得利人不知道且不应当知道取得的利益没有法律根据,取得的利益已经不存在的,不承担返还该利益的义务。

第987条　得利人知道或者应当知道取得的利益没有法律根据的,受损失的人可以请求得利人返还其取得的利益并依法赔偿损失。

第988条　得利人已经将取得的利益无偿转让给第三人的,受损失的人可以请求第三人在相应范围内承担返还义务。

《民法典》规定不当得利旨在完善民法体系。应强调的是,将不当得利定性为准合同(准契约)是中国大陆民法的特色。之所以如此,系因中国大陆民法未设债编。未设债编,非在否定债编的体系功能,而是基于立法技术的理由,因为难以整合长期以来制定发展的《中华人民共和国合同法》(1999年)及《中华人民共和国侵权责任法》(2009年)以建立债之关系的共同原则,乃设准合同规定无因管理与不当得利。罗马法上不当得利自始即系一种独立债之发生原因,英国法上的不当得利(unjust enrichment)亦已脱离准契约。不当得利曾借助准合同(准契约)而开展,但已成为一个具备要件及效果的独立制度,与契约、侵权行为鼎足而立。中国大陆民法将不当得利定性为准合同,从法制史的观点言,应该不是要复活准合同,而是一种立法技术上的权宜措施。

中国大陆民法上的不当得利,原则上系建立在大陆法系(尤其是德国民法)的基础之上,其内容构造基本上同于台湾地区"民法"(请阅读条文,明辨异同):

1.《民法典》第122条、第985条本文规定不当得利的成立要件,相当于台湾地区"民法"第179条规定。

2.《民法典》第985条但书规定三种排除规定,相当于台湾地区"民法"第180条规定。

3.《民法典》未设相当于台湾地区"民法"第181条的规定。

4.《民法典》第986条规定善意得利人返还义务的免除,第987条规定恶意得利人的返还义务,相当于台湾地区"民法"第182条规定。

5.《民法典》第987条规定第三人返还义务,相当于台湾地区"民法"第183条规定。

值得特别提出的是,《民法典》第122条及第985条本文将原《民法通则》第92条规定的"合法根据"修正为"法律根据",对于认识不当得利具有重大意义,实值肯定,因为不当得利的成立不涉及"违法性"的问题。所谓"法律根据"相当于德国民法、日本民法的无法律上原因(Rechtsgrund),比较言之,应以无法律上原因较为妥适,因其较可明确判断各种不当得利的成立要件。在非债清偿的典型案例,受益人之所以成立不当得利,系因其无受领给付的债权,欠缺给付目的,而无法律上原因。所谓"法律根据",较难作明确的认定。

《民法典》第122条、第985条本文创设一般性不当得利,同于台湾地区"民法"第179条规定,其解释适用的关键问题在于是否采所谓的统一说,或采非统一说,区别给付型不当得利与非给付型不当得利(尤其是权益侵害型不当得利)。

两岸不当得利法具有类似的法律构造及规范功能,应就其判例(裁判)学说从事比较研究,相互阐发,彼此交流,共同受益。在此意义上,本书的论述或可供参考。加强对大陆不当得利法理论与实践的发展,是台湾地区民法研究的重要课题。

第三款　英美法上的不当得利

在英美法上的不当得利系分散于准契约(quasi contract)、信托等制度,迄未形成一个与契约、侵权行为鼎足而立的法律领域。[①] 学者(尤其是在英国)致力于定位不当得利与其他制度的关系,阐释不当得利原则本

---

① Reiman(美国密歇根大学法学院教授)曾谓大多数的美国法学院学生未曾听过"Unjust Enrichment",仍然是个难懂之谜,Einführung in das US-amerikanische Privatrecht (1997), S. 69;另参见杨崇森:《遨游美国法:关于美国法之源流与民刑法之运作》,华艺数位股份有限公司2014年版。

身的性质,使不当得利法的外在结构和内在体系产生了重大变化。①

英美法上的不当得利,传统上称为 Restitution。所谓 Restitution 不是一种请求权基础,乃是一种法律效果或救济方法(remedy),在于请求回复他方所取得的客体或其价值。英国著名的法学家 Birks 认系命名不当(misnomer),应该正名为 Unjust Enrichment②,引起了尚未止息的争论,凸显英美法上不当得利正面临外在体系定位及内在原则确立的难题。

美国法律协会(American Law Institut)于 1937 年发行由 Scott 及 Seavey 二位教授主编的 Restatement of Restitution。③ 20 世纪 80 年代完成的 Restatement of Restitution Second 草案,因故中止,委由 Kull 教授负责规划研究,期能建立合理的体系及原则。美国法上的不当得利可分为三个类型:(1)因契约无效被撤销而生给付返还义务,依准契约(quasi contract)加以处理。(2)因侵害他人权益而受有利益,此得与侵权行为发生竞合,一般多依准契约定其责任,惟此与契约无关,实乃准侵权行为的范畴。(3)其他情形,如误偿他人之债等。整体言之,诚如美国著名的比较法学者 Dawson 所云,美国法上的 Restitution 概念体系上诸多混淆,法律适用难以预测。④

在英国,Goff 及 Jones 于 1966 年发表了 The Law of Restitution 的巨

---

① Dickson, Unjust Enrichment Claims. A Comparative Overview, Cambridge Law Journal 54 (1995), 100. 关于英美不当得利(Resitution, Unjust Enrichment)的过去、现况及未来,参见 Cornish/Nolan/O'Sullivan, Restitution, Past, Present and Future: Essays in Honour of Gareth Jones (Oxford 1998)。

② Birks, Misnormer, in: Restitution, Past, Present and Future (1998), p. 1; Tettenborn, Misnomer - A Response to Professor Birks, p. 32.

③ 《美国法律整编:回复法第二次整编》,"司法院"与政治大学法律研究所合译,"司法院"1987 年印行。回复法整编设 3 条规定基本原则。第 1 条规定不当得利:无正当理由而受利益,致他人受损害者,负回复之责任(Unjust enrichment: A person who has been unjustly enriched at the expense of another is required to make restitution to the other)。第 2 条:无因管理致他人受利益,仍不得享有请求回复之权利(Officious conferring of a benefit: A person who officiously confers a benefit upon another is not entitled to restitution therefor)。第 3 条因侵权行为而获得之利益:凡侵害他人者,不得享有因侵害而取得之利益(Tortious acquisition of a benefit: A person is not permitted to profit by his own wrong at the expense of another)。

④ Dawson, Unjust Enrichment (1951), p. 112; "Serious and growing confusion in analysis, a lack of overall intelligibility, and much difficulty in prediction". 关于美国法的发展,参见 Palmer, The Law of Restitution, 4 Volms. (1978)。

著,开拓了一个新的法律领域,被认为英美普通法发展上的重大成就。① 其主要贡献在于认为关于准契约或其他的请求均系建立在不当得利的原则上(The Law of Restitution is the Law relating to all claims, quasi-contractual or otherwise, which are founded upon the principle of unjust enrichmen)。此项原则亦为英国贵族院(House of Lords)所肯定。② 关于其构成要件,Goff/Jones 谓:"The principle of unjust enrichment presupposes three things. First, the defendant must have been enriched by the receipt of a benifit. Secondly, that benefit must have been gained at the plaintiffs expense. Thirdly, it would be unjust to allow the defendant to retain the benefit."查其内容,与台湾地区"民法"第 179 条规定殆属相当。关于如何认定受利益是否正当(just),英国普通法系就个别不当因素(unjust factors,如错误、胁迫、约因不存在等)加以认定,是否采大陆法系无法律上原因(sine cause)的概念,作为判断基准,是一个甚有争论的问题。③ 又值得注意的是,Goff/Jones 将不当得利分为二类:一为由或因原告行为而得利(from or by the act of the plaintiff,又称为 acquisitive wrongs),一为因被告的不法行为而得利(by his own wrongful conduct,又称为 restitution for wrongs),前者相当于给付型不当得利,后者功能上相当于侵害他人权益的不当得利(非给付型不当得利)。④

---

① Goff/Jones, The Law of Restitution, 6th edition (London 1966). Robert Goff 曾任牛津大学教授、英国贵族院法官。Gareth Jones 为牛津大学 Regius English Law 讲座教授。另参见 Birks(牛津大学 Regius Civil Law 讲座教授), An Introduction to The Law of Restitution (1990)。Goff、Jones 及 Birks 对德国法均有精深造诣,英国不当得利法的体系构成甚受德国法的影响。关于 Lord Goff 对英国不当得利法的贡献,参见 The Search for Principle, Essays in Honour of Lord Goff of Chieveley, edited by Swadling and Jones (Oxford 1999)。其他数据,参见 Burrow/Mckendric, Cases and Materials on the Law of Restitution (Oxford 1997); Virgo, the Principles of the Law of Restitution (Oxford 1999)。

② Lipkin Gorman v. Korpnale〔1991〕2 AC 548. 参见 Meiner, Nach 196 Jahren: Bereicherungsanspruch wegen Rechtsirrtum in England, JZ 1999, 555。苏格兰系继受罗马法,参见 Evans-Jones, Unjust Enirchment. Contract and the third Reception of Roman Law in Scotland, L. Q. R. 109. 663。

③ Peter Birks, Unjust Enrichment, 2nd (Oxford 2005), p. 101 以下; Andrew Burrows (ed.), English Private Law (Oxford 2007), p. 1347 以下。

④ Schlechtriem, Restitution und Bereicherungsausgleich in Europa, Band 2 (Tübingen 2001), S. 81 f., 104 f. (Eingriffskondiktion und Bereicherungsansprüche bei Wrongs).

第四款 Pomponius"损人利己,违反衡平"原则的实践

第一项 概括化、类型化的发展趋势

据上关于大陆法系及英美法系不当得利法的简要论述,可知不当得利乃民法上最基本制度,其内容形成虽未尽相同,但有二个重要的发展趋势:

1. 由个别的不当得利发展形成为一般概括条款:建立一般不当得利请求权,在法制上逐渐实践了罗马法学家 Pomponius 所提出的"损人利己,违反衡平"原则,此在英美法(Common Law)特为显著,学者称 Pomponius 迟来的胜利。①

2. 不当得利法一方面创设形成了概括条款,但他方面亦在进行类型化:不当得利法的比较研究,使不同的法系能够互相学习,彼此"受有利益",更能深刻地认识到类型化实乃出诸不当得利制度的事物本质,不当得利的原则,经由类型而于个案具体化,实践其规范功能。②

第二项 私法欧洲化与欧洲不当得利法

近年来,欧盟的私法日渐统一,而有制定欧洲民法典的建议,不当得利法的比较研究备受重视。③ Eric Clive 教授曾分析整理欧洲各国关于不当得利的规定,而试拟未来欧洲民法典上不当得利的规定(共 7 条),并于第 1 条设不当得利的一般原则:"A person who has been enriched at the expense of another without justification is bound to redress the enrichment."

---

① Martinek, Der Weg des Common Law zur Allgemeinen Bereicherungsklage: Ein später Sieg des Pomponius, RabelsZ 47 (1983) 284.

② Zimmermann, Unjustified Enrichment: The Modern Civilian Approch, Oxford Journal of Legal Studies, 15 (1995) 403.

③ Schlechtriem, Restitution und Bereicherungsausgleich in Europa, Eine rechtsvergleichende Darstellung, Band Ⅰ,Ⅱ (Tübingen 2000). 此书将欧洲诸国分为法典化法系及非法典化法系,比较其不当得利制度,前者更分为法国法系(romanischer Rechtskreis,包括法国、意大利、西班牙、葡萄牙),德国法系(deutscher Rechtskreis,奥地利、瑞士、德国、希腊),及其他法系(荷兰、波兰、匈牙利)。后者包括北欧法系(瑞典、丹麦、挪威、芬兰)及英国法系(angelsäch-sischer Rechtskreis,英国、爱尔兰)。

(任何人受利益致他人受损害而无法律上原因者,负返还所受利益的义务。)①其内容相当于台湾地区"民法"第 179 条规定。

最近发展值得重视的是由 Christian von Bar 领导的欧洲民法典研究小组(Study Group on a European Civil Code)所提出的欧洲私法原则、定义、模范规则(Principles, Definitions and model Rules of European Private Law,简称《欧洲民法典草案》,Draft Common Frame of Reference, DCFR),有 7 卷规定模范规则②,其第 4 卷第 7 册(Volume 4, Book Ⅶ),设 7 章规定不当得利(Unjustified Enrichment),分别为:(1)通则(General)。(2)得利之不当(When Enrichment Unjustified)。(3)受利益与不利益(Enrichment and Disadvantage)。(4)受利与不利益的归因(Attribution)。(5)返还所受利益(Reversal of Enrichment)。(6)抗辩事由(Defences)。(7)与其他法律规则的关系(Ration to Other Legal Rules)。

应特别指出的有四点:

1. 通则规定不当得利成立的基本规则(Ⅶ.-1: 101: Basic Rule):任何人取得应归因于他人不利益的利益时,负有对其返还所受利益的义务(A person who obtain an unjust enrichment which in attributable to another's disadvantage in obligated to that other to reverse the enrichment),对不当得利系采概括性一般原则。但对受利益亦区别给付型或非给付型不当得利而为判断。

2. 《欧洲民法典草案》对不当得利的要件及法律效果系整合欧洲各国不当得利法规定,其基本构造甚受德国不当得利法的影响,有助于我们了解草案的内容。

3. 欧洲民法典的制定系欧洲私法整合的主要标的,整个《欧洲民法典草案》亦被批评过度德国化,由于德国法学上的优势地位,私法欧洲化难免受德国法的影响。

4. 体现欧洲民法(包括不当得利法)正迈向统一化的进程,其涉及的基本问题及发展趋势,应值重视,作为重要研究课题。

---

① Eric Clive, Restitution and Unjust Enrichment, in: Towards a European Civil Code, eds. Hartkompf (1998), p. 383.

② Christian von Bar/Eric Clive, Principls, Definitions and Model Rules of European Private Law, Draft Common Frame of Reference (DCFR), full edition (München 2009).

第三节　台湾地区民法上不当得利制度的创设及发展

第一款　不当得利法的创设

第一项　德国民法的继受

清宣统三年(1911年)公布的《大清民律草案》(第一次民律草案)于第二编债权第七章设有不当得利的规定,共16条(第929条至第944条),基本上系采德国立法例,其最为显著的核心条文,系第929条规定:"无法律上之原因,因他人之给付,或其他方法受利益,致他人受损失者,负归还其利益之义务。虽有法律上之原因,而其后消灭,或依法律行为之内容,因结果而为给付,其后不生结果者,亦同(第1项)。以契约认诺债务关系,成立或不成立,视为给付(第2项)。"①其内容同于《德国民法典》第812条,台湾地区"民法"之所以继受德国法的不当得利,其主要原因系在比较法上德国民法设有最完整的不当得利制度。法国民法系将不当得利(非债清偿)视为一种准契约,1920年代的英美法亦系以准契约处理不当得利问题,犹未发展出不当得利法的概念体系。

《民国民律草案》(第二次民律草案)兼采《瑞士债务法》的立法例,设债之发生一章,于第3款规定不当得利,减为13条,内容文字略有增删,其最重要的是,于第273条将《大清民律草案》第929条改为:"无法律上之原因而受利益致他人受损害者,应返还其利益。虽有法律上之原因,而其后消灭,或法律行为之内容系就结果为给付,而其后不发生结果者,亦同。"现行"民法"复将《民国民律草案》13个条文,再加整理归纳精简为5个条文(请再阅读条文!),尤其是于第179条将《民国民律草案》第273条再度改为:"无法律上之原因而受利益,致他人受损害者,应返还其利益。虽有法律上之原因,而其后已不存在者,亦同。"

须注意的是,《大清民律草案》对每个条文附有简短的立法理由。《民国民律草案》及现行"民法"均未附有立法说明,其变更理由何在,不得而知,若

---

① 《大清民律草案》关于不当得利共设16个条文(第929条至第944条)。

干条文之被删除,究系立法政策改变,抑或认系法理之当然,无待明文,难以查稽。例如《民国民律草案》第 278 条规定:"无权利人就权利之标的物为处分而对于权利人有效力者,就其处分所受之利益,应返还权利人。前项处分未得报偿者,由因处分直接受其利益之人,负返还责任。"(参阅《大清民律草案》第 934 条、《德国民法典》第 816 条)现行"民法"删除此项在实务上重要规定,致生解释适用的疑义。此类问题将于相关部分详加论述。

第二项 异同比较

一、异同对照

为进一步了解台湾地区"民法"如何继受德国民法上的不当得利,而能有助于现行法的解释适用,兹依请求权基础表列如下(请阅读相关条文):

	条文		内容	台湾地区"民法"
《德国民法典》不当得利法的构造	第 812 条 返还请求权	第 1 项	¹无法律上原因,因他人之给付,或以其他方法,致他人受损害而取得利益者,对该他人负返还之义务。² 法律上原因嗣后不存在,或按法律行为之内容,给付所欲达成之结果不发生者,仍有返还之义务。	第 179 条:相当于《德国民法典》第 812 条第 1 项及第 2 项前段《德国民法典》第 812 条第 1 项第 2 句后段规定"给付目的不达"不当得利
		第 2 项	因契约就债务关系存在或不存在所为之承认,亦视为给付。	
	第 813 条 虽有抗辩权仍为履行	第 1 项	¹以履行债务为目的而为之给付,如对该请求权曾有永久排除其行使之抗辩权者,仍得请求返还。² 第 214 条第 2 项规定,不受影响。	第 180 条第 3 款关于中间利息未设规定
		第 2 项	定期债务于期前清偿者,不得请求返还;中间利息之补偿,不得请求之。	
	第 814 条 明知无债务		以履行债务为目的而为之给付,如给付人明知其无给付之义务,或给付系基于履行道德上义务或合于礼仪上为之考虑者,不得请求返还。	第 180 条第 1 款、第 2 款
	第 815 条 结果之不发生		因给付所欲达成之结果不发生而请求返还时,如该结果之发生自始不能且为给付人所明知,或给付人违反诚实信用原则而妨碍结果之发生者,不得请求返还。	未设规定

(续表)

	条文		内容	台湾地区"民法"
《德国民法典》不当得利法的构造	第816条 无权利人之处分	第1项	¹无权利人就标的物为处分,而其处分对权利人有效者,对权利人负返还因处分取得利益之义务。² 处分为无偿者,因该处分而直接取得法律上利益之人,负同一义务。	未设规定
		第2项	向无权利人为给付,而该给付对权利人为有效者,无权利人对权利人负返还所受领给付之义务。	
	第817条 违反法律或善良风俗		¹给付目的之订定,如使受领人因其受领而违反法律禁止规定或善良风俗,受领人负返还之义务。²该违反亦应由给付人负责者,不得请求返还。但给付系以负担债务为内容者,不在此限;为履行该债务所为之给付,不得请求返还。	相当于第180条第4款
	第818条 不当得利请求权之范围	第1项	返还义务及于所收取之用益,及受领人基于所取得之权利,或就所取得标的物之灭失、毁损或侵夺所受赔偿而取得者。	第181条
		第2项	依所取得利益之性质不能返还,或受领人基于其他事由不能返还者,受领人应赔偿其价额。	
		第3项	受领人已不再受有利益者,不负返还或赔偿价额之义务。	第182条第1项
		第4项	受领人自诉讼系属发生时起,依一般规定负责。	未设规定
	第819条 知悉及违反法律或善良风俗时之加重责任	第1项	受领人于受领时知无法律上之原因或其后知之者,自受领时或知无原因时起,负如同返还请求权于此时已发生诉讼系属之返还义务。	第182条第2项
		第2项	受领人因受领给付而违反法律之禁止规定或善良风俗者,自受领给付时起,依同一方式负担义务。	未设规定
	第820条 不确定结果之发生时之加重责任	第1项	¹给付以达成一定之结果为目的,而其结果之发生依法律行为之内容,视为不确定者,如该结果不发生,受领人负如同返还请求权于受领时已发生诉讼系属之返还义务。²给付系基于法律上之原因所为,而其原因之消灭依法律行为之内容视为可能,且该法律上之原因消灭者,亦同。	未设规定
		第2项	受领人自知悉结果不发生或法律上原因消灭时起,始负支付利息之义务;受领人于此时已不再受有利益者,不负返还用益之义务。	

(续表)

	条文	内容	台湾地区"民法"
《德国民法典》不当得利法的构造	第821条 得利之抗辩	无法律上原因而负担债务者,免除债务之请求权虽已罹于时效,仍得拒绝履行。	未设规定
	第822条 第三人之返还义务	受领人以其所得利益无偿给予第三人者,该第三人于受领人因此不负得利返还义务之限度内,负如同自己无法律上原因而由债权人获得该给与之返还义务。	第183条

二、分析说明

(一)简化、抽象化及体系化

现行"民法"将《德国民法典》关于不当得利的11个条文简约为5个条文,主要在于删除德国民法上若干源自罗马法不当得利类型,尤其是condicio in rem[所追求结果未发生不当得利(给付目的不达不当得利),《德国民法典》第812条第1项后段、第820条],使台湾地区"民法"不当得利的规定更为抽象化、原则化、体系化。

(二)不当得利法的基本构造

现行"民法"继受德国民法不当得利的三个核心规定,建构不当得利法:(1)不当得利请求权的基本要件(《德国民法典》第812条,台湾地区"民法"第179条)。(2)返还请求权范围,包括原物返还或价额偿还。依受益人是否知道受利益有无法律上原因而得否主张所受利益不存在(Wegfall der Bereicherung),或严格其返还责任(《德国民法典》第818条、第819条,台湾地区"民法"第181条、第182条)。(3)第三人的返还义务(《德国民法典》第822条,台湾地区"民法"第183条)。

(三)解释适用

现行法律如何参照其所继受的《德国民法典》规定而为解释适用,其涉及问题有二:

1. 其规定相同者,得参考德国的判例学说加以解释适用。但须注意的是,德国不当得利法是民法上最具争议的部门,大小问题多有对立见解,本书原则上采获有共识的通说。台湾地区判例(裁判)学说的不同见解,应予重视。

2. 关于未继受的规定如何处理,究应作"同一解释"或"反面推论",应视可否纳入现行法规范体系而为认定。例如,《德国民法典》第812条第1项后段的给付目的不达不当得利;《德国民法典》第812条第2项规定:"因契约就债务关系存在或不存在所为之承认,亦视为给付。"在台湾地区"民法"上亦得作相同解释。《德国民法典》第816条第2项规定无权处分他人之物,其处分系无偿时,基于该处分而直接取得法律上利益之人,负有同样义务,如甲将乙寄托之画作为己有赠与于丙,丙虽善意取得该画所有权,对原权利人亦负不当得利返还义务,台湾地区"民法"未设此规定,不能作同样解释。诸此问题将于相关部分再为讨论。

第二款　不当得利法的发展

第一项　学说论著

"民法"施行九十余年来(1929—2023),关于不当得利的重要论著有:

一、论文

曾世雄:《论"所受利益已不存在"——有关不当得利之法学理论》,载《法学丛刊》1964年第9卷第2期。

刘春堂:《不当得利返还请求权与其他请求权之竞合》,载《法学丛刊》1979年第24卷第2期。

许惠祐:《不当得利法上所受利益之不存在》,台湾大学法律学研究所1981年硕士学位论文。

梁松雄:《不当得利法上之三角关系》,载《东海大学法学研究》1985年第2期。

陈自强:《双务契约不当得利返还之请求》,载《政大法学评论》1995年第54期。

陈自强:《委托银行付款之三角关系不当得利》,载《政大法学评论》1996年第56期。

吴志正:《论民事不当得利损益内容之认定——净损益概念初探》,载《台北大学法学论丛》2012年第83期。

林大洋:《不当得利之发展与演进——以实证研究为中心并兼论与没

收新制的冲突》,载《法令月刊》2018年第69卷第3期。

叶新民:《由国硕案论专利侵权不当得利之双重意义——以"民法"第197条第2项的自有规范内容为中心》,载《万国法律》2019年第224期。

陈自强:《双务契约给付返还不当得利之适用》,载《中正大学法学集刊》2022年第74期。

二、专著

蔡秀雄:《民法上不当得利之研究》,台北商务印书馆1969年版。

王泽鉴:《不当得利》(初版1990年,最新增订版2023年),自版。

王千维:《在给付行为之当事人间基于给付而生财产损益变动之不当性》,新学林出版公司2007年版。

杨芳贤:《不当得利》,三民书局2009年版。

黄茂荣:《不当得利》,植根法学丛书编辑室2011年版。

刘昭辰:《不当得利》,五南图书公司2012年版。

前揭论著多在讨论不当得利法上四个重要问题:(1)三角关系不当得利。(2)所受利益不存在。(3)双务契约上不当得利的返还。(4)不当得利请求权与其他请求权的竞合。就其内容言,多在从事对德国法的比较研究,而阐释现行"民法"的解释适用,对台湾地区不当得利法的发展卓有贡献。多种不当得利法的著作显示不当得利法的重要性,其目的在于整理判例(裁判)学说,达成共识,建构不当得利法的理论体系。

第二项 实务变迁①

"民法"施行迄今九十余年,实务上关于不当得利的判例及判决甚多,丰富的实务案例充实了不当得利制度的生命,使不当得利法成为活的案例法(living case law)(本书第九章第三节)。

关于不当得利实务上的发展,具有累积性的成果,深受1980年代以后学说的影响,其最具革命性的演变,系"最高法院"2012年台上字第1722号判决谓:"不当得利依其类型可区分为'给付型之不当得利'与'非

---

① 参见林大洋:《不当得利之发展与演进——以实证研究为中心并兼论与没收新制的冲突》,载《法令月刊》2018年第69卷第3期。林大洋曾任"最高法院"民事庭庭长,专精民法,作有关于不当得利与不完全给付的经典判决,对台湾地区民法实务发展作出了重要的贡献。

给付型不当得利',前者系基于受损人有目的及有意识之给付而发生之不当得利,后者乃由于给付以外之行为(受损人、受益人、第三人之行为)或法律规定所成立之不当得利。又于'非给付型之不当得利'中之'权益侵害之不当得利',凡因侵害归属于他人权益内容而受利益,致他人受损害,即可认为基于同一原因事实致他人受损害,并欠缺正当性;亦即以侵害行为取得应归属他人权益内容的利益,而不具保有该利益之正当性,即应构成无法律上之原因,成立不当得利。"

"最高法院"在本件判决明确采取不当得利的非统一说,将不当得利依其类型区分为"给付型不当得利"及"非给付型不当得利"系建立在长年理论与实务案例之上,重构不当得利体系,增进了解不当得利制度的功能,更有助于重新检讨认定不当得利请求权的要件,下文将作较深入的论述。

台湾地区法院近十年关于不当得利的判决,东吴大学博士陈旺圣作成如下统计表,凸显其在实务上的重要性,可供进一步分析研究。

台湾地区法院近十年(2013—2022)关于"不当得利"
民事案件数(判决、裁定)统计表

年份	地方法院	高等法院	智慧财产及商业法院	"最高法院"	总计
2022	13339	2333	30	574	16276
2021	11252	2120	38	721	14131
2020	12247	2399	39	674	15359
2019	11479	2209	40	564	14292
2018	11651	2266	27	573	14517
2017	10918	2299	28	552	13797
2016	10123	2387	24	488	13022
2015	9564	2346	35	497	12442
2014	8702	2110	28	489	11329
2013	8263	1956	27	457	10703

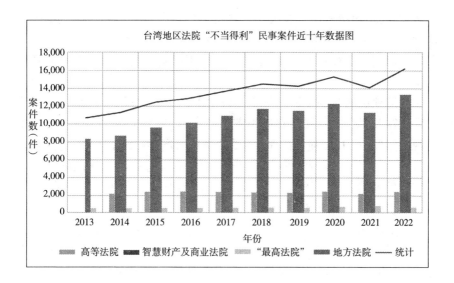

第三项 学说继受与体系建构

"最高法院"近年来作成若干关于不当得利的重要判决,明确采取类型化理论,分别给付型不当得利与非给付型不当得利(尤其是权益侵害型不当得利),多同于本书的理论架构,并有创新的见解,尤其是扩大权益侵害型不当得利的适用范围,使不当得利更易于理解、学习,更能有助于认识其规范功能及成立要件而为解释适用。

本书旨在综合整理分析检讨学说理论及实务上重要相关判例判决,以建构不当得利法的理论体系。此须借助比较法的研究,尤其是以德国法为主要的参考对象,其主要理由为台湾地区现行"民法"基本上系采德国立法例,德国法上不当得利的判例学说至为丰富,各国和地区不当得利法多受其影响,在英国法亦受到广泛的重视。[①] 须注意的是,德国法上不当得利的研究固属精致深刻,但众说纷纭,每一个争议问题,多有对立的见解,虽有通说,亦难获共识,通说亦有不同理由构成,常导致无穷尽的争论与歧异,使不当得利法成为民法上最为困难的法律领域,造成了所谓不当得利法的危机(Krise des Bereicherungsrechts),吸引了著名的民法学

---

① Markesinis, The German Law of Obligation, Volume Ⅰ, The Law of Contracts and Restitution: A Comparative Introduction (Oxford 1988), pp. 710-816.

者著书立说,司法考试常有关于不当得利的试题,借以训练、测试学生的法学能力(因不当得利涉及整个私法)。① 经过数十年的争辩,终于建构了一个稳定的法律体系,形成较明确的规则,成为民法判例学说的基本共识。

台湾地区法学的发展多赖于比较法上的学说继受,学说继受与台湾地区法律及法学的发展具有极为密切的关系,是一个在法学方法上值得重视的问题。② 其应强调的是,继受的学说,须经由解释适用(包括法之续造)有机地纳入现行法的体系。比较法上通说通常是较稳妥的见解,但亦应持批判的态度。就不当得利法言,瑞士法亦深受德国法的影响,其法院及学者则再三提醒,继受德国学说不能毫无保留,必须审慎为之。③

诚如康德所言,有理论而无实务,殆如空谈;有实务而无理论,犹如盲目。学说提出新的见解,为实务所采用,整合学说与实务案例,创新理论,二者相互协力,产生良性循环,达成共识,引导法律的进展。拙著不当得利本此方法论上的认识,结合判例(裁判)学说,建构不当得利的法释义学,期能组构体系,稳定法之适用,减轻论证负担,并开启法的继续发展。

第四节 衡平思想与不当得利

第一款 衡平思想与不当得利法的发展

在不当得利制度长达两千余年的发展过程中,衡平思想居于重要的地位。罗马法学家 Pomponius 提出不得损人利己的格言,因其文字典雅,诉诸人类公平理念,不但成为17、18世纪自然法关于不当得利的理论依据,也是当代法学者灵感的来源。所谓"形式的法与实质的法之间,有赖社会的正义使之均衡";"对于两个财产间所生之不平衡,命裁判官予以调整者,乃正义之法则。一人为另一人的利益,不受任何报偿,而牺牲

---

① Joerges, Bereicherungsrecht als Wirtschaftsrecht (München 1977), S. 7.
② 日本学者对此问题研究,甚值参考,参见 Kitagawa, Rezeption und Fortbildung des europäischen Zivilrechts in Japan, Arbeiten zur Rechtsvergleichung, Bd. 45 (1970); Toshiyuki Kino, Theoriereption und Theorienfunktion, Zum Hundertjährigen Bestehen des BGB aus japanischer Sicht, ZEuP 1999, 417。
③ Schmid, Schweizerisches Obligationenrecht, Allgemeiner Teil, 7. Aufl. (Zurich 1998), S. 317 ff.

其利益时,乃正义所不许";"不当得利的基础在乎公平,而与社会良心的正义相合致";"财产价值的移动,在形式上一般的确定为正当,但在实质上相对的如认为不正当时,则本乎公平理念,以调整此项矛盾者,乃不当得利的本旨"①,用语虽有不同,意义殆无二致。

衡平思想最大的贡献在于促进不当得利请求权一般化,即由个别的诉权发展成为概括的原则。法国民法判例学说创设转用物诉,《瑞士债务法》所以设不当得利的一般规定,均基于衡平理念。惟必须注意的是,诚如 Wilburg 所云:"衡平者,乃在表示由严格的形式法到弹性法,由硬性的规则到个别精致化的发展,不当得利请求权曾艰辛地借助于衡平思想,成为一项法律制度。业经制度化的不当得利,已臻成熟,有其一定的构成要件及法律效果,正义与公平应该功成身退。"②易言之,即财产的变动是否构成不当得利,应以法律所规定的要件加以判断,而赋予法定的法律效果,不应使衡平原则介入其间,作为不当得利的请求权基础。

第二款 "最高法院"见解的分析说明

一、公平正义与不当得利请求权基础

"最高法院"1997 年台上字第 1102 号判决谓:"不当得利请求权之基础,在于公平正义,被上诉人固与巨富公司签订合建契约,而上诉人亦与巨富公司签约预购系争房地,惟巨富公司于兴建中途倒闭停工,并未履行其与被上诉人合建契约之义务,系争房屋由上诉人自行续建完成,巨富公司既未将系争土地交付并办理所有权移转登记与上诉人,系争土地仍为被上诉人管理之祭祀公业业产,为原审确定之事实。则上诉人于巨富公司停工后,自行在被上诉人所管理之系争土地续建系争房屋,长期占有使用系争土地而受有利益,致使被上诉人受有无法使用之损害,与公平正义法则有违,被上诉人自得请求上诉人返还相当于租金之不当得利,原审因而为上诉人败诉判决,难谓违背法令。"

本件判决未引用"民法"第 179 条规定,径以"公平正义"作为请求权

---

① 郑玉波:《民法债编总论》,第 127 页。
② Wilburg, Die Lehre von der ungerechtfertigten Bereicherung nach österreichischem und deutschem Recht, S. 18.

基础,据以认定上诉人受有利益,致他人受损害,与公平正义法则有违。此项诉诸"公平正义"的理由构成,就理念言,固属无误,但就现行法的适用言,未能落实于请求权基础上法律构成要件的涵摄(Subsumtion),容易流于空泛,应该尽量避免。不当得利请求权基础在于"民法"第179条,而非在于公平正义!①

本件属于非基于给付的不当得利,乃侵害他人权益的类型。"最高法院"认为上诉人长期占有使用土地受有利益,致使被上诉人"受有无法使用之损害",与公平正义法则有违。在此类使用他人之物的不当得利,"最高法院"一向以请求权人"受有无法使用之损害"为要件,乃拘泥于"民法"第179条的文义。实则,所谓"受损害",非指使请求权人受有"无法使用的不利益",而是由受益人取得在权利归属上应属于他人的利益,是否因此致其无法使用,在所不问。此为不当得利与侵权行为不同之处。例如甲擅在乙的墙壁悬挂招牌,不论是否因此致乙无法使用,均足构成使用他人之物的不当得利,此在比较法上已成为定论②,"最高法院"一再坚持须有"致他人受有无法使用之损害"的要件,应有检讨的必要。

二、承揽人因定作人依"民法"第511条终止契约的不当得利请求权?

"民法"第511条规定:"工作未完成前,定作人得随时终止契约。但应赔偿承揽人因契约终止而生之损害。"于此项损害赔偿请求权罹于时效后(参阅第514条第2项),承揽人得否依不当得利向定作人请求返还其所支出的费用?

"最高法院"1984年台上字第4477号判决谓:"承揽契约之定作人,于承揽人完成部分工作后,依'民法'第511条规定终止契约,以致承揽人受有损害,承揽人得依同条但书规定请求定作人赔偿其损害。在被

---

① 专凭公平正义而为断论,将使不当得利制度模糊空泛,难以适用。英美法在建立不当得利(Restitution, Unjust Enrichment)过程中,即遇到此项困难。新西兰法官 Mohon 在 Carly v. Farrely (1975, 1 N. Z. L. R. 356 at 357)判决中有一段常被引述的名言,可资警惕:〔Unjust enrichment〕is not only vague in its outline but... must disqualify itself from acceptance as a valid principle of jurisprudence by its total uncertainty of application and result... No stable system of jurisprudence could permit a Litigant's claim to be consigned to the formless void of individual moral opinion.(没有一个安定的法律体系会允许当事人的诉讼主张诉诸个人空泛的道德意见。)摘自 Dickson, Unjust Enrichment Claims: A Comparative Overview, Cambridge Law Journal 54 (1995) 103。

② Larenz/Canaris, Schuldrecht Ⅱ/2, S. 134 f.

上诉人终止契约后,双方间之契约关系应向将来失其效力。如上诉人就其承揽工作之全部支出费用,因被上诉人终止契约而受有损害,并使被上诉人受有利益,此项利益与上诉人所受损害之间有相当因果关系,即与'民法'第179条后段所定:'虽有法律上之原因而其后已不存在者'之情形相当,上诉人似非不得据以请求被上诉人返还不当得利。"

本件属于给付型不当得利。"最高法院"判决的理由构成,似有斟酌余地,分三点言之:

1. 在承揽契约,定作人所受的利益,系为完成一定工作的给付,而非承揽人就承揽工作所支出的全部费用。

2. 受利益"致"他人受损害,不能以"相当"因果关系作为判断准据。在给付型不当得利,应以给付关系取代"致他人受损害"。

3. 不论对所受利益作如何解释,双方的承揽契约关系既因终止而应向将来发生效力,则定作人在终止前所受的利益,应具有法律上的原因。

查"最高法院"所以在前揭判决认定承揽人不当得利的构成要件,乃受衡平思想的影响,即认为:"就本件而言,上诉人历经辛苦,出钱出力,依约将被上诉人之土地整平后,突遭终止契约,而被上诉人之土地因上诉人施工之结果,目前价值已增至一百六十六倍之多,被上诉人竟拒支付报酬及返还不当得利,有违衡平原则云云。原审就此项攻击方法,未于判决理由项下记载何以不足采取之意见,遽为上诉人不利之认定,已有判决不备理由之违法。"此项主观的衡平思想误导"最高法院"采取一种得与报酬请求权或损害赔偿请求权并存竞合的所谓"全部支出费用"不当得利请求权(相关判决及其后发展,本书第134页)。

三、物的瑕疵担保与不当得利

"最高法院"1980年台上字第677号判决认为:"按'民法'第179条规定所谓无法律上之原因而受利益,致他人受损害,就给付情形而言,对给付原因之欠缺,目的之不能达到,亦属给付原因欠缺形态之一种,即给付原因初固有效存在,然因其他障碍不能达到目的者是。本件被上诉人就其出卖之房屋,应负瑕疵担保责任,但上诉人主张,被上诉人交付之房屋坪数短少,而有溢收价金之情形,如果属实,被上诉人对于溢收之房屋价金是否不能成立不当得利,尚有疑问。又上诉人之不当得利返还请求权与其瑕疵担保请求权如有并存竞合之情形,上诉人择一请求似非法所不许。"①

在本件判决,买受人基于买卖契约支付约定价金,因物具有瑕疵,与给付的价金,失其均衡,"最高法院"认为系属"给付原因之欠缺,目的之不能达到,亦属给付原因欠缺形态的一种,即给付原因初固有效存在,然因其他障碍不能达到目的"。就此判决理由观之,"最高法院"对"无法律上之原因"的认定,系采奥地利学者 Wilburg 所创的非统一说。惟"最高法院"认为买受人因物之"瑕疵"而"溢付价金",系"给付目的之不能达到",则难首肯。给付目的不达者,系当事人间无契约关系,为实现某种约定目的结果而为给付,但日后并未达成其目的之情形,例如以受清偿为目的而交付收据,而债务并未清偿,或附停止条件的债务,预期条件之成就而履行,结果条件并未成就。因物之瑕疵而溢付价金,显然非属所谓"目的不达"的给付型不当得利,盖价金系基于当事人买卖契约上的合意,支付价金,旨在清偿债务,自始具有目的,应无目的不达之可言(详细论述,本书第 88 页)。

"最高法院"之所以认为买受人因物之瑕疵而溢付价金,系属目的不达,其理由何在,虽不得而知,可能系基于衡平的考虑,在于维持公平正义。例如,甲向乙以 10000 元购某物,该物具有瑕疵,仅值 8000 元,则乙多获 2000 元,就公平正义的观念言,自非妥适,为此,"最高法院"乃适用不当得利规定予以救济。易言之,即采类如德国学者 Hedemann 的见解,认为:"不当得利请求权,对于一切不能圆满解决之情形,负有调节人之任务。"此项出发点,固值赞同,但忽略了不当得利业已实体法化的规范意义。

四、结语

以"衡平思想"创设不当得利请求权,势必破坏既存的法律制度。如果采"最高法院"1980 年台上字第 677 号判决的论点,因物之"瑕疵"而"溢收"价金,不但可以成立不当得利请求权,而且可以与物之瑕疵担保请求权并存竞合,则物之买受人于出卖人依法不负瑕疵担保责任(参阅第 355 条),或瑕疵担保请求权因不行使而消灭时(参阅第 365

---

① 相关于本件判决评释,详见王泽鉴:《物之瑕疵与不当得利》,载王泽鉴:《民法学说与判例研究》(第三册),北京大学出版社 2009 年版,第 86 页。

条),尚得依不当得利的规定请求返还"最高法院"所谓的"溢付"价金,则"民法"关于物之瑕疵担保制度殆可以不当得利代之矣,其非妥适,应甚显然。

第五节 不当得利的统一说、非统一说及类型化

下列案例是否成立不当得利?可否提出统一的原则加以判断?如何组成类型(请先细心思考,期能培养明辨异同,演绎归纳的能力)?

1. 甲售A车于乙,依让与合意交付后,乙以意思表示错误撤销买卖契约。

2. 甲与乙约定于乙考上律师时,赠送民法全书一套。乙考完后,对甲表示猜题成功,甲预期乙考上而交付赠与物,结果乙名落孙山。

3. 甲与乙女订婚时,赠乙B屋,即办理所有权移转登记。半年后甲与乙因性情不合,协议解除婚约。

4. 甲有某套猫熊金币,借乙观赏,乙擅自将之让售于善意之丙,取得价金。

5. 甲盗取乙所有之2000元入场券,进入剧院欣赏歌剧。

6. 甲误认乙所有的C画为其父遗产,支出费用加以修复。

7. 甲以分期付款方式向乙购某车,乙保留所有权,甲将该车转售于知情的丙,并为交付。丙对乙支付甲应付的余款,而使停止条件成就,以取得该车所有权。

第一款 统一说及非统一说

第一项 不当得利法的核心问题

不当得利请求权是由罗马法上的个别诉权,经过长期的演变,直至近代,始发展成为一般的规定。台湾地区"民法"第179条明定:"无法律上之原因而受利益,致他人受损害者,应返还其利益。虽有法律上之原因,而其后已不存在者,亦同。"此项规定产生一项重大问题:一方受利

益,致他方受损害,是否无法律上之原因,究竟应如何判断? 关于此点,向来有统一说与非统一说二种对立的见解,为不当得利发展史上的核心问题。①

统一说(Einheitstheorie)认为,一切不当得利的基础,应有其统一的概念,因而所谓无法律上的原因,亦应有其统一的意义,得对任何情形的不当得利作统一的说明。值得注意的是,主倡统一说的学者所提出的概念,并未统一,颇为分歧,或为"公平",或为"正义",或为"权利",或为"债权"。质言之,即认为财产的变动,违反公平或正义,抵触正法,欠缺权利或债权时,均为无法律上原因。②

非统一说(Trennungstheorie,区别说)认为,各种不当得利各有其基础,不能求其统一,因而对于不当得利的成立要件亦难为统一的说明,而应就各种不当得利分别判断。奥地利学者 Wilburg 倡导非统一说,认为应区别因给付而受利益及因给付外事由而受利益二种情形,分别探求财产变动是否有法律上之原因。③

第二项 学 说

关于如何判断不当得利的成立,台湾地区学者采统一说者,有郑玉波先生,略谓:"统一说未能概括,非统一说不免琐碎,然则'民法'上究应采取何说? 曰:应采统一说之权利说也,盖第 179 条系就不当得利为统一规定,而非个别规定,故不能不采统一说,而统一说中只有权利说比较妥当,故不能不采权利说也。"④

王伯琦先生认为在理论上采统一说:"民法"系就不当得利之情形,为一般之规定,并非如其他民法就不同之情形为个别之规定。且第 179 条之所谓无法律上之原因,系就利益之受领人方面而言,至为明显。

---

① Lowenheim, Bereicherungsrecht, 2. Aufl. (München 1997) S. 14 f.; Frank L. Schäfer, Das Bereicherungsrecht in Europa, Einheits und Trennungslehre im gemeinen, deutschen und englischen Recht (Berlin 2001).

② 关于统一说理论简要说明,参见蔡秀雄:《民法上不当得利之研究》,第 47 页;郑玉波:《民法债编总论》,第 127 页;黄立:《民法债编总论》,第 206 页;Medicus/Petersen, Bürgerliches Recht, S. 332 (Rn. 663).

③ Wilburg, Die Lehre von der ungerechtfertigten Bereicherung nach österreichisschem und deutschem Recht, S. 5f.

④ 郑玉波:《民法债编总论》,第 135 页。

故依"民法"之解释,应以采统一说为宜。又惟统一说中,无一能作概括之说明,与其削足适履,无如分别说明之为愈。①

史尚宽先生则采非统一说,认为:"原来罗马法不当得利,以基于给付行为之不当得利为主要标的。其所谓无原因(sine causa),系指给付原因之欠缺。普通法时代,受自然法学之影响,将不当得利之原则扩张至给付行为以外之事由,利用他人之物或权利之利得,依受益者或第三人行为或依偶然事件之利得,均包括之。如此,基于给付行为之不当得利,与基于其他事由之不当得利,沿革上异其理由。故就无法律上之原因,将此二者区别,以定其意义,甚为适当。"②

第三项　法院实务

一、给付型与非给付型不当得利的区别

(一) 给付型不当得利

法院实务上对统一说与非统一说的争论,未明确表示意见,案例上系就个别情形探究其是否成立不当得利请求权。例如,最高法院 1930 年上字第 475 号判例(已停止适用)谓:"因他人之给付而受利益者,为给付之原因消灭时,应将所受利益返还。"又最高法院 1934 年上字第 1528 号判例(已停止适用)谓:"因履行契约而为给付后,该契约经撤销者,给付之目的既归消灭,给付受领人受此利益之法律上原因即已失其存在,依第 179 条之规定,自应返还其利益。"均系针对因给付而受利益的情形而立论。又"最高法院"2000 年台上字第 288 号判决谓:"第 179 条规定不当得利之成立要件,必须无法律上之原因而受利益,致他人受损害,且该受利益与受损害之间有因果关系存在。从而因给付而受利益者,倘该给付系依有效成立之债权契约而为之,其受利益即具有法律上之原因,尚不生不当得利问题。"

(二) 非给付型不当得利

其属非给付型不当得利的有:

---

① 参见王伯琦:《民法债编总论》,第 58 页。
② 史尚宽:《债法总论》,第 75 页。孙森焱:《民法债编总论》(上册),第 150 页;钱国成:《民法判解研究》,第 14 页,基本上采同一见解。

1. "最高法院"1966年台上字第1949号判例谓:"'民法'第818条所定各共有人按其应有部分,对于共有物之全部有使用收益之权,系指各共有人得就共有物全部,于无害他共有人之权利限度内,可按其应有部分行使用益权而言。故共有人如逾越其应有部分之范围使用收益时,即系超越其权利范围而为使用收益,其所受超过利益,要难谓非不当得利。"系指因给付外事由而受利益的情形,乃侵害他人权益的不当得利。

2. 最高法院1942年上字第453号判例谓:"上诉人在双方因确认卖约无效案判决确定后,仍将系争地强行耕种,其所用籽种、肥料及牛工、人工等损失,非由于被上诉人之侵权行为,固不得请求赔偿。但被上诉人就上诉人耕种所获之农产品,如已收取,显系无法律上之原因而受利益,致他人受有损害,则上诉人所施用之籽种、肥料、牛工、人工等项,依不当得利之法则,尚非无请求返还之权。"此属权益侵害型及支出费用型不当得利。

综观"最高法院"历年判例及判决,鲜少使用正义、公平、正法、权利等抽象概念,就无法律上之原因,作统一性的说明。采取不当得利类型化,区别给付型不当得利及非给付型不当得利之后,更无诉诸公平、正义等抽象理念的必要。

二、"给付型不当得利"与"非给付型不当得利"的类型化

(一)"最高法院"2012年台上字第1722号判决

台湾地区不当得利法最重要的发展,系"最高法院"2012年台上字第1722号判决,明确肯定采取非统一说(区别说),建构了不当得利的类型,前已提及,兹作较详的说明。

"最高法院"2012年台上字第1722号判决谓:"不当得利依其类型可区分为'给付型之不当得利'与'非给付型不当得利',前者系基于受损人有目的及有意识之给付而发生之不当得利,后者乃由于给付以外之行为(受损人、受益人、第三人之行为)或法律规定所成立之不当得利。又于'非给付型之不当得利'中之'权益侵害之不当得利',凡因侵害归属于他人权益内容而受利益,致他人受损害,即可认为基于同一原因事实致他人受损害,并欠缺正当性;亦即以侵害行为取得应归属他人权益内容的利益,而不具保有该利益之正当性,即应构成无法律上之原因,成立不当得利。本件原审认双方就系争房地之买卖契约及物权移

转行为系出于通谋虚伪意思表示而无效,则张○强似非基于其有意识、有目的增益张○瑛财产。张○瑛以系争房地为担保,设定抵押权,侵害应归属于张○强之权益,张○瑛因而受有借款利益,似可认系基于同一原因事实致张○强受有系争房地附有抵押权之损害,并因张○瑛所受之借款利益实系应归属于房地所有人张○强,而欠缺正当性,构成无法律上之原因,属于非给付型不当得利。原审就此未遑详查究明,遽以张○瑛取得贷款系基于其与银行间之消费借贷法律关系,非无法律上原因,而为不利于张○强之论断,自嫌速断。又原审认张○瑛获有第三人(即张○强)提供担保之利益,复谓张○瑛并无得利可言,前后理由自有矛盾之情形。"

请认真研读这个判决,理解其基本法律关系及法之适用上的争点!

(二)不当得利法的建构

本件判决有四个重要意义:

1. 明确肯定非统一说,一方面系多年累积性发展判决,他方面亦深受学说的影响,乃理论与实务结合,促进法律进步的典范。

2. "最高法院"认为给付型不当得利系基于受损害人有目的及有意识之给付而发生的不当得利,其关键的特色在于强调给付目的,构成给付型不当得利请求权的基本要件。

3. "最高法院"明确强调"非给付型不当得利"中之"权益侵害型不当得利"。权益侵害型不当得利系法学上的发现,对不当得利法的发展具有重大意义。此外尚有支出费用型不当得利及求偿型不当得利。

4. "最高法院"采相同见解的,尚有 2011 年台上字第 899 号判决、2010 年台再字第 50 号判决等,已成为"最高法院"的通说。

(三)案例研习[①]:通谋虚伪意思表示、无权处分与不当得利:给付型不当得利与非给付型不当得利

学习法律,应将原则性重要的"最高法院"判决加以简易案例化,作为案例研习。甲与乙通谋虚伪意思表示,出卖 A 地于乙,移转其所有权并交付占有,乙擅将该地设定抵押向丙贷款,试问当事人间的法律关系如

[①] 参见王泽鉴:《民法思维》,北京大学出版社 2022 年重排版,第 415 页;林大洋:《民事裁判大前提之探寻与形成——从法的发现到法的实现之实务历程》,载《法令月刊》2018 年第 69 卷第 6 期。

何？请读者先自行以请求权基础为中心的基本法律关系，凸显其争议重点，并将此案例的解答写成书面，借此案例研习更深刻理解不当得利认事用法的法律思维及论证构造。

前揭判决涉及通谋虚伪意思表示及无权处分，有助于认识不当得利类型，分析检讨其请求权基础的要件。为便于观察，将其法律关系图示如下：

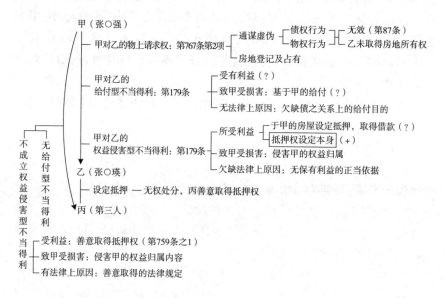

1. 甲对丙的不当得利请求权

甲与丙无给付关系，不发生给付型不当得利。关于非给付型不当得利中的"权益侵害型不当得利"，丙因乙的无权处分善意取得A地的抵押权（第759条之1第2项），受有利益，侵害甲所有权的归属内容，惟善意取得系基于法律规定，丙之受利益具法律上原因，不成立不当得利。

2. 甲对乙的请求权

（1）物上请求权

甲得否向乙依"民法"第767条第1项中段规定请求涂销A地所有权登记？甲、乙为通谋虚伪土地买卖并移转其所有权，买卖契约及移转所有权的物权行为（第758条）均属无效（第87条），乙未取得A地所有权，其所有权登记妨害甲的所有权。甲得依"民法"第767条第1项中段规定请求涂销登记，排除其侵害。

(2) 给付型不当得利

甲与乙就 A 地之买卖及物权行为系出于通谋虚伪意思表示而无效（第 87 条第 1 项），乙未取得 A 地所有权，惟受有 A 地所有权登记及占有的利益。

"最高法院"认为在此情形，甲（张○强）"似非"基于其有意识、有目的增益乙（张○瑛）财产。此涉及"给付"的概念。"最高法院"使用"似非"的用语，可知其审慎，惟应采肯定说。通谋虚伪意思表示虽为无效，但不影响甲办理 A 地所有权移转登记及交付占有的给付意识及给付目的，其情形相当于法律行为（如买卖）因违反公序良俗无效，亦得成立给付型不当得利。故在本件甲得对乙主张给付型不当得利：

①乙受有 A 地所有权登记及占有的利益。
②乙受利益系基于甲的给付。
③甲与乙间买卖契约的无效，甲之给付欠缺目的，乙受利益无法律上原因。

甲得向乙依"民法"第 179 条规定请求涂销 A 地所有权的登记及返还对 A 地的占有。

(3) 权益侵害型不当得利

关于乙无权处分甲的 A 地所有权，为担保借款设定抵押权，由丙善意取得该抵押权部分，"最高法院"认为：

①乙侵害应归属于甲之权益，受有借款的利益。
②因同一原因事实致甲受有其所有 A 地附有抵押权的损害。
③乙所受借款利益应归属于房地所有人，乙无取得此项利益的权利或法律依据，欠缺正当性，构成无法律上原因。

甲得向乙依"民法"第 179 条规定请求返还借款利益。

"最高法院"提出了权益侵害型不当得利请求权的要件，以权利应归属内容为判断基准，实值肯定。

须特别提出的是乙所受的利益。"最高法院"认为乙受有借款的利益，非无探究余地。借款系乙与丙的契约（消费借贷），抵押权的设定旨在担保债权，与借款二者非属同一事实，乙所受利益系抵押权设定本身，而非借款。①

---

① 刘春堂教授校阅本书时提示此一问题，敬表谢意。

设乙系偿还对丙的赌债或损害赔偿债务,而以甲的土地设定抵押权,如何认定其所受利益?在此情形,乙所受利益系抵押权的设定,而非偿还赌债或损害赔偿。此涉及重要基本问题,图示如下:

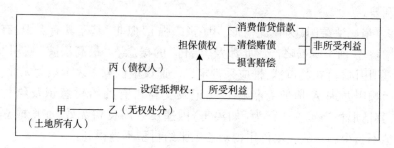

据上所述,"最高法院"前揭判决提出不当得利法上二个核心问题:(1)如何定义给付型不当得利的"给付"?(2)如何认定权益侵害型不当得利的"所受利益"?将于本书相关部分详为论述。

第四项 不当得利法的再构成

一、不当得利法的发展

兹应再说明的是,"最高法院"2012年台上字第1722号判决在某种意义上总结了不当得利法的发展,区别给付型不当得利及非给付型不当得利,尤其是提出了权益侵害型不当得利。在此判决之后,不再发生统一说及非统一说的争论,承先启后,稳定了不当得利法开展的基础,更能理解不当得利的功能,并重新建构不当得利请求权基础。①

二、不当得利法的规范功能

给付型不当得利旨在调整财货变动、失败的法律交易(契约)及物权行为无因性理论,与市场经济的私法自治具有密切关系,先举二个案例,以供参照:

1. 甲欠乙债务(100万元),指示丙对乙支付。其后发现甲对乙的债务实已清偿(指示给付、非债清偿)。

---

① 参见林大洋:《不当得利之发展与演进——以实证研究为中心并兼论与没收新制的冲突》,载《法令月刊》2018年第69卷第3期。

2. 甲以 A 画与乙的 B 画互易,并移转其所有权,其后发现互易契约不成立(无效或被撤销,此涉及民法上债权行为与物权行为的分离原则与物权行为无因性)。

权益侵害型不当得利旨在补充所有权及侵权行为法保护权益的功能,兹举三个案例,以供参照:

1. 在前举互易之例,甲将其受领的 B 画让售于善意之丙,而由丙取得其所有权。

2. 甲擅用激光在乙的墙壁上作商品广告。

3. 甲误认某地系其父遗产而占有使用,不知该地实系乙所有。

兹将不当得利与契约、所有权保护及侵权行为法的关联图示如下:

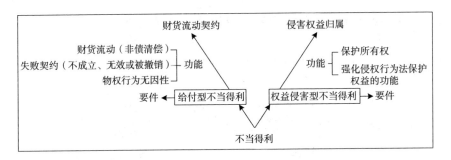

三、不当得利请求权的再构成

不当得利的统一说及区分说(类型),影响不当得利请求权基础的再构成:

1. 不当得利统一说强调各种不同不当得利具有共通的原则及构成要件:

(1)受利益;

(2)致他人受损害:以因果关系作为判断基准;

(3)无法律上原因:找寻共通的原则。

2. 不当得利非统一说(区分说)认为应就给付型不当得利与非给付型不当得利(尤其是权益侵害型不当得利),明确其成立要件:

(1) 给付型不当得利
　①受利益
　②因给付而受利益:以给付关系取代致他人受损害
　③无法律上原因:欠缺给付目的(以给付目的或债之关系作为判断基准)
(2) 权益侵害型不当得利
　①受利益
　②非基于给付
　③侵害他人权益归属,致他人受损害:同一原因事实
　④无法律上原因:欠缺契约关系或法律依据

兹以下图显明不当得利请求权基础的再构成①:

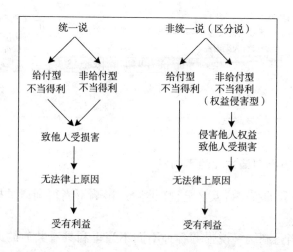

据上所述,不当得利的区分原则(非统一说),更能体现不当得利法的功能,明确请求权基础的要件,将在本书第二章与第三章详为论述,兹先提出三个基本问题:

1. 台湾地区实务上虽采区分说,但有若干"最高法院"判决在给付型不当得利仍有以致他人受损害为要件,未能认识在给付型不当得利,应以"给付关系"取代"致他人受损害",不必再讨论"致他人受损害"。在权益

---

① 参见 Manfred Wandt, Gesetzliche Schuldverhältnisse, S. 110。

侵害型不当得利,若干"最高法院"判决就致他人受损害,仍采相当因果关系说,未能认识"致他人受损害"的规范功能旨在明确当事人及侵权客体,不应以相当因果关系作为判断基准。

2. 在不当得利法的适用上,应先检查给付型不当得利,肯定给付型不当得利时,就同一得利客体(Bereicherungsgegenstand)应排除非给付型不当得利(非给付型不当得利补充性,Subsidiarität der Nichtleistungskondiktion),将于本书相关部分详作说明。

3. 据前述不当得利与契约、物权保护及侵权行为法体系关联及不同的功能,在处理具体案例时,应依序检查认定其请求权竞合关系。

第五项　回顾与展望
——由不当得利法则到类型化的不当得利

回顾不当得利法的发展,值得特别提出的是最高法院1942年上字第453号判例:"上诉人在双方因确认卖约无效案判决确定后,仍将系争地强行耕种,其所用籽种、肥料及牛工、人工等损失,非由于被上诉人之侵权行为,固不得请求赔偿。但被上诉人就上诉人耕种所获之农产品,如已收取,显系无法律上之原因而受利益,致他人受有损害,则上诉人所施用之籽种、肥料、牛工、人工等项,依不当得利之法则,尚非无请求返还之权。"

本件判例强调所谓的"不当得利法则",体现早期不当得利的状态,欠缺请求权基础的思维方法,犹如"最高法院"至今日仍然使用所谓的侵权行为法则,使法之适用难臻精确,可供检验。经过数十年学说与实务的共同努力,区别给付型不当得利与非给付型不当得利,建构了不当得利的类型,明确其规范意旨、成立要件与竞合关系。未来的任务在于整合实务案例,建构法释义学的体系,创设可检验的规则,达成共识,稳定法之适用,简约论证成本,开启更宽广的发展方向,使不当得利更能调整私法秩序无法律上原因的财产变动,维护市场经济活动,保护财产权益。

第二款　不当得利的类型化

第一项　支持非统一说的理由

学说上之所以一方面认为统一说所提出的共同概念欠缺概括性,不足统一说明所有不当得利的情形,而他方面又主张应采统一说,不外两个理由:(1)"民法"第179条规定系就不当得利作统一规定,故就无法律上之原因,应为统一的说明。(2)非统一说依不同情形而为说明,失诸琐碎。此两项见解,似尚欠缺绝对的说服力。本书认为应采非统一说,而建立不当得利的类型(Typologie),分四点加以说明如下:

一、立法史及法律体系

"民法"第179条就不当得利固设统一的规定,但现行法此项规定的前身(《大清民律草案》第929条),原分别给付及非给付二种情形,而设其规定,现行法未再设区别,其理由不详,但似出于简化之目的,"民法"第180条规定:"给付,有左列情形之一者,不得请求返还……"其所称给付,系指因给付而受利益的情形,足见现行"民法"亦肯定给付型不当得利的类型。

二、统一说难为统一的说明

现行"民法"第179条对不当得利虽作统一规定,但在法律逻辑上并非当然非采取统一说不可。各种理论的提出,其基本功能不外在于判断何种财产变动欠缺法律上的原因,因此必须从法律适用的观点,来决定统一及非统一说,究以何者较为可采。统一说所提出的各种观念,欠缺周密性。正义或公平,并无具体内容,失诸空洞,而且任何法制,究其根源,无不基于公平、正义的理念,实非仅不当得利制度而已。有学者认为,财产变动虽合于法律形式规定,但违反实体正义时,端赖不当得利请求权加以调节,故应以实体正义为判断有无法律上原因的标准。然而,借衡平的理念以济实体法的不足,在早期法律形式主义时代,固有其功能,但在今日则失其依据。至于权利说,以受领利益有无权利为标准,对于因法律规定而取得利益的情形,反将难以解释,因为在此情形,其债务纵不存在,其移转给付物的物权行为仍为有效,受益人虽有物权,但终不能谓其非不当得利。所谓债权说,主要在于强调不当得利请求权旨在治疗法律因采物权行为无因性而自创的伤痕,虽然能够说明基于给付而生不当得利的情形,但关于非基于给付而受利益的情形,例如时效取得,显然不易解释。总而言之,统一说所提出的各种概念,或失诸空洞,或偏于一隅,似不足作为认定财产变动是否具有法律上原因的标准。

三、类型化体现不当得利法的功能,明确请求权基础的要件

所谓非统一说失诸琐碎,初视之下,虽似如此,实则不然,因为我们可将各种不当得利的情形,依一定的观点组成类型体系,有助于法律的解释适用。现代不当得利的类型化,系建立在 Wilburg 及 Caemmerer 教授所提出基于给付受利益及基于给付以外事由而受利益二个基本类型。此种分类不仅是基于沿革的理由,并且有其内在的依据及不同的功能。给付型不当得利乃在于调整欠缺给付目的之财产变动,其基本思想系认为凡依当事人意思而增益他人财产者,均有一定之目的,倘其给付目的自始不存在、目的不达或目的消灭时,财产变动即失其法律上原因,受领人应负返还义务。至于给付外事由的不当得利,有基于行为,有基于法律规定,有基于特定事件,各有不同,受利益有无法律上原因,应该依其事由分别判断受益人得否保有其所受利益。

基于给付而生的不当得利,以非债清偿最为典型,例如,甲售某车给乙,依让与合意交付后,买卖契约不成立或无效时,乙因甲之给付而受利益,其所以不具法律上之原因,乃因甲之给付因买卖契约不存在,自始欠缺给付目的。基于给付外事由而生的不当得利,以侵害他人权益最为典型,例如甲擅将乙寄托之稀有邮票出售获利,或甲擅在乙之墙壁悬挂广告,甲之受益所以不具法律上原因,乃因其取得之利益依权益内容应归属于乙。由此可知,基于给付而生之不当得利,与基于给付外事由而生之不当得利,法律所以使之成立不当得利,实有其不同,应该区别加以判断。

四、比较法的规范模式

综观法典化国家和地区关于不当得利的立法例及其发展,有不同的规范模式。[①] 有在立法上仅设特定个别不当得利(尤其是非债清偿),再经判例学说创设概括条款以资补充(如法国、西班牙、奥地利、意大利)。有设不当得利概念概括条款,而辅之以个别规定,并由判例学说创设不当得利类型加以具体化(如德国、瑞士、希腊、日本)。有仅设概括条款(如匈牙利),台湾地区"民法"第179条基本上亦采此立法体例。无论采取何种规范模式,多发生统一说与非统一说的争论。在采概括条款的立法

---

① Schlechtrim, Restitution und Bereicherungsausgleich in Europa, Band Ⅰ, S. 71 ff.

例上,在理论及实务上多采非统一说及类型化(如德国、瑞士、奥地利)①,区别给付型及非给付型不当得利,在此基础上建立不当得利的类型体系,并强调此乃基于不当得利制度的事物本质。

第二项　不当得利的类型

一、类型建构

非统一说将不当得利类型建构在"给付型不当得利"及"非给付型不当得利"两种基本类型之上,旨在突显二者功能及成立要件的不同。给付型不当得利系基于受损人的给付,其目的在于矫正给付当事人间欠缺给付目的(自始欠缺目的、目的不达、目的消灭)的财货变动(请参阅前揭案例1—3)。非给付型不当得利系基于行为(受益人、受损人、第三人的行为)、法律规定或事件。就其内容言,更可分为侵害他人权益不当得利(权益侵害型不当得利,Eingriffskondiktion),其目的在于保护权益归属(案例4—5);支出费用型不当得利(Verwendungskondiktion,案例6),及求偿型不当得利(Rückgriffskondiktion,案例7),兹为便于观察,将不当得利类型构造图示如下:

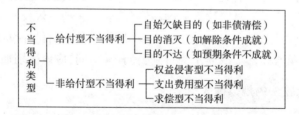

必须特别说明的是,前揭不当得利的类型不是闭锁僵化的,而是开放、变动的,可斟酌实务案例及比较法的经验,为必要的调整。

---

① 德国通说早已放弃所谓的"老的统一说"(Die alte Einheitslehre)而改采"新的区别说"(Die neue Trennungstheorie),建立不当得利请求权的类型化(Typologie der Bereicherungsansprüche)。学者有采批评的立场,例如 Kaehler, Bereicherungsrecht und Vindikation (1972), S. 156 ff.; Wilhelm, Grundlagen und Grenzen des Anspruches aus ungerechtfertigter Bereicherung (1973),但仍属少数见解。参见 Joachim Wolf, Der Stand der Bereicherungslehre und ihre Neubegründung (1980)。简要中肯的评论(赞成通说),Medicus/Petersen, Bürgerliches Recht, Rn. 663 f.; Reuter/Martinek, Ungerechtfertigte Bereicherung, S. 26 ff.。

二、类型论上的基本问题

统一说及非统一说(类型论)系不同的思考方法。本书所以采非统一说(类型论),系以其较能突显不当得利过程及其规范目的,较能明确认定其构成要件,及呈现其所涉及的利益衡量与价值判断。① 然不能因此认为类型论能够提供精确的毫无争议的判断基准。任何理论均有其比较上的优点及缺点,不当得利类型论亦不例外,兹提出三个问题,以供参照:

1. 在权益侵害型不当得利,如何认定其受有损害,此涉及权益归属问题。例如甲擅以乙的照片、姓名或声音作商业广告时,乙得否向甲主张不当得利(本书第245页)?

2. 如何区别给付型不当得利及非给付型不当得利? 如何决定二者的适用关系? 例如甲以水泥、钢筋承揽修建乙的房屋,其后发现甲与乙间的承揽契约不成立时,甲如何向乙主张不当得利(本书第271页)?

3. 在三人关系上,如何认定当事人间的给付。例如甲对乙银行撤销支票的委托付款,乙银行的职员疏于注意,仍对持票人丙付款时,谁得向谁主张不当得利(本书第281页)?

三、实务案例:请求权基础的建构

区别给付型不当得利与非给付型不当得利(尤其是权益侵害型不当得利)最为重要的是必须加以明辨,并应先检讨给付型不当得利,再检视权益侵害型不当得利。兹举二个实务案例以供参照:

(一)借名登记

1. 给付型不当得利

"最高法院"2010年台上字第1422号判决:"借名登记契约乃当事人约定一方经他方同意,而就属于一方现在或将来之财产以他方名义为所有人或权利人登记而成立之契约。故陈○臣等五人购买系争土地未先登记为其所有,而径登记为陈○进名义,仍不妨成立借名登记。且上开借名契约终止后,借名人给付之目的即归于消灭,上诉人仍保有系争土地之所

---

① Petersen, Von der Interessenjurisprudenz zur Wertungsjurisprudenz (München 2001), S. 82-94.

有权登记,自属不当得利,应将所有权移转登记予被上诉人(借名人之继承人),以返还其无法律上原因所受之利益,俾矫正欠缺法律关系之财货损益变动之状态。其消灭时效应自借名契约终止时起算。"

2. 权益侵害型不当得利

"最高法院"2018年台上字第403号判决:"按称借名登记者,谓当事人约定一方将自己之财产以他方名义登记,而仍由自己管理、使用、处分,他方允就该财产为出名登记之契约。在内部关系上,出名人为借名登记财产之所有人,出名人对之并无使用收益之权。倘出名人未经借名人之同意,占有使用借名登记财产,受有利益,致出名人受损害,即属欠缺法律上原因,违反权益归属内容而取得利益,应成立不当得利。"

借名登记契约具台湾地区特色,发生给付型不当得利及权益侵害型不当得利,以不同的方式规范当事人间的法律关系。

(二)赠与的撤销

"最高法院"2017年台上字第2671号判决:"按不当得利之功能,在于使受益人返还其无法律上原因所受的利益(取除功能),不当得利受益人有返还其所受利益予受损人之义务,与侵权行为损害赔偿以填补被害人所受损害为目的并不相同。因此,在给付型之不当得利,如受益人无法律上之原因取得不动产所有权而受利益,受损人依不当得利之规定,应请求受益人移转不动产所有权登记,以返还其无法律上原因所受之利益,并不发生涂销登记之问题。此与侵害型不当得利,因受益人与受损人间并无发生物权变动之合意,受益人仅为形式上登记之名义人,而未取得真正之权利,无权利可资返还,此际受损人应请求受益人涂销登记,以除去受益人无法律上原因所受之利益者,截然有别(本院1976年台再字第138号判例全文参照)。

"查系争土地为郑○雄赠与郑○诚,而郑○诚对郑○雄及其前配偶吴○、直系血亲郑○玲,有故意侵害之行为,涉犯刑法窃盗罪、行使伪造私文书罪、伤害罪,依刑法有处罚之明文。郑○雄得依'民法'第416条第1项第1款规定,对郑○诚为撤销赠与系争土地之意思表示,为原审所合法确定之事实,乃属给付型之不当得利(郑○雄有目的、有意识地因赠与而向郑○诚为给付),则依同法第419条第2项规定,郑○雄应依关于不当得利之规定,请求郑○诚移转系争土地所有权登记,以返还其无法律上原因所受之利益,不发生涂销登记之问题。"

在本件判决,"最高法院"阐释给付型不当得利与权益侵害型不当得利的不同,并明确说明撤销赠与契约的法律效果,深具研读学习及参考的价值,图标其基本法律关系如下,以利参照:

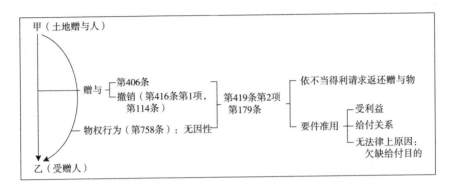

本件判决涉及给付型不当得利,具典范性,采请求权基础方法加以说明,更能凸显"最高法院"判决理由。

甲(郑○雄)撤销赠与后,得依关于不当得利之规定请求返还(第419条第2项)。所称关于不当得利之规定,系指法律的要件准用,必须具备"民法"第179条后段,即其给付虽有法律上原因,而后已不存在。

1. 乙受有某地所有权的利益。

2. 乙受利益系因甲履行赠与契约而为的给付,即有意识、有目的地移转土地所有权于乙(第758条)。

3. 甲依"民法"第416条第1项规定撤销赠与契约,其契约视为自始无效(第114条第1项),其所撤销的是赠与(债权行为),移转土地所有权的物权行为(第758条)不因此而受影响(物权行为无因性)。乙受利益虽有法律上原因,欠缺给付目的,虽有法律上原因,而其后已不存在。

4. 结论:甲得向乙依"民法"第419条第2项、第179条后段请求移转土地所有权登记。

应再特别说明的有三:

1. 在给付型不当得利,其请求返还者系移转土地所有权登记,而非涂销土地所有权登记(第767条第1项中段)。

2. 学习法律应将重要的实务判决加以案例化,采请求权基础鉴定型,检视法之适用及论证构造。

3. 请采用请求权基础鉴定型研读分析本书所讨论的重要实务判决,尤其是运用想象力构思案例,举例说明争点,发现问题,引领法律的发展。

第二章　不当得利请求权的发生(一)：给付型不当得利

第一节　请求权基础

第一款　不当得利类型化与请求权基础

"民法"第179条规定："无法律上之原因而受利益,致他人受损害者,应返还其利益。虽有法律上之原因,而其后已不存在者,亦同。"依旧的统一说,本条所定"受利益、致他人受损害、无法律上之原因",应统一适用于所有不当得利的情形,作相同的解释。依非统一说(区别说),"民法"第179条所定不当得利请求权,应分为给付型不当得利及非给付型不当得利,在非给付型不当得利并应区别权益侵害型不当得利、支出费用型不当得利或求偿型不当得利,认定其成立要件及举证责任,前已述及。兹再举实务上判决说明如下：

1. 给付型不当得利。最高法院1934年上字第1528号判例(已停止适用)："因履行契约而为给付后,该契约经撤销者,给付目的既归消灭,给付受领人受此利益之法律上原因即已失其存在,依'民法'第179条之规定,自应返还其利益。""最高法院"2011年台上字第990号判决更精确地认为："在给付之不当得利,系以给付之人为债权人,受领给付之人为债务人,而由为给付之人向受领给付之人请求返还利益。所谓给付系指有意识地,基于一定目的而增加他人之财产,给付者与受领给付者因而构成给付行为之当事人,此目的乃针对所存在或所约定之法律关系而为之。因此,不当得利之债权债务关系存在于给付者与受领给付者间,基于债之相对性,给付者不得对受领给付者以外之人请求返还利益。"

2. 非给付型不当得利(权益侵害型不当得利)。"最高法院"2011年台上字第899号判决强调:"'非给付型之不当得利'中之'权益侵害之不当得利',凡因侵害取得本应归属于他人权益内容而受利益,致他人受损害,欠缺正当性,亦即以侵害行为取得应归属他人权益内容之利益,而从法秩序权益归属之价值判断上不具保有利益之正当性者,即应构成'无法律上之原因'而成立不当得利。"

据上所述,可知将不当得利区别为"给付型不当得利"及"非给付型不当得利"(尤其是权益侵害型不当得利),有助于"民法"第179条规定的解释适用,使其更具可涵摄性(涵摄能力,Subsumtionsfähigkeit),具有法学方法上重大的意义及思考方法的改变。在处理不当得利案例时,不应笼统地引用"民法"第179条规定,概括地以"受利益、致他人损害、无法律上之原因"作为判断基准,而应就具体案例,针对不当得利类型,分析其成立要件,作更精确的论证。近年来"最高法院"判决在此方面有显著的发展,应值肯定。

第二款 给付型不当得利与非给付型不当得利的区别

不当得利可分为给付型不当得利与非给付型不当得利,兹将二者的类型、功能、要件等列表如下,俾便对照:

第二章 不当得利请求权的发生(一):给付型不当得利

	类型	案例	功能	要件	排除	法律效果
不当得利请求权基础（第179条） 给付型不当得利	法律上原因自始不存在 第179条前段	误偿他人之债	调整欠缺债之关系上给付目的之财产变动（非债清偿）	1.受利益 2.基于他方"给付"(有意识有目的的增益其财产)。由给付关系代致他方受损害 3.无法律上原因 [客观说：无债之关系 主观说：欠缺给付目的]	第180条	第181条至第183条
	法律上原因嗣后不存在 第179条后段	买卖契约附解除条件，其条件成就				
	给付目的不达（未设明文）	支付金钱约定不提起刑事告诉	调整给付目的不达的财产变动	1.受利益 2.依法律行为而约定一定结果目的 3.无法律上原因：给付所欲的结果目的不发生		
不当得利请求权基础（第179条） 非给付型不当得利	权益侵害型不当得利	无权占用他人之物、侵害他人智慧财产权	权益保护：保护所有权等权利的继续作用	1.受利益 2.非因给付 3.侵害权益归属、致他人受损害 4.无法律上原因：无保有该权益归属的契约关系或法律依据		
	支出费用型不当得利	误认他人之物为己有而为修缮	权益调整	1.受利益 2.非因给付 3.因对他人物支出费用致受损害 4.无法律上原因：无保有利益的契约关系或法律依据		
	求偿型不当得利	清偿他人债务	权益调整	1.受利益 2.非因给付 3.因误偿他人清偿免除债务致受损害 4.无法律上原因：无保有利益的契约关系或法律依据		

关于给付型不当得利与非给付型不当得利的请求权基础，将于下文分别详为论述。在处理不当得利案例，首先要区别的是，其受利益究系出于给付或非给付。给付指有意识、有目的地增加他人财产（详见本章第二节）。其增益他人财产非出于有意识或有一定之目的指向的，应成立非给付型不当得利。兹举数例说明如下：

1. 通谋虚伪意思表示买卖：甲与乙通谋虚伪买卖 A 屋，并移转其所有权及房屋的占有而为给付。在此情形，其买卖契约（第345条）及物权行为（第758条）均属无效（第87条），乙未能取得房屋所有权，但受有房屋登记及占有的利益，得成立给付型不当得利。

2. 误耕他人土地：甲向乙购地，整地、除草、施肥、插秧，其后发现甲并未取得该地所有权。在此情形，乙受有甲整地的利益，甲无对乙给付的意思，乙受利益非基于甲的给付，甲得对乙主张非给付的支出费用型不当得利（参阅1942年上字第453号判例）。

3. 无票搭乘飞机：在德国著名的飞机旅行案件（Flugreise, BGHZ, 55. 128），丙在其18岁成年前夕，购买 Lufthansa 航空公司机票由慕尼黑到汉堡。在汉堡丙未购票转搭班机前往纽约,因无入境签证而被遣返。航空公司请求丙支付汉堡到纽约这段路程的票款。丙主张此项航程对其纯属奢侈,若须付费,绝不会搭乘。在此情形,丙系未成年人,未得其法定代理人同意,契约不生效力,航空公司对丙无契约请求权。关于不当得利请求权,德国联邦最高法院认此属给付型不当得利,因航空公司对搭乘飞机者有提供给付的一般意思,丙受有搭乘飞机的利益,但因其系未成年人,得主张所受利益不存在(《德国民法典》第818条第3款)。此项判决理由引起关于不当得利基本问题的重大争论。学说上多认为此属非给付型不当得利(权益侵害型不当得利),其所受利益系飞机航行本身,而非节省费用,此属不当得利成立要件问题(《德国民法典》第812条第1项)。① 奢侈支出乃不当得利请求权内容及范围问题(《德国民法典》第818条第3款)。在台湾地区类此案例,亦得采此观点。

第三款　法律适用的思考架构②

不当得利是个较为困难的法律领域,其原因有三:
1. 其功能在调整整个私法秩序无法律上原因的财产变动。
2. 其法律构造兼具法律原则及技术性规定。
3. 须对"民法"各编规定有一定的理解,在具体案例结合各编规定而为法之适用。

兹先提出一个处理具体案例检查次序的思考架构,以利在阅读本书时,能够就相关部分的说明有所参照:

一、"民法"关于不当得利规定(第179条至第183条)的适用性与其他法律关系
　(一)法律规定"依关于不当得利之规定"(第197条第2项、第266条第2项、
　　　第419条第2项、第816条)
　　　　1. 法律要件的准用
　　　　2. 法律效果的准用
　(二)不当得利的适用是否因其他优先性规定而被排除?(此涉及不当得利
　　　与其他法律关系竞合问题,参阅本书第383页)

---

① Borx/Walker, Schuldrecht BT, S. 409; Looschelders, Schuldrecht BT, S. 325; Martinek/Reuter, Ungerechtfertigte Bereicherung, S. 83; Staudinger/Lorenz §812 Rn. 3.
② Juris/Martinek §812 Rn. 183 f.

1. 有契约关系、无因管理时,其受利益有法律上原因,不成立不当得利
2. 物之瑕疵担保系优先于不当得利请求权的特别规定
3. 关于支出费用及求偿请求权的优先性规定(如第281条、第749条)
4. "民法"第952条以下关于所有人与占有人间关系的规定系不当得利的特别规定(有争论)。不在其适用范围的情形,如对占有物无权处分、使用、消费、加工,仍得成立不当得利

二、不当得利规定的适用
(一)不当得利法上的特别规定:"民法"第183条关于无偿受让人的返还义务,应优先于"民法"第179条适用
(二)不当得利请求权的成立(第179条)
  1. 明确区别不当得利的种类、分别认定其请求权的成立要件
    (1)给付型不当得利
    (2)非给付型不当得利
      ①权益侵害型不当得利
      ②支出费用型不当得利
      ③求偿型不当得利
(三)处理三人以上关系不当得利案例的二个重点
  1. 以给付概念及评价基准认定不当得利当事人
  2. 非给付关系的辅助性:就同一受利益有给付关系时,不适用非给付型不当得利
(四)不当得利请求权成立时,是否因"民法"第180条规定而被排除
(五)不当得利请求权成立,且未被排除时,依"民法"第181条及第182条规定检查其法律效果

第二节 给付型不当得利的意义、功能

(一)试就以下情形,说明甲得对乙主张何种权利:
1. 甲售A电视机于乙,甲不知其店员已交付于乙,再为交付。
2. 甲不知其妻已对乙支付租金,复将租金汇入乙的账户。
3. 甲不知雇佣契约不成立,而为乙服劳务。

(二)甲以A车与乙之B车互易,二个月后依让与合意交付之。试就下列情形,说明当事人间的法律关系:

1. 甲与乙间的互易契约及物权行为均有效成立。
2. 甲与乙的互易契约不成立、无效或被撤销。
3. 甲以受乙胁迫为理由,撤销其债权上及物权上的意思表示。
4. 甲于交付 A 车时,已受监护宣告。

第一款　意义、功能及类型

一、给付型不当得利之意义及功能

基于给付而生的不当得利请求权,学说上称为给付型不当得利请求权(Leistungskondiktion),其规范功能在使给付者得向给付受领者请求返还其欠缺目的而为的给付。给付型不当得利请求权,尤其是在非债清偿的情形,各国和地区民法无论其意识形态如何,皆设有规定,此对一个建立在市场经济及私法自治的私法秩序,特具意义,即法律一方面允许当事人得依其意思从事各种交易,决定其给付目的,他方面又设不当得利制度,调整欠缺给付目的的财产变动,以补救失败的交易计划。①

二、给付型不当得利的类型

"民法"第 179 条规定:"无法律上之原因而受利益,致他人受损害者,应返还其利益。虽有法律上之原因,而其后已不存在者,亦同。"给付型不当得利可分为自始给付不能不当得利(如基于不成立的买卖契约而交付买卖标的物)及嗣后给付不能不当得利(如附解除条件的买卖契约,其条件成就)。学说上尚肯定一种称为"给付目的不达"的不当得利(本书第 88 页),及有永久抗辩权而仍为给付的不当得利,将于相对部分加以说明(本书第 102 页)。

第二款　给付型不当得利与物权行为无因性
——不当得利请求权的适用范围

试分就物权变动是否采物权行为无因性理论,说明当事人间的

---

① 参见陈忠将:《论德国法给付型不当得利风险分配之规范》,载《中原财经法学》2019 年第 42 期。

法律关系:

1. 甲出卖 A 车给乙,乙转售该车给丙,当事人均为履行后,发现甲与乙间的买卖契约不成立(无效、被撤销)。

2. 丙出卖牛肉给丁,并为交付,丁明知或不知买卖契约不成立(或无效、被撤销),用于烤肉宴客。

第一项 绪 说

给付型不当得利,适用于所有财产上无法律原因的给付,尤其是关于非债清偿。其所为的给付得为"劳务"(如不知雇佣契约不成立而清扫他人房屋),亦得为"金钱"(如欠债 10 万元误汇款 11 万元,不知债务已清偿仍为汇款),此在现代市场经济的非现金交易甚为常见。关于三人关系不当得利(如甲指示乙银行汇款于丙,以清偿事实上不存在的债务),将于本书第三章再为详论。应先说明的是给付型不当得利与物权行为无因性。

第二项 物权行为无因性与不当得利

其所为的给付为"物"时(如出卖人不知买卖契约不成立、无效或效力未定而交付买卖标的物并移转其所有权,第 758 条、第 761 条),因涉及物权制度,较为复杂。相对人未因他方给付而取得物的所有权,给付者仍为所有人时,得行使所有物返还请求权(第 767 条第 1 项)。相对人因他方给付而取得物的所有权时,得成立以返还该物所有权为内容的不当得利请求权。台湾地区"民法"关于物权变动系采物权行为无因性,扩大了给付型不当得利请求权的适用范围及重要性,有详加论述的必要。

一、负担行为与处分行为、物权行为(处分行为)无因性

甲出售或赠与 A 物给乙,或以 A 物与乙的 B 物互易,此等买卖、赠与或互易契约,学说上称为负担行为(或债务行为),当事人负有交付其物并移转其所有权的义务(第 348 条、第 398 条、第 406 条)。依"民法"规定(第 758 条、第 761 条),物之所有权的移转须依另一独立于负担行为以外的法律行为为之,学说上称为处分行为,包括物权行为及准物权行为(如债权让与)。关于不动产物权的移转,除物权行为(移转物权的意思

合致)外,尚须登记(第 758 条);关于动产物权的移转,除让与合意外,尚须交付(第 761 条)。通说肯定债权行为与物权行为的分离原则,并认为物权行为具有所谓无因性,即物权行为的成立或效力应就本身加以判断,不因债权行为不成立、无效或被撤销而受影响。① 物权行为(处分行为)无因性理论与不当得利的关系,系民法上理论及实务的核心问题。以互易契约为例,分四种情形说明如下[参阅案例(二)]:

(一)债权行为及物权行为均属有效成立

在甲以 A 物与乙之 B 物互易的情形,其债权行为及物权行为均属有效成立时,双方当事人依物权行为而取得其物的所有权,受有利益,并均达其清偿债务之目的,具有法律上原因,不成立不当得利。

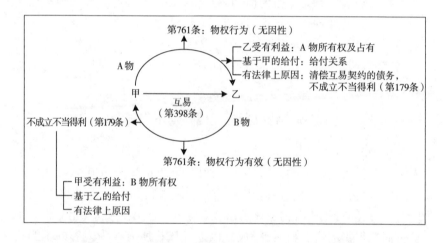

(二)债权行为及物权行为均属不成立、无效或被撤销

债权行为及物权行为均属不成立,或无效,或因受诈欺或胁迫而被撤销时,当事人一方既未能依物权行为取得标的物所有权,亦无债之法律关系作为占有的本权,故他方当事人得主张所有物返还请求权(第 767 条第 1 项前段);就物的占有,则得主张不当得利请求权。所交付之标的物系属金钱(价金)时,在其与他方当事人的金钱混合(如存入银行)前,仍得主张所有物返还请求权,但在混合后,则仅能主张不当得利请求权(参阅

---

① 关于债权行为及物权行为的区别及物权行为无因性理论,参见王泽鉴:《民法总则》,北京大学出版社 2022 年重排版,第 258、263 页。

第813条、第816条)。①

(三)债权行为有效成立,但物权行为不成立、无效或被撤销

在甲以A物与乙之B物互易的情形,债权行为有效成立,而物权行为不成立、无效或被撤销时(例如依让与合意交付其物之际,甲已受监护宣告),甲、乙虽不能取得B物或A物之所有权,但因债权契约有效存在,其占有标的物具有法律关系,双方当事人均不得主张所有物返还请求权或"占有"的不当得利请求权。惟乙得依有效的互易契约,请求甲(或其法定代理人)为让与合意,以移转A物所有权。甲亦得对乙请求为让与合意,以移转B物所有权,并有同时履行抗辩权的适用(第264条)。

(四)债权行为不成立、无效或被撤销,但物权行为有效成立

应特别提出讨论的是,债权行为不成立、无效或被撤销,而物权行为有效成立的情形。在此种案例类型,依物权行为有因性理论,使物权行为与债权行为同其命运,一方当事人不能取得标的物的所有权,他方当事人得主张所有物返还请求权。依现行"民法"所采的物权行为无因性理论,他方当事人仍能依有效成立之物权行为取得其物的所有权,但因债权行为不成立、无效或被撤销,给付欠缺目的,其受利益无法律上之原因,应成立不当得利,为便于观察[参阅案例(二)],图示如下(此为民法核心问题,请认真研读,彻底理解):

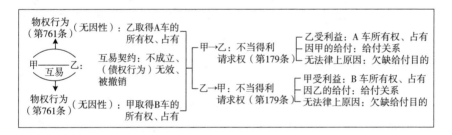

最高法院1934年上字第1528号判例(已停止适用)谓:"因履行契约而为给付后,该契约经撤销者,给付之目的既归消灭,给付受领人受此利益之法律上原因既已失其存在,依'民法'第179条之规定,自应返还其利益。"在物权变动的情形,其所应返还的利益,乃物之所有权,在动产,应为

---

① 参见史尚宽:《物权法论》,第133页。

让与合意及交付(第761条),在不动产,应为移转所有权的合意(法律行为)及登记(第758条)。①

二、物权行为无因性理论与不当得利制度

由前述可知,给付型不当得利请求权具有调节因物权行为无因性理论而生财产变动的特殊规范功能。德国法学家 Dernburg 强调不当得利制度乃立法者用来治疗自创的伤痕,其所谓自创的伤痕,系指物权行为的无因性而言。② 物权行为无因性的缓和或废除将限缩不当得利的适用范围,但不当得利制度本身并不因此而受重大影响。例如甲出售 A 物给乙,价金若干,银货两讫,其后发现买卖契约不成立或无效时,倘不采物权行为无因性理论,就该物言,甲对乙固得主张所有物返还请求权,但倘乙已将该物让与丙(无权处分),丙善意取得其所有权(第801条、第948条),或因加工而取得所有权(第814条、第816条),或对该物为使用消费时,亦得成立权益侵害型不当得利(非给付型不当得利)。就价金言,通常会发生混合情事,乙仅能对甲主张不当得利请求权。在非现金交易的银行汇款,不当得利法具有重要的功用。

兹再举二个"最高法院"判决加以说明:

1. 在一个关于赠与原因不存在的案件,"最高法院"2013年台上字第860号判决谓:"不动产所有权移转登记行为系物权行为,具有无因性,若义务人有移转不动产所有权登记之意思,并作成书面,纵该书面所载移转不动产所有权登记之债之原因与其真意不符,除其意思表示有无效或得撤销之原因而经撤销者外,尚不生所有权移转登记应否涂销之问题。"应说明者有二:

(1)所谓"除其意思表示有无效或得撤销之原因而经撤销者外",系指"民法"第758条法律行为(物权行为)的意思表示而言。在此情形,物权行为既然未经撤销,受赠人依该物权行为取得不动产所有权。赠与人

---

① 参见"最高法院"2000年台上字第961号判决:"无法律上之原因取得不动产所有权而受利益,致他人受损害者,该他人自得依不当得利规定,请求移转不动产所有权登记,以返还利益,并不发生涂销登记之问题。盖物权行为有其独立性及无因性,不因其原因之债权行为系无效或得撤销而失效。"

② Dernburg, Das Bürgerliche Recht, Die Schuldverhältnisse Bd. II/2, 4. Aufl. (Berlin 1878), S. 77: "So heilt die Leistungskondiktion die vom Abstraktionsprinzip bewusst geschlagenen Wunden."

对受赠人不得依"民法"第758条规定请求涂销所有权移转登记。

(2)债之关系不存在时,受赠人受有登记为所有人的不当得利,赠与人对受赠人亦得依"民法"第179条规定请求返还不动产所有权(债权请求权)。

2. 在一个涉及赠与房屋所有权的案件,"最高法院"2015年台上字第473号判决谓:"当事人通过债权行为(如买卖、赠与)及物权行为(如移转所有权登记)而完成其交易行为者,该债权行为虽成为物权行为之原因,惟基于物权行为之无因性,该债权行为于物权行为完成后,即自物权行为中抽离,物权行为之效力,尚不因债权行为(原因行为)不存在、撤销或无效而受影响。易言之,债权行为之效力并不能左右物权行为之效力。于此情形,原所有权人因物权之变动而丧失之所有权,除物权行为本身亦有不成立、无效或撤销之事由外,仅得依不当得利或其他之规定(如'民法'第113条)另请求救济,而不得再行使'民法'第767条所规定之权利。"本件判决明辨债权行为、物权行为及物权行为无因性,应值肯定及赞同。

三、准物权行为与不当得利

法律行为具有无因性者,除物权行为外,尚有债权让与及债务免除,学说上称为准物权行为,与物权行为合称为处分行为,于其原因行为不存在(不成立、无效或被撤销)时,亦可发生不当得利请求权。例如甲赠与其对丙的债权于乙,并让与之,其后甲撤销赠与契约时,甲得依不当得利规定向乙请求返还其所有让与之债权。① 又甲基于和解免除对乙之债务,其后发现和解无效时,甲亦得依不当得利向乙请求返还之(回复其债务)。②

第三项 案例解说

兹就前揭二个案例(再阅读之!),依其采物权行为无因性或不采物权行为无因性,简述其不当得利请求权(请先自行研究,再作比较,不要强行记忆,须慎思明辨,理解其基本原则):

---

① 参见郑玉波:《民法债编总论》,第567页。
② 参见郑玉波:《民法债编总论》,第680页。

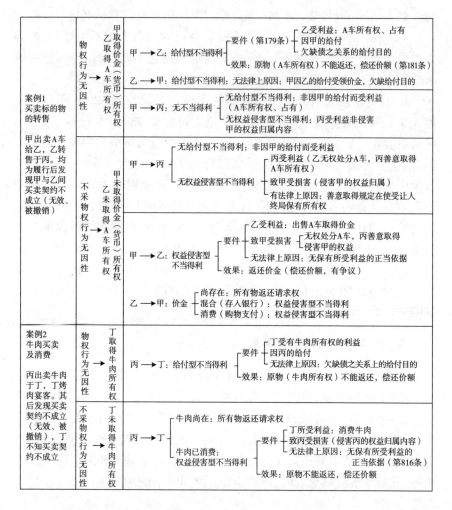

前揭图解旨在说明采物权行为无因性或不采物权行为无因性的物权变动与不当得利的关系(给付型不当得利或权益侵害型不当得利)。须特别提出的是,在台湾地区"民法"上若债权行为与物权行为均为不成立、无效或被撤销时,其法律关系基本上同于不采物权行为无因性。

第四项 结　语

1. 给付型不当得利请求权旨在调整私法自治上失败的交易活动(契约不成立、无效、不生效力或被撤销),适用于一切以给付为内容的契约,包括买卖、租赁、承揽、雇佣、保证、保险、债务承担、债权让与、抵押权设定等。

2. 在物的买卖,于该买卖契约不成立(无效、被撤销)时,其不当得利请求权因是否采物权行为无因性而异。不采物权行为无因性时,买受人未取得标的物所有权,虽不发生以请求返还所有权为内容的给付型不当得利请求权,但于买受人转售或消费买卖标的物时,仍得成立非给付型不当得利(权益侵害型不当得利)。

3. 权益侵害型不当得利请求权不以受益行为具有违法性、受益人有故意过失、受损人受有实际损害为要件,具保护权益(尤其是所有权)的继续作用。在不采物权行为无因性的情形,权益侵害型不当得利请求权具有不可或缺的重要功能。兹将不采物权行为无因性理论的制度,买卖契约不成立(无效、被撤销),买受人将标的物(汽车)转售于善意第三人(善意取得)所生之法律关系图示如下(请先自行思考解答,写成书面):

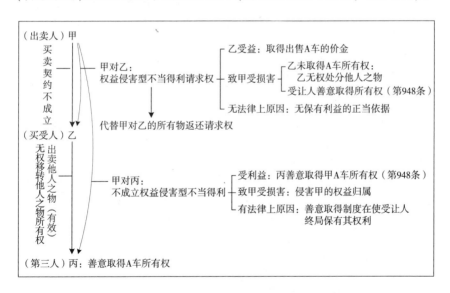

第三节 给付型不当得利请求权的要件

"民法"第179条规定:"无法律上之原因而受利益,致他人受损害者,应返还其利益。虽有法律上之原因,而其后已不存在者,亦同。"依此规定不当得利请求权之成立要件为:(1)受利益。(2)致他人受损害。(3)无法律上之原因(参阅2020年台上字第2508号判决)。如前所再三强调,不当得利请求权的构成要件应依其类型加以认定。给付型不当得利请求权的成立要件为:

1. 受利益:个别具体认定,如某地所有权、占有、使用消费本身。
2. 因给付而受利益:当事人间具有给付关系。以给付关系取代"致他人受损害"。
3. 无法律上的原因:给付欠缺目的。

第一款 受利益

(一)试问于下列情形,乙是否受有利益,何种利益:

1. 甲售A屋给乙,并即办理所有权移转登记。其后发现甲为受监护宣告人。
2. 甲受乙委任,清偿乙对丙之债务后,发现委任契约不成立。
3. 某乙经营地下工厂,雇用14岁的甲,乙以劳动契约违反法律规定无效,拒绝支付工资。
4. 甲与乙和解,书立所谓之债务约束:"本人甲定于2023年3月9日支付乙新台币200万元。"其后甲发现和解所依据的文件为乙伪造,而撤销和解。

(二)甲以5万元向乙购买《大英百科全书》,双方同时履行之。设买卖契约有效成立时,其所以不成立不当得利,究系未受利益,抑或受利益有法律上之原因?

一、受利益的种类

不当得利请求权的成立始于受利益,首先需要确定的是被请求人(不当得利债务人)是否受有利益、何种利益(得利客体,Bereicherungsgegenstand)。

在给付型不当得利,其所受利益,指一方当事人自他方当事人所受领的给付。此项给付不以具有财产价格为必要(参阅第199条第2项)。例如,甲与乙和解,由甲对乙为书面道歉,其后发现和解无效时,乙受有"书面道歉"的利益。兹分五类加以说明：

(一)财产权的取得

任何权利具有财产价格的,均得成为给付型不当得利的客体,如物权(所有权或其他物权)、知识产权、债权、期待权。此外尚包括物权(如抵押权)的顺位等。

(二)占有或登记

占有(包括直接占有或间接占有)或登记均得为不当得利的客体。例如受监护宣告之人甲出售A屋给乙,办理所有权移转登记,并交付房屋,而其买卖契约及物权行为均属无效时,除所有物返还请求权及登记涂销请求权外(第767条第1项中段),甲亦得依不当得利的规定对乙请求返还房屋的占有及涂销房屋的登记[参阅案例(一)之1]。① 所有物返还请求权(第767条第1项)、占有返还请求权(第962条)与占有不当得利请求权得独立并存,发生竞合关系。②

(三)债务消灭

债务消灭,使本应履行的债务,得不履行,亦属受有利益(第343条)。第三人清偿亦可使债务人所负的债务消灭,例如甲受乙委任清偿对丙之债务,设委任契约无效,乙亦因对丙债务的消灭而受有利益[参阅案例(一)之2]。最高法院1939年渝上字第1872号判例谓:"被上诉人为上诉人清偿债务,纵非基于上诉人之委任,上诉人既因被上诉人之为清偿,受有债务消灭之利益,上诉人又非有受此利益之法律上原因,自不得谓被上诉人无不当得利之返还请求权。"可资参照。

(四)劳务或物的使用

劳务或物的使用亦属利益。例如受雇人因劳动契约不成立或无

---

① "司法院"院字第1919号解释谓:"所谓登记有绝对效力,系为保护第三人起见,将登记事项赋予绝对真实之公信力,故第三人信赖登记而取得土地权利时,不因登记原因之无效或撤销而被追夺。惟此项规定并非于保护交易安全之必要限度外,剥夺真正之权利。如在第三人信赖登记而取得土地权利之前,真正权利人仍得对于登记名义人主张登记原因之无效或撤销,提起涂销登记之诉。"此项涂销登记之诉得本于所有权乃属"民法"第767条所谓所有人"对于妨害其所有权者,得请求除去之"。此外亦得以"民法"第179条为其请求权基础。关于占有之作为不当得利的客体,详细论述参见Kurz, Der Besitz als möglicher Gegenstand der Eingriffskondiktion(1969)。

② 关于所有物返还请求权(Vindikation)与占有不当得利请求权(Besitzkondiktion)的关系,比较法上有不同的见解,德国、奥地利、希腊等通说系采竞合说。在瑞士,有认为权利人得行使所有物返还请求权或占有返还请求权时,即无主张占有不当得利请求权的余地。参见Schlechtriem, Restitution und Bereicherungsausgleich in Europa, Band 1, S. 256 ff., 281 ff.。

效,虽不能请求约定的报酬,但就其所提供劳务有不当得利请求权[参阅案例(一)之3]。① 又例如乙承租甲屋,居住半个月后,乙以意思表示错误而撤销租赁契约,使其视为自始无效(第114条第2项)时,乙亦受有甲交屋供其使用的利益。

(五)无因的债务拘束或债务承认

有因债权的创设,原则上并不能认为受有利益。例如买受人得向出卖人请求移转买卖标的物所有权的债权,系以负支付价金债务为原因,如买卖契约因意思不合致或其他事由而未有效成立时,原因不存在,买受人之债权亦随之俱逝,不生不当得利返还的问题。②

惟须注意的是,债权得与债务原因脱离而成为无因债务,如债务拘束及债务承认。债务拘束(Schuldversprechen),乃不标明原因,而约定负担债务的契约。债务承认(Schuldanerkenntnis),乃承认一定债务存在的契约。现行"民法"虽未如《德国民法典》设有明文(第780条至第782条),但依契约自由原则,当事人于不背公序良俗的范围内,自可为有效约定。③ 在此两种无因债务,债务人均不得以基于负担债务原因的事实,以为抗辩,而债权人行使权利时,亦毋庸证明其原因,有独立财产的价值,故《德国民法典》第812条第2项规定:"因契约就债务关系存在或不存在所为之承认,亦视为给付。"《大清民律草案》第929条第2项亦采此规定,现行"民法"虽未设明文,但应作同样解释,认为债务承认或债务拘束得作为不当得利请求权的客体。例如甲与乙和解,书立"某年某月某日支付若干元"的债务拘束,于甲撤销和解时,得依不当得利规定,请求乙返还其所为的"给付"[参阅案例(一)之4],乙应为免除该项债务的意思表示,如有书面,并应返还之。

二、个别具体判断标准

"民法"第179条所谓"受利益",系指依某特定给付行为而取得的个别具体利益(具体客体财产基准),而非就受领人的整个财产状态抽

---

① 学说上有认为在劳动契约等继续性契约,应依事实上劳动契约关系理论处理,排除不当得利的适用,参见王泽鉴:《事实上之契约关系》,载王泽鉴:《民法学说与判例研究》(第一册),北京大学出版社2009年版,第83—97页;本书第409页。

② Reuter/Martinek, Ungerechtfertigte Bereicherung, S. 116 ff.

③ 参见郑玉波:《民法债编总论》,第41页;孙森焱:《民法债编总论》(上册),第44页。另见王泽鉴:《民法总则》,北京大学出版社2022年重排版,第262页;"最高法院"1999年台上字第1189号判决。

象地加以计算(抽象财产基准)。例如,甲以5万元向乙购买《大英百科全书》,甲所受利益为乙移转的《大英百科全书》所有权,不能认为甲因须支付价金,故就整个财产言,并未受利益。在买卖契约有效成立时,其之所以不成立不当得利,不是因为当事人未受有利益,而是受利益有法律上原因[案例(二)]。在雇佣或租赁契约,雇佣人或承租人所受的利益,为受雇人所提供的劳务或出租人所交付租赁物的使用,于雇佣或租赁契约不成立、无效或被撤销时,其应返还的,为他人的劳务或物的使用。

在非给付型不当得利类型,亦应依此原则加以判断。例如,甲于乙外出期间占用乙的别墅,甲所受的利益为"占用他人别墅",而非"节省相当的租金"。"最高法院"1962年台上字第1450号判决谓:"承租耕地上之农舍,由出租人无偿供给承租人使用者,于租赁关系消灭时,承租人有返还之义务,不待于出租人之终止借贷及请求返还而始发生,故如不返还,则其占有使用,即成为无法律上原因,若构成不当得利时,依'民法'第179条应自受利益之时返还其利益,而非自出租人请求返还之时始行起算。"亦同此见解。无法律上原因而受的利益,系物的占有使用或劳务时,依其性质不能原物返还,应偿还其价额(第181条但书)。

值得特别提出的是,"最高法院"2010年台上字第1399号判决亦同于本书见解,采个别具体判断标准,认为:"按侵权行为损害赔偿之义务人,因侵权行为受利益,致被害人受损害者,于侵权行为损害赔偿请求权消灭时效完成后,仍应依关于不当得利之规定,返还其所受之利益于被害人。而上诉人既对王○民享有借款债权总额达一、五七四七、一四○元,复约定以相当于系争土地所有权应有部分三分之二之价款抵偿,而移转系争土地所有权登记与上诉人指定之人蔡○恭,则上诉人显然因王○民移转系争土地所有权之行为,而取得上开借款债权满足之具体利益。则上诉人系取得依权益内容应归属于被上诉人之利益,而致被上诉人受有损害。至于上诉人对王○民之债权虽同时因受清偿而消灭,因此就财产总额为抽象计算虽然并未增加;但因不当得利之认定,系指依某特定给付行为而取得的个别具体利益,而非就受领人的整个财产状态抽象地加以计算,上诉人之具体债权既已获得现实满足,即应认为受有利益。"

受利益系不当得利请求权的基本要件,特将其受利益过程及判断基准图示如下:

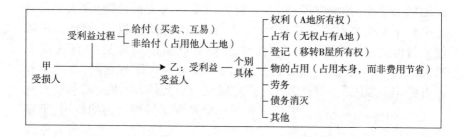

第二款　因给付而受利益

第一项　给付概念的现代化

一、给付的概念及功能

给付型不当得利请求权的基本要件,系因给付而受利益,所谓给付,指有意识地、基于一定目的而增加他人财产。分三点言之:

1. 增加他人的财产:学说上称之为给与行为(出捐行为,Zuwendung)。此项给与行为得为事实行为(如服劳务、物之交付),得为法律行为。其为法律行为时,究为契约(如所有权移转,第758条、第761条),或单独行为(如债务消灭),均所不问。

2. 有意识地增加他人财产:给与须基于给付者的意思。一方受利益非出于他方的意思时,不成立给付型不当得利。例如,甲误认乙所有的房屋为己有而修缮,因无增加他人财产的意思,不成立给付型不当得利,乃属非给付型不当得利(支出费用型不当得利)的范畴。

3. 基于一定之目的:基于一定目的有意识地增加他人财产,学说上称为双重目的性(Doppelte Finalität)。此为给付型不当得利的核心概念,其不同于传统上的给付,在于强调给付的目的指向及给付的指定。例如甲交付一定金额于乙,其目的究为支付买卖契约的价金、赠与,或为侵权行为损害赔偿,应由给付者决定。此种给付目的之决定或指定的法律性质,有认系意思表示(单独行为),有认系准法律行为,仅须有归责的自然意思。无论采何见解,应认为无行为能力人交付某物,非属给付,不成立给付型不当得利,仅得成立非给付型不当得利或物上请求权。①

给付目的应客观地从给付受领者的立场或观点(Empfängershorizont),依诚实信用原则及交易惯例加以判断,并应顾及信赖保护及风险分配,以认定谁对谁为给付,而得成立给付型不当得利。兹举二例涉及多人的不当得利给付关系加以说明:

(1)间接代理:甲欲出卖 A 古董车,委任乙以乙名义出售,并先移转所有权于乙,再由乙让售该车于丙。在此情形,设甲与乙间的委任不成立或无效时,甲不得向丙主张给付型不当得利,因为甲并未对丙为给付,甲对丙亦不得主张非给付型不当得利,因为丙与乙间有给付关系,应优先适用(非给付型不当得利的补助性)。

(2)缩短给付:甲出售 A 古董车于乙,乙转售于丙。乙指示甲对丙交付,以移转其所有权。在此情形,从各当事人的观点或立场言,分别成立二个给付关系。甲对丙交付该车,系属给与行为,旨在完成甲对乙的给付,乙对丙的给付(下图)。

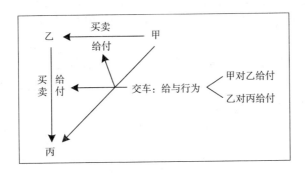

在此种缩短给付类型,设甲与乙间买卖契约不成立时,甲得对乙主张给付型不当得利,对丙则无给付或非给付型不当得利请求权。设乙与丙间买卖契约不成立时,应由乙对丙主张不当得利。

二、给付概念法学与利益评价

给付概念的主要功能在于认定给付关系的当事人,谁得向谁主张给

---

① 关于此项争论,参见 Schwarz/Wandt, Gesetzliche Schuldverhältnisse, S. 121; BGHZ 106, 163; 151, 127。

付型不当得利。此在二人关系不当得利不生问题(参阅前揭买卖古董车间接代理案例)。在多人给付关系,基本上亦得作为决定不当得利当事人的基准(参阅前揭买卖古董车缩短给付案例)。惟在三人关系不当得利,尤其是涉及指示关系、利益第三人契约、债权让与等类型,则不能单凭"给付概念"而为推论,以免成为一种概念法学的思考方法,尚须借助法律上的利益衡量及评价作合理的判断,俟于相关部分再为详论(本书第280页)。

三、实务发展

近年来"最高法院"判决肯定给付型不当得利,并采用本书所倡导的"目的指向"的给付概念。"最高法院"2010年台再字第50号判决谓:"给付型之不当得利系基于受损人有目的及有意识之给付而发生的不当得利。""最高法院"2011年台上字第990号判决认为:"在给付之不当得利,系以给付之人为债权人,受领给付之人为债务人,而由为给付之人向受领给付之人请求返还利益。所谓给付系指有意识地,基于一定目的而增加他人之财产,给付者与受领给付者因而构成给付行为之当事人,此目的乃针对所存在或所约定之法律关系而为之。因此,不当得利之债权债务关系存在于给付者与受领给付者间,基于债之相对性,给付者不得对受领给付者以外之人请求返还利益。"此等判决对不当得利法的解释适用及法释义学的发展具有三点重要意义:

1. 将传统的"给付"概念(增益他人财产)加以"目的指向化",以建构给付型的不当得利。

2. 目的指向化的给付概念有助于较明确地认定给付型不当得利的当事人。

3. 给付型不当得利存在于给付当事人间,对其他之人无主张给付型不当得利的余地。

第二项 "致他人受损害"的意义及功能

试就下列情形,说明"民法"第179条所谓"致他人受损害"的意义及规范功能(请耐心研读思考):

1. 甲出租墙壁给乙悬挂广告,其后发现租赁契约不成立;丙未经丁的同意擅自在丁所有的墙壁悬挂广告。

2. 甲售 A 车给乙,乙转售给丙,均依让与合意交付之。设甲与乙、乙与丙间之买卖契约均不成立、无效或被撤销时,甲得否依不当得利规定,向丙请求返还 A 车?

3. 乙受丙委任,以乙自己名义向甲购买陶马,甲将该件陶马交付于乙,乙再交付于丙,分别移转其所有权。甲与乙间的买卖契约不成立(无效或被撤销)时,甲得否向丙主张不当得利请求权?

4. 乙受丙委任,以乙自己名义出售丙所有的陶马于甲,并即交付该陶马及移转其所有权于甲。甲与乙间的买卖契约不成立时,谁(乙或丙)得向甲主张不当得利请求权?

5. 乙向甲购买水泥,以之修缮丙之房屋,于乙无资力支付价金(或甲与乙间的买卖契约不成立)时,试问甲对丙有无不当得利请求权?

6. 乙虚设公司,甲受骗投资 1000 万元,乙以该笔款项向丙购买办公大楼,并即付款。甲于发现乙与丙间买卖契约无效时,得否依不当得利规定向丙请求返还 1000 万元?

一、"致他人受损害"的规范功能

依"民法"第179条规定,不当得利的成立尚须以受利益,系"致他人受损害"为要件。此项要件旨在决定不当得利请求权的当事人,即谁得向谁请求返还其无法律上原因而受的利益。此涉及两个核心问题:

1. 损害的"意义"如何?
2. "致"他人受损害如何认定?

二、"损害"的意义:与损害赔偿法上损害的区别

"民法"第179条使用"损害"一语,在比较法上殊为罕见。《瑞士债务法》第62条称为"由他人财产而受益"(aus dem Vermögen eines anderen),《德国民法典》第812条称为"auf dessen Kosten"①,《日本民法典》第703

---

① 台湾大学法律学研究所印行的《德国民法典》原将第 812 条第 1 项前段译为:"无法律上原因,由于他人之给付,或依其他方法'借他人之费用'(引号为作者所加),而有所取得者,应负返还之义务。"虽符合文字表面意义,但未能表达其真意,新版翻译已改为"致他人受损害"。"Auf Kosten",相当于英文的 at expense of,乃指"损人利己",非指借他人的费用。

条称为损失。《大清民律草案》第929条原亦称损失,现行"民法"改为损害。按台湾地区"民法"所谓损害一般多用于损害赔偿(Schadensersatz),系指权益受侵害时所生的不利益。易言之,损害发生前的状态,与损害发生后的情形,两相比较,被害人所受之不利益,即为损害之所在(差额说)。损害兼括所受损害(例如物遭毁损减少价值,身体健康受侵害而支出医药费)及所失利益(例如因物受损而遭受的营业损失,身体受侵害而减少收入)。

应予强调的是,"民法"第179条所称"损害",绝非指损害赔偿法上的损害。

不当得利制度的功能并不在于填补损害,而是在于使受领人返还其无法律上原因而受的利益,故"民法"第179条所谓"损害",自有其别于损害赔偿的意义。在给付型不当得利,一方当事人因他方当事人的给付而受利益,即为致他方受损害。例如甲出售A车给乙,并依让与合意交付之,乙所受的利益为甲的给付,即A车的占有及所有权;甲基于雇佣契约为乙清除垃圾,乙所受的利益,亦为甲的给付,即甲所提供的劳务;甲出租墙壁给乙悬挂广告,乙所受的利益,乃甲的给付,即墙壁的使用。

在非给付型不当得利,其所谓受利益致他人受损害,基本上系指取得依权益(财货)内容应归属于他人的利益。例如物的使用收益,为所有权的内容,归属于所有人(权益归属,财货归属),无权占住他人房屋,使用他人汽车或擅在他人墙壁上悬挂广告(案例1),均系取得应归属于他人的权益,致他人受"损害",至于所有人是否有出租、使用房屋、汽车或墙壁的计划等损害,在所不问。又须注意的是,一方受利益,致他方受损害,其损益的内容不必相同。例如甲无权处分乙的机车,由丙善意取得时(第801条、第948条以下),甲所受的利益为价金,乙所受的损害为所有权的消灭,损益内容虽不相同,仍可成立不当得利。"最高法院"1976年台再字第138号判例谓:"'民法'第179条规定之不当得利,凡无法律上之原因,而一方受利益,致他方受损害,即可成立,至损益之内容是否相同及受益人对于受损人有无侵权行为,可以不问。"

原则上可资赞同,但应明确表示他方是否受有损害,亦在所不问。①

三、"致"他人受损害:因果关系的争论

受利益所以构成不当得利,须以"致"他人受损害为要件。易言之,即一方受利益与他方受损害须具有一定的关联,其功能乃在认定不当得利请求权当事人。

关于一方受利益,"致"他方受损害,传统上不问不当得利的类型,均以因果关系为判断基准,并有直接因果关系说、非直接因果关系说及相当因果关系说三种见解。分述如下:

(一)直接因果关系:基于同一原因事实的损益变动

1. 直接因果关系的意义

直接因果关系说认所谓致他人受损害,指受利益与损害之间须有因果关系,即一方之受利益与他方之受损害,须互为因果,其因果关系须为直接的,至其间的因果关系是否直接存在,应以受益的原因事实与受损的原因事实是否同一为断。②"最高法院"基本上采此见解:

(1)1964年台上字第2661号判例谓:执行法院拍卖查封之不动产,以其价金分配于各债权人者,纵该不动产嗣后经确定判决,认为不属于债务人所有,不能移转与买受人,而买受人因此所受价金之损害,亦只能向直接受其利益之债务人请求偿还,各债权人所受清偿之利益,系另一原因事实,除有恶意外,不能认与买受人所受之损害有直接因果关系

---

① "最高法院"1976年台再字第138号判例的主要内容为:"按'民法'第179条规定之不当得利,凡由于法律行为以外一定之事实,致一方受利益,他方受损害,即可成立。至其损益之内容是否相同,及受益人对于受损人有无侵权行为,可以不问。本件原确定判决以再审原告于受再审被告夫妻委托办理坐落高雄县小港乡中大厝段五四九面积〇·二七〇〇公顷土地赠与移转登记时,竟乘保管该土地所有权状及再审被告印章之机会,伪造再审被告简黄金叶将该土地设定债权额新台币二十万元之抵押权登记与再审原告。致再审原告取得该土地之抵押权,显为无法律上之原因而受利益,使再审被告受损害,再审被告依不当得利之法律关系,诉请返还其利益,即涂销抵押权之登记,自属正当,因而为不利于再审原告之判决,其适用法规,并无错误。"关于本件判例,应说明者有二:①此属非给付型不当得利(侵害他人权益类型)。②判例要旨所公布者,与原判决之要旨,略有不同,对原判决有所修正。将原判决理由所谓"按'民法'第179条规定之不当得利,凡由于法律行为以外一定事实……"改为"第179条规定,凡无法律上之原因……"此项修正内容可资赞同,原判决理由确有未妥,因为不当得利事亦包括法律行为在内,例如出卖人为履行买卖契约之义务,依让与合意移转目标物之所有权(物权行为),买卖契约其后被撤销时,亦可发生不当得利。

② 参见胡长清:《中国民法债编总论》,第98页;王伯琦:《民法债编总论》,第55页。

(本件判决属非给付型之权益侵害型不当得利)。①

(2) 1996年台上字第2656号判决:"民法"第179条规定不当得利之成立要件,必须无法律上之原因而受利益,致他人受损害,且该受利益与受损害之间应有因果关系存在。本件上诉人汇入系争90万元至被上诉人之账户内,系因鲍国亮以借款运转为由所为之指示。而被上诉人取得系争90万元,则系因鲍国亮清偿被上诉人之欠款,两者显非属同一原因事实。上诉人因鲍国亮之行为受有90万元之损失,仅能向鲍国亮直接求偿,被上诉人所受清偿之利益,系另一原因事实。上诉人既无法证明被上诉人有恶意情事,自难以系争90万元汇入被上诉人之上开账户内,鲍国亮并未领走,而认为其所受之损害与被上诉人之受益有因果关系存在,被上诉人抗辩称伊不负返还其利益之责任云云,于法并无不合(本件判决涉及给付型不当得利)(参阅本书第287页)。

2. 直接因果关系说的功能及适用

直接因果关系说源自德国的传统见解②,旨在适当限制不当得利请求权当事人的范围,使受损者不得对于间接获利的第三人请求返还其所受的利益,其主要案例类型有三③:

(1) 双重瑕疵:甲出售A车给乙,乙转售于丙,并依让与合意交付之。在甲与乙间、乙与丙间之买卖契约均不成立(无效或被撤销)的情形,甲不得向丙主张不当得利请求权,因甲已将A车所有权移转于乙,丙受利益(A车所有权),系来自乙的财产,与甲受损害并无直接因果关系(同一原因事实)(案例2)。

(2) 间接代理:丙委任乙,以乙自己名义向甲购陶马,乙取得该陶马所有权后,再移转于丙。在甲与乙买卖契约不成立(无效或被撤销)的情形,甲不得向丙主张不当得利请求权,因甲系将该陶马所有权移转于乙,丙受利益(陶马的所有权),系来自乙的财产,与甲之受损害并无直接

---

① 本件判例已遭废止。

② 德国传统见解亦采基于同一原因事实,称为以财产变动的直接性(Unmittelbarkeit),或得利过程的统一性(Einheitlichkeit des Bereicherungsvorganges),但认为此系一种因果关系。Vgl. Nebenzahl, Das Erfordernis der unmittelbaren Vermögensverschiebung in der Lehre von der ungerechtfertigten Bereicherung (1930); Staudinger-Loreng §812 Rn. 8a.

③ Wilburg, Die Lehre von der ungerechtfertigten Bereicherung nach österreichischem und deutschem Recht, S. 108 f.

因果关系(案例3、4)。①

(3)处分基于契约受领的给付:乙向甲购买水泥修缮丙的房屋,在乙无资力支付价金(或乙与甲之买卖契约不成立)时,甲仍不得向丙主张不当得利请求权,因甲已将水泥之所有权移转与乙,丙受利益系来自乙的财产,与甲的受损害并无直接因果关系(案例5)。

3. 分析说明

以受益与受损间的直接因果关系来决定不当得利之当事人,在适用上不无疑义。首先应提出说明的是,实务上的见解。前揭"最高法院"1964年台上字第2661号判例及1996年台上字第2656号判决均认其所受利益与损害无直接因果关系,但又强调受益人若有恶意情事,得认其所受利益与他方所受损害具有因果关系。损益变动上的因果关系的认定,似不应受当事人善意与否的影响,"最高法院"见解似尚有研究余地。

其次应说明的是,学说上关于直接因果关系的认定仍有争论。在甲取乙的肥料施于丙的土地之例,王伯琦先生认为:"甲以乙之肥料施于丙之土地,丙之受益虽与乙之受损有关,但乙之受损系由甲对乙之行为,丙之受益,系由于甲对丙之行为,既非由于同一之原因事实,不得谓有因果关系。盖以每一法律事实,即应构成一个法律关系,每一法律关系,有其特定之主体,其间不容有所混淆。"②应说明的是,所谓直接损益变动关系,应采指其受利益须直接自受损人的财产,而非间接经由第三人的财产,此不能机械地以个别事实作为判断标准。在甲向乙购买肥料,再施于丙之土地的情形,因甲已自乙取得肥料所有权,丙系自甲受益,而非自乙受益,无直接因果关系。反之,在甲误取或盗取乙的肥料,施于丙的土地的情形,甲取乙的肥料时,纵构成侵权行为,该肥料的所有权仍属于乙,丙因肥料附合成为土地的重要成分而取得肥料所有权(参阅第811条),系直接自乙受利益,乙得依不当得利规定向丙请求偿金(参阅第816条)。另甲误取乙的饲料喂养丙之鸡,丙受利益系"致"乙受损害,亦应成立不当得利。

(二)非直接因果关系说

值得注意的是,学者有主张宜采非直接因果关系说(社会观念

---

① 关于直接代理与间接代理的区别及法律结构,参见王泽鉴:《民法总则》,北京大学出版社2022年重排版,第454页。

② 王伯琦:《民法债编总论》,第55页。

说),并以"甲向乙骗取金钱,而向丙为非债清偿"的案例为讨论的对象。此说认为"民法"第179条只规定"受利益,致他人受损害",在解释上倘无受利益之事实,则他人不致有受损害之结果者,即应认为有因果关系,若必限于直接因果关系,则在法文上似无依据。不当得利制度之作用,系在乎基于公平之理念,而对于财产价值之不当的移动,加以调剂。故一方苟无法律上之原因而受利益,致他方因之受损害时,则对于因果关系之有无,亦应基于公平理念,而依社会上一般观念决之。如损益之间,有第三人行为之介入,若该财产价值之移转,依社会观念上认为不当时,即应适用不当得利之规定,使之返还。因此在甲向乙骗取金钱,对丙作非债清偿,依直接因果关系说,则乙只能向甲主张不当得利,而不能向丙直接主张不当得利,亦即丙对于乙无返还其利益之义务,果如此,甲如逃亡时,则乙岂不徒受损失,而丙岂不坐享其利益耶,不平孰甚。可见依直接因果关系说,未免对于不当得利之本旨(保护静的安全)有所不合,故不若采非直接因果关系说,于此情形,使丙负返还义务,方为合理。①

关于非直接因果关系说,应说明者有四点:

1. 基于公平理念,依社会上一般观念决定因果关系,将使不当得利"衡平化",影响法律适用的安定,前已再三言及。

2. 甲骗乙的金钱,对丙为非债清偿,依直接因果关系说,不成立不当得利,其主要目的在于保持丙与甲间的各种抗辩,对丙具有重大实益。乙对甲得主张侵权行为损害赔偿请求权,或不当得利请求权,并得依法行使代位权,或就甲对丙的不当得利请求权为强制执行,法律上原有救济之道,似无特别创设乙对丙不当得利请求权的必要。

3. 此种基于"甲向乙骗取金钱,而向丙为非债清偿"案例类型,而建立的所谓非直接因果关系,在适用上不无疑问:(1)甲向乙借钱,取得该金钱所有权,向丙为非债清偿后,发现消费借贷不成立或无效或被撤销时,甲得否向丙主张不当得利?(2)设甲所骗取的,不是金钱,而是物(动产或不动产)时,有何不同?甲以诈骗手段向乙购A物,出售于丙,乙得

---

① 参见郑玉波:《民法债编总论》,第125页;史尚宽:《债法总论》,第72页;孙森炎:《民法债编总论》(上册),第144页。"骗取他人金钱对第三人为非债清偿"案例,系日本民法上有名的问题,参见〔日〕松坂佐一:《管务管理、不当得利》(新版),载《法律学全集(22-1)》,1971年版,第82页。

否以甲、丙间的买卖契约不成立(非债清偿),而向丙请求返还?甲向乙购 B 物(不涉及诈骗),转售于丙,乙于甲无资力支付价金(或甲与乙间的买卖契约不成立)时,乙得否以甲、丙间的买卖契约不成立而向丙请求返还?此等案例应否区别?如何区别?其理由何在?本书认为在诸此情形,乙均不得向丙主张不当得利。

4. 学说上有认为:"关于财产之移动,若于各原因事实间具有客观的牵连关系,依社会观念,认为不当时,即应依不当得利,命受领人返还,不宜固守直接因果关系说,以免有抱残守缺之弊。因此甲为饲养乙之马而窃取丙之饲料时,乙之得利与丙之受损间有因果关系。乙以赠与丙手表为目的,向甲诈购手表时,甲之受损与丙之受益亦有因果关系。至若甲窃取乙之手表后,以高于市价之价格出售得利,超过市价部分之利益与乙之受损则无因果关系。"①关于此项见解,应说明者有三:

(1)就所举之例而言,其依社会上一般观念基于公平原则而认定之"非直接因果关系",均以受损人遭他人(可称为中间人)诈骗或窃取金钱财物为要件。中间人的主观上可非难之意思(恶意)宜否作为认定对第三人主张不当得利之成立要件,有待推究。不能以此为准据,建构不当得利法上致他人受损害的一般判断基准。

(2)甲为饲养乙之马而窃取丙之饲料时,乙之得利与丙之受损本来即具有直接因果关系,其情形与甲误取乙之肥料饲养丙之马,并无不同,不因饲养者的主观意思,而异其应依客观情事认定的因果关系。

(3)甲窃取乙的手表,以高于市价的价格出售得利,涉及有偿无权处分与不当得利问题,俟后再为详论。

(三)相当因果关系

须注意的是,"最高法院"若干判决对损益变动采取"相当因果关系说"。在一个涉及委任契约终止后委任人请求受任人返还购置股票所交付金钱的案件,"最高法院"1999 年台上字第 2970 号判决谓:"契约经当事人终止后,当事人间之契约关系应向将来失去其效力,如当事人之一方因终止契约而受有损害,而另一方当事人因此受有利益者,此项利益与所受损害间即有相当因果关系,核与'民法'第 179 条后段所定之情形相当,因此,受有损害之一方当事人自得本于不当得利之法律

---

① 孙森焱:《民法债编总论》(上册),第 144 页以下。

关系,请求受有利益之另一方当事人返还不当得利及不当得利为金钱时之利息。"①

查所谓"相当因果关系"乃"侵权行为法"上的概念,旨在认定加害人对其侵害行为所生的损害,应否负损害赔偿,以合理分配危害,具价值判断的性质②,用之于不当得利请求权,是否妥适,诚有商榷余地。就本件而言,当事人间的损益变动,乃基于给付关系,足供明确认定给付型不当得利的当事人,另创所谓的"直接因果关系"或"相当因果关系",应无必要。

第三项　在给付型不当得利,以给付关系取代"致他人受损害"

一、规范功能

(一) 实务发展

关于"民法"第179条所谓无法律上之原因而受利益,"致他人受损害",通说系采直接因果关系说,学说上有主张应采非直接因果关系说,实务上亦间有采相当因果关系说,已如上述。须强调的是,台湾地区学者对不当得利请求权究否采统一说的争论,系针对"无法律上之原因"而言,关于是否"致他人受损害",均采统一的判断标准,或为直接因果关系,或为非直接因果关系。

本书认为,对不当得利请求权应作类型化的观察,在给付型不当得利,一方基于他方的给付而受利益,是否"致他人受损害",应以给付关系作为判断标准取代因果关系。易言之,即由给付者向受领给付者请求返还无法律上之原因而受领的利益。

近年来"最高法院"判决亦采此见解,不再讨论"致他人受损害"的损害或因果关系问题,明确表示应由给付之人向受领给付之人请求返还利益(2011年台上字第990号判决),应值肯定。

值得注意的是"最高法院"2015年台上字第2137号判决,在一个关于祭祀公业汇款的案件谓:"按'民法'第179条规定:无法律上之原因而

---

① 并请参阅"最高法院"1984年台上字第4477号判决。
② 参见王泽鉴:《侵权行为》(第三版),北京大学出版社2016年版,第236页。

受利益,致他人受损害者,应返还其利益。其立法旨趣乃基于公平原则,调节因财货不当之流动所造成之损益变动现象,以维护财货应有的归属状态与分配法则。因此凡客观上依特定给付行为取得利益,而无法律上之原因,致他人受有损害者,即属之。至于同法第182条第1项所定不当得利之受领人不知无法律上之原因,而其所受之利益已不存在者,免负返还或偿还价额之责任。系针对不当得利受领人之返还范围所作之规定,初与不当得利之成立要件无关。又在给付型之不当得利,如受领人系基于给付关系(给付目的),向受损人受领给付者,该受益与受损之间即可认为系同一原因事实而具有因果关系。"

本件判决区别"民法"第179条第1项(不当得利成立)与第182条第1项(不当得利返还范围)的适用,实值赞同。但其一方面既已认为给付型不当得利,其受利益系基于给付关系,一方面又表示"该受益与受损之间即可认为系同一原因事实而具有因果关系",系属赘语,实无必要。给付关系乃在取代以致他人受损害因果关系认定不当得利当事人的功能。从而在给付型不当得利,所应认定的是有无给付关系,不必讨论致他人受损害的因果关系。

(二)给付关系的规范意义

之所以以"给付关系"认定给付型不当得利请求权的当事人,其主要理由有三[①]:

1. 维护当事人间的信赖关系:就受益人言,应向给付者返还其无法律上原因而受领的给付,而且亦仅须向给付者返还,无须向与其无给付关系的第三人负返还义务。就给付者言,其既向特定人为给付,则亦仅能向受领者请求返还,而不能向第三人主张之。

2. 危险合理的分配,保持当事人间的抗辩及仅承担给付相对人破产的风险。

3. 为"谁得向谁主张不当得利请求权"提供一个较为明确的判断标准,尤其是在三人间的给付关系。当然此项判断标准并非毫无争议。任何法律上的概念均含有价值判断的因素,对若干特殊情形,难免发生疑问,将于讨论"三人关系的不当得利"时,再行详述。

兹举一则实例说明之,"最高法院"2000年台上字第288号判决

[①] Canaris, Festschrift für Larenz (München 1973), S. 799/802 f.

谓:"'民法'第 179 条规定不当得利之成立要件,必须无法律上之原因而受利益,致他人受损害,且该受利益与受损害之间有因果关系存在。从而因给付而受利益者,倘该给付系依有效成立之债权契约而为之,其受利益即具有法律上之原因,尚不生不当得利问题。"在本件,其所谓受利益与受损害之间有"因果关系",可径以"给付关系"(债权契约)取代之。

二、案例分析(请再阅读思考前揭案例)

(一)双重给付瑕疵

甲售 A 车给乙,甲与乙间的买卖契约不成立时,乙因甲的给付而受有利益,无法律上之原因,乙对甲负返还 A 车所有权的义务。乙转售 A 车于丙,仅乙与丙的买卖契约不成立时,丙因乙的给付而受利益,无法律上之原因,丙对乙负返还 A 车的义务。甲售 A 车给乙,乙转售于丙,而甲与乙、乙与丙间的买卖契约均不成立时,甲对丙无不当得利请求权,其理由为:丙取得 A 车的所有权,系本于乙的给付,而非基于甲的给付(案例 2)。

(二)间接代理

乙受丙委任,以乙自己名义向甲购买陶马(学说上称为间接代理),甲将该件陶马交付于乙,乙再交付于丙,分别移转其所有权。在甲与乙间买卖契约不成立时,甲仅得向乙而不得向丙主张不当得利请求权,其理由为:丙之受利益,系本于乙之给付,而非基于甲之给付(案例 3)。

(三)间接代理与授权处分

乙受丙之委任,以乙自己名义出售丙所有的陶马于甲,并移转其所有权。乙系间接代理人,买卖契约及物权行为成立于乙与甲之间。乙以自己名义与甲所订之买卖契约,系属负担行为,应属有效。乙以自己名义与甲所订立的物权行为,系属处分行为,基于乙与丙间的委任契约应认为丙授与处分权限于乙,故乙的处分行为有效,甲取得该陶马所有权。[①] 在此情形,甲的受有利益,系基于乙的给付,在买卖契约不成立(无效或被撤

[①] 关于"授权处分"(Verfügungsermächtigung)的基本问题,参见王泽鉴:《民法总则》,北京大学出版社 2022 年重排版,第 518 页。

销)时,因欠缺给付目的,故乙得向甲主张不当得利请求权。此项不当得利请求权的客体为陶马的占有及所有权。于此产生一项问题:倘乙得请求甲将该陶马的占有及所有权移转于自己,则其所取得的,将超过其与甲订立买卖契约所为的给付者(乙移转陶马的占有与甲,但陶马所有权的变动系发生于丙与甲之间),不利于委任人丙。为此,学说上乃认为于乙向甲行使不当得利请求权时,该陶马的所有权应依委任契约上可认定的意思移转于委任人丙,对甲而言,由谁取得所有权并无利害关系。此项解决方法符合当事人的利益,即一方面使乙对甲行使不当得利请求权,以维持甲基于买卖契约对乙得主张的抗辩,一方面使委任人丙取得标的物所有权,以回复原来的状态(案例4)。①

(四)购买水泥,修缮他人房屋;承租人找人修缮房屋

乙向甲购买水泥,以甲交付的水泥,修缮丙的房屋,在此情形,给付关系存在于甲、乙之间,甲并未对丙为给付,丙受利益并未致甲受损害,甲、乙间的买卖契约不成立或乙无资力时,甲对丙无主张不当得利请求权的余地(案例5)。准此以言,乙承租丙的房屋,乙招甲修缮房屋时,给付关系存在于甲、乙之间,甲并未对丙为给付,甲、乙间的承揽契约不成立或乙无资力时,甲对丙亦无不当得利请求权。

(五)骗取金钱,非债清偿

甲骗取乙的金钱取得金钱所有权后,对丙为非债清偿。在此情形,乙系对甲为给付,甲则对丙为给付,乙对丙并无给付关系,不成立不当得利。同理,甲骗取乙车对丙为非债清偿,乙对丙亦无不当得利请求权。

第三款　无法律上的原因:欠缺给付目的

(一)试区别下列情形,说明乙因甲之给付受有利益是否具有法律上的原因,并依一定的观点组成给付型不当得利的类型:

1. 甲向乙书局购C书,价金1000元,不知业已付款仍至邮局划拨汇款。

2. 甲向乙书局购D书,价金1000元。甲受领该书所有权后以意思表示错误撤销买卖契约。

---

① Wiegand, JuS 1971, 62 ff.; Lopau, JuS 1971, 233 f.; Koppensteiner-Kramer, S. 30 f., 109.

3. 甲赠乙E屋,并办理登记,约定乙移民时应返还之,不久乙移民巴西。

4. 甲对乙表示若与丙女结婚,赠与F屋。不久乙与丙女订婚,甲预期乙结婚而交付房屋,不料乙另与他人结婚。

5. 甲向乙订购建材,乙交付部分建材后,甲支付部分价金。甲与乙因建材是否合于规格发生争议,合意解除契约。

(二)试就下列二种情形说明甲对乙有无不当得利请求权:

1. 甲赠乙A画,订立书面,甲不知乙之请求权罹于消灭时效,仍为给付。

2. 甲受乙诈欺赠与B画,不知有债权废止请求权(第198条),时经10年,仍为给付。

第一项　给付型不当得利无法律上原因的判断基准

关于给付型不当得利无法律上原因的判断基准有二种见解:一为欠缺给付目的(主观说);一为无债之关系(客观说)。分述如下:

一、无债之关系(客观说)

客观说认为,给付型不当得利有无法律上原因,应以有无债之关系为判断基准。给付有债之关系(如买卖、侵权行为损害赔偿)时,其债之关系为给付的法律上原因;无债之关系时,给付无法律上原因。

二、欠缺给付目的(主观说)

给付系为一定目的而对他人的财产有所增益,此种给付目的,主要有二类:

1. 清偿债务,或为法定债务(如因侵权行为而生的损害赔偿);或因基础行为而发生的债务,此种基础行为得为有因行为(如买卖),亦得为无因行为(如债务拘束或债务承认)。

2. 直接创立一种债之关系,例如无义务而为他人修缮房屋,以成立无因管理。给付目的通常基于当事人的合意。在单方的法律行为,得由给付者一方决定。当事人一方本于一定目的而为给付时,其目的即为给付行为的原因,从而给付欠缺其原因时,他方当事人受领给付即无法律上原因,应成立不当得利。①

三、实务见解

关于给付型不当得利的法律上原因,通说向来系以给付目的为判断基准,最高法院1934年上字第1528号判例(已停止适用)谓:"因履行契约而为给付后,该契约经撤销者,给付目的既归于消灭,给付受领人受此利益之法律上原因即已失其存在,依'民法'第179条规定,自应返还其利益。""最高法院"2012年台上字第2078号判决更明确表示:"主张不当得利请求权存在之当事人,对于不当得利请求权之成立,应负举证责任,即应证明他方系无法律上之原因而受利益,致其受有损害。如受利益人系因给付而得利时,所谓无法律上之原因,系指给付欠缺给付之目的。故主张该项不当得利请求权存在之当事人,应举证证明该给付欠缺给付之目的。"(参阅2010年台上字第2071号判决,本书第434页)此项见解,可资赞同。

第二项 给付型不当得利无法律上原因的类型

给付行为因欠缺目的,而构成不当得利,可从不同的观点组成类型。兹分自始无给付目的、给付目的嗣后不存在、给付目的不达及虽有永久抗辩权仍为给付等四种类型加以说明:

第一目 自始无给付目的

给付自始欠缺目的的不当得利(第179条前段),主要有二种:

1. 非债清偿(狭义)。例如:不知欠债业已清偿仍为履行;出售 A 物,误交 B 物;误偿他人之债。

2. 作为给付的原因行为不成立、无效、被撤销或效力未定。② 例如:因买卖契约而交付物品,但买卖契约不成立;因和解而为债务承认,但和解契约无效。

---

① 参见史尚宽:《债法总论》,第76页;郑玉波:《民法债编总论》,第129页;孙森焱:《民法债编总论》(上册),第147页;黄立:《民法债编总论》,第205页。

② 参见叶新民:《效力未定契约当事人的不当得利请求权》,载《月旦法学教室》2013年第128期。

第二目　给付目的嗣后不存在
——法律上原因嗣后不存在

一、独立的请求权基础

受利益,致他人受损害,虽有法律上之原因,而其后已不存在者(第179条后段),此为一种法律上原因嗣后不存在的独立不当得利请求权(späterer Wegfall des Rechtsgrundes)。就给付型不当得利言,其要件为:(1)受利益。(2)因给付而受利益。(3)给付目的嗣后不存在(无法律上原因)。其主要情形有[参阅案例(一)]:

1. 附解除条件或终期的法律行为,其条件成就或期限届满。例如甲赠乙A车并移转其所有权,约定乙移民时,赠与契约失其效力。于乙移民时,其受有给付的原因嗣后失其存在。

2. 法律行为的撤销。例如,甲出卖B地给乙,办理所有权移转登记后,以内容错误而撤销其意思表示(买卖契约)。① 此种因法律行为被撤销视为自始无效(第114条第1项)而发生的不当得利请求权,究为自始无法律上原因,抑或虽有法律上原因,而其后已不存在,不无争论。《大清民律草案》第929条的立法理由认为,撤销契约及解除契约之类均属其有法律上原因,但其后不存在。

3. 合意解除契约。"最高法院"1970年台上字第4297号判例谓:"契约之解除,出于双方当事人之合意时,无论有无可归责于一方之事由,除经约定应依'民法'关于契约解除之规定外,并不当然适用'民法'第259条之规定,倘契约已为全部或一部之履行者,仅得依不当得利之规定请求返还其利益。"所称依不当得利之规定,指"民法"第179条后段而言。在此种合意解除的情形,当事人自得约定适用解除契约之规定。

4. 婚生子女的否认。例如,甲证明其妻乙非自其受胎,于知悉丙出生之日起2年内提起否认之诉(参阅第1063条第2项),经确定判决

---

① 此为德国法上具有争论的问题,Palandt/Heinrichs §812 Rn. 24 f.

时,甲对丙支出抚养费之给付目的嗣后不存在。①

5. 为证明债务而交付证书,其后债务因清偿或其他事由而消灭,致失其证明之目的。

6. 其他情形,例如承租人预付租金,但租赁契约提前终止。在投保窃盗险的情形被保险人取回盗赃物时,保险人得向被保险人请求返还保险金。

二、合伙经营戏院权利的丧失:"最高法院"1972 年台再字第 174 号判例

"最高法院"1972 年台再字第 174 号判例谓:"所受利益虽原有法律上之原因,而其后原因已不存在者,依'民法'第 179 条后段之规定,仍属不当得利,再审原告于将戏院改组为公司后,再审被告既已失去合伙经营戏院之权利,是再审原告继续使用再审被告之土地,即系其后已无法律上之原因,原确定判决认定再审原告获有不当得利,要无适用法规错误之可言。"对此判例,学说上有认为:"'再审原告于将戏院改组为公司后',戏院之经营权瞬即移转该公司(即第三人),即使是身为土地所有权人之再审被告亦无经营之权。从而,'再审被告既已失去合伙经营戏院之权利,是再审原告继续使用再审被告之土地',受有损失的是该公司,不是再审被告。所以,得利之再审原告对于再审被告不可能构成嗣后之不当得利,而是对于该公司构成自始的不当得利。本号判例显系忽略债之相对性,致有'即系其后已无法律上之原因'之误解。"②

应予说明的是,在此等"占有使用他人之物"(如承租房屋、借用图书)的案例,其有债之关系时(如租赁、使用借贷),其受利益有法律上原因,不成立不当得利。债之关系消灭后,承租人或借用人已无使用的权利,其继续使用他人之物,应构成权益侵害的非给付型不当得利。此种情形非属受有某种利益原有法律上原因,嗣后因失其法律上原因,而应成立不当得利。

---

① 相关问题,参见刘昭辰:《否认婚生子女抚养费及离婚配偶赡养费的不当得利》,载《台湾法学》2009 年第 126 期。

② 林信和:《债之相对性与不当得利》,载《月旦法学教室》2005 年第 32 期。

第三目 给付目的不达

一、古老的不当得利类型

意图实现将来某种约定目的而为给付,但日后并未达成其目的结果的,颇为常见。例如以受清偿为目的交付收据,而债务并未清偿;附停止条件的债务,预期条件的成就而履行,结果条件并未成就。此种类型的不当得利,罗马法上早已有之,称之为 condictio ob rem,德国民法继受之(《德国民法典》第 812 条第 1 项第 2 句)。① 《大清民律草案》采之,于第 929 条第 1 项后段明定"依法律行为之内容,因结果而为给付,其后不生结果者,亦同"。现行"民法"虽未设明文,学说均肯定此一不当得利类型的存在。在德国民法上,早期关于给付目的不达不当得利的意旨、要件及适用范围产生重大争议,现已逐渐达成共识,稳定了法之适用。

近年台湾地区"最高法院"著有若干具有研究价值的重要判决,开启了学说上深刻的论述。② 由于台湾地区判例(裁判)学说对于此种特殊的给付型不当得利较为陌生,兹再参考德国通说③,补充相关资料作简要的说明。

要理解"给付目的不达不当得利",并为正确的解释适用,避免望文生义,产生误解,必须回顾 condictio ob rem 的发展史。古罗马法采契约类型固定原则,将具有要求力的契约限定在一定的种类(诉讼法上可诉性契约

---

① Wer durch die Leistung eines anderen oder in sonstiger Weise auf dessen Kosten etwas ohne rechtlichen Grund erlangt, ist ihm zur Herausgabe verpflichtet. Diese Verpflichtung besteht auch dann, wenn der rechtliche Grund spater wegfällt oder der mit einer Leistung nach dem Inhalt des Rechtsgeschafts bezweckte Erfolg nicht eintritt.(无法律上原因,因他人之给付,或以其他方法,致他人受损害而取得利益者,对该他人负返还之义务。法律上原因嗣后不存在,或按法律行为之内容,给付所欲达成之结果不发生者,仍有返还之义务。)德国学说称此种不当得利为 Die Leistungskondiktion wegen Zweckverfehlung.

② 参见陈自强:《给付目的不达不当得利(Condictio ob rem)》,载《台湾大学法学论丛》2022 年第 51 卷第 2 期。这是台湾地区第一篇关于给付目的不达不当得利的论文,深具参考价值。

③ MünchKomm/Lieb §812 Rn. 373; Palandt/Sprau §812 Rn. 95; Staudinger/Lorenz §812 Rn. 88; Wandt, Gesetzliche Schuldverhaltnisse, S. 138.

类型,aktionenre-chtlichen numerus clausus der klagbaren Vertragstypen)[①],如买卖、租赁、合伙、委任(诺成契约)、使用借贷、消费借贷、寄托、质权设定(要物契约)。在其他不被称为契约的经济关系,一方因信任某种约定及期待他方的对待给付,而先为给付时(如前述以受清偿为目的而交付收据),在法庭上对其"对待给付",并无强制请求权。condictio ob rem 此种不当得利请求权旨在使先为给付者,在相对人不为"对待给付"时,得请求返还其所受给付。

其后,随着契约自由的发展,不采契约类型固定主义,condictio ob rem 逐渐减缩其适用范围。《德国民法典》制定之际,关于应否规定此种给付目的不达不当得利,发生争议。有认为此为法制史的化石、历史的残余物,应不采用。最后认为仍有必要(如为将来结婚而给付嫁妆等),乃设《德国民法典》第 812 条第 1 项规定,而为《大清民律草案》及台湾地区现行通说所继受。

据前述关于 condictio ob rem 法制史的发展,应先强调的有二:

(1)给付目的不达不当得利请求权的意旨,在于使为达约定一定效果目的而先为给付者,于他方未提出无契约拘束力的对待给付时,得依不当得利规定请求返还其所受给付的利益。

(2)就规范功能言,给付目的不达不当得利可比拟于双务契约上给付障碍的规定(Funktional ist die zweckverfehlungskondiktion (condictio ob rem) der Regelung von Leistungsstorungen im gegenseitigen Vertrag vergleichbar)。[②]

二、成立要件与适用范围

(一)给付目的不达不当得利的特色

台湾地区通说肯定给付型不当得利有三种类型:①自始无法律上原因的给付型不当得利(第 179 条前段);②嗣后无法律上原因的给付型不

[①] 参见陈自强:《给付目的不达不当得利(Condictio ob rem)》,载《台湾大学法学论丛》2022 年第 51 卷第 2 期; Kupisch, Ungerechtfertige Bereicherungs: Geschichtliche Entwicklungen (1974); Lachner, Die Condictio ob rem (1996); Welker, Bereicherungsausgleich wegen Zweckverfehlung? (1974)。

[②] Kupisch, Ungerechtfertige Bereicherungs: Geschichtliche Entwicklungen (1987), S. 36; Larenz/Canaris, Schuldrecht Ⅱ/2, S. 151; Wandt, Gesetzliche Schuldverhaltnisse, S. 138。

当得利(第179条后段);③给付目的不达不当得利。应特别提出的是,前二者系属非债清偿(condictio indebiti)不当得利,乃一般给付型不当得利,其功能在于请求无债务而为之给付(欠缺给付目的)。给付目的不达不当得利旨在请求未能达成约定效果而发生的不当得利,台湾地区"民法"未设明文,乃一种法之续造所创设的不当得利,具有特殊性,应明确其成立要件及适用范围,始能获得在法之适用上稳妥的共识。

(二)成立要件

1. 受利益

给付目的不达不当得利,系因"给付"而"受利益",同于一般给付型不当得利,应依个别具体财产加以认定,如受领偿债收据、一定金钱等。

2. 为达成作为法律行为内容的结果而为给付

(1)其给付系为达成某种事实上或法律上的目的结果(效果)(bezweckte Erfolg),包括作为或不作为。

给付目的不达不当得利的特色在于达成清偿债务以外的一定结果。清偿债务所生不当得利(非债清偿)系明定于"民法"第179条前段、后段,前已说明。

(2)以一定结果作为"法律行为"的内容。

其所欲达成的目的结果,须为法律行为的内容,即当事人对其所意欲的目的结果须有法律行为上的合意(目的约定,Zweckabrede)。须特别指出的是,此之所谓法律行为(Rechtsgeschäft),非指契约,不具契约性质,而是一种事实上意思表示的合致,得为明示或默示,只要受领给付的一方认识给付者的期待,而经由其受领给付使他方理解其同意给付目的,即足成立"目的约定"。此种"目的约定"一方面应与单方动机,他方面应与契约义务加以区别,乃处于单方动机与契约上义务中间的一种法律上原因的约定。①

3. 给付目的不达

给付目的之结果不发生时,受领给付欠缺法律上原因,成立不当得利。

(三)三个案例类型

在德国经过百年判例(裁判)学说的发展,关于给付目的不达不当得

---

① Larenz/Canaris, Schuldrecht II/2, S. 153; Wandt, Gesetzliche Schuldverhaltnisse, S. 142; HK-BGB/Wiese, § 812, Rn. 11.

利形成三个基本类型,分述如下①:

1. 先给付案例

先给付案例(Vorleistungsfalle),系指就某种尚不存在的法律关系,期待其后成立而先为给付,其目的在于从受领给付者取得无请求权的对待给付。例如以受清偿为目的而交付收据;欲购买土地之人先给付部分价金,期待他方早日缔结买卖契约。

2. 促发案例

促发案例(Veranlassungsfalle)的典型案例,例如甲之子乙担任丙公司的会计,盗用公款。为避免丙对乙起诉,甲对丙为损害赔偿的债务承诺。其后丙仍对乙提出诉讼,甲得对丙主张给付目的不达的不当得利,请求废除其债务承诺。

3. 附加目的案例②

附加目的案例(Zweckanstaffelung),系指当事人于契约通常目的以外(超越契约清偿目的)以外,约定某种不在强制性对待给付范围内的目的结果。兹举德国实务上一个著名的案例(BGH 41, 282)加以说明:H 妇女为 W 鳏夫提供家务协助长达 21 年,除住宿、伙食、零用钱外,并未获报酬。H 提供劳务系出于 W 所明知并为其接受的期待,即 W 立遗嘱以 H 为其继承人,或 W 死后给予 H 遗赠或其他特别方式的补偿。W 在死前变更遗嘱,以其侄 S 为单独继承人,H 一无所得。H 得否向 W 的继承人 S 请求劳务的报酬?

此系德国判例学说上长期争论的问题。实务(BGH 41, 282)及部分学者采肯定说;否定说则认为此种附带目的得依解释补充认定为契约内容,或得适用情事变更原则。

(四)适用范围及体系构成

给付目的不达不当得利系为期待达成将来某种不具拘束力约定之目的结果而为给付,于未达成其目的时,得依不当得利规定请求返还其所为给付,其规范构造的特色有二:

(1)一方给付系期待他方为无拘束力的对待给付,给付目的不达不

---

① Reuter/Martinek, Ungerechtfertigte Bereicherung, S. 151;陈自强:《给付目的不达不当得利(Condictio ob rem)》,载《台湾大学法学论丛》2022 年第 51 卷第 2 期。

② 详细论述,Reuter/Martinek, Ungerechtfertigte Bereicherung, S. 155; Larenz/Canaris, Schuldrecht II/2, S. 153; Wandt, Gesetzliche Schuldverhältnisse, S. 140 f.。

当得利异于非债清偿不当得利(第179条);

(2)给付目的不达不当得利应与契约给付障碍(债务不履行,第225条以下)严予区别,图示如下:

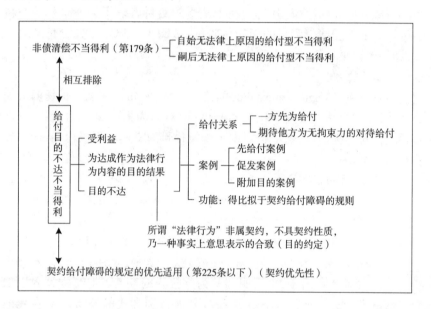

据前所述,就具体个案的法之适用,应依下列次序检查认定其请求权基础:

(1)契约规定(给付障碍)的优先性;

(2)非债清偿不当得利(第179条前段、后段);

(3)给付目的不达不当得利。

兹就前揭德国实务上著名的案例(BGH 41,282),参照德国判例学说①,分析如下:

(1)H得否依雇佣契约(《德国民法典》第611条、第612条第2句;台湾地区"民法"第481条)向W的继承人S请求报酬？德国联邦最高法院认为,H与W间成立劳务关系,H得向W请求支付报酬,此乃出于贯彻契约原则。学说上多否定H与W间成立雇佣契约,其主要理由系W所承诺的对待给付不是报酬,而是立为继承人,认定W有给付报酬义务

---

① Wandt, Gesetzliche Schuldverhaltnisse, S. 141.

过于矫作(gekunstelt)。

(2)在本件案例不发生非债清偿不当得利问题。

(3)应进一步讨论的是给付目的不达不当得利：

①W 因 H 的给付受有利益。

②给付目的所欲达成的结果不发生。首先，在 H 与 W 间从未有一个有效的雇佣契约，H 之所以提供劳务非系为获得直接对待给付(住宿、伙食、零用钱)，而是期待超越于此的对待给付，即被 W 立为继承人。此系超越履行雇佣契约以外的目的(目的附加)。其次，H 与 W 间存在一种《德国民法典》第 812 条第 1 项第 2 句意义的目的约定。

③H 未被立为继承人，约定之目的结果不发生，H 得依德国民法关于不当得利之规定(《德国民法典》第 812 条第 1 项第 2 句、第 818 条第 2 项)请求其所给付劳务的价额。

三、"最高法院"判决

关于给付目的不达不当得利，台湾地区"最高法院"最近著有若干重要判决，值得分析研究。本书较详细地摘录案件事实、原审及"最高法院"见解，俾能更深刻认识其认事用法的论证内容，尤其是增进对给付目的不达不当得利的理解。

(一)"最高法院"2016 年台上字第 1434 号判决：承揽处理废土案

1. 法院见解

(1)原审法院

揆诸系争合约第 15 条第 1、4 项约定可知，被上诉人负有将废土等弃置于合法处所之义务，倘其将废土等任意倾倒，仅属承揽工作瑕疵或另行计付违约金之问题，不影响其运弃废土工程款之请领，上诉人执此主张被上诉人无权请领而受领运弃废土之工程款，为无法律上原因云云，难认有据。

(2)"最高法院"

按"民法"第 179 条规定所谓无法律上之原因而受利益，就受损害人之给付情形而言，系指欠缺给付之目的。给付目的自始欠缺或嗣后不存在，给付目的不能达到，均构成给付不当得利类型之无法律上原因。查系争合约第 15 条第 1 项约定："凡在施工范围内挖出废土及完工后剩余之砖块、砂石及其他废料，应依'废弃物清理法'及本市建筑管理规则等规定尽速清除……"同条第4项约定,车辆载运废弃物,有任意倾倒情事而经查获属实者,上诉人得依该车载运量乘以合约"废方处理"单价后金额之10倍、20倍按次计算违约金,自估验计价款内扣减,直至合约"废方处理"费扣罄为止……是依系争合约约定,被上诉人就废土等处理部分,应完成"依'废弃物清理法'及台北市建筑管理规则等规定清除"之工作,上诉人始负有给付该部分承揽报酬之义务。易言之,被上诉人合法处理废土,乃上诉人给付该部分对价之目的。上诉人主张被上诉人未依上开约定及系争要点规定处理废土一情,倘若非虚,则其给付废土运弃工程款予被上诉人之目的并未达到,不因被上诉人请款时有无检附伪造之运土凭证等文件而有不同。似此情形,被上诉人受领该部分承揽报酬给付,是否不得认为欠缺给付目的而应构成不当得利?非无研求余地。原判决未遑审认,遽认被上诉人受领废土运弃工程款非无法律上原因,进而为不利上诉人之判断,自有可议。

2. 分析说明

(1) 三个给付型不当得利类型:给付目的不达不当得利的特色

本件判决的重要意义在于"最高法院"认为给付目的自始欠缺、嗣后不存在或给付目的不达,构成给付型不当得利的三个类型,此为通说见解,可资赞同。惟"民法"第179条仅规定给付目的自始欠缺法律上原因,或法律上原因嗣后不存在,并不包括"给付目的不达"在内。此种给付型不当得利类型,系法之续造所创设,其功能及要件不同于其他二种给付型不当得利。"给付目的欠缺"系非债清偿的不当得利,即其给付欠缺债之关系(例如买卖契约不成立、无效或被撤销)。"给付目的不达"之给付非系为清偿债务,其给付系为期待取得他方无拘束力的"对待给付",而未达其所约定的目的。前已说明,可供参照。

(2) 承揽人的报酬请求权

承揽系双务契约,承揽人负有完成工作的义务(如处理废土),定作人负有给付报酬的义务。在本件判决,"最高法院"谓:"被上诉人合法处理废土,乃上诉人给付该部分对价之目的。上诉人主张被上诉人未依上开约定及系争要点规定处理废土一情,倘若非虚,则其给付废土运弃工程款予被上诉人之目的并未达到,不因被上诉人请款时有无检附伪造之运土凭证等文件而有不同。似此情形,被上诉人受领该部分承揽报酬给付,是否不得认为欠缺给付目的而应构成不当得利?非无研求余地。原判决未遑审认,遽认被上诉人受领废土运弃工程款非无法律上原因,进而为不利上诉人之判断,自有可议。"

"最高法院"的见解涉及契约与不当得利适用的核心问题,应有检讨价值,分四点加以说明:

①"最高法院"认为本案系"欠缺给付目的"不当得利,似仅指一般给付型不当得利(第179条),但依其文义内容应系指"给付目的不达"不当得利,因当事人间承揽契约有效存在,定作人负有给付报酬的义务,不发生非债清偿的问题。

②应再强调的是,给付目的不达不当得利应与契约责任(债务不履行)严予区别。契约责任具有优先性,在法之适用上须先检讨当事人间的契约责任。

③承揽人负有完成合法处理废土工作的义务。承揽人未依契约约定及法律规定处理废土,系属未依债之本旨而为的不完全给付,定作人得依关于给付迟延或给付不能的规定行使其权利(第227条),其可行使的权利,包括请求损害赔偿或解除契约。① 定作人就承揽人不完全给付而不能达其契约目的,应仅能依债务不履行(给付障碍)规定行使权利。"最高法院"认为定作人仍得主张给付目的不达不当得利,违背此种源自罗马法 condictio ob rem 不当得利的功能及规范意旨。

④"最高法院"在本件关于承揽契约的法律见解若加以一般化,在双务契约一方当事人违反契约责任时(包括给付不能、不完全给付或给付迟延),他方当事人均得依给付目的不达不当得利请求返还其所为给付,例如买受人得以出卖人给付不能、不完全给付或物之瑕疵担保,行使给付目的不达不当得利。此项法律见解势将严重破坏契约的规范机制。

(二)"最高法院"2019年台上字第794号判决:伪造存款证明书案

1. 法院见解

(1)原审法院

陈○雄知悉上诉人急需证明书,竟与林○时、林○彦共同基于不法所有之意图及行使伪造私文书之犯意联络,佯称林○时得调度资金,上诉人支付2200万元即可取得美金3亿元、5亿元之证明书,并指示上诉人前往台银和平分行开设美金外汇存款账户,再由林○时于2007年4月2日至

---

① 关于承揽人不完全给付责任的判决,参见"最高法院"2018年台上字第2208号判决。

同年12月间,在台银和平分行、台湾银行总行营业部外等地点,陆续交付伊或诉外人魏○明伪造之外汇存款账户存折2本等文件,致上诉人陷于错误而于同年3月至11月间,陆续交付4纸面额合计2200万元之支票予陈○雄,上诉人确因被上诉人之共同诈欺行为而受有损害。被上诉人应依侵权行为之法律关系连带赔偿上诉人。惟依上诉人2009年4月2日陈述及2017年3月2日民事辩论意旨状记载,其于2008年、2009年间即已知悉损害及赔偿义务人,却迟至2014年3月31日始起诉请求被上诉人赔偿损害,已逾2年之时效期间,被上诉人自得拒绝给付,则上诉人请求被上诉人连带赔偿2075万元本息,洵属无据。再者,上诉人因从事国际金融商业,亟需证明书,乃以2200万元代价委由陈○雄取得美金3亿元、5亿元之证明书,则陈○雄等二人自非不能以自己或他人金钱存入上诉人之美金存款账户,据以申请银行开立美金3亿元、5亿元之证明书,尚难以上诉人仅支付2200万元报酬或陈○雄、林○时嗣以伪造之上揭文书诈骗上诉人,即认双方间之契约系以不能之给付为标的而无效。上诉人于2008年、2009年间知悉受骗,业如前述,其复未举证其已于发现诈欺后1年内,向陈○雄等二人为撤销之意思表示,则渠等所受领之报酬,难谓无法律上之原因而受有利益,自与不当得利之要件不符。上诉人依不当得利之法律关系,请求陈○雄等二人分别返还1970万元、105万元本息,洵属无据。

(2)"最高法院"

惟按双务契约,当事人一方有受领他方给付之权利,而未履行己方之义务,其未履行之债务并未消灭,对于已受领之给付,固非无法律上原因,难谓为不当得利。然倘当事人一方因给付目的不达,尚未取得受领他方给付之权利,则其先前之受领,即属无法律上原因而受利益,得成立不当得利。查上诉人因从事国际金融商业,亟需证明书,以2200万元代价委由陈○雄取得美金3亿元、5亿元之证明书,陈○雄等二人得以自己或他人金钱存入上诉人之美金存款账户,据以申请银行开立美金3亿元、5亿元之证明书,陈○雄等二人因提供伪造之证明书,而受领该2200万元报酬等情,为原审认定之事实。果尔,似上诉人给付2200万元之目的系为合法取得证明书。则上诉人主张:欠缺给付目的而受领承揽报酬应成立不当得利,系争证明书系属伪造,被上诉人未依债之本旨给付,致伊受有2200万元之损失,伊得依不当得利规定请求返还等语,是否全然无据,非无研求之余地。究竟双方间系争契约之法律性质为何,依上诉人应给付2200万元代价与被上诉人应提供证明书给付之关系,被上诉人提供证明书之给付目的不达,是否仍有受领上诉人给付之权利,非无疑义,自待探求厘清。乃原审未察,遽认系争契约不得以诈欺为由撤销,即认陈○雄等二人取得报酬并非无法律上原因,而为不利上诉人之判决,未免速断。

2. 分析说明

(1) 案例事实及法律问题

本件判决具有原则重要性,为便于说明,特简化其案例事实:甲急需存款证明书,乙诈欺甲,佯称其得调度资金,甲支付2200万元即可取得美金3亿元、5亿元之证明书。其后乙交付伪造之外汇存款证明书,使甲陷于错误,陆续交付2200万元。在此情形,甲得向乙行使何种权利?其请求权基础?

应先说明者有三:

①"最高法院"肯定甲与乙间有契约关系,但提出"双方间契约法律性质"的问题。据前述案例事实,乙系为甲完成一定工作(提供外汇存款证明书),甲支付报酬2200万元,原则上可认定双方间有承揽契约(第490条)。

②甲得对乙主张受诈欺的侵权行为损害赔偿请求权(第184条第1项后段)。

③问题的重点在于甲撤销或未撤销其受诈欺的意思表示(承揽契约)时,甲对乙的不当得利请求权。

(2) 甲撤销其意思表示时,对乙的不当得利请求权

甲得以受乙诈欺为由,撤销其与乙订立承揽契约的意思表示(第92条),承揽契约视为自始无效(第114条第1项),甲得向乙依"民法"第179条后段规定请求返还其受领的报酬,此系属"非债清偿"的不当得利。

(3) 甲未撤销其意思表示时,对乙的不当得利请求权:双务契约与给付目的不达不当得利

在本件判决,甲因除斥期间经过,不能撤销其受诈欺之意思表示,其承揽契约有效存在。在此情形,"最高法院"肯定甲对乙有"给付目的不达不当得利"请求权:"惟按双务契约,当事人一方有受领他方给付之权利,而未履行己方之义务,其未履行之债务并未消灭,对于已受领之给

付,固非无法律上原因,难谓为不当得利。然倘当事人一方因给付目的不达,尚未取得受领他方给付之权利,则其先前之受领,即属无法律上原因而受利益,得成立不当得利。"并据此而认定:"上诉人给付2200万元之目的系为合法取得证明书。则上诉人主张:欠缺给付目的而受领承揽报酬应成立不当得利,系争证明书系属伪造,被上诉人未依债之本旨给付,致伊受有2200万元之损失,伊得依不当得利规定请求返还等语,是否全然无据,非无研求之余地。"

"最高法院"此项见解应有商榷余地:

①背离给付目的不达不当得利的历史体系功能:诚如前所再三强调,给付目的不达不当得利源自罗马法的 condictio ob rem,其功能在于使当事人间因无拘束力的契约先为给付者,于他方不为无强制性的对待给付时,得依不当得利规定请求返还其所为给付。在当事人间有拘束力的契约时(此为现代契约法的一般原则),无适用 condictio ob rem 的余地(契约优先性)。

②给付目的不达的要件:"最高法院"将给付目的不达不当得利适用于双务契约,或系对于"法律行为"(目的约定)概念发生文义上的误会。

③契约的优先原则:本件判决的法律关系具承揽契约的性质,定作人(甲)未取得合法的存款证明书,应认系承揽人(乙)的不完全给付,定作人得依关于给付迟延或给付不能的规定行使其权利(尤其是解除契约、请求损害赔偿,参阅2018年台上字第2208号判决)。兹再举三例以供参照:A.承揽人交付具有严重瑕疵的鉴定书;B.受雇人提供的劳务不符债之本旨;C.出卖人交付具有瑕疵的房屋(如坪数短少)。① 诸此情形,债务人受领他方给付(报酬或价金)系具有债之关系(双务契约上的法律原因),债权人得依债务不履行规定行使其权利(不完全给付或物之瑕疵担

---

① "最高法院"1980年台上字第677号判决:"按'民法'第179条规定所谓无法律上原因,而受利益,致他人受损害,就给付情形而言,对给付原因之欠缺,目的之不能达到,亦属给付原因欠缺形态之一种,即给付原因初固有效存在,然因其他障碍不能达到目的者是。本件被上诉人就其出卖之房屋,应负瑕疵担保责任,但上诉人主张,被上诉人交付之房屋坪数短少,而有溢收价金之情形,如果属实,被上诉人对于溢收之房屋价金是否不能成立不当得利,尚有疑问。又上诉人之不当得利返还请求权与物之瑕疵担保请求权如有并存竞合之情形,上诉人择一请求似非法所不许。"在此案例,当事人间有买卖契约,应适用瑕疵担保责任,出卖人溢收价金有法律上原因,不发生给付目的不达不当得利。若将"最高法院"见解一般化,将混淆民法不当得利与契约责任二个制度。笔者早年曾对此"最高法院"判决作有评释,惟受限于当时对给付目的不达不当得利的认识不如现在深刻,未能详为论述。参见本书第129页。

保责任)。"最高法院"认定债权人(定作人、雇用人、买受人)尚得主张给付目的不达不当得利请求权,其所采法律见解违反契约优先原则,误解此种特殊不当得利的历史渊源,混淆契约责任与不当得利的适用关系(请求权竞合或特别规定),是一个值得深入研究的课题。

(三)"最高法院"2015年台上字第1174号判决:公司增资案

1. 法院见解

(1)原审法院

按第三人利益契约,乃当事人之一方与他方约定,由他方向第三人为一定之给付,第三人因此取得直接请求他方给付权利之契约。倘第三人并未取得直接请求他方给付之权利,即仅为当事人与第三人间之"指示给付关系",尚非"民法"第269条所规定之第三人利益契约。又于"指示给付关系"中,被指示人系为履行其与指示人间之约定,始向领取人(第三人)给付,被指示人对于领取人,原无给付之目的存在。苟被指示人与指示人间之关系不存在(或不成立、无效),被指示人应仅得向指示人请求返还其无法律上原因所受之利益,至领取人所受之利益,原系本于指示人而非被指示人之给付,即被指示人与领取人间尚无给付关系存在,自无从成立不当得利之法律关系。郭○昭与潘○昭、周○玲等三人订立系争协议书,约定由潘○昭担任被上诉人之董事长,彼等三人并予增资被上诉人。系争协议书第3项约定:"(永春泉生医管理股份有限公司)股票发行后拟增资(至)2亿元。其中郭○昭再入1800万元[全镜1000万(元),旧有生财设备800万元],潘○昭6200万元。"郭○昭因而于2006年12月18日、19日依序交付450万元、550万元(下称系争1000万元)予被上诉人。被上诉人其后并未增资至2亿元资本额等情,为双方所不争。郭○昭等三人订立系争协议书,系成立"指示给付关系",郭○昭为履行其与指示人间之约定,向被上诉人给付系争1000万元,纵系争协议书经合法解除,被上诉人既非系争协议书之当事人,其受领系争1000万元,尚非无法律上原因。

(2)"最高法院"

按为实现法律行为内容之目的而为给付,于其给付所欲达成之结果不发生时,应成立给付目的不达之不当得利。本件上诉人系主张伊前为被上诉人公司之负责人,于2006年12月4日与潘○昭、周○玲订立系争协议书,约定被上诉人公司发行股票后,公司应增资至2亿元,伊依系争协议给付被上诉人公司1000万元增资款,惟被上诉人嗣后并未增资至2亿元资本额等情;此种公司股东间为增加公司资本额,由股东向公司认购股份,给付增资款之类型,与通常之第三人利益契约或指示给付关系未尽相同。倘其给付目的所欲达成之结果不发生,该履行给付之人自得本于给付目的不当得利请求权请求返还给付。查上诉人给付系争1000万元之目的,系为增加被上诉人公司资本额,被上诉人公司嗣后并未增资至2亿元资本额,上诉人给付目的所欲达成之结果似已确定不发生。果尔,上诉人是否不能请求被上诉人公司返还增资款?非无研求之余地。原判决未遑详查究明,径为不利于上诉人之判断,废弃第一审所为上诉人胜诉之判决,改判驳回上诉人在第一审之诉,尚有未洽。

2. 分析说明

(1)案例事实及法律问题

本件判决的案例事实简化如下:甲(上诉人)、乙、丙三人订立协议书,约定由乙担任丁公司(被上诉人)董事长,三人各对丁公司增资,并约定丁公司发行股票后,应增资至2亿元资本额。甲依协议给付丁公司1000万元增资款,嗣后丁公司并未增资至2亿元资本额。甲得否向丁公司请求返还给付的增资款?其请求权基础?

(2)原审法院见解

原审法院否认甲对丁公司的不当得利请求权,其理由系丁公司非协议书的当事人。真正问题在于甲与丁公司是否具有给付关系?原审法院将此种公司增资协议的法律性质定性为指示给付关系,并认为被指示人(甲)与领取人(丁公司)间尚无给付关系,自无从成立不当得利关系。惟原审并未明确说明谁为指示人?当事人间的原因关系与补偿关系如何?诚如"最高法院"所云,在本件案例指示给付关系的法律构造与甲、丁公司间的法律关系不尽相符。

(3)"最高法院"见解

"最高法院"认为此种公司股东间为增加公司资本额,由股东向公司认购股份、给付增资款的契约类型,与通常之第三人利益契约或指示给付关系未尽相同。本件判决的核心问题在于"最高法院"未能明确认定给付目的不达不当得利的要件及适用范围。

"最高法院"肯定甲给付增资款成立给付目的不达不当得利,此在构成要件上必须认定甲系为实现法律行为内容之目的而为给付,于其给付目的所欲达成之结果不发生时,应成立给付目的不达不当得利。具体言之,甲给付1000万元之目的,系为增加丁公司之资本额,惟丁公司嗣后并为增资至2亿元资本额,甲之给付目的所欲达成之结果已确定不发生,故甲得向丁公司请求返还其给付之增资款。关于此项得成立给付目的不当得利的要件,"最高法院"并未详为论证。

丁公司须受有甲给付增资款的利益,始得成立给付目的不达不当得利。甲须非因契约关系而为给付,若有契约关系,则无给付目的不达不当得利的适用(契约优先原则)。"最高法院"认为股东增资之契约类型,与第三人利益契约或指示给付关系不尽相同,但未明确说明甲与丁公司间究有何种契约关系?

若经认定无任何契约关系,则应进一步检视的是甲与丁公司间是否有明示或默示的事实上意思表示一致的"目的约定"(所谓的法律行为,此非契约,或具契约性质),即甲先给付增资款之目的,在于期待丁公司增资至2亿元资本额。若为肯定,则丁公司嗣后未增资至2亿元资本额时,甲之给付目的所欲达成之结果确定不发生,甲得向丁公司主张给付目的不达不当得利请求返还其所给付之增资款。

应再特别指出的是契约优先原则,即当事人间的契约应优先于给付目的不达不当得利,从而在法之适用上应就个案检视,认定甲与丁公司间是否明示或默示订立甲给付增资款时,丁公司亦应增资至2亿元资本额的契约(或附解除条件、约定解除权)。对此,甲应负举证责任。[①] 若有此类契约,而丁公司不为增资时,应负债务不履行责任,甲得解除契约,请求返还所给付的增资款(第259条第1款)。

四、结论

给付目的不达不当得利指"依法律行为的内容,因结果而为给付,其结果不发生时,亦成立不当得利"(《德国民法典》第812条第1项第2句,《大清民律草案》第922条第1项),其文义不易理解,应追溯罗马法 condictio ob rem,并参酌德国民法百年争论的稳妥基本理解而认识其规范目的、要件及适用范围。应再强调者有二:

[①] 参见陈自强:《给付目的不达不当得利(Condictio ob rem)》,载《台湾大学法学论丛》2022年第51卷第2期。

1. 给付目的不达不当得利,在使当事人无拘束力的契约关系时,得依事实上意思表示合致约定(所谓的法律行为)一定的目的结果,先为给付的一方未能获得期待的对待给付,达成其目的结果时,得依不当得利规定请求其所为的给付,体现于前述先给付案例、促发案例及附加目的案例(有争论)。

2. 给付目的不达不当得利,一方面应与非债清偿不当得利(自始无给付目的、给付目的嗣后不存在,第179条前段、后段)加以区别。他方面在法之适用上应肯定契约优先原则,即当事人间有契约关系时,应排除给付目的不达不当得利的适用。

"最高法院"近年著有三个关于给付目的不达不当得利的重要判决①:

(1)"最高法院"2016年台上字第1434号判决:承揽处理废土案;
(2)"最高法院"2019年台上字第794号判决:伪造存款证明书案;
(3)"最高法院"2015年台上字第1174号判决:公司增资案。

其共同的基本法律见解系认为给付目的不达不当得利亦适用于当事人间有契约关系,一方先为给付,他方未依债之本旨而为对待给付(给付不能、不完全给付)时,则他方先受领之给付,即属给付目的不达,无法律上原因而受利益,得成立不当得利。此项实务见解未能理解源自罗马法的不当得利,致背离给付目的不达不当得利的历史规范意旨,不符契约优先原则,破坏契约责任的机制,应有重新检讨的余地。应特别指出的是,此不可归责于实务,其主要原因系学说研究不足,未

---

① 除此三个判决之外,"最高法院"2021年台上字第104号判决亦可供参考:"按'民法'第179条所谓无法律上原因而受利益,系指给付之目的欠缺而言。为将来实现之目的而为给付,嗣因障碍而目的不达者,固亦属之,惟如系基于契约关系而为给付,于契约仍有效存在,仅因负对待给付义务之受领人不依约履行,致给付目的不达时,因给付而受损害之人自应依债务不履行之相关规定行使权利,尚难因此径谓受领人保有该给付,系无法律上之原因而受利益,得请求其返还。查LUTEK公司未经认许,张〇瑜及许〇凯以LUTEK公司增资新股为由,邀集被上诉人及施〇森等人投资认购新股,被上诉人将系争增资款汇入LUTEK公司之上海银行账户,嗣因LUTEK公司之代表人张〇瑜拒绝在股东变更登记文件上签名,致该公司未能将被上诉人登记为股东,并取得股权等情,为原审认定之事实。被上诉人并主张徐〇婷、许〇凯分别登记为LUTEK公司之董事长、董事,其二人所为募资行为,应依'民法总则施行法'第15条规定,与LUTEK公司负连带责任等语。则被上诉人与LUTEK公司间是否已成立增资认股契约? 被上诉人是否基于该契约而为给付? LUTEK公司之负责人张〇瑜拒绝将被上诉人登记为该公司股东,是否系该公司违反契约之对待给付义务? 倘该契约仍有效存在,能否谓LUTEK公司保有该增资款,系无法律上之原因而受利益? 自非无疑。"相关分析,参见张译文:《"对待给付不履行"与"给付目的不达"》,载《月旦法学杂志》2023年第338期。

能为实务而准备、为实务而服务，不可能期待法官就每一个基本法律问题均自行研究。

给付目的不达不当得利的研究有助于更明确理解契约法的演变及不当得利的功能，由于契约自由及契约的扩大解释，缩减了此一流传千年的不当得利的适用范围，影响其未来发展的命运；并可更深刻体认经验与智慧如何引导法律的进步开展。

第四目　虽有永久抗辩权仍为给付

《大清民律草案》第930条第1项规定："因清偿债务而为给付者，若有永远可排斥债权人之请求之抗辩，得请求归还其给付，但消灭时效之抗辩，不在此限。"此项规定来自《德国民法典》第813条，称为虽有抗辩权仍为履行(Erfüllung trotz Einrede)。① 所谓永久抗辩权(学说上亦有称为灭却性抗辩权)，例如"民法"第125条所规定的消灭时效抗辩权，及"民法"第198条规定："因侵权行为对于被害人取得债权者，被害人对该债权之废止请求权，虽因时效而消灭，仍得拒绝履行。"《大清民律草案》第930条第1项及《德国民法典》第813条规定系非债清偿不当得利请求权的扩张，将附有永久抗辩权的债权视为不存在的债权。

现行"民法"未采《大清民律草案》的规定，仅于第144条明定："时效完成后，债务人得拒绝给付。请求权已经时效消灭，债务人仍为履行之给付者，不得以不知时效为理由，请求返还……"此项为交易安全而设。关于其他永久抗辩权，"民法"未有明文。学说上有认为，"民法"虽无明文规定，然自"民法"第180条第3款之规定观之，如债务人无给付义务，即可构成不当得利。换言之，债务人如有灭却性抗辩权，则可解释为无给付义务，应构成非债清偿。

第四款　举证责任

举证责任的分配系不当得利法的重要问题。在实务上肯定不当得利的非统一说，区别给付型不当得利及非给付型不当得利(尤其是权益侵害型不当得利)后，作成若干举证责任的重要判决，引起学说上热烈深刻讨

---

① MünchKomm/Schwab §813; Palandt/Sprau §813; Staudinger/Lorenz §813; Erman/Westermann/Buck-Heeb §813.

论,对不当得利的发展具有重大意义。① 以下先说明给付型不当得利的举证责任。

第一项　应由原告(给付者)负举证责任的基本原则

一、最高法院1939年上字第1739号判例

主张不当得利请求权之当事人(原告),对不当得利请求权之成立要件应负举证责任。最高法院1939年上字第1739号判例谓:"非债清偿之不当得利返还请求权,以债务不存在为其成立要件之一,主张此项请求权成立之原告,应就债务不存在之事实负举证之责任。本件被上诉人为原告,主张伊父生前并无向上诉人借用银两之事,上诉人历年收取伊家所付之利息,均属不当得利,请求返还,除须证明其已为给付之事实外,自应就债务不存在之事实负举证之责任,原审仅以上诉人不能证明其债权之存在,即认其历年收取之利息为不当得利,于法殊有未合。"就给付型不当得利言,原告必须证明:

1. 被告受有利益。
2. 因原告给付而受有利益,即原告与被告间有给付关系。
3. 无法律上的原因,即债务不存在,欠缺给付目的。此虽具消极事实的性质,仍应由原告负举证责任。

二、基本原则

"最高法院"历年判决均采前揭1939年渝上字第1739号判例的基本见解,作较详细的论述。兹举二则代表性判决,以供参考:

1. "最高法院"2007年台上字第158号判决:"不当得利,以无法律上之原因而受利益,致他人受损害为其成立要件,依'民事诉讼法'第277

---

① 参见许士宦:《不当得利返还诉讼中无法律上原因事实之举证责任分配(上)》,载《台湾法学杂志》2012年第195期;许士宦:《不当得利返还诉讼中无法律上原因事实之举证责任分配(下)》,载《台湾法学杂志》2012年第197期;许士宦:《不当得利之类型与无法律上原因之举证责任》,载《月旦民商法杂志》2012年第37期;姜世明:《不当得利"无法律上原因"要件之举证责任分配》,载《台湾本土法学杂志》2008年第106期;李文贤:《不当得利无法律上原因之举证责任》,载《法律丛刊》2007年第52卷第1期;王洪亮:《非给付不当得利的构成与举证责任》,载《月旦民商法杂志》2012年第37期。

条规定,应由主张该事实存在之原告负证明之责。而原告除应证明被告受有利益外,尚应证明其受有利益系无法律上之原因,倘原告未能举证证明之,则被告就其抗辩事实即令不能举证,或所举证据尚有疵累,仍应驳回原告之请求。本件原审因上诉人仅证明被上诉人受领汇款,未能证明被上诉人受领系争汇款系无法律上之原因,而为上诉人败诉之判决,自不违背法令。"本件判决的特色在于以"民事诉讼法"第277条的规定为依据(参阅"最高法院"2010年台上字第2019号判决,本书第435页)。

2. "最高法院"2009年台上字第1219号判决:"非债清偿之不当得利返还请求权,以对于不存在之债务而为清偿之事实,为其发生之特别要件,自应由主张此项请求权存在之原告就该事实之存在负举证之责任,而该事实存在,系以所清偿之债务不存在为前提,故该原告就其所清偿之债务不存在之事实有举证责任,业经'司法院'及本院分别以院字第2269号及1939年上字第1739号著成解释及判例。是以主张不当得利请求权之原告,既因自己行为致原由其掌控之财产发生主体变动,则本于无法律上之原因而生财产变动消极事实举证困难之危险,当归诸原告,方得谓平。该原告即应就不当得利请求权之成立要件负其举证责任,亦即原告必须证明其与被告间有给付之关系存在,及被告因其给付而受利益致其受损害,并就被告之受益为无法律上之原因,举证证明该给付欠缺给付之目的,始能获得胜诉之判决。查上诉人未证明双方间就附表款项或支票经存入被上诉人银行账户有成立消费借贷契约或消费寄托契约之意思表示合致,既为原审所确定之事实,且依上诉人于事实审所提书状之主张及准备程序暨言词辩论笔录之陈述内容,与被上诉人之抗辩以观,上诉人就被上诉人之受利益为无法律上之原因,即该给付欠缺给付目的之事实,并未尽其举证责任,依上说明,自不能为其有利之认定。"本件判决的特色在于提出在给付型不当得利之所以应由原告(为给付之人)负举证责任的实质理由。

三、举证责任倒置

值得提出的是,"最高法院"2010年台上字第503号判决认为:"按主张不当得利之原告,如因自己行为致原由其掌控之财产发生主体变动,本于无法律上原因而生财产变动消极事实举证困难之危险,固应归诸原告,由该原告就不当得利请求权之成立特别要件即所清偿债务不存在之事实,负其举证责任。但财产主体之变动倘系被告之行为所致,自应由被告举证证明其受领给付系有法律上之原因。本件被上诉人之账户内款项,系因上诉人与其妻李○华之行为,而发生变动至上诉人账户内,为原审合法认定之事实,则上诉人就其账户受领一千六百三十五万二千元扣除回存及代垫共一千零五十万一千四百七十一元后之余额五百八十五万零五百二十九元系有法律上原因一节,揆诸上开说明,自应负举证之责任。原审认上诉人就此利己事实未能举证证明,因而为驳回其对此部分上诉之判决,并无分配举证责任及适用证据法则之违误可言。"本件判决的特色在于依给付型不当得利应由原告负举证责任的实质理由,而为符合规范意旨的举证责任的倒置(参阅"最高法院"2011年台上字第1605号判决,本书第434页)。

第二项 被告(受领给付之人)的真实陈述义务

关于不当得利举证责任的分配,值得特别提出的是被告的真实陈述义务。"最高法院"2009年台上字第391号判决谓:"按当事人就其提出之事实,应为真实及完全之陈述。且当事人对于其请求及抗辩所依据之原因事实,应为具体之陈述,以保护当事人之真正权利及维持……法律秩序,此观'民事诉讼法'第195条第1项之规定及其修正理由、第266条第3项之规定自明。又主张不当得利存在之当事人,对于不当得利请求权之成立要件即他方无法律上之原因受利益,致其受有损害应负举证责任,故关于不当得利之无法律上原因之消极要件,原则上固应由主张权利者负举证责任。惟此一消极事实本质上难以直接证明,仅能以间接方法证明之。因此,倘主张权利者对于他方受利益,致其受有损害之事实已为证明,他造就其所抗辩之原因事实,除有正当事由(如陈述将使其受到犯罪之追诉等),应为真实完全及具体之陈述,以供主张权利者得据以反驳,俾法院凭以判断他造受利益是否为无法律上原因。如他造违反上开义务时,法院应于判决时依全辩论意旨斟酌之。"①又"最高法院"2012年台上字第2078号判决更明确地说明:"按主张不当得利请求权存在之当事人,对于不当得利请求权之成立,应负举证责任,即应证明他方系无法律上之原因而受利益,致其受有损害。如受利益人系因给付而得利时,所

---

① 姜世明:《真实义务及不当得利之举证责任分配》,载《台湾法学杂志》2009年第135期。

谓无法律上之原因,系指给付欠缺给付之目的。故主张该项不当得利请求权存在之当事人,应举证证明该给付欠缺给付之目的。惟此一消极事实本质上难以直接证明,因此,倘主张权利者对于他方受利益,致其受有损害之事实已为证明,他造就其所抗辩之原因事实,除有正当事由外,应为真实、完全及具体之陈述,以供主张权利者得据以反驳,俾法院凭以判断他造受利益是否为无法律上原因。换言之,他造抗辩后,主张权利者应举证证明他造所抗辩之原因事实为不实,始尽其举证责任。"

"最高法院"在前开二件判决认不当得利的债务人(被告)负有真实、完全及具体陈述义务,以供主张权利者得据以反驳,俾法院凭以判断其所受益是否为无法律上原因,有助于克服消极事实难以直接说明的困难,以平衡双方利益,实值赞同。

第五款　给付型不当得利实务上重要案例的分析说明
——案例法发展的回顾

给付型不当得利实务上案例甚多,兹选择具代表性的"最高法院"判决,分类说明如下,其目的有四:

1. 增加认识不当得利法的功能。
2. 具体检视给付型不当得利的要件及解释适用。
3. 借由案例建构规范体系,并以规范体系认识案例,来回法律体系与案例之间,阐释当事人的法律关系。
4. 法之发展始于案例,理论与实务沟通,发现争点,寻求共识,整合判例(裁判)学说,建构不当得利的法释义学。

要强调的是这些判决在一定程度上体现了台湾地区数十年来私法生活与社会经济活动,以及不当得利法如何调整其无法律上原因的财产变动,有益私法自治通达的功能,并可供认识不当得利法发展的核心问题。

在阅读分析之前,务请先自己思考解答每一个"最高法院"判决所设简化案例(案例研习),以利自我学习,培养认事用法的法律思维能力。

第一项　保险契约的撤销与不当得利

甲经由乙(丙保险公司的业务员)的居间,与丙保险公司订立保险契约。其后甲以受乙诈欺而撤销保险契约,丙保险公司得否径依不当得利规定向乙请求返还居间的报酬？

一、"最高法院"2017年台上字第245号判决

"最高法院"2017年台上字第245号判决谓："按居间人以契约因其报告或媒介而成立者为限,得请求报酬,为'民法'第568条第1项所明定。其立法理由明揭:'居间之报酬,俟居间人报告或媒介契约成立后支付,乃当然之理,故契约无效,或契约已成而撤销者,居间人不得请求报酬。'又法律行为经撤销者,视为自始无效,'民法'第114条第1项亦定有明文。是居间行为如属无效（包括经撤销成为无效）而委托人已将报酬给付居间人者,该报酬授受之损益变动间因不存在法定或约定之法律关系,欠缺给付目的,成为无法律上之原因,居间人所受领之报酬即违反法秩序所预定之财货分配法则,形成不当移动（流动）之现象,自可借由不当得利之规定调整之,使回归财货应有之归属,以符合不当得利制度旨在矫正因交易失败（法律行为不成立、无效或被撤销）所造成之不合理状态,并达到衡平之结果。此与本院1960年台上字第1646号判例系就其后契约因故解除之情形所作之阐述,尚有不同。且不当得利之债为法定之债,只须合于法律所规定之要件,即可成立,与契约之债,系因当事人之意思所生而属于意定之债,亦属有别。本件系争保单为杨○名等4人为上诉人居间而成立,如附表五至八之第二、三、四栏所示保单,其后各该要保人主张遭业务员诈欺而撤销意思表示,经屏东地方法院2011年度保险字第17号、台南地方法院2011年度保险字第6号、高雄地方法院2011年度保险字第38号判决在案,为原审确定之事实。果尔,上开经要保人撤销意思表示之保险契约,依'民法'第114条第1项规定,既应视为自始无效,则依上说明,能否谓居间人杨○名等4人仍得请求报酬,上诉人不得依不当得利之规定请求被上诉人返还该项报酬？非无进一步研求之必要。"

二、分析说明

本件判决系保险契约上常见的问题,涉及二个契约（保险契约与居间契约）及二个给付关系,有助于更深刻理解给付型不当得利矫正调和交易（契约）失败财货变动的问题。兹先图示基本关系如下：

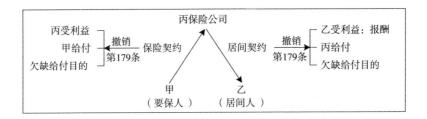

(一)要保人(甲)与保险公司(丙)

要保人甲以受丙保险公司业务员(居间人乙)的诈欺为由,撤销保险契约(第92条),使保险契约自始视为无效时(第114条第1项),丙保险公司受有甲保费的利益,此系甲的给付,并欠缺给付目的,要保人甲得向丙保险公司请求返还其所受保费的利益。

(二)保险公司(丙)与居间人(乙)

"最高法院"在本件判决谓:"上开经要保人撤销意思表示之保险契约,依'民法'第114条第1项规定,既应视为自始无效,则依上说明,能否谓居间人杨○名等4人仍得请求报酬,上诉人不得依不当得利之规定请求被上诉人返还该项报酬?非无进一步研求之必要。"应说明者有二:

1. 要保人撤销保险契约时,如上所述,其给付型不当得利发生于保险契约当事人(要保人甲与丙保险公司),为何丙保险公司得径据此向居间人乙依据不当得利规定请求返还报酬?保险契约的撤销是否当然导致居间契约亦视为自始无效?"最高法院"对此应有进一步说明的必要。

2. 居间人乙受有报酬,系基于居间契约,诚如"最高法院"在本件判决所强调,须居间契约无效(包括不成立或被撤销),其因丙保险公司给付所受利益始欠缺给付目的而成立不当得利,而有调整其财产变动之必要。似不能径以保险契约之撤销,认定居间人不得请求报酬,保险公司得依不当得利规定向居间人请求返还报酬。

再应特别强调的是,给付型不当得利得发生于不同于契约的给付关系,明辨不同的契约关系(给付关系)系给付型不当得利的关键核心问题。

第二项　法人与不当得利：给付关系与不当得利当事人

甲系乙公司的股东，交付款项给乙公司作为增资款，由丙董事长代表乙公司受领。设该增资的法律关系不存在时，甲得否向乙公司的董事长丙主张应负不当得利的返还义务？

一、"最高法院"2011年台上字第990号判决

"最高法院"2011年台上字第990号判决谓："根据'民法'第179条之规定，不当得利返还请求权之成立，须当事人间有财产之损益变动，即一方受财产之利益，致他方受财产上之损害，且无法律上之原因。在给付之不当得利，系以给付之人为债权人，受领给付之人为债务人，而由为给付之人向受领给付之人请求返还利益。所谓给付系指有意识地，基于一定目的而增加他人之财产，给付者与受领给付者因而构成给付行为之当事人，此目的乃针对所存在或所约定之法律关系而为之。因此，不当得利之债权债务关系存在于给付者与受领给付者间，基于债之相对性，给付者不得对受领给付者以外之人请求返还利益。又公司为法人，法人为一组织体，自身不能为法律行为，必须由机关（自然人）代表为之，其机关代表法人所为之行为，在法律上视为法人本身之行为。申言之，代表法人之机关（自然人），为法人组织之部门，该机关在其代表之权限范围内所为之行为，视同法人亲自所为之行为，与充作机关之自然人无涉。本件上诉人系悍新公司股东，其所交付之上开款项系给付悍新公司作为增资款，乃原审合法确定之事实……则上诉人系基于向悍新公司增资之目的而给付上开增资款，被上诉人乃以悍新公司董事长之身份，居于公司代表（'公司法'第208条第3项前段参看）之地位受领增资款，该受领之行为应视为悍新公司本身之行为，与被上诉人无关。本件上诉人所请求之给付关系既存在于上诉人与悍新公司之间，则被上诉人并未因此受有财产之利益，自不负不当得利返还之义务。"

二、分析说明

（一）给付关系

给付型不当得利的核心问题在于给付关系，即谁对谁为给付而成为

不当得利请求权的当事人。本件判决提出有意识、有目的性的给付概念,并据此认定"不当得利之债权债务关系存在于给付者与受领给付者间",并特别强调"基于债之相对性,给付者不得对受领给付者以外之人请求返还利益"。值得重视的是,本件判决未提出"致他人受损害",明确肯定在给付型不当得利以"给付关系"取代"致他人受损害"。"最高法院"采取同于本书再三阐述的见解,应予肯定。

(二)不当得利的当事人:法人与机关

"最高法院"认为公司(法人)董事长居于公司代表(法人机关)之地位,受领增资款而受利益,该受领行为应视为公司的行为,而由公司(法人)负不当得利返还的义务,论述简明清楚,实值赞同。

第三项 立约定金与不当得利

甲向乙购买房屋,支付以担保契约成立为目的的定金,在定金契约不成立、无效或被撤销,或买卖契约无效时,甲得否向乙请求返还定金?如何认定其要件?

一、"最高法院"2013年台上字第530号判决

"最高法院"2013年台上字第530号判决谓:"按不当得利返还请求权之成立,须当事人间财产之损益变动,即一方受财产上之利益致他方受财产上之损害,系无法律上之原因。在给付型之不当得利,关于有无法律上之原因,应视当事人间之给付行为是否存在给付目的而定;倘当事人一方基于一定之目的(针对所存在之法定或约定之法律关系为标的)而对他方之财产有所增益,其目的在客观上即为给付行为之原因,自非无法律上之原因。而立约定金(亦称犹豫定金)乃契约成立以前所交付,用以担保契约成立为目的之定金,收受此种定金,须经当事人之合意,性质上亦属于契约之法律行为;当事人一方依约交付立约定金予他方,乃基于一定之目的(担保契约之成立)而为给付,除该项给付自始无给付目的(如立约定金契约不成立、无效或撤销)或给付目的嗣后不存在(如立约定金契约合意解除)或给付目的不达(如立约定金所担保之契约标的,已不能履行)之情形外,因该目的之存在,客观上即为给付行为之原因,自不能成立不当得利。"

二、分析说明

本件判决涉及立约定金与不当得利,系买卖契约上的重要问题,有助于更深刻认识给付型不当得利的成立要件:

1. 受利益:定金。

2. 因他方给付而受利益:此乃属立约定金,系以担保契约成立为目的而为交付,须经当事人契约之法律行为之合意,乃一定之目的而为给付。

3. 关于受定金的利益是否具有法律上原因,"最高法院"系以"给付目的的存在"作为判断基准,并分三种情形加以认定:

(1)自始无给付目的(如立约定金不成立、无效或被撤销)。在此情形成立"民法"第179条前段规定的不当得利。

(2)给付目的嗣后不存在(如立约定金合意解除)。在此情形,成立"民法"第179条后段的不当得利。

(3)给付目的不达(如立约定金所担保之契约标的已不能履行)。在此情形,"最高法院"肯定亦得成立不当得利,此项见解最值重视。在此情形,究应如何适用"民法"第179条?如何认定此种不当得利的要件?

所谓"立约定金所担保之契约标的,已不能履行",若系指其所担保的契约(如买卖契约)给付不能(如买卖契约无效)而使定金契约无效(第246条第1项),似应成立"民法"第179条前段的不当得利,而不发生给付目的不达的问题?关于给付目的不达不当得利,请参照本书相关部分说明(本书第88页)。

第四项 超过法定利率利息的支付与不当得利: 由自然债务到无效

债务人任意支付超过法定部分利息,得否依不当得利规定请求返还?

一、"最高法院"二则判例

最高法院1940年渝上字第1306号判例谓:"约定利率超过周年百分之二十者,民法第205条既仅规定债权人对于超过部分之利息无请求权,则债务人就超过部分之利息任意给付,经债权人受领时,自不得谓系不当得利请求返还。"

又最高法院1944年上字第764号判例谓:"债务人将其土地出租于债权人,以其应付之租谷扣作借款之利息,仅须支付租谷之余额者,虽其扣作利息之租谷按支付时市价折算为金钱,已超过周年百分之二十,而债务人于其请求支付租谷之余额时,或于债权人支付租谷之余额时,不请求支付超过部分之租谷者,即应认为超过部分之利息已任意给付,自不得请求返还。"

二、分析说明

(一)旧"民法"第205条、判例与学说:自然债务

旧"民法"第205条规定:"约定利率,超过周年百分之二十者,债权人对于超过部分之利息,无请求权。"所谓"无请求权",在解释上有二种见解:(1)超过部分之利息,应属无效,故已为给付者,得依不当得利的规定请求返还。(2)超过部分,仅为自然债务,尚非无效。债权人请求时,债务人对于超过部分得拒绝给付,但已为给付者,不得谓系不当得利,请求返还。① 易言之,即贷与人受领超过部分的利息,具有法律上原因,不成立不当得利。"最高法院"系采取后说,可资赞同。最高法院1940年渝上字第1306号判例中所谓"任意给付",应解为系指债务人依自己意思而为给付时,纵不知"民法"第205条规定,仍不得请求返还(参阅第144条第1项);非指"民法"第180条第3款因清偿而为给付,于给付时明知无给付之义务,而犹任意为给付的情形而言。②

惟须注意的是,约定利率超过周年百分之二十,系乘他人之急迫、轻率,或无经验,而为之者,法院得因利害关系人之声请,撤销其超过部分之给付,或减轻其给付(第74条)。此际债务人自得依不当得利规定请求返还。③

---

① 参见王伯琦:《民法债编总论》,第126页;郑玉波:《民法债编总论》,第274页。"司法院"院字第2826号,院解字第3162号。
② "最高法院"使用"任意给付"的用语,容易被认为超过法定最高利率之利息清偿,为明知非债清偿。实则,超过法定利率之利息之债无请求权(债务人无责任),非谓债务人无给付义务,不能视为非债清偿。
③ 参见梅仲协:《民法要义》,第155页:"按取息逾百分之二十者,不能谓非重利盘剥。其逾限收取之利息,碍难认为有法律上原因,债务人自得基于不当得利之规定,请求返还其已给付之逾限利息。'民法'第205条,对于超过部分之利息,仅认债权人无请求权,而并不以之为无效,似未足以保护债务人也。"可供参考。

(二)"民法"第205条的修正:超过部分的约定无效

"民法"于2021年1月20日修正第205条规定:"约定利率,超过周年百分之十六者,超过部分之约定,无效。"修法理由二指出:"约定利率如超过最高约定利率上限,原条文规定债权人对于超过部分之利息'无请求权',并未规定超过部分之约定为'无效',故司法实务见解均认为仅债权人对之无请求权,并非约定无效而谓其债权不存在,倘若债务人就超过部分之利息已为任意给付,经债权人受领后,不得谓系不当得利而请求返还。为强化最高约定利率之管制效果,保护经济弱者之债务人,爰将本条法律效果修正为'超过部分之约定,无效',以符立法原意。"

第五项 债权行为错误、物权行为错误与不当得利
——债权行为与物权行为之区辨

1. 甲误认A地为B地,出卖于乙,并办理A地所有权移转登记。

2. 甲出卖A地于乙,因委任代书的过失,误将甲所有的B地移转于乙。

债权行为错误、物权行为错误与不当得利,系理论与实务上的重要争议问题,分述如下:

一、债权行为错误与不当得利

意思表示的错误有仅发生于债权行为者,例如甲出卖A计算机于乙,价金12万元,误书为10万元,甲于交付该计算机于乙,移转其所有权后,始发现其事,甲得撤销其意思表示(第88条第1项、第114条第1项)。在此情形,甲于撤销其错误的意思表示(买卖契约)前,乙受领该计算机所有权,有法律上原因,不成立不当得利。甲撤销买卖契约时,则得主张不当得利请求权。

诚如"最高法院"在一个具有启示性判决(1993年台上字第215号)强调:"系争土地既不能供建筑之用,而被上诉人根据土地登记簿誊本上地目为'建'之记载,误认以为可供建筑之用而予买受,自系对于买卖标的物之性质(用途与价值)发生误认。又自主观而言,若被上诉人购地之初,知悉该地不能供建屋之用,必不致支付上述高价购买,应可

断言。再从客观而言,上诉人提出之土地登记簿誊本既记载地目为建,且上开土地周围复已盖满建物,而上诉人又以建地之价格出售,自足造成被上诉人对于上开土地产生无任何建筑限制之确信,以此,凡一般人若处于被上诉人之表意人地位,亦易为相同错误之意思表示。兹系争土地之性质,在交易上确属重要,被上诉人依'民法'第88条第2项规定,自得将此项错误之意思表示撤销。意思表示经撤销者,依'民法'第114条第1项规定,视为自始无效,因此,被上诉人依不当得利之法律关系,诉请上诉人如数返还买卖价金672万元及其法定迟延利息,于法自无不合。"

须补充说明的是,本件不当得利请求权基础,究为"民法"第179条前段(自始不当得利)或第179条后段(嗣后不当得利),尚有争论,前已说明,敬请查阅(本书第85页)。

二、物权行为错误与不当得利

(一)物权行为的撤销与不当得利

"最高法院"1985年台上字第1378号判决谓:"被上诉人系本于其法定代理人与上诉人及其他共有人分别订立之买卖契约(债权契约),由上诉人及其他共有人指界分割为276-3号,再订立土地所有权移转契约(物权契约),然后办理所有权移转登记为被上诉人所有,其取得所有权,即非无法律上之原因。纵如上诉人主张有错误情形,在未撤销其错误之意思表示以前,仍难谓被上诉人之取得所有权,系无法律上之原因,即无不当得利可言。"[①]

在本件首应认定的是,其所涉及的是物权行为错误,其原因行为(买卖契约)并无错误情事。在本件物权行为错误的情形,表意人撤销其物权的意思表示时,得主张所有物返还请求权或请求涂销登记(1951年台上字第892号判例)。须特别强调的是,在未撤销错误的物权的意思表示以前,尤其是撤销权因除斥期间经过而消灭时,让与人仍得向受让人主张不当得利请求权。出卖人移转于买受人的土地超过买卖的坪数时,系属非债清偿,自始欠缺给付目的,受让人无法律上原因而受利益,应成立不当

---

① 关于本判决之详细评论,参见王泽鉴:《物权行为错误与不当得利》,载王泽鉴:《民法学说与判例研究》(第五册),北京大学出版社2009年版,第85页。

得利。兹举一例对照之：甲欠乙1000元，误取2000元清偿，甲不必撤销其错误的物权行为，即得径依不当得利的规定向乙请求返还溢付的1000元。"最高法院"在前揭判决认为于物权契约错误的情形，让与人在未撤销其错误的意思表示以前，不成立不当得利，似有误会。①

（二）不当得利请求权不以撤销物权行为为必要

关于物权行为错误与不当得利，实务上另有一个具有启示性的法律问题，可供参照。高等法院暨所属法院1981年度法律座谈会民事类第34号曾提出如下问题：甲于1961年将其所有之A土地出售给乙，于办理所有权移转登记时，因委托的代书丙的过失，致将甲所有的B土地亦连同A土地移转于乙，1978年甲发现代书登记错误，遂请求涂销乙对于B土地的所有权，并返还B土地，应否准许？

讨论意见计有三说：甲说认为依土地法所为的登记有绝对效力，在第三者信赖登记而取得土地权利之前，真正权利人既仍得对登记名义人主张登记原因的无效或撤销，提起涂销登记之诉，自不能据以除斥真正的权利，本件B土地非在买卖契约范围之内，其移转登记原因无效，甲得请求涂销登记（"最高法院"1950年台上字第1109号判例参照）。

乙说认为按物权行为具无因性，不因债权行为无效，或得撤销的原因而失效。何况委托的代书丙为甲的代理人，其登记错误系属意思表示错误，其效果直接归于本人，本人因意思表示错误未于除斥期间行使撤销权，仅得依不当得利请求返还，惟不当得利之请求权因15年消灭时效经过而不得请求。

丙说认为按特定物买卖契约系属债权行为、物权行为并存的契约，债权行为有无效或得撤销的原因，物权行为的效力自因而受影响，本件债权行为自始即属无效，物权行为亦无所依存，甲的请求应属有理由。研讨结果：采甲说。

"司法院"第一厅研究意见认为，甲于1961年将其所有之A土地出

---

① 嘉义地检处1968年4月份司法座谈会提出如下之法律问题：甲以蓝色10元券新台币一张向乙购买5元之物品，乙除交付物品外，误以红色10元券为5元券找交给甲，甲明知故收，问甲应否负刑责？讨论意见甲说：甲不负刑责，仅负"民法"上不当得利返还责任，盖甲并无施用诈术之行为故也。乙说：甲应负诈欺罪责，盖诈欺罪之成立，不以主动之先向被害人实施诈术为限，既利用他人之错误，也不得谓非诈欺取财。结论：大多数赞成甲说，以采甲说为当。研究结果以甲说为当["司法行政部研究室"台（1969）研究字第090号函复高检]。引自陈纪纲等主编：《综合六法审判实务·民法（一）》，第646页。

售给乙,于办理所有权移转登记时,因委托之代书丙之过失,致将甲之 B 土地亦连同 A 土地移转于乙,则 B 土地自始不在买卖契约范围之内,自不生移转登记是否无效之问题,惟物权行为亦属法律行为之一种,因甲所委托代理人丙之过失,致效果意思与表示行为不一致,误将甲所有之 B 土地亦连同 A 土地移转于乙,其错误系由表意人自己之过失所致,依"民法"第 105 条、第 88 条第 1 项但书规定,尚不能根据错误之法理撤销其意思表示,并请求涂销 B 土地之所有权移转登记。惟 B 地既不在甲、乙买卖契约范围之内,系因甲代理人丙之过失,将 B 土地所有权移转登记于乙所有,乙系无法律上之原因而受利益,致甲受损害,自属不当得利,依"民法"第 179 条规定,乙应负归还其利益之义务,此际应属能否依不当得利请求乙移转 B 土地所有权登记,并将土地返还问题(应视乙有无为时效抗辩而定),殊不发生涂销登记问题(1981 年 9 月 4 日厅民一字第 0649 号函复高院)。①

"司法院"第一厅的研究意见明辨债权行为及物权行为,认为在物权行为错误情形,纵不具备撤销的要件,让与人仍得依不当得利之规定请求移转土地所有权登记及土地之占有,立论正确,实值赞同。

值得注意的是,"最高法院"已采同于本书的见解,1994 年台上字第 190 号判决谓:"既因错误而将非买卖标的土地移转登记于买受人,纵然无法依错误之法理撤销意思表示。惟因错误造成之物权行为,买受人取得非买卖标的土地,应认为无法律上之原因而受利益,致出卖人受有损害,自应返还其利益。"实值赞同。应说明的是,在给付型不当得利,以"给付关系"取代"致他人受损害",无须检视"致他人受损害"此项要件。

第六项　互借支票使用与不当得利

甲与乙互借支票使用,甲的支票兑现,乙的支票因存款不足未能兑现,甲得向乙主张何种权利?

一、"最高法院"1960 年台上字第 851 号判例

当事人间为经济周转上所必需,约定互开支票以利使用,事所恒

---

① 参见《民事法律问题研究汇编(民事实体法)》,1988 年版,第 82 页。

有,惟此种情形除有特别意思表示外,未有不使双方因此互负支付对价之义务者,故如一方因他方之票据受有财产上之利益,而一方票据反因存底匮乏未能兑现时,其受此利益之法律上之原因即已失其存在,依"民法"第179条之规定,自应将其所受之利益返还。

二、分析说明

本件判例的事实可简化如下:甲与乙互开支票以利使用,甲以乙的支票向丙购登陆艇。其后发现乙所交付于甲的支票不能兑现。"最高法院"认为甲得依不当得利规定向乙请求偿还"相当于登陆艇价款之利益"。为便于观察,先将其基本法律关系图示如下:

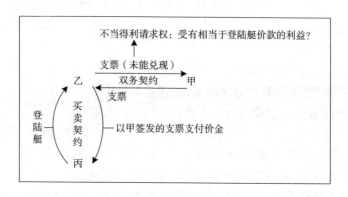

在上开判例,"最高法院"认为当事人间互开支票以利使用通常有使双方互负支付对价之义务,则在当事人间成立一种双务契约关系。乙所开具之票据未能兑现时,应负债务不履行责任,甲得请求损害赔偿或主张票据法上的权利。当事人间具有契约关系,应不成立不当得利。"最高法院"认为一方因他方的票据受有财产上的利益,而一方票据因存底匮乏不能兑现时,其受此利益之原因既已失其存在,依"民法"第179条规定,自应将所受之利益(相当于登陆艇价款之利益)返还于他方,此项见解无视于当事人间存在的契约关系,似难赞同。在此双务契约关系,一方当事人所给付者系票据,纵使契约关系不成立,其依不当得利所得请求返还者为票据。设他方当事人已使用票据购物,则其应返还的,为该票据的金额,应非该登陆艇,亦非所谓"相当于登陆艇价款的利益"①。

第七项 双务契约无效与不当得利
——重要的案例

甲以 1000 万元出售 A 地于乙,价额相当于市价,均已履行,其后确认买卖契约无效,甲得否向乙依不当得利规定请求返还 A 地?

一、"最高法院"2004 年台上字第 910 号判决

"最高法院"2004 年台上字第 910 号判决略谓:复按上诉人因系争农地买卖契约之订立而将系争农地所有权移转登记于杜○雄、杜○凤。嗣后系争农地经政府征收,杜○雄、杜○凤因此获得补偿金或取得申领抵价地之权利,对政府而言,固非不当得利,但对上诉人而言,应仍属不当得利,原审谓系争农地既被征收,上诉人即不得依不当得利法则请求杜○雄、杜○凤或其继承人给付补偿金或让与申领抵价地之权利,不免误会,未按买卖契约为双务契约、双方之给付,依其经济上之交换目的构成一整体。是以买卖契约纵然无效,倘当事人双方事实上均已履行,则给付与对待给付仍应一并观察计算。若买受人所支付之价金与出卖人所交付物品之价额相当,即难谓买受人受领买卖标的物获有不当得利。本件上诉人将系争农地售于杜○雄、杜○凤是否具有此情形,案经发回,宜并予查明。

二、分析说明:一个重要的问题

前揭"最高法院"判决涉及不当得利法上核心的基本问题,在理论及实务均具重要意义。② 本件事实可简化如下:甲出卖某地给乙,并移转其所有权,该地被征收,乙受领征收补偿金(或补偿金请求权),其后发现买卖契约无效(不成立或被撤销)。在此情形,发生二个法律问题:(1)如何认定各当事人的不当得利请求权?(2)甲得否向乙请求返还补偿金?

---

① 关于"最高法院"1960 年台上字第 851 号判例之较深入的分析检讨,参见王泽鉴:《互开支票利用未能兑现与不当得利》,载王泽鉴:《民法学说与判例研究》(第四册),北京大学出版社 2009 年版,第 145 页。
② 参见王泽鉴:《双务契约与不当得利》,载《台湾本土法学杂志》2005 年第 71 期,第 21 页。

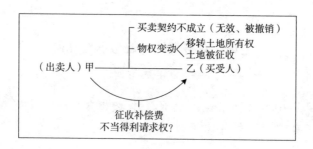

(一) 无效单务契约上的不当得利请求权

本件判决涉及双务契约,为易于了解其问题争点,先就单务契约加以说明。甲赠 A 地给乙,移转其所有权。该地被征收后,发现赠与契约无效(不成立或被撤销)。在此情形:

1. 乙因赠与契约无效,其自甲受赠 A 地所有权(物权行为无因性),欠缺给付目的,无法律上之原因,应负返还的义务。

2. 乙所受的 A 地所有权因被征收不能原物返还,应偿还其价额(第181 条),原则上以征收补偿费为其应偿还的价额。

(二) 无效双务契约上的不当得利请求权

买卖等双务契约无效时,因涉及给付与对待给付,如何认定其不当得利及返还范围?

若出卖人先为给付而移转土地所有权时,买受人系无法律上之原因受有取得所有权的利益,应负返还义务。若该土地被征收时,则如前所述,即应以征收补偿费作为其应偿还的价额。

在买卖双方当事人均已履行时,即出卖人已移转其土地所有权于买受人,买受人已支付价金,设乙所受领的土地被征收时,如何处理其不当得利请求权?兹分二点讨论:

1. 二不当得利请求权对立说及差额说(较详细说明,本书第 347 页);
2. "最高法院"见解的检讨。

分述如下:

(1) 双务契约上二不当得利请求权对立说及差额说①

①二不当得利请求权对立说

二不当得利请求权对立说(Zweikondiktionstheorie)认为双务契约无

---

① Mossler, Bereicherung aus Leistung und Gegenleistung (Tübingen 2006), S. 7 f., 29 ff., 74 ff.

效(不成立、被撤销)时,一方当事人由他方当事人无法律上之原因所受领的给付,应成立二个相互独立的不当得利请求权。例如,甲出卖 A 车给乙,价金 10 万元,双方均已履行,而买卖契约无效时,甲对乙有请求返还 A 车所有权的不当得利请求权,乙对甲有请求返还 10 万元的不当得利请求权,甲、乙各得主张同时履行抗辩(第 264 条)。若乙受领的 A 车遭丙撞毁,获有赔偿金 9 万元时,甲得向乙请求返还该 9 万元(第 181 条)。在此情形,设乙向甲请求返还价金 10 万元时,甲得为主张抵销(第 334 条),而仅返还 1 万元。设乙受领的 A 车意外遭火灾灭失时,乙得对甲主张所受利益不存在(第 182 条第 1 项),免负返还责任,但乙对甲的不当得利请求权不因此而受影响。在此情形,二不当得利请求权对立说产生不合理的结果,即一方当事人须负担他方所受利益不存在的危险。

②差额说

差额说(Saldotheorie)系针对前述二不当得利请求权对立说的缺点而被提出,认为基于双务契约的相互对待给付的关系,双务契约不存在时,当事人间仅有一个统一的不当得利请求权,而以双方应返还所受利益的差额计算之,分三种情形说明其适用的情形:

A. 双方当事人所受利益系不同种类时(例如甲以 A 车与乙的 B 车互易),其所受利益尚存在时,双方各应返还其所受利益,而有同时履行抗辩的适用。

B. 一方当事人所受利益全部或一部不存在时(例如买受人所受领的汽车全部或一部灭失),此项不存在的利益应由不当得利请求权扣除之。例如在前举 A 车买卖之例,设 A 车因意外车祸、灭少价值 5 万元时,乙得向甲主张应返还的不当得利为 5 万元。

C. 一方所受利益不能返还,而获有价额赔偿时,例如在前举 A 车买卖之例,设该车被丙撞毁,而丙赔以 9 万元,甲得向乙请求返还此 9 万元(价额)(第 181 条)。在此情形,双方应为返还的,系属同类给付(金钱),不待各为抵销的意思表示,双方的给付应一并加以计算(价金 10 万元减价额偿还 9 万元),甲应返还 1 万元。

(2)"最高法院"见解的检讨

在前揭判决,"最高法院"提出以下见解:"买卖契约为双务契约,双方之给付,依其经济上之交换目的构成一整体,是以买卖契约纵然无效,倘当事人双方事实上均已履行,则给付与对待给付仍应一并观察计算。若买受人所支付之价金与出卖人所交付物品之价额相当,即难谓买受人受领买卖标的物获有不当得利。"此项判决理由认双务契约双方之给付构成交换目的一整体性,应值肯定,但其认为:"给付与对待给付应一并观察计算,若买受人所支付之价金与出卖人所交付物品之价额相当,即难谓买受人受领买卖标的物获有不当得利。"实难赞同,应说者有四:

①"最高法院"判决系对无效双务契约的不当得利请求权,采前述的差额说。但"最高法院"误会了差额说的功能,差额说主要在于处理双务契约上一方的对待给付不能返还,即在前揭 A 车买卖,因该车意外灭失或减损其价值,所受利益不存在时,其返还范围的问题。差额说并非在于处理原给付义务与对待给付的价值差额。

②"最高法院"认为:"若买受人所支付之价金与出卖人所交付物品之价额相当,即难谓买受人受领买卖标的物获有不当得利。"例如甲将时值 10 万元的汽车,以 10 万元出卖于乙,双方均已履行而买卖契约无效(不成立、被撤销)时,依"最高法院"见解,应难认乙受领标的物(A 车)获有不当得利,乙无返还 A 车的义务。若此确为"最高法院"判决的真意,则其所采见解令人惊异,诚难赞同。盖依"最高法院"见解,买卖契约虽属无效,乙仍得保有无法律上原因所取得 A 车所有权,其法律效果同于买卖契约有效的情形,法律关于无效的规定,尽失其意义。在前揭买卖 A 车之例,设买卖价金为 9 万元时,依"最高法院"前揭见解,是否要认为乙受有 1 万元的不当得利,乙应返还者为该差额 1 万元,而非 A 车本身?此项结论,完全破坏了双务契约的对价关系。"最高法院"所采"若买受人所支付之价金与出卖人所交付物品之价额相当,即难谓买受人受领买卖标的物获有不当得利"的论点,应该是一个未经深思熟虑或未清楚表达的法律观点。依本书见解,买卖契约(双务契约)无效时,双方当事人均已为给付,无论其对价是否相当,各就给付成立二个不当得利请求权,如何计算及返还范围,系另一个问题。

③在无效的双务契约,双方已为履行,其给付尚属存在时,双方均应依不当得利规定,负返还责任。在 A 车买卖之例,无论采二不当得利请求权对立说或差额说,甲应返还其受领的价金,乙应返还其受领的 A 车所有权,价金与 A 车之价额是否相当在所不问。

④在前揭"最高法院"判决一案,甲出卖 A 地于乙,并为所有权移转登记,其后发现买卖契约无效。在此情形,如前所述,甲应返还其所受领

的价金,乙应返还其所受领的A地所有权,其价金与A地的价额是否相当,则非所问,不能采"最高法院"见解认为:"若买受人所支付之价金与出卖人所交付物品之价额相当,即难谓买受人受领买卖标的物获有不当得利。"若乙受领的A地(所有权)被征收,不能原物返还时,应返还其补偿费(价额偿还)。若价金为100万元,征收补偿费为90万元时,依二不当得利请求权对立说,双方当事人各得主张抵销;依差额说,应一并加以计算,甲应返还10万元的差额。

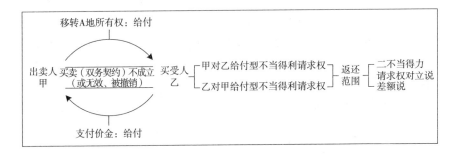

第八项 物权行为、债权行为、通谋虚伪意思表示与不当得利
——一个常见的重要案例

甲系系争A地出卖人,依买受人乙的指示,使原地主丙将A地移转登记于丁,丙与乙系通谋虚伪意思表示,以避免诉外人为强制执行。乙得否依不当得利规定请求丙移转A地所有权于自己(请参阅图示,较易理解其法律关系)?

一、"最高法院"2001年台上字第2085号判决

"最高法院"2001年台上字第2085号判决略谓:"苏○信与苏○娇间、苏○娇与洪○雄间通谋虚伪为系争土地之买卖及移转登记。苏○娇与洪○雄间就系争土地所为之买卖债权行为及所有权移转登记物权行为既均为通谋虚伪意思表示,依'民法'第87条第1项前段规定,自均为无效,系争土地自仍属苏○娇所有,苏○娇即非不得本于'民法'第767条之规定,请求洪○雄涂销所有权移转登记,又无法律上之原因而受利益,致他人受损害者,应返还其利益。虽有法律上之原因,而其后已不存

者,亦同。'民法'第179条定有明文。无法律上之原因取得不动产所有权而受利益,致他人受损害者,该他人自得依不当得利规定,请求移转不动产所有权登记,以返还利益,并不发生涂销登记之问题。又物权行为有独立性及无因性,不因为其原因之债权行为,或为其原因之债权行为系无效或得撤销而失效;而买卖契约与移转所有权之契约不同,买卖契约不过是一种以移转物权为目的之债权契约,难谓即为移转物权之物权契约。且出卖人对于出卖之标的物,不以有处分权为必要;倘出卖人出卖他人之不动产,并依买受人之指示,使该他人将买卖标的物不动产所有权径移转登记于买受人所指定之第三人,则此第三人与该他人间仅存有移转物权之独立物权契约关系,其间并无任何买卖债权债务关系,亦不因其取得所有权之登记原因载'买卖'而受影响。若此,如买受人无法律上之原因,使非买卖当事人之第三人取得不动产所有权,第三人因而受有利益,且该买受人受有损害时,买受人即非不得请求第三人移转不动产所有权登记以返还利益。本件富南公司系争土地之出卖人,因买卖契约依买受人苏〇信之指示,使原地主刘〇清将系争土地之所有权移转登记于苏〇娇名下,该移转登记之物权行为,并无通谋虚伪,应认为有效;惟苏〇娇之所以同意苏〇信自刘〇清受移转登记为系争土地之所有权人,乃系因苏〇娇与苏〇信通谋规避被上诉人对系争土地强制执行而为虚伪意思表示,自属无效。易言之,苏〇娇登记为系争土地之所有权人,其对苏〇信言即无法律上之原因而受有利益,而使苏〇信受有损害,则苏〇信自得依不当得利法则,请求苏〇娇移转系争土地所有权登记于自己,以返还利益。被上诉人本于与苏〇信之买卖契约及'民法'第242条规定,辗转代位苏〇娇请求洪〇雄涂销系争土地登记,代位苏〇信请求苏〇娇移转系争土地所有权登记于苏〇信,并依'民法'第348条规定,请求出卖人苏〇信将系争土地所有权移转登记于己,即无不合。"(参阅"最高法院"2000年台上字第961号判决,本书第437页。)

二、分析说明

(一)基本法律关系

前揭"最高法院"判决涉及物权行为、买卖(债权行为)、通谋虚伪意思表示及不当得利等民法最根本的概念及制度,对于了解民法的解释适用,具有高度启示性,请读者细心研读之(耐心研读判决是学习法

律的基本训练与法律人的基本素养)。为便于说明,将其法律关系简化如下:

甲(苏○信)向诉外人(富南公司)购买诉外人(刘○清)所有的 A 地。甲再将该地出卖于乙。甲为避免乙对该地为强制执行,乃与丙为通谋虚伪买卖,并使地主(刘○清)将该地登记于丙。丙复与丁为通谋虚伪表示将该地出卖于丁,并办理所有权移转登记。于此情形,发生三个法律问题:

1. 甲得向丙主张何种权利?
2. 丙得向丁主张何种权利?
3. 乙如何向甲主张买受人的权利,以取得 A 地所有权?

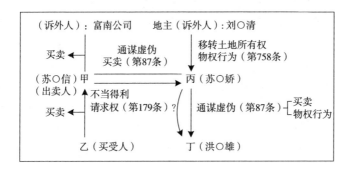

(二)债权行为与物权行为

本件判决最值得重视的是,"最高法院"明确区别债权行为(买卖契约)及物权行为(物权契约,第 758 条),并肯定物权行为独立性及无因性理论,而以此作为处理本件当事人间的复杂法律关系的基础、阐释二个基本原则:

1. 债权契约不成立、无效或被撤销时,物权行为本身不因此而受其影响,买受人仍能取得买卖标的物所有权(物权行为独立性及无因性),但买受人因出卖人的给付受有利益(如土地所有权),欠缺给付目的而无法律上之原因,应负返还其所受利益(土地所有权)的义务,即须为将土地所有权移转登记于甲(第 758 条)。

2. 债权契约与物权行为俱为无效时(例如通谋虚伪意思表示,第 87 条),买受人不能取得买卖标的物所有权,出卖人得依"民法"第 767 条第 1 项中段或不当得利规定(第 179 条),请求买受人涂销土地所有权登记。

(三)甲对丙的不当得利请求权

在本件,首应检讨的是,甲对丙有无不当得利请求权,尤其是得否成立给付型不当得利:

1. 丙受有利益:诚如"最高法院"所云,土地买受人甲指示地主(刘○清)将系争A地所有权移转登记于甲所指定的第三人丙,其物权行为本身有效,丙取得A地所有权。

2. 丙系因甲的给付而受利益:土地所有人(刘○清)将土地所有权移转登记于丙,系基于甲的指示,故在解释上应认土地所有人将该地所有权移转登记于丙,乃甲对丙为给付。

3. 丙取得A地所有权欠缺法律上之原因:甲之所以将其买受的土地移转于丙,系为避免甲的债权人乙(甲与乙间有A地买卖契约)的强制执行而与丙作成通谋虚伪买卖,该买卖契约无效(第87条),故丙取得A地所有权,对甲而言,系欠缺给付目的,乃无法律上之原因,而受利益。

据上所述,甲对丙得依"民法"第179条规定,请求丙返还A地所有权的移转登记。丙(土地所有人)将A地出卖于丁,并为所有权移转登记,均因系通谋虚伪意思表示无效,丁并未取得A地所有权,A地所有权乃属于丙,丙所受利益仍属存在,甲对丙的不当得利请求权不因此而受影响。

(四)丙对丁的请求权

关于丙(苏○娇)与丁(洪○雄)间的法律关系,"最高法院"谓:"苏○信与苏○娇、苏○娇与洪○雄间通谋虚伪为系争土地之买卖及移转登记。苏○娇与洪○雄间就系争土地所为之买卖债权行为及所有权移转登记物权行为既均为通谋虚伪意思表示,依'民法'第87条第1项前段规定,自均为无效,系争土地自仍属苏○娇所有,苏○娇即非不得本于'民法'第767条之规定,请求洪○雄涂销所有权移转登记。"此项见解,应值赞同。须注意的是,在此情形苏○娇对于洪○雄尚有涂销移转所有权登记的不当得利请求权,即洪○雄(丁)因苏○娇(丙)就土地所有权移转登记受有利益,因其买卖契约及物权行为均属无效,欠缺给付目的而应负返还义务(涂销登记)。

(五)乙对甲请求移转买卖标的物所有权

在本件"最高法院"判决认为:苏○娇(丙)登记为系争土地之所有权

人,其对苏○信(甲)言即无法律上之原因而受有利益,而使苏○信受有损害,则苏○信自得依不当得利法则,请求苏○娇移转系争土地所有权登记于自己,以返还利益。被上诉人(乙)本于与苏○信之买卖契约及"民法"第242条规定,辗转代位苏○娇请求洪○雄(丁)涂销系争土地登记,代位苏○信请求苏○娇移转系争土地所有权登记于苏○信,并依"民法"第348条规定,请求出卖人苏○信将系争土地所有权移转登记于己,即无不合。此项见解可资赞同:

1. 乙对甲有请求交付A地并移转其所有权的债权。
2. 甲对丙有请求移转A地所有权的不当得利请求权(移转登记)。
3. 丙对丁有请求涂销A地所有权登记的所有物返还请求权或不当得利请求权。
4. 乙基于对甲的债权,得代位行使甲对丙的不当得利请求权。
5. 甲基于对丙的债权,得代位行使丙对丁的不当得利请求权。
6. 乙得基于其对甲的代位权,行使甲对丙的代位权(代位权的代位)。①

为便于了解,将当事人间的请求权基础图示如下:

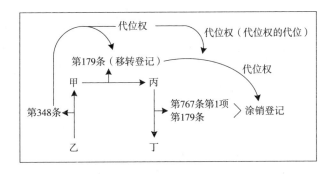

(六)结语

"最高法院"2001年台上字第2085号判决是一个重要的案例,其较为复杂的法律关系可供更深刻地了解债权行为与物权行为的区别、物权行为的独立性及无因性理论、通谋虚伪意思表示、代位权的行使,以及请求权基础的思考方式,对民法学习深具意义。

---

① 关于代位权之代位,参见王泽鉴:《民法学说与判例研究》(第五册),北京大学出版社2009年版,第198页。关于代位权的基本问题,参见孙森焱:《民法债编总论》(下册),第619页。

第九项　因受诈欺而为买卖与不当得利[①]
——一个有争议的法律见解

甲受乙诈欺出卖某古画，其价额相当于市价。在经依法撤销前，甲得否向乙请求损害赔偿，或依不当得利规定请求返还古画所有权（此为涉及基本概念的重要问题，请认真思考）？

一、"最高法院"民庭庭推会议决议

"最高法院"1974年4月9日1974年度第2次民庭庭推会议作有如下决议："因受诈欺而为之买卖，在经依法撤销前，并非无效之法律行为，出卖人交付货物而获有请求给付价金之债权，如其财产总额并未因此减少，即无受损害之可言。即不能主张买受人成立侵权行为而对之请求损害赔偿或依不当得利之法则而对之请求返还所受之利益。"

二、分析说明

"民法"第179条规定："无法律上之原因而受利益，致他人受损害者，应返还其利益……"故在本件决议，首先，应检讨的是施行诈欺的买受人是否因出卖人的给付而受有利益。关于此点，应采肯定说，买受人所受之利益为出卖人所交付货物的所有权。其次，应检讨的是，买受人受利益，是否致出卖人受损害。关于此点，"最高法院"认为出卖人对买受人有请求给付价金的债权，如其财产并未因此减少，即无损害可言。"最高法院"此项见解，似难赞同，分三点言之：

1. "民法"第179条所谓致他人受损害，与侵权行为法所谓损害，其意义不同，"最高法院"将二者混为一谈，对不当得利（返还利益）与侵权行为（填补损害）二个制度不同的规范功能，似有误会。

2. 在给付型不当得利，一方受领他方的给付而受有利益，就买卖契约言，买受人所受的利益，为出卖人货物的交付及所有权的移转，出卖人受领价金的给付（或请求给付价金的债权），并不纳入计算。易言之，在

[①] 参见叶启洲：《爱情保险单与爱情灵骨塔：因诈欺对被害人取得债权之撤销、侵权赔偿与不当得利》，载《台湾法律人》2022年第9期。

不当得利,一方所受利益;系采个别具体的计算方法,而非就财产总额计算,以其差额作为一方所受利益或他方所受损害。"最高法院"认为,"出卖人交付货物而获有请求给付价金之债权,如其财产总额并未因此减少,即无受损害之可言",系采财产总额计算方法。依"最高法院"此项见解,如其财产总额因此而减少时,则出卖人依不当得利规定所得请求返还的,不是交付的货物,而是财产的差额,不符不当得利的基本原则。

3. 因受诈欺而为买卖,买受人受利益,系出卖人所交付的货物(占有及所有权)。其之所以不构成不当得利,并非出卖人因交付货物而获有给付价金的债权,其财产总额并未因此减少,未受有损害,而是该受诈欺而为的买卖在经依法撤销前,并非无效的法律行为,买受人虽受有利益,致出卖人受损害,但具有法律上原因,不成立不当得利。

第十项　物之瑕疵与不当得利①

甲出卖A屋于乙,交屋后,乙发现房屋坪数短少(或房屋具有减少其价值的瑕疵),乙就溢付的价金得否向甲依不当得利规定请求返还?

一、房屋坪数短少、溢收价金

(一)"最高法院"1980年台上字第677号判决

按"民法"第179条规定,所谓无法律上原因,而受利益,致他人受损害,就给付情形而言,对给付原因之欠缺,目的之不能达到,亦属给付原因欠缺形态之一种,即给付原因初固有效存在,然因其他障碍不能达到目的者是。本件被上诉人就其出卖之房屋,应负瑕疵担保责任,但上诉人主张,被上诉人交付之房屋坪数短少,而有溢收价金之情形,如果属实,被上诉人对于溢收之房屋价金是否不能成立不当得利,尚有疑问。又上诉人之不当得利返还请求权与物之瑕疵担保请求权如有并存竞合之情形,上诉人择一请求似非法所不许。

(二)分析说明

在本件,"最高法院"系采非统一说的思考方法,从给付原因的欠缺论述给付型不当得利上的无法律上原因,在方法论上,虽值赞同,但其认为给

---

① 参见林大洋:《物的瑕疵担保与不当得利之竞合》,载《司法周刊》2006年第1313期。

付房屋坪数短少,而有溢收价金的情形,系属"给付原因初固有效存在,然因其他障碍不能达到目的",则值商榷。买受人支付价金,旨在清偿基于买卖契约而发生的债务,此项给付原因不因交付房屋坪数短少,具有瑕疵,而受影响。出卖人受领价金具有法律上原因,不成立不当得利,仅发生物之瑕疵担保责任,乃给付与对待给付对价等值问题,与给付价金的法律上原因无涉。"民法"关于物之瑕疵担保规定(第354条以下)系不当得利的特别规定,若因买卖标的物具有瑕疵,致物之价值不相当于价金,即得对"溢付"的价金主张不当得利,整个物之瑕疵担保规定将被掏空,致失其规范意义。若物的瑕疵得成立不当得利,则承揽工作的质量不相当于报酬,受雇人所提供劳务不相当于报酬时,定作人或雇用人得否向承揽人或受雇人主张不当得利?"最高法院"见解误认给付目的不达不当得利的功能、要件与适用关系。给付目的不达不当得利的适用须当事人间无契约关系,当事人间有契约关系时,应排除给付目的不达不当得利的适用(契约优先性),较详细的论述,请参阅本书相关部分说明(本书第94页)。

"最高法院"之所以肯定不当得利返还请求权得与物之瑕疵担保请求权竞合并存,涉及消灭时效问题,即不当得利请求权的时效期间为15年(第125条),而关于物之瑕疵担保责任,依旧"民法"第365条规定:"买受人因物有瑕疵,而得解除契约或请求减少价金者,其解除权或请求权,于物之交付后六个月间,不行使而消灭。前项规定,于出卖人故意不告知瑕疵者,不适用之。"其行使权利期间较短,不利于买受人,然不应因此另创衡平性不当得利请求权。值得注意的是,"民法"债编已将第365条修正为:"买受人因物有瑕疵,而得解除契约或请求减少价金者,其解除权或请求权,于买受人依第三百五十六条规定为通知后六个月间不行使或自物之交付时起经过五年而消灭。前项关于六个月期间之规定,于出卖人故意不告知瑕疵者,不适用之。"①此项重要修正有助于保护买受

---

① 1999年4月21日修正理由:"一、由于现代科技发达,有许多建筑物、土地上之工作物或工业产品之瑕疵,不易于短期间内发现。原条文规定因物之瑕疵而生之契约解除权或减少价金请求权,于物之交付后六个月间,不行使而消灭,似嫌过短,且无法与第356条之规定配合。为更周密保障买受人权益,本条解除权或请求权发生消灭效果之期间之起算点,宜由买受人依第356条规定为通知时起算六个月,始为允当。又为使权利状态早日安定,爰参考《瑞士债务法》第219条第3项,增列'解除权或请求权自物之交付时起经过五年不行使而消灭',第一项修正如上。二、出卖人故意背于交易之诚实及信用,而不告知物之瑕疵时,买受人应受保护,其解除权或请求权,不受前项关于通知后六个月期间之限制。惟如自物交付时起经过五年而未行使,仍为消灭。爰修正第2项。"

人的利益。

二、土地按面积计算价金，土地面积自始不足

(一)"最高法院"二则判决

1. "最高法院"1995年台上字第443号判决

出卖土地如系按面积计算其价金，而非整笔论价者，倘其土地面积自始不足，则其不足部分，为不能给付，出卖人就自始不足而不能给付部分，所受领之价金，依关于不当得利之规定，应负返还责任。

2. "最高法院"2000年台上字第2877号判决

以不能之给付为契约标的者，其契约为无效。法律行为之一部分无效者，全部皆为无效。但除去该部分亦可成立者，则其他部分，仍为有效，"民法"第246条第1项前段、第111条定有明文。故一部之原始不能，亦可使契约一部无效。此一部无效之行为，在法律行为当时已确定不生效力，即不得依据此一部无效行为取得任何权利。买卖契约如一部无效，而出卖人就该无效部分已收取价金受有利益，致买受人受有损害，仍可成立不当得利。本件上诉人主张系争土地面积，于双方订立买卖契约前已短少30平方公尺，此部分自始给付不能，伊得依不当得利规定，请求被上诉人返还此面积短少部分溢收之价金云云。究竟系争买卖契约是否有一部无效之情形？该无效部分已给付之买卖价金，是否发生不当得利？系争买卖契约如一部无效，是否仍可成立物之瑕疵担保？原审并未详查审酌，遽认本件仅属物之瑕疵担保，不生不当得利之问题，因而为不利于上诉人之判决，未免速断。

(二)分析说明

前揭"最高法院"二则判决具有二个重要意义，一为否定物之瑕疵得成立不当得利，此同于本书见解，应值赞同；二为认定出卖土地面积自始不足，乃部分给付不能，而非物之瑕疵，应有不当得利规定的适用。

出售"某笔"土地，如系按面积计算其价金，而非整笔论价时(如某笔地，坪数若干，每坪价额若干)，其土地面积自始不足时，应仍属物的瑕疵，而非自始部分给付不能问题，盖其所涉及者，仅价金计算方式，不应影响物的瑕疵担保责任，从而出卖人基于该笔土地买卖契约受领价金仍具有法律上原因，应不成立不当得利。

买卖土地亦得以"坪"为客体，例如购买土地50坪，其情形犹如出

售50本书籍。在此种内容可分的买卖，若其土地自始坪数不足（犹如存书册数自始不足），则构成自始部分给付不能，而有"民法"第246条规定的适用，即其属自始客观不能时，其买卖契约部分自始无效，买受人就此部分所为价金的给付，欠缺给付目的，得依不当得利规定，向出卖人请求返还。部分给付不能系属主观不能时（如部分土地或书籍属他人所有），买卖契约仍属有效，仅发生债务不履行，无不当得利的问题。

第十一项　终止契约、解除契约与不当得利

甲出卖A地于乙，交付占有并移转土地所有权。视就下列情形说明当事人间的法律关系：

1. 甲终止契约。
2. 乙解除契约。
3. 甲与乙合意解除契约。

一、"最高法院"2011年台上字第2号判决

"最高法院"2011年台上字第2号判决对终止契约、解除契约与不当得利作有一个重要的判决，略谓："当事人在契约有效期间内，如基于有效之契约而受有利益，并非无法律上之原因……于2003年12月22日交付系争土地予恒巨公司，嗣于2007年11月26日表示终止双方委托经营关系，为原审所认定，因终止契约，仅使契约自终止之时向将来消灭，并无溯及之效力，则恒巨公司于系争契约终止前因占有土地而受有利益，本难谓其为无法律上原因。惟按契约一经解除，契约即溯及归于消灭，与自始未订立契约同。因此契约解除后，当事人在契约存续期间所受领之给付，即成为无法律上之原因，自亦构成不当得利，该受损害者倘舍解除契约后回复原状请求权而行使不当得利请求权，应非法所不许，此观'民法'第179条后段立法理由揭橥：'其先虽有法律上之原因，而其后法律上之原因已不存在（如撤销契约、解除契约之类），亦应返还其利益'自明。系争契约业经恒巨公司于2004年5月19日依法解除，复为原审所确定，依上说明，应溯及于订约时失其效力，则恒巨公司于2003年12月22日至2007年11月26日占有系争土地使用，乃属无法律上之原因而构成不当得

利……自可据以主张抵销。"

二、分析说明

关于终止契约,"最高法院"认为终止契约仅使契约自终止之时向将来消灭,并无溯及之效力,恒巨公司于系争契约终止前因占有土地而受有利益,难谓其为无法律上原因,不成立不当得利。此项见解,应值赞同。又须先说明的是,借名契约终止后,借名人得向出名人主张不当得利请求权(参阅2010年台上字第1422号判决,本书第444页)。

值得研究的是,"最高法院"认为在解除契约情形,当事人在契约存在期间所受领的给付,得构成不当得利,其理由有二:

1. 就法律性质言,契约一旦解除,契约即溯及归于消灭,与自始未订立契约同。

2. "民法"第179条后段立法理由表示契约解除乃"其先虽有法律上之原因,而其后法律上之原因已不存在"。

应说明的有二点:

(1)解除契约的效力采溯及归于消灭说,固有其历史发展的依据,乃古老传统的见解。但近年来对解除契约制度有新的认识,认为解除并不使契约溯及地消灭,而是使其转变为一种以回复原状为内容的清算关系。解除契约回复原状请求权与不当得利请求权虽同具有调整债法上瑕疵交换给付的功能,但二者有其构造上的不同:解除契约使原来的债之关系转变为一种回复原状的清算关系,旧的债之关系(如买卖、委托经营土地)仍以新的方式及新的义务继续存在。在不当得利,旧的债之关系并不继续存在,产生了一种新的法定债之关系。①

"民法"第259条明定:"契约解除时,当事人双方回复原状之义务,除法律另有规定或契约另有订定外,依左列之规定:一、由他方所受领之给付物,应返还之。二、受领之给付为金钱者,应附加自受领时起之利息偿还之。三、受领之给付为劳务或为物之使用者,应照受领时之价额,以金钱偿还之。四、受领之给付物生有孳息者,应返还之。五、就返还之物,已支出必要或有益之费用,得于他方受返还时所得利益之限度

---

① Konzen, Schuldrechtsreform, Rücktritt und Wegfall der Bereicherung bei gescheiterten Austauschverhältnissen, FS Canaris (München 2007), S. 605.

内,请求其返还。六、应返还之物有毁损、灭失或因其他事由,致不能返还者,应偿还其价额。"查其内容,应得将解除契约重新解释为一种以原契约为基础的回复原状关系,不发生不当得利的法律效果,以促进法律的进步与发展。

(2)"最高法院"强调解除契约时,解除权人得选择行使"民法"第179条规定不当得利,或"民法"第259条解除契约回复原状请求权。鉴于二者内容的不同(请比较"民法"第182条及第183条与第259条),此种选择权在理论上容有未洽,实际上过分偏重保护解除权人。因此纵采"最高法院"解除契约得成立不当得利的见解,亦应认"民法"第259条系不当得利的特别规定,应优先适用。

第十二项　终止承揽契约与不当得利
——原审与"最高法院"彼此说服达成共识的沟通过程

乙承揽甲的工程。乙完成部分工程后,甲依"民法"第511条规定终止契约。试问于下列情形,当事人间的不当得利请求权:

1. 甲溢付工程款。
2. 乙于承揽终止前工作所支出的费用。
3. 该项工程由丙为次承揽,丙就其完成的工作得向谁主张不当得利请求权?

承揽契约的终止与不当得利是实务上重要问题,有助于更深刻认识二者的关系与"最高法院"的论证及思考方法,分二种情形说明如下:
1. 承揽人得否请求终止契约前所给付施工利益的返还?
2. 次承揽人得否向定作人请求返还终止前所为工作完成的给付?

一、终止契约前施工利益的返还

(一)问题说明

"民法"第511条规定:"工作未完成前,定作人得随时终止契约。但应赔偿承揽人因契约终止而生之损害。"在此种终止承揽的情形,定作人就其溢付的工程款(如工作仅完成十分之八,而定作人已支付全部工款),得依不当得利规定请求返还。①

有争议的是,承揽人除损害赔偿请求权外,是否尚有契约上的报酬请求权,尤其是不当得利请求权。在某具有争论性的案件,"最高法院"至少曾发回三次,著有三则判决(1983年台上字第247号、1984年台上字第4477号及1985年台上字第1769号)。原审法院与"最高法院"采取完全对立的见解,各以不同理由,相互对抗,实务上甚为罕见,"最高法院"最后改变其原所坚持的见解(1988年台上字第69号),体现法之进步发展,是一种彼此说服达成共识的沟通过程,在不当得利制度发展史上甚具意义。

(二)不当得利请求权的肯定

1. "最高法院"1983年台上字第247号判决

(1)法院见解

承揽人依"民法"第511条规定,得请求定作人赔偿之损害,系包括因定作人随时终止契约而生之积极损害及消极损害而言。故承揽人就未完成之工作所应得之报酬扣除因免为给付所得之利益,是为契约终止所失利益,固应于"民法"第514条第2项所定1年期间内请求赔偿,兹上诉人所请求者为被上诉人之土地因上诉人之施工而增加之利益,应予返还。二请求权之成立要件,各基于不同之原因事实,保护之法益,亦相互参差。被上诉人纵得依"民法"第514条第2项规定主张时效利益而拒绝赔偿上诉人所受损害,就其所受利益言,则因契约之终止,原有法律上之原因,其后已不存在,依"民法"第179条后段之规定,仍属不当得利。原判决谓上诉人于逾越"民法"第514条第2项所定1年期间后,又依不当得利之规定,请求被上诉人返还所受之利益为不合,就被上诉人是否受有利益,未予详查,遽为上诉人不利之认定,自有可议。

(2)分析说明

"最高法院"此项判决似难赞同,分二点言之:

---

① "最高法院"1993年台上字第315号判决谓:"工作未完成前,定作人得随时终止契约,但应赔偿承揽人因契约终止而生之损害,为'民法'第511条所明定,故被上诉人终止契约所附理由,纵非事实,亦于契约终止之效力不生影响,因之上诉人溢收之工程款即失其法律上之原因,从而被上诉人以不当得利之法律关系请求上诉人返还溢收之工程款三十九万四千一百五十一元及法定迟延利息,自应准许。"本件判决,承揽人受领工程款,虽系基于定作人之给付,但承揽契约既已终止,其所溢收款项,欠缺给付目的,应构成不当得利,"最高法院"的见解,实值赞同。参见王泽鉴:《定作人终止契约时承揽人之损害赔偿请求权、报酬请求权、与不当得利请求权》,载《法学丛刊》1990年第35卷第1期。

①契约之终止,不具溯及效力,在终止前之契约关系不因终止而受影响。承揽人的施工,乃基于承揽契约而为给付,定作人受利益,具有法律上原因,"最高法院"认为其所受利益则因契约之终止,原有法律上之原因,依"民法"第179条后段规定,仍属不当得利,似值商榷。

②依"最高法院"此项判决的逻辑及思考方式,在其他继续性契约(如雇佣、租赁等)终止的情形,当事人对终止前的给付,皆得主张不当得利请求权,势必造成混乱,破坏终止契约之制度。

2. "最高法院"1984年台上字第4477号判决

(1)法院见解

承揽契约之定作人,于承揽人完成部分工作后,依"民法"第511条规定终止契约,以致承揽人受有损害,承揽人得依同条但书规定请求定作人赔偿其损害。在被上诉人终止契约后,双方间之契约关系应向将来失其效力。如上诉人就其承揽工作之全部支出费用,因被上诉人终止契约而受有损害,并使被上诉人受有利益,此项利益与上诉人所受损害之间有相当因果关系,即与"民法"第179条后段所定"虽有法律上之原因,而其后已不存在者"之情形相当,上诉人似非不得据以请求被上诉人返还不当得利。

(2)分析说明

"最高法院"此项判决亦难赞同。"民法"第179条规定:"无法律上之原因而受利益,致他人受损害者,应返还其利益。虽有法律上之原因,而其后已不存在者,亦同。"据此规定加以分析:

①定作人所受的利益,系承揽人所为之给付,即为完成一定工作而为之施工,不是承揽工作之全部支出费用。

②定作人因承揽人之给付而受利益,当然"致他人受损害",应以"给付关系"取代"致他人受损害",认定不当得利的当事人一方之受益与他方之受损具有同一原因事实之直接因果关系。

③终止契约不溯及既往,定作人所受施工的利益系承揽人基于承揽契约所为的给付,具有法律上原因,不成立不当得利。

3. "最高法院"1985年台上字第1769号判决

(1)法院见解

查"民法"第179条规定所谓"法律上之原因",并非专指债之关系而言,倘受益人系因他人之给付行为而受利益,则所谓"法律上原因",系指该他人与受益人所欲达成之经济上目的。本件上诉人在承揽契约终止以前,因为履行债务,支出测量、规划费及迁移坟墓费等,进行整地工程,被上诉人因而受有利益,其给付之原因无非为完成承揽之工作,以请求被上诉人给付约定之报酬。迨契约终止后,因为工作尚未完成,上诉人已不能就该部分依约请求给付报酬。是原有法律上之原因,其后因契约终止而不复存在。依"民法"第179条后段规定,上诉人即非不得请求被上诉人返还其利益。原审关此部分,为相反之认定,尤欠斟酌。上述论旨,执以指摘原判决为违法,求予废弃,非无理由。

(2) 分析说明

"最高法院"此项判决亦有研究余地。本件判决提出所谓"经济上目的不达,无法律上原因"的理论,试图突破与原审相持不下的困局,颇值注意。"民法"第179条所谓"法律上之原因"非专指债之关系而言,确属的论,法律规定本身亦可作为保有所受利益之法律原因,"民法"关于善意取得之规定,即其著例。但以"经济上目的"作为"法律上原因",以"经济上目的是否达成"判断受利益是否有法律上原因,非无疑义,分三点言之:

①为达经济上目的而为给付行为,其给付目的因当事人合意成为此法律行为之目的,本此目的而为给付,则此目的在客观上即为给付行为的原因。在承揽契约,其给付目的乃在于一方完成工作,请求他方支付报酬,"最高法院"谓,"其给付原因无非为完成承揽之工作,以请求被上诉人给付约定之报酬",查其真意,所谓经济上目的,应系指给付目的而言。

②给付行为之目的(或原因),乃法律行为的内容。"最高法院"认为:"查'民法'第179条规定所谓法律上之原因,并非专指债之关系,倘受益人系因他人之给付行为而受利益,则所谓法律上之原因,系指该他人与受益人所欲达成之经济上目的",似将"经济上目的"(给付目的)从债之关系(法律行为,承揽契约)分离出来,使之独立存在,作为法律原因。依"最高法院"此项见解,定作人因承揽人完成工作而受利益之法律上原因有二,一为债之关系,二为经济上目的之达成,应非妥适。依本书见解,定作人因承揽人完成工作而受利益的法律上原因,乃债之关系(承揽契约),工作的完成,系承揽人履行所担负的债务,并因而达成基于债之关系而生之给付目的。

③"最高法院"谓:"迨契约终止后,因为工作尚未完成,上诉人已不能就该部分依约请求给付报酬。"进而推论:"是原有法律上之原因,其后因终止而不复存在。"此项推论欠缺逻辑及法理上的依据。契约终止不发生溯及效力,定作人在终止前受领承揽人的给付,系基于有效承揽契约(债之关系),给付行为具有目的,不成立不当得利,应无疑问,"最高法院"置债之关系于不顾,认为债之关系外,尚有可以独立存在之所谓"经济上目的",并以之作为判断法律上原因,似乎是在为预定的结论寻求理由。实则,"经济上目的"实无脱离债之关系独存的余地,"最高法院"认为受领给付虽具有"债之关系",但因欠缺所谓"经济上目的",而成为无法律上原因,此项见解,应有推究余地。

综合言之,"最高法院"前揭三则判决的结论及理由,均值商榷。关键的问题,似在消灭时效期间。"民法"第514条规定承揽人的损害赔偿请求权因1年间不行使而消灭,系认为此种权利,"以从速行使为宜,否则徒滋纠纷,于事实殊鲜实益"。今"最高法院"另创"衡平性"的不当得利请求权,其时效期间长达15年,与法律规范计划,确有不符,实难赞同。

(三) 不当得利请求权的否定

值得注意的是,"最高法院"在几度肯定承揽人的不当得利请求权之后,终于在1988年台上字第69号判决变更其见解,改采否定说,认为:"终止契约,仅使契约自终止之时起向将来消灭,并无溯及之效力,使契约自始归于消灭。故定作人在承揽契约有效期间内,因承揽人所为工作致受利益,乃本于终止前有效之承揽契约而来,并非无法律上之原因,与不当得利之要件不符。故终止契约后,不论被上诉人有无受利益,上诉人如受有损害,仅得依'民法'第511条但书之规定,请求损害赔偿,不生返还不当得利请求权相与竞合而选择行使之问题。"①"最高法院"本件判决的法律见解符合终止契约的效力及不当得利的要件,同于本书一向主张的见解,应值赞同(参阅2010年台上字第2056号判决,本书第442页)。

---

① 值得比较对照的有"最高法院"1954年台上字第158号判例:"上诉人主张因被上诉人恶意遗弃,经第一审判决离婚确定在案,其所收受之聘金饰物及支付之酒水费二百元,依不当得利之规定,被上诉人应负返还之义务。按因离婚而消灭婚姻之关系,并无溯及既往之效力,在离婚前之婚姻关系既已成立,自不发生不当得利问题,上诉人所为不当得利之主张,殊难谓为有据。"

二、次承揽人得否向定作人请求返还终止前所为工作完成的给付

（一）"最高法院"2001年台上字第1015号判决

"最高法院"2001年台上字第1015号判决略谓："系争第一、二阶段工程承揽契约缔结于定作人即被上诉人，与承揽人即唐荣公司之间，唐荣公司与茂泰公司间之协力契约应属'次承揽契约'，茂泰公司与上诉人间所缔结之契约，则为学理所称连锁承揽中之'再次承揽契约'。然不论次承揽、再次承揽契约，依债权契约相对性原则，仅得拘束契约当事人，第三人并不受契约双方合意所羁束。主、次、再次承揽契约之履行或终止，而衍生之法律关系，自应分别以观。本件既系被上诉人与唐荣公司缔结承揽契约，唐荣公司与茂泰公司有次承揽关系，茂泰公司就H型钢、钢轨桩部分再由上诉人承揽，H型钢、钢轨桩工程之施作，对被上诉人而言，系唐荣公司以第三人之给付履行其与被上诉人之契约义务。是被上诉人与上诉人间无任何契约关系，而受领该部分之给付时，并非无法律上之原因甚明。按契约终止，使契约效力向将来消灭，故已造作之部分，包括已用于工作或其他已移属于定作人所有之材料，应交与定作人，仅承揽人得请求给付已完成工作之报酬。是承揽契约终止，应向将来失其效力，定作人在终止契约前所受领之给付，具有法律上之原因，自不待言。查系争第一、二阶段工程合约，被上诉人因唐荣公司施工进度落后，分别行使终止权，则自各该契约终止之时起，固分别向后失去效力，但契约双方仍应就契约终止前之权利义务负其责任，终止前已完成之工作，仍有依约交付予被上诉人之义务，被上诉人亦有受领该部分给付之权利，此观'民法'第511条、第512条第2项之规定甚明。H型钢、钢轨桩均于所属阶段工程合约未终止前即已完成，并自唐荣公司之管领下交付予被上诉人，该部分给付既合于债务本旨，被上诉人依契约所赋予权利受领该工作物之移转，显非无法律上原因。"

（二）分析说明

1. 基本法律关系

本件判决涉及若干基本问题，为便于说明，将其法律关系简化如下：被上诉人甲（定作人）与承揽人（乙）缔结承揽契约，乙（承揽人）又与丙订立协力契约（次承揽契约），丙再与丁（上诉人）订立连锁承揽中的再次承

揽契约。定作人(甲)以承揽人(乙)施工进度落后,分别行使终止权。其争议问题,系丁(上诉人)得否向甲(被上诉人)依不当得利请求权返还其于契约终止前所交付于甲的 H 型钢、钢轨桩。兹将其基本法律关系图示如下:

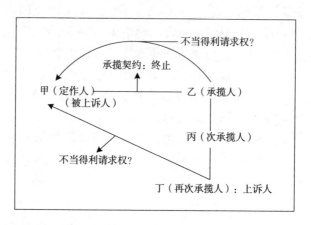

2. 不当得利请求权

(1)再次承揽人对定作人的不当得利请求权

在本件判决,丁(再次承揽人)得否对甲(定作人)主张不当得利请求权,系属给付型不当得利的类型。甲因丁交付 H 型钢、钢轨桩而受有利益(取得所有权)。问题系在连锁承揽中的给付关系,究竟是谁对谁为给付。此为首先应予认定的要件。

诚如"最高法院"所指出,承揽契约、次承揽契约及再次承揽契约系各自独立的契约。即再次承揽人(丁)与定作人(甲)间并无契约关系存在。丁将 H 型钢、钢轨桩交付于甲(或完成工程的施工),系乙(承揽人)以第三人之给付履行其与定作人(甲)的契约义务。准此以言,在本件,乃乙对甲为给付,而非丁对甲为给付,是甲并非因丁的给付而受利益,丁对甲无不当得利请求权。

(2)承揽人对定作人的不当得利请求权

在本件判决值得提出讨论的是,承揽人对定作人有无不当得利请求权?

如前所述,在本件连锁承揽关系上,承揽人(乙)系以第三人(丁)之给付履行其与定作人(甲)的契约义务,故定作人系因承揽人的给付而受有利益。问题在于是否因定作人终止承揽契约而使其受给付利益成为无法律上原因？对此"最高法院"谓："按契约终止，使契约效力向将来消灭，故已造作之部分，包括已用于工作或其他已移属于定作人所有之材料，应交与定作人，仅承揽人得请求给付已完成工作之报酬。是承揽契约终止，应向将来失其效力，定作人在终止契约前所受领之给付，具有法律上之原因。"此项见解可资赞同，是承揽人对定作人亦无不当得利请求权。

第十三项　婚约无效、解除或撤销与不当得利

甲男对乙女给付聘金，其后婚约无效、解除或被撤销时，甲得否向乙请求返还聘金？

一、"最高法院"的见解

关于聘金礼物于婚姻不成立时，应否返还的问题，"民法"未设明文规定，适用上产生疑义。"最高法院"曾认为于婚约解除时，受领之聘金礼物，即成为无法律上原因，应予返还。为支持此项结论，"最高法院"曾提出二种不同的见解，先则认为聘金为附解除条件的赠与，以婚约的解除或违反为条件之成就(1958年台上字第917号判例)；继而认为订立婚约所交付的聘金为负有负担之赠与(1958年台上字第1469号判例)。"最高法院"1966年3月28日民刑庭总会决议，认为此二则不同见解之判例，可以并存(1996年10月8日决议此二则判例不再援用)。

其须指出的是，以聘金为附解除条件的赠与，纯属对当事人意思的拟制。又结婚在法律上之性质原非可认为系财产上之给付，且不得强制执行，以结婚为赠与之负担，与婚姻之本质，实有不合。理论上较为圆通者，系认为赠与聘礼乃在期待成立婚姻，婚姻不能成立时，赠与聘礼之目的不达，受赠人受领给付，无法律上之原因，应成立不当得利。罗马法采此见解，《大清民律草案》第929条立法理由亦认为此属于预期目的不达的不当得利，可供参考。

二、"民法"第979条之1的解释适用

为解决婚约消灭时赠与物返还的问题，1985年6月3日修正公布

的"民法"亲属编特增订第 979 条之 1 规定："因订定婚约而为赠与者,婚约无效、解除或撤销时,当事人之一方,得请求他方返还赠与物。"关于本条的解释适用,"最高法院"迄未著有判决,在理论上应说明者有四点:

1. 婚约解除纵由于赠与人的过失而发生,仍得请求返还。

2. 婚约因当事人一方死亡而消灭时,无本条的适用,当事人另有约定者,依其约定。

3. 所谓得请求返还赠与物,是否依不当得利规定,"民法"未设明文,解释上应采肯定说,《德国民法典》第 1301 条及《瑞士民法典》第 94 条设有明文,可资参照。赠与物已毁损灭失时,善意的受赠人得主张所受利益不存在,免负返还义务(参阅第 182 条第 1 项)。

4. 所得请求返还者限于赠与物,不包括"情书"在内。①

第十四项　误认他人为生父而为扶养与不当得利

乙自幼离开其父母,误甲为其生父,予以扶养,供给金钱。乙得否向甲请求返还其扶养的费用?

一、法律问题及"司法院"的研讨结果

高等法院花莲高分院 2000 年 9 月份司法座谈会曾提出如下法律问题:"乙自幼离开生父,1949 年抵台后,误以甲为其生父,且又发觉甲年已八十,多病,而予以扶养,乙能否请求甲返还?"

讨论意见有二种见解:甲说:乙既系误以甲为生父,纵令发觉甲年老多病,而予以扶养,即系并非明知无扶养义务,仅误信有此义务而已,乙得请求返还。乙说:虽乙系误以甲为生父,且又发觉甲年老多病,而予以扶养,显系基于道德上之良心,纵系误信,乙不得请求甲返还。结论同意甲说。因与"民法"第 180 条第 1 款履行道德上之义务无关,是为意思表示内容错误得依"民法"第 80 条、第 90 条之规定撤销其意思表示,并得依

---

① 此项问题在德国法上讨论甚多,基本上同此见解,但亦有认为可类推适用《德国民法典》第 1301 条规定请求返还者,参见 Gernhuber, Lehrbuch des Familienrechts, 3 Aufl. (München 1980), 8 VI; Palandt-Diederichsen § 1301 Rn. 2. 第三人对婚约当事人为赠与者,于婚约消灭时,得否请求返还赠与物,"民法"第 979 条之 1 未设规定,如何处理,仍待研究,德国学者有认为可适用不当得利一般规定,但有不同意见,参见 Palandt-Diederichsen § 1301 Rn. 1。

"民法"第179条不当得利之规定请求返还其利益。此系就甲为路人而言,但如系对于无扶养义务之亲属误为有扶养义务而给付扶养者,则系"民法"第180条第1款给付系履行道德上之义务情形,不得请求返还。研讨结果以甲说为是,惟原结论所叙,"民法"第80条系"民法"第88条之误,并予指正["司法行政部民事司"台(1980)民司函字第0501号函复台高院]。

二、分析说明

法律问题及研讨结果,虽值赞同,但其理由构成,尚值研究。亲属间的扶养义务,系属债之关系,有扶养义务而为扶养,系属履行给付义务。扶养的给付,有为事实行为,如疾病照顾,供给住处;有为法律行为,如交付金钱,以供赡养,此种为履行扶养义务而作成的法律行为(交付财物),系属物权行为,而非债权行为。误信他人为生父而供给金钱,可认系物权行为内容的错误,为扶养者不必撤销其意思表示,即可依不当得利的规定请求返还其所为给付。无扶养义务而为扶养,无论其为事实行为或法律行为,均属非债清偿,自始欠缺给付目的,受扶养之人无法律上之原因,而受有扶养的利益,应成立不当得利,负返还的义务。①

第六款 给付型不当得利的回顾与案例研习

第一项 给付型不当得利发展的回顾

不当得利法的重大发展,系将"民法"第179条规定的不当得利依其类型区分为"给付型不当得利"与"非给付型不当得利",前者系基于受损人有目的及有意识之给付而发生之不当得利,后者乃由于给付以外之行为(受损人、利益人、第三人之行为)或法律规定所成立之不当得利。处理案例时,首先应认定的是,其究属给付型不当得利,抑为非给付型不当得利,此项区分体现于其成立要件。次序上应先检讨给付型不当得利,兹综合说明前揭实务案例所涉及的基本问题:

---

① 参见王泽鉴:《无扶养义务而为扶养之请求权基础》,载王泽鉴:《民法学说与判例研究》(第六册),北京大学出版社2009年版,第203页。

1. 给付型不当得利的案例涉及整个私法秩序(民法总则、债法、物权法、亲属法等),其规范目的在于调整市场经济因交易失败(契约不成立、无效或被撤销)而发生的财产变动。据前所述,可知将不当得利区别为"给付型不当得利"及"非给付型不当得利"(尤其是权益侵害型不当得利),有助于"民法"第179条规定的解释适用,使其更具可涵摄性(涵摄能力,Subsumtionsfähigkeit),具有重大法学方法上的意义,及思考方法的改变。在处理不当得利案例时,不应笼统地引用"民法"第179条规定,概括地以"受利益、致他人损害、无法律上原因"作为判断基准,而应就具体案例,针对不当得利类型,分析其成立要件,作更精确的论证(关于给付型不当得利与非给付型不当得利的区别对照表,参阅本书第55页)。近年来"最高法院"判决在此方面有显著的发展,应值肯定。

2. 给付型不当得利的成立要件为:(1)受利益;(2)给付关系;(3)欠缺给付目的而无法律上原因。受利益包括所有财产的利益(所有权、债务免除等),是否受利益应依具体个案而为判断。最要强调的是"最高法院"已以有意识、目的性的给付概念而建立的"给付关系"取代"致他人受损害",作为给付型不当得利的要件,有助于更深刻认识给付型不当得利的功能,明确不当得利的当事人。采此见解后,在给付型不当得利不须再讨论"致他人受损害",尤其是所谓同一原因事实或因果关系(特别是相当因果关系)。在给付型不当得利,有无法律上原因系以欠缺给付目的为标准,以非债清偿为其典型。

3. 给付型不当得利在法之适用上最为重要的是,认识及区辨债权行为(负担行为)与物权行为(处分行为)的分离主义,以及物权行为无因性理论,即债权行为不成立、无效或被撤销时,物权行为不因此而受影响。此为民法的核心问题,本书在许多相关部分已详作说明,将于下文以案例研习再作说明,务请参照,彻底理解。

4. 前曾提及给付型不当得利在于调整失败交易所生的财产变动。实务上就契约不成立(或无效、被撤销)、解除契约、终止承揽契约所生不当得利问题常起争议。为期显明,列表如下:

项目	条文	法律效果		判例(裁判)学说参照本书页数
		法律规定	不当得利	
契约不成立、无效或被撤销	第71、72、87、88、89、92条	未设特别规定	给付型不当得利	第123页
解除契约	第256条等	第259条回复原状	1. 不当得利？ 2. 并存？ 3. 特别规定？	第132页
终止承揽契约	第510条工作未完成前得随时终止契约	损害赔偿	就工作所支出的费用？	第134页

5. 给付型不当得利系传统不当得利法的核心。在区分给付型不当得利与非给付型不当得利，并肯定权益侵害型不当得利之后，重构给付型不当得利的要件，采目的性的给付概念，以"给付关系"取代"致他人受损害"，并与权益侵害型不当得利加以区别。此项发展使给付型不当得利在法之适用上益臻明确稳定，更具可预见性。

第二项 给付型不当得利的案例研习

第一目 思考模式

不当得利是案例法(case law)，法之适用及法律思维始于案例，法学的任务在于建构体系。法学上的体系构成在于认识法律规范构造及其内在价值，案例则为检视法律适用的基本问题。因此应来回思考于具体案例与抽象规范体系之间，针对所要解决的问题，以请求权基础的方法，分析其要件及效果，以明确当事人间的权利义务。兹参照实务设计案例，请运用请求权基础方法①，研读判例学说，并参照本书相关说明，写成简要书面，必能深化对不当得利制度及整个民法的了解，强化法之适用的思维能力。

---

① 参见王泽鉴：《民法思维》，北京大学出版社2022年重排版，第340页。

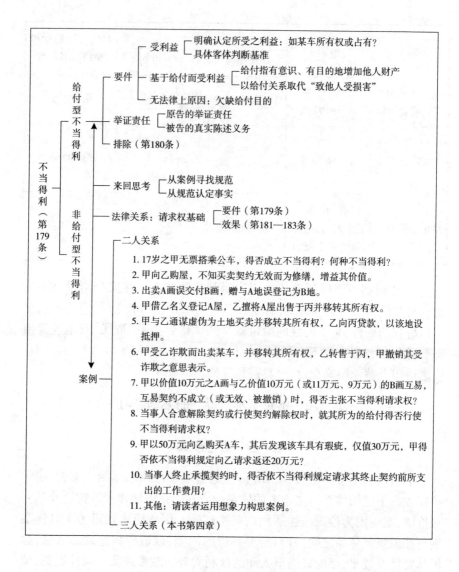

第二目 案例研习

一、案例

（一）甲出卖 A 屋于乙，甲交付该屋并办理所有权移转登记及乙支付价金后，以意思表示内容错误为理由撤销买卖契约：

1. 甲得否向乙请求返还 A 屋?
2. 设乙将 A 屋让售于丙,交付该屋并移转其所有权时,当事人间的法律关系如何?

(二)在前举之例,设甲系受乙诈欺而出卖 A 屋,甲撤销其意思表示时,当事人间的法律关系如何?

(请先自行解答,写成书面)

二、解说

案例(一):甲以意思表示内容错误为由撤销对乙的买卖契约

(一)解题构思

案例(一)涉及民法上负担行为(债权行为)与处分行为(物权行为)区别原则与物权行为无因性理论,以及不当得利法的功能,系民法上的核心问题,图示其基本法律关系如下:

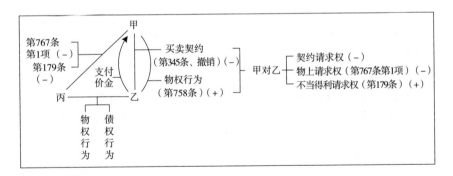

(二)解题

1. 甲与乙间的法律关系

(1)甲对乙关于 A 屋所有权及占有的请求权

①甲因买卖契约意思表示内容错误撤销其意思表示(第 88 条第 1 项),其买卖契约视为自始无效(第 114 条第 1 项)。甲对乙无契约上的请求权。

②乙受让 A 屋所有权的物权行为(第 758 条),不因买卖契约被撤销而受影响(物权行为无因性),乙仍能取得 A 屋所有权。甲对乙无所有物返还请求权(第 767 条第 1 项前段)。

③不当得利请求权

甲得否向乙依"民法"第 179 条规定请求返还 A 屋所有权及 A 屋的占有?

A. 乙受有甲移转 A 屋所有权(第 758 条)及对 A 屋占有(第 946 条)的利益。

B. 甲移转 A 屋所有权及其占有系有意识,并以履行其买卖契约债务(第 348 条第 1 项)为目的而为给付。

C. 甲撤销买卖契约,欠缺给付目的而无法律上原因。

甲得向乙依"民法"第 179 条后段规定请求返还 A 屋所有权及对 A 屋的占有。

(2)乙对甲的价金返还请求权

①甲受有乙交付价金(货币)所有权(第 761 条)及占有的利益。

②乙交付价金(货币)及其占有系有意识,并以履行其买卖契约债务(第 367 条)为目的而为给付。

③甲撤销买卖契约,致乙给付目的欠缺而无法律上原因。

乙得向甲依"民法"第 179 条后段规定请求返还价金(货币)所有权及占有。

(3)双务契约上的对待给付请求权

据上所述,甲对乙有返还 A 屋所有权及占有的不当得利请求权,乙对甲有返还价金及占有的不当得利请求权。在此情形发生双务契约不当得利返还请求权问题(详见本书第 119、345 页)。

2. 甲与丙间的法律关系

甲出卖 A 屋于乙并移转其所有权,乙再将该屋让售于丙并移转其所有权。其后甲撤销与乙的买卖契约时,乙仍得依物权行为无因性取得 A 屋所有权。甲得向乙主张所有权的不当得利请求权(第 179 条后段,债权请求权),而无所有物返还请求权(第 767 条第 1 项前段,物权请求权)。在此情形,乙将 A 屋所有权让与丙,系属"有权处分",丙无论是否知悉甲得撤销其买卖契约(善意或恶意),均得取得 A 屋所有权。甲对丙无所有物返还请求权或不当得利请求权。

案例(二):甲以受乙诈欺为由撤销对乙的买卖契约

(一)解题构思

在案例(二)甲系受乙诈欺而出卖 A 屋,办理所有权移转登记并为交付。兹分为甲撤销其意思表示,及甲撤销其意思表示前乙已将A屋让售于丙并移转其所有权二种情形,说明当事人间的法律关系[参照案例(一)的解说,并明辨其异同],先图示其基本法律关系如下:

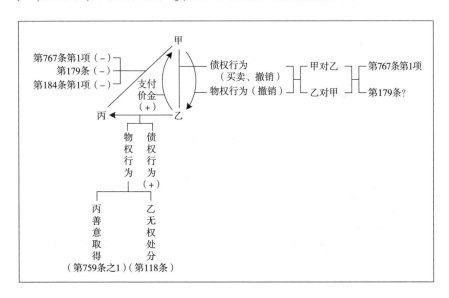

(二)解题
1. 甲以受乙诈欺为由撤销其意思表示
甲以受乙诈欺为由撤销其意思表示(第92条),解释上应包括出卖A屋的买卖契约(第345条)及移转其所有权的物权行为(第758条),其买卖契约及物权行为均应视为自始无效(第114条第1项),兹先说明甲与乙间的法律关系。

(1)甲对乙的请求权
①甲与乙间的买卖契约因甲的撤销而视为自始无效(第114条第1项),甲对乙无契约上请求权。

②乙无权占有甲所有A屋。甲得向乙依"民法"第767条第1项前段规定请求返还A屋占有,并依第767条第1项中段规定请求涂销所有权登记。

③乙受有A屋所有权登记及占有的利益,此系因甲的给付,因甲撤销买卖契约,失其给付目的而无法律上原因(给付型不当得利)。甲得向乙依"民法"第179条后段规定请求涂销A屋所有权登记及返还A屋的

占有。

(2)乙对甲的请求权

乙得向甲依"民法"第179条后段规定请求返还其受领的价金(货币)所有权及占有。

2. 乙在甲撤销其意思表示前,将A屋所有权移转于丙并为交付

(1)甲对丙的请求权(请思考为何先说明甲对丙的请求权,此涉及当事人利益)

①甲得否向丙行使"民法"第767条第1项前段规定的所有物返还请求权,此须丙系无权占有A屋,甲为A屋所有权人。如前所述,甲撤销其受诈欺的意思表示,其移转所有权的物权行为自始无效,乙未取得A屋所有权。乙将A屋所有权移转于丙系无权处分(第118条),丙得善意取得其所有权(第759条之1第2项)。在此情形,甲不得向丙行使所有物返还请求权,请求涂销所有权登记并返还占有。

②丙虽受有A屋所有权及占有的利益,并侵害甲的权益归属内容,但丙系依法律规定善意取得A屋所有权,有法律上原因,甲不得向丙行使不当得利请求权。

(2)甲对乙的请求权

①甲撤销买卖契约,甲对乙无契约请求权。

②丙善意取得A屋所有权,甲非A屋所有权人,甲对乙无物上请求权。

③甲得向乙主张权益侵害型不当得利请求权:A.乙受有无权处分甲所有A屋的价金利益(有偿无权处分)。B.侵害甲的权益归属,致甲受损害。C.乙受利益欠缺契约或法律上原因。

(三)结语

前揭二个案例研习的简要说明,有助于初习法律者更深刻理解民法及不当得利法的基本问题:

1. 区辨负担行为(债权行为)与处分行为(物权行为)及物权行为无因性理论。

2. 区辨给付型不当得利与权益侵害型不当得利的要件及功能。

3. 区辨物权请求权(第767条第1项,所有物返还请求权、涂销登记请求权)与不当得利请求权(第179条,所有权返还请求权)。

4. 善用请求权基础方法,强化法之适用的法律思维。

第四节　给付型不当得利请求权的排除

第一款　概　说

因给付受利益,欠缺给付目的时,应成立不当得利,受领人负返还之义务(第179条)。对此规定,"民法"第180条设有四款例外:"给付,有左列情形之一者,不得请求返还:一、给付系履行道德上之义务者。二、债务人于未到期之债务因清偿而为给付者。三、因清偿债务而为给付,于给付时明知无给付之义务者。四、因不法之原因而为给付者。但不法之原因仅于受领人一方存在时,不在此限。"此四款不得请求返还的不当得利,学说上称为特殊不当得利,应先予说明者有三点:

1. 所谓不得请求返还,应构成权利障碍的抗辩,当事人虽未主张,法院应依职权加以审查。①

2. 受领人任意返还其所受的利益于给付人时,不得以不知"民法"第180条规定为理由请求返还。例如甲与乙赌博,甲输10万元,于付款后不得请求返还。若乙返还10万元于甲时,甲仍有受领的权利。

3. 主张免负返还责任者,应负举证责任。例如受领人须证明给付系履行道德上的义务,或给付人明知无债务的事实。在不法原因而为给付的情形,请求权人须证明受领人具有不法原因,受领人须证明请求权人(给付人)方面亦存有不法原因。

第二款　给付系为履行道德上之义务

(一)试问于下列情形,甲得否向乙请求返还其所为的给付,其理由何在:

1. 甲误认乙为生父而为扶养。

2. 甲于乙之子结婚时送厚礼,其后发现乙于甲之子结婚时,并未送礼。

3. 甲请乙作媒,事成,甲给乙约定的报酬。

(二)"民法"第180条第1款所谓"给付系履行道德上之义务"

---

① Reuter-Martinek, Ungerechtfertigte Bereicherung, S. 182.

与"民法"第 408 条第 2 项所谓"为履行道德上义务而为赠与",有何不同,如何判断?

一、规范功能

给付系履行道德上之义务者,不得请求返还(第 180 条第 1 款)。此款规定在于调和法律与道德,使法律规定符合一般道德观念,以道德上的义务作为法律上义务,给付之人不得请求返还。台湾地区学者有认此款所定者系属自然债务。① 此为定义问题,如认为自然债务系指有请求权,而请求权已不完整,难以诉请强制执行的债务而言,则此项基于道德上义务而为给付者,自非自然债务。属此种意义的自然债务,如罹于消灭时效的债务。若将自然债务解释为在法律上虽无积极的请求之权,但得消极的保有受领的给付而言,则此款规定可解为系自然债务。此纯为法律概念的争论,不具实质意义,不能由此而导出不同法律的效果,应予注意。

道德上之义务,应依社会观念加以认定,例如:(1)对无扶养义务的亲属误为有扶养义务而予以扶养(侄子女对叔伯父),但误认他人为生父而为扶养,则不包括在内[参阅案例(一)之1]。(2)对于亲友婚丧的庆吊。(3)对于救助其生命的无因管理人给予报酬。

二、因婚姻居间而约定报酬

旧"民法"第 573 条规定:"因婚姻居间而约定报酬者,其约定无效。"立法理由系认媒介婚姻而受其报酬,以此为职业,实有败坏公俗之虞,故不使有效,以维持公益。在此情形,未给付报酬时,无给付的义务;已给付时,受领人系无法律上之原因而受利益,应成立不当得利,但衡诸婚姻居间的社会习俗及传统观念,应认为系为履行道德上义务,不得请求返还。

值得注意的是,1999 年 4 月 21 日修正"民法"第 573 条规定:"因婚姻居间而约定报酬者,就其报酬无请求权。"修正理由谓:"本条立法原意系因婚姻居间而约定报酬,有害善良风俗,故不使其有效。惟近代工商业发达,社会上道德标准,亦有转变,民间已有专门居间报告结婚机会或介

---

① 参见王伯琦:《民法债编总论》,第 59 页。

绍婚姻而酌收费用之行业,此项服务,亦渐受肯定,为配合实际状况,爰仿《德国民法典》第656条规定,修正本条为非禁止规定,仅居间人对报酬无请求权。如已为给付,给付人不得请求返还。"①

三、"履行道德上义务之给付"与"履行道德上义务之赠与"

此种履行道德上义务之给付与履行道德上义务而为赠与(第408条第2项),应严予区别,分三点言之:

1. 在履行道德上义务而为赠与,受赠人受领给付有法律上原因,不成立不当得利。反之,履行道德上义务之给付,在受领人方面,本无法律上原因,因"民法"第180条第1款的特别规定,给付者不得请求返还。

2. 在履行道德上义务的赠与,受赠人对于赠与人有"民法"第416条及第417条所定之不义行为时,赠与人得撤销其赠与,并得依不当得利的规定请求返还赠与物(第419条)。在给付系履行道德上之义务的情形,无上开赠与规定的适用,给付者纵不知无道德上义务之存在,亦不得请求返还。

3. 当事人的给付究属何者,应依当事人间的关系解释当事人之意思、标的物的价值及交易习惯加以认定。例如对于车祸救助生命者,给予10瓶洋酒,可谓系为履行道德上之义务,但给予为救我而受伤者一部轮椅电动车,应认为系属履行道德上义务之赠与。

第三款 清偿期前之清偿

甲向乙借款100万元,为期1年,年息2分,甲误算日期,于到期前1周清偿。试问甲得否向乙请求返还期前清偿之借款或中间利息,其理由何在?

---

① 此项修正涉及法律与道德关系的变迁,具有意义,修正理由明白指出本条修正系仿《德国民法典》第656条。《德国民法典》第656条规定:"Ⅰ就报告结婚之机会或就结婚成立之媒介,约定给予报酬者,不因此而生拘束力。基于此项约定,而已为给付者,不得以其无拘束力,而请求返还。Ⅱ相对人以履行约定为目的,基于合意,对居间人承认其有拘束力,即如为债务之承认者,前项规定,对于此种合意,亦适用之。"此一规定否定媒介婚姻约定给予报酬的拘束力,是否违宪,曾发生诉讼,德国宪法法院虽肯定其合宪性(BverfG 20, 31),但立法政策上是否妥当,备受质疑,而有修正的建议,基本上肯定此类契约的效力,并增设保护相对人的强制规定,参见 Gilles, Gewerbsmässige Ehevermittlung (1977); ders, Partnerschaftsservice statt Ehemakelei, NJW 83, 361; ders, Partnervorschlagsdienst als Werkvertrag, MDR 83, 712; Loddenkemper, Neue Form der Klagbarkeit des Ehemäklerlohnes? NJW 84, 160。

债务人于未到期之债务因清偿而为给付者,不得请求返还(第180条第2款)。期前清偿,债务并非不存在,债权人受领给付,不能谓无法律上的原因,且债务因清偿而消灭,债权人亦无得利可言。然为避免发生疑义,"民法"特明定不能请求返还,且不以债务人明知期前清偿为要件。①

有争论的是,在非折息清偿的情形,债务人可否请求返还中间利息。《日本民法典》第706条但书规定,以债务人的清偿系出于错误,不知未届清偿期为限,始得向债权人请求中间利息返还,《德国民法典》第813条第2项明定不得请求返还。②"民法"未设规定,应采否定说,以避免法律关系趋于复杂(参阅案例)。③

第四款 明知无债务之清偿

试问于下列情形,甲得否向乙请求返还其所为的给付,理由何在?

1. 甲售某物给乙,在获知其意思表示错误,得为撤销后,乃为履行。

2. 甲欠乙金钱若干,已否清偿不得确知,乙数度登门索债,甲勉强给付,其后发现清偿收据。

3. 甲嘱其财务经理乙对丙清偿利息,乙于清偿时明知该项债务业已抵销。

一、立法理由

因清偿债务而为给付,于给付时明知无给付之义务者,不得请求返还(第180条第3款)。非债清偿,构成不当得利,本得请求返还,"民法"对明知无债务之清偿,特设例外,关于其立法理由,《大清民律草案》认为

---

① 参见史尚宽:《债法总论》,第82页。
② 关于《德国民法典》第813条第2项规定,参见 MüchKomm-Schwab §813。
③ 《大清民律草案》第930条第2项规定:"债务人于未届清偿期之债务,因清偿而为给付者,不得请求归还。"立法理由认为:"清偿未到期之债务,若算至清偿期为止折息清偿,固不待论,即非折息清偿亦无论是否出于错误,均不得请求返还,以免法律关系益形繁杂。但附条件之债务,于条件未成就以前先行清偿者,不在此限。盖条件成就与否,为债务成立与否之标准故也。"

"是有意抛弃其所给付之请求返还权"。有认为用意固无可臆测,但终必有其原因。① 亦有认为,"明知无债务之存在,而仍为给付,实属无意义之举动,法律上不应予以保护","咎由自取"②,本书认为前揭规定乃出于禁止出尔反尔原则(venire contra factum proprium)③,即明知无给付义务而为给付,再请求返还,前后矛盾,有违诚信原则,故不许之。④

二、成立要件

明知无债务之清偿,不得请求返还,系属例外规定,故应从严解释其构成要件,分述如下:

1. 须无债务存在。受领人与清偿人间须无债务之存在,若有债务之存在,根本不构成非债清偿,自无不当得利问题。有无债务存在以给付时为其判断时点。债务具有撤销原因,在撤销前,债务存在,但一经撤销,债之关系溯及地失其效力,债务自始不存在(参阅第114条),故明知撤销原因的存在而为给付者,亦不得请求返还。例如甲售某物给乙,在知其因意思表示错误得为撤销后,仍为给付者,不得请求返还。在此情形,通常亦可视为承认得撤销的行为(参阅第115条),丧失撤销权(参阅案例1)。

2. 须因清偿债务而为给付。债务人于给付之际作有保留者(例如若找到清偿收据时应返还),其返还请求权不被排除。债务人之给付须出于任意,"最高法院"1985年台上字第1057号判决谓:"'民法'第180条第3款所谓非债清偿,须债务人所为给付,出于任意为之者,始足当之。若因避免强制执行或为其他不得已之事由而为给付者,虽于给付时,明知债务不存在,仍非不得请求返还。"(参阅2008年台上字第1113号判决,本书第447页)

3. 须于给付时明知无给付义务。明知指认识其原无债务。至于原无债务而误以为有债务,纵其误认系出于过失或重大过失,亦非明知而非

---

① 参见王伯琦:《民法债编总论》,第61页。
② 郑玉波:《民法债编总论》,第138页;孙森焱:《民法债编总论》(上册),第169页;邱聪智:《新订民法债编通则》(上),第139页。
③ Venire Contra Factum Proprium, Larenz/Wolf/Neuner, Allgemeiner Teil des Bürgerlichen Rechts, 10 Aufl. (München 2012), S.75 f.; Singer, Das Verbot widersprüchlichen Verhaltens (München 1993).
④ 此为德国通说,参见 Jauernig-Stadler §814 Rn. 1。

债清偿。① 对于有无债务,心存怀疑而为给付时,如确无债务,原则上仍应许其请求返还,惟依其情事,有时亦可认为系返还请求权的抛弃,应就个案加以认定(参阅案例2)(参阅2003年台上字第553号判决,本书第446页)。在法律行为附停止条件的情形(例如考上司法官,赠与A教授签名著作全集),因预期条件成就而先为给付者,于条件不成就时,仍可请求返还。

须说明的是,在代理的情形,其由代理人为给付时,其是否"明知"无给付义务,应类推适用"民法"第105条规定,就代理人决之(参阅案例3)。在法人的情形,其明知与否,应就为给付的机关(董事等有代表权之人)决之。

值得提出的是"最高法院"2018年台上字第11号判决,在这一案件中,"最高法院"认为:"按因清偿债务而为给付,于给付时明知无给付之义务者,不得请求返还,固为'民法'第180条第3款所明定,惟该条款所谓明知无给付之义务,系指原无债务而直接及确定之故意认为有债务而为给付者而言。"

三、承包政府机关工程施工超过契约内容

承包政府机关工程,超过契约内容而为施工,得否请求不当得利?"最高法院"2008年台上字第2184号判决谓:"依'民法'第180条第3款之规定,明知无给付之义务,仍为给付者,不得请求返还。且被上诉人系属政府机关,其就公共工程之实施,均须以编列预算,撙节公帑,不得浮滥,任意为之。如任何人得未经政府机关之发包或追加等程序,任意为政府无因管理事务,并认系不违反政府机关可得推知之意思,而请求政府偿付管理费用,则政府采购法之相关规定,将形同具文,显有违公共秩序,并违背依公平、公开之采购程序之政府采购制度。是上诉人上开主张之施工,无论实际支出之必要或有益费用为何,均不得主张无因管理或不当得利,对被上诉人求偿……系争工程契约承作桥梁仅为441座,且系争工程招标方式系依'政府采购法'第22条第1项第9款规定,以限制性招标行

---

① "最高法院"2005年台上字第897号判决:"因清偿债务而为给付,于给付时明知无给付之义务者,不得请求返还,固为'民法'第180条第3款所明定,惟该条款所谓明知无给付之义务,系指原无债务而直接及确定之故意认为有债务而为给付者而言。至于原无债务而误以为有债务者,纵其误认系出于过失或重大过失,亦非明知而非债清偿,仍无该条款之适用。"

之,而系争工程决标金额仅225万元,故就超过系争契约金额,自应另依'政府采购法'第19条规定,另为招标之程序等情,为原审所合法确定之事实,则上诉人对其承作桥梁超过441座部分,自系明知无给付之义务,即不得依不当得利之规定,请求被上诉人返还。"此项判决旨在贯彻政府预算制度及"政府采购法"的目的。

第五款　不法原因之给付①

因不法原因而为给付者,不得请求返还。但不法原因仅于受领人一方存在时,不在此限(第180条第4款)。此项规定在实务及理论甚具重要性,兹分:(1)不法原因而为之给付,不得请求返还;(2)不法原因仅存在于受领人一方得请求返还等两种情形加以说明。

第一项　因不法原因而为之给付,不得请求返还

第一目　立法理由及规范目的

(一)甲开设应召站(或私娼馆),买卖人口,因案被通缉,将该素享艳名的应召站(房屋及设备),高价出售于乙继续营业,试问:

1. 甲或乙得否请求相对人履行契约?
2. 甲、乙双方同时履行后,得否请求返还?
3. 设乙先付款,甲拒不交屋时,如何处理?

(二)甲女约定与乙夜宿,先收费2万元后,即拒绝与乙过夜,乙得否向甲请求返还2万元?

一、罗马法上的 Condictio ob turpem causam 及现代民法的立法例

要掌握"民法"第180条第4款的解释适用,首先须了解其在法制史上的发展过程。② 在罗马法上,给付人的给付具有污辱性(turpitudo)时,虽无法律上的原因,法院亦否认其诉权(condictio ob turpem causam)。

---

① 参见郑玉波:《不法原因给付之分析》,载《法令月刊》1972年第23卷第9期;陈自强:《不法原因给付》,载《月旦法学杂志》2021年第311期。

② 关于罗马法不法原因给付不得请求返还的详细讨论,参见 Heinrich Honsell, Die Rückabwicklung sittenwidriger oder verbotener Geschäfte: Eine rechtsgeschichtliche und rechtsvergleichende Untersuchung zu §817 BGB (1974), S. 65 f.。

所谓 turpitudo 系指违反传统的伦理观念,尤其是背于善良风俗而言。例如贿赂法官或证人;夫妻中的一方与他人通奸,对发现者支付金钱;支付报酬使人为犯罪行为等。其基本思想为任何人置社会伦理秩序于不顾时,不能请求返还其依应受非难行为而为的给付。

现代各国和地区民法多采取罗马法上的案例类型,或进而设一般规定。①《德国民法典》第817条规定:"1.给付目的之订定,如使受领人因其受领而违反法律禁止规定或善良风俗者,受领人负返还之义务。2.该违反亦应由给付人负责者,不得请求返还。但给付系以负担债务为内容者,不在此限;为履行该债务所为之给付,不得请求返还。"《日本民法典》第708条规定:"为不法原因而为给付者,不得请求其所给予物之返还。但不法之原因仅受益人一方存在者,不在此限。"②"民法"第180条第4款采此等立法例。问题在于如何对"不法原因给付"此项不确定法律概念加以具体化。

二、负担行为与处分行为的区别

要掌握"民法"第180条第4款的解释适用,尚须认识债权行为及物权行为的关系,兹就前揭案例加以说明:甲出售其经营的私娼馆给乙继续营业,价金1000万元,双方同时履行之。在此案例,共有三个法律行为:(1)私娼馆的买卖(债权行为,第345条)。(2)移转私娼馆(房屋)所有权的物权行为(处分行为,第758条)。(3)支付价金的物权行为(第761条)。买卖私娼馆行为违反公序良俗,无效(第72条)。③ 问题在于其他二个物权行为是否亦因违反公序良俗而无效?

关于此点,通说采否定的见解,认为物权行为在于履行债务,仅具技术性,伦理上为中立,不发生其内容是否有背于公序良俗的问题,物权行为本身仍属有效,基于无因性理论,并不受原因行为(私娼馆买卖)无效

---

① 《奥地利民法典》第1174条规定:"任何人意图为一项不可能或不法行为之完成而为之给付,不得请求返还。在何种范围内,国库得为没入,以行政命令定之。但为阻止不法行为而为之给付,得请求返还之,为被禁止之赌博而贷与之金钱,不得请求返还。"《瑞士债务法》第66条规定:"以发生不法或违反道德之效果,而交付其物者,不得请求返还。"比较法,参见 Schlechtriem, Restitution und Bereicherungsausgleich in Europa, Band I, S. 216 ff.。

② 参见〔日〕中川毅:《不法原因给付上信义衡平原则》,有斐阁1968年版;〔日〕藤原正则:《不当得利法》,信山社2002年版,第91页以下。

③ 私娼馆买卖,系背于公序良俗,参见洪逊欣:《中国民法总则》,1987年版,第354页。

的影响。故在前揭案例,甲、乙分别有效取得价金及房屋所有权,惟买卖契约无效,自始欠缺给付目的,应成立不当得利,但因系"不法原因给付",不得请求返还。为便于观察,图示如下:

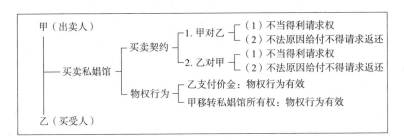

三、立法理由的探求

不法原因给付不得请求返还,其立法理由何在?立法目的的探求,有助于澄清解释疑义及适当限界其适用的范围。兹再以私娼馆买卖之例加以说明。甲出售私娼馆给乙,买卖契约有背于公序良俗无效,不发生契约上的债权债务。当事人间的关系可有三种情形:

1. 一方当事人得拒绝他方当事人给付的请求。在此情形,法律达成其禁止不法行为之规范目的。

2. 双方当事人均已提出给付时,因具有不法原因,各不得请求返还。在此情形,产生"不法即合法"的结果,与《民法》第71条及第72条规定法律行为无效的规范意旨不符,造成《民法》第180条第4款与第71条及第72条的对立及规范矛盾,虽属不妥,但尚能维持交易上的对价关系。

3. 一方当事人先为给付时,他方当事人一方面得以买卖契约无效,拒绝自己的对待给付,他方面又得主张不法原因给付不得请求返还,保有受领的他方给付[参阅案例(二):应召女郎先收款后拒绝夜宿;或嫖客夜宿后拒不付款]。学说上有认为此种情形显然违背双务契约的交换关系及契约正义,"投机侥幸,不义不诚,莫此为甚"①。实务上亦发

---

① 郑玉波:《不法原因给付之分析》,载《法令月刊》1972年第23卷第9期。

生是否有背于公平正义并奖励犯罪的质疑,而探求有无救济方法。① 亦有认为此项规定妥适而必要的。② 问题在于此项规定的立法意旨何在?

德国判例学说原采所谓惩罚说(Strafegedanke),认为不法原因所以不得请求返还,系对从事不法行为当事人的惩罚。此说甚受批评,因为惩罚非属私法的功能,且仅惩罚给付之人、受领人亦具有不法性,或其不法性较给付人尤有过之时,不但不予惩罚,反使其保有给付,与惩罚原则,实有未符。

德国多数学者采取拒绝保护说(Theorie der Rechtsschutzverweigerung),认为当事人因其违反法律禁止规定及背于公序良俗的行为,而将自己置诸法律规范之外,无保护的必要,并强调此乃基于"禁止主张自己之不法"(Verbot einer Berufung auf eignes Unrecht),或不洁净手的抗辩(Unclean Hands)等原则。③ 台湾地区通说基本上亦同此见解,认为不法原因给付所以不得请求返还,乃是任何人不得以自己的不法行为而主张回复自己损失的大原则。④ 此项拒绝保护说虽较惩罚说为可采,但亦难称圆满。法律(或法院)应公平衡量当事人利益,予以适当必要的保护,不能因请求救济者本身不清白,即一概拒绝保护,使权益的衡量失其

---

① 新竹地检处1963年3月份司法座谈会曾提出如下法律问题:甲觊觎乙之房屋,乃以高价向乙购买,契约经订明系供开设私娼馆之用,甲付款平分之后,乙即把房屋所有权移转登记于甲,以后甲置之不理,此项契约既经订明以该房屋系供开设娼馆所用,依"民法"第72条规定为当然无效,而依"民法"第180条第4款前段规定,乙方又不得主张不当得利,但此种法律行为究有背于公平正义并奖励犯罪之嫌有无救济方法? 讨论意见甲说:不得主张不当得利,亦无救济办法,因所有权移转登记系无因行为,乙欲请求返还房屋必主张其契约无效而举出其不法行为,此项行为既合于"民法"第180条第4款前段规定,即不得请求返还出卖之房屋,又不得请求其余价金之给付。乙说(从略)。研讨结果:该买卖因目的违法而无效,其移转之所有权及价金均系基于不法原因所为给付,且因不法原因给付,双方具有责任,依"民法"第180条第4款明文仍不得请求返还。亦别无救济途径,"民法"第113条所定回复原状责任,本质上仍为不当得利,并无排除"民法"第180条之效果,于本题并无适用,原讨论意见仍以甲说为是。参见周叔厚编:《法律实务问题汇编(民事法部分)》,第18页。

② 德国法上的争论,参见Honsell §817 Satz Z BGB - eine "Drehkrankheit des Rechtsempfindens"? in: Zimmermann (Hrsg.) Rechtsgeschichte und Privatrechtsdogmatik (München 1999), S. 473 ff.

③ 关于德国判例学说上见解及其分析检讨,参见马志锰:《不法原因给付之研究》,台大1998年硕士学位论文,第11页以下。

④ 参见王伯琦:《民法债编总论》,第61页;郑玉波:《民法债编总论》,第119页。"最高法院"1967年台上字第2232号判例(已不再援用):"为行使基于侵权行为之损害赔偿请求权,有主张自己不法之情事时,例如拟用金钱力量,使'考试院'举行之考试发生不正确之结果,而受他人诈欺者,是其为此不法目的所支出之钱,则应适用'民法'第180条第4款前段之规定,认为不得请求赔偿。"亦同此见解(关于本件判例的讨论,参见本书第176页)。

公平,实乃法律的自我设限。①

据上所述,可知关于不法原因给付不得请求返还的规定,在立法政策上有不同的评价,认为其符合公平正义的,尽量扩张其适用范围。本书认为受损人具备不当得利构成要件,而仍不能请求返还,乃属例外,应对其构成要件(不法原因给付),作合理的解释适用,以符不当得利制度的规范目的。

第二目 成立要件

(一)甲出租 A 屋于乙,经营应召站兼营赌博,为期 1 年,租金每月 10 万元,2 个月后因甲欠租发生争吵。试问:

1. 甲以租约违反善良风俗无效,请求返还该屋,乙以不法原因给付拒不返还时,法院应如何判决?

2. 甲得否向乙请求每月 10 万元租金?乙签发支票于甲,支付房租时,甲得否主张系不法原因"给付",拒不返还,并进而诉请乙为履行票据债务?

(二)甲侵占乙地,加工开垦,乙发现其事,向甲请求返还土地。甲对乙行使不当得利请求权时,乙得否主张甲系不法原因给付,不得请求返还?

(三)甲与乙赌博,甲输 200 万元,先支付 100 万元,另提供土地设定抵押担保其余赌款。试问:

1. 甲得否向乙请求返还 100 万元?

2. 乙得否拍卖抵押物?

3. 甲得否请求涂销抵押权登记?

一、客观要件:因不法原因"而为给付"

(一)给付

1. 给付的意义

因不法原因给付,致其返还请求权被排除,在客观上须有不法原因的

---

① 德国学者 Canaris 另提出一般预防(Generalprävention)理论,其主要论点为从事违反公序良俗的行为本身多不具刑罚处罚性,若无《德国民法典》第 817 条第 2 项规定,将不受制裁。违反法律强行规定的行为不多,违反行政秩序,虽须支付罚款,但可纳入成本,低于其所获利益。《德国民法典》第 817 条第 2 项规定具有辅助预防行为违反良俗或法律强行规定,相当于侵权行为法一般预防的功能。Larenz/Canaris, Schuldrecht II/2, S. 162 f.。

"给付"。所谓给付,系指有意识地基于一定目的所为财产的给予,权利的移转、物的交付、土地的登记、劳务的从事等均属之。实务上重要案例有:合伙贩卖鸦片烟土所为的"出资"(1940年渝上字第464号判例);委托处理贩卖鸦片烟土而给予的"报酬"(1940年渝上字第626号判例)。

须注意的是,为合理规范当事人的权益,所谓不法原因的"给付",应解为系指具终局性的财货移转,如移转所有权(终局性基准,Endgületigkeitskriteriem),不包括交付支票或债务约束等尚未终局完成的财货变动在内。甲与乙赌博,以支票支付赌款,若受领人乙得依"民法"第180条第4款规定拒绝返还其所受的支票,并进而诉请甲支付,势将导致鼓励实施不法行为,有违法律规范意旨[(案例(一)之2]。

又甲出租房屋于乙,经营应召站,为期1年,其基于因违反善良风俗而无效的租赁契约所为的给付,不是房屋本身,而是该屋在一定期限的使用,故甲仅在约定租赁期间内不得请求返还租赁物[案例(一)之1]。

2. 侵占他人土地,加工开垦所增价值,是否为不法原因之"给付"?

(1)法律问题及研讨结果

关于不法原因的"给付",值得提出讨论的是,高雄地方法院1957年10月份司法座谈会的一则法律问题:甲侵占乙之土地,乙向甲提起请求返还土地及损害赔偿之诉,甲对土地因加工开垦所增值,可否反诉乙请求返还不当得利?

讨论意见:

甲说:依"民法"第957条之规定,恶意占有人因保存占有物所支出之必要费用,对于回复请求人,得依关于无因管理规定请求偿还,再据日本立法例,譬如绘画于纸作一艺品,纸之价金为数颇微,而画则为名家所绘,价值连城,则画之加工增值应归加工人所有。本案甲虽恶意占有乙之土地,然经出劳力财力加工开垦,使土地改良,乙对土地改良增值部分,系属无法律上之原因,同时依公平原则,甲有理由请求返还不当得利。

乙说:甲之开垦行为,本身即是实施侵权行为,依"民法"第180条第4款之规定,因不法之原因,而为给付者,不得请求返还,甲所出之劳力等系属不法,同时依据恶意当事人不受法律保护之原则,甲不得请求不当得利。再依据损害赔偿之原则,应回复他方损害发生前之原状,则本件乙对甲之侵权行为,请求回复原状,而甲何得再请求不当得利?

第二章 不当得利请求权的发生(一):给付型不当得利 163

结论:呈请释示。研讨结果:以乙说为当。①
(2)分析说明

本件法律问题具有启示性,涉及二项争点:①甲就其侵占乙的土地因加工开垦所增的价值,是否成立不当得利?②此项不当得利请求权是否属于不法原因的给付,不得请求返还?

甲说肯定甲对乙的不当得利请求权,并提出三点理由:①"民法"第957条的规定;②日本民法关于加工的立法例;③公平原则。此三项理由均有商榷余地。"民法"第957条规定与不当得利请求权无关。对他人土地加工开垦非属"民法"第814条所称加工。②"公平原则"本身不足作为不当得利请求权的规范基础。依本书见解,开垦他人土地,系基于受损人的行为致他人受利益,本来即具备"民法"第179条的成立要件,应成立权益侵害型不当得利,前揭理由,均无必要。

要特别提出说明的是,乙说(研讨结果)认为甲的开垦行为,本身是实施侵权行为,甲所出之劳力等系属不法,应构成"不法原因"之"给付",不得请求返还。此项见解亦有商榷余地。甲侵占乙的土地,加工开垦,旨在图谋自己的利益,根本欠缺增益他人财产的意思,不能解为系属"给付",应无"民法"第180条第4款规定的适用[案例(二)]。③

3. 赌债与不法原因给付④
(1)法律问题及研究意见

赌博为一种侥幸契约,"最高法院"认为系法令禁止的行为,应属无效(第71条)。其已给付的,应成立不法原因给付,不得请求返还。有疑问的是为赌债设定抵押权的法律效果,即得否请求涂销为赌债而设定的抵押权?

高等法院暨所属法院1979年度法律座谈会民事类第2号曾提出如下问题:甲对乙负有赌债,遂以其所有土地一笔供担保为乙设定抵押权,并完成登记,届期未为清偿,经乙声请法院裁定许可拍卖抵押物,于执

---

① 参见周叔厚编:《法律实务问题研究汇编(民事法部分)》,1975年版,第38页。
② 《日本民典》第246条规定相当于"民法"第814条,系以动产为其客体,对不动产而言,仅发生附合问题("民法"第811条,《日本民法典》第242条),例如在他人土地种植果树。
③ 本件法律问题系涉及强迫得利(Aufgedrängte Bereicherung),参见本书第335页。
④ 关于赌债与不法原因给付,尤其是相关判例判决之分析与检讨,参见王泽鉴:《民法学说与判例研究》(第二册),北京大学出版社2009年版,第88页。

行程序中,甲主张该抵押物所担保之赌债系因不法原因而成立,属自然债务,债务人并无履行之义务,因此依"强制执行法"第14条提起异议之诉,有无理由?

"司法行政部"研究意见认为:"按赌博为法令禁止之行为,其因该行为所生债之关系原无请求权可言,除有特别情形外,纵使经双方同意,以清偿此项债务之方法,而变更为负担其他新债务时,亦属脱法行为,仍不能因之取得请求权(参见'最高法院'1955年台上字第421号判例),故甲对乙负赌债,虽以其所有土地一笔供担保为乙设定抵押权,并完成登记,仍不得谓乙对甲有请求权存在,纵乙已声请法院裁定许可拍卖抵押物,亦因其系非讼事件裁定,并无确定实体上法律关系存否之效力,如已进入强制执行程序,甲可依'强制执行法'第12条规定声明异议,惟不得依'强制执行法'第14条规定提起异议之诉,此乃因乙自始即无请求权可言,而非在执行名义成立后,有消灭或妨碍债权人请求之事由发生,与该条规定不合(参阅'最高法院'1979年度第10次民事庭庭推总会记录决定事项一)('司法行政部'1980年6月29日台函民字第6782号函复)。"

(2)分析说明

①赌债非债

前揭研究意见采取"最高法院"见解,认为赌博虽属法令禁止的行为,而该行为得产生债之关系,但无请求权,故赌债系属自然债务。此项见解,似有商榷余地。赌博既系违反法令(或背于公序良俗)的行为,应属无效,根本不发生当事人所企图实现的法律效果,赌赢者对赌输者自始未取得债权,根本没有债之关系,不能认为因该行为所生债之关系原无请求权可言。所谓赌债系属俗称,在法律上应认为赌债非债,不宜认系无请求权之债的关系。赌博既属无效,根本无债权债务关系的存在,基于抵押权从属性理论,对于所谓赌债实无设定抵押权的余地。纵已设定抵押权,并完成登记,就实体法上法律关系言,亦不能拍卖抵押物。如已进入强制执行程序,抵押人得提起消极确认之诉(参阅"司法院"释字第182号解释)。

②为赌债设定抵押权是否为不法原因给付

赌债非债,不能有效设定抵押权。然则甲得否依不当得利规定请求乙涂销为赌债而设定的抵押权?此涉及抵押权的设定是否为不法原因"给付"的问题。本书认为"民法"第180条第4款所谓给付,应解为系指终局移转某种财产上利益而言,前已提及,赌债的清偿固属给付,但抵押权的设定,乃在担保赌债的清偿,具从属性质,尚不能认系"给付"。① 又为避免无债权而有抵押权的不真实权利状态,妨碍土地登记的功能,亦应肯定甲得依不当得利规定请求涂销抵押权的登记。

③为赌债签发本票是否为不法原因的"给付"

签发本票以偿还赌债(给付),是否构成不法原因"给付",不得请求返还?"最高法院"2012年台简上字第7号判决谓:"赌债非债,本不生债之关系。本件被上诉人为清偿赌债而签发系争本票,则旧债务为赌博之债,新债务即系争本票票款自无给付义务可言,于被上诉人未给付时,依法自得拒绝给付,上诉人对赌债并无债权或债权请求权存在,难谓本件有'民法'第180条第3款规定之适用。又本条第4款之规范目的,系认当事人从事不法行为,乃将自己置于法律秩序以外,无予保护之必要,故该款所称之'给付',系指本于受损人之意思所为财产之给与,且当事人给付目的,在使受领者终局保有此项财产给与者而言,至债务之负担仍在给付之前阶段,尚不得谓为给付。被上诉人系向上诉人所营赌博网站签赌,积欠赌债,而签发系争本票以为给付之担保,依上说明,该票据之交付,仅属票据债务之负担,被上诉人应无使上诉人终局保有此项财产之意,尚难谓为'给付'。上诉人抗辩被上诉人签发系争本票交付上诉人,系属不法原因之给付,其对被上诉人取得系争本票债权云云,亦无足取。"

本件情形相当于为赌博设定抵押权,应不成立不法原因"给付","最高法院"见解及判决理由,实值赞同。

(二)因"不法原因"而给付

何谓"不法原因"给付,应就下列情形说明甲得否对乙主张不当得利返还请求权:

1. 甲男与乙女结束姘居关系,甲赠A屋于乙。
2. 甲在乙所有土地开垦,种植果树。
3. 甲冒乙之名,缴纳土地重划地价税,领取市政府土地重划土地。

---

① 另见史尚宽:《债法总论》,第86页:"此返还请求权之排除,应限于不法原因所为直接之给付,对于补助给付(例如担保之提供),不适用之。"德国通说亦采此见解,参见 BGHZ 19, 20S, 267; Staudinger/Lorenz §812 Rn. 13; Erman/H.P. Westermann/Buck-Heeb §812 Rn. 14。

不法原因之给付,系指给付之内容(标的及目的)具有不法性。此之所谓不法,究指何而言,学说上有四种见解:(1)包括公序良俗之违背及强行法规之违反。① (2)仅指违背公序良俗而言,不包括强行规定的违反。② (3)仅指违背善良风俗之情形而言,不包括违背公共秩序及强行规定在内。(4)仅指强烈违背善良风俗的情形而言。台湾地区学者多采第一说,实务上见解亦同,可资赞同。"最高法院"判例及判决可归纳为四类,说明如下:

1. 违反法令规定

给付为法令所禁止的,如贩卖鸦片(1940年渝上字第464号判例、1940年上字第626号判例)、赌博(1955年台上字第421号判例)。必须指出的是,此之所谓法令应指关于法律行为效力违反强行规定而言(第71条),不包括行政取缔规定在内。例如违反"医师法"规定未加入公会的医师为治疗行为时,在行政上虽应受一定之制裁("医师法"第9条、第27条),但私法上仍应承认其效力,医师受领诊察费用,具有法律上原因,不成立不当得利。

某金融管理学院与某文教事业公司订立合作契约,招收学生,分享学分费用。其后经认定该合作契约违反相关大学法规定而无效。该文教事业公司向该金融管理学院依不当得利规定请求返还其所给付的劳务。问题在于有无"民法"第180条第4款本文的适用。

"最高法院"2019年台上字第2453号判决谓:"不当得利制度,旨在矫正及调整因财货之损益变动而造成不当移动之现象,使之归于公平合理之结果,以维护财货应有之归属状态。故当事人间之财产变动,即一方因他方之给付而受利益,致他方受损害,倘无法律上之原因即欠缺给付目的,固可构成不当得利。然受损人系因不法之原因而为给付者,仍不得请求受益人返还,观诸'民法'第180条第4款前段规定自明。此乃因受损人之给付原因,违反强制禁止规定或有悖公序良俗,而不应予以保护,以维社会公益及不违诚信原则使然。是原审认定双方共谋以迂回方法,实质上达成大学法等禁止此行为之效果,其间系争契约之法律行为无效,上

---

① 参见史尚宽:《债法总论》,第84页;王伯琦:《民法债编总论》,第61页;郑玉波:《民法债编总论》,第139页。

② 参见孙森焱:《民法债编总论》(上册),第172页。

诉人不得据该契约为系争款项之请求,亦不得依不当得利之法律关系请求返还之,经核于法并无违误。"此项见解,基本上可资赞同。

依此见解,凡违反法律强制规定(尤其是劳动法规)而为劳务给付(包括非法劳工、童工、娼妓等),均无报酬请求权及不当得利请求权。若已给付报酬而不得请求返还,将实质上合法化法律禁止的契约。如何依各该法规的法律规范目的,分别情形加以解释适用,仍有进一步研究余地。

2. 违反公序良俗

"最高法院"多数判例或判决并未特别表明不法原因究系指何而言,例如:(1)上诉人之夫陆续以充当土匪所劫得之赃物交由上诉人寄藏,自属因不法原因而给付(1931年上字第2129号判例,已停止适用)。(2)押妻为娼契约无效,因而支付押金,系不法给付("司法院"院字第145号)。在诸此案例,"最高法院"如何认定"不法原因"未臻清楚,但似均得以背于公序良俗为理由。"最高法院"特别提及公序良俗的,有1978年台上字第1997号判决谓:"法律行为有违于公序良俗者无效,附停止条件之法律行为,其条件有背于公序良俗者亦然。无效之法律行为,固无待于撤销,而自始不存在,但其已为给付,果系出于不法原因,仍无碍'民法'第180条第4款之适用。"可资参照。①

3. 开垦他人土地、侵权行为与不法原因

在前揭高雄地方法院1957年度司法座谈会法律问题中,研讨结果认为:"某甲之开垦行为,本身即是实施侵权行为,依'民法'第180条第4款之规定,因不法之原因,而为给付者,不得请求返还,某甲所出之劳力等系属不法,同时依据恶意当事人不受保护之原则,某甲不得请求不当得利。"

擅在他人土地,为自己利益从事开垦是否构成"给付",前已论及。侵权行为的成立,固须以侵害行为具有"不法性"(违法性)为要件,但是侵权行为的"不法性",与不当得利法上给付之不法原因,应非属同一的概念,因侵权行为而增益他人财产,是否即为"不法原因"的给付,尚有研究余地。

---

① 此判决系关于维持姘居关系而为赠与的效力及赠与物返还的问题,参见王泽鉴:《民法学说与判例研究》(第三册),北京大学出版社2009年版,第94页。

4. 冒名取得增配土地,诈欺与不法原因给付

关于不法原因的认定,尚有一个具有趣味性的案例,可资参考。在"最高法院"1977年台上字第1092号判例,罗王菁就某二笔土地并无所有权,因土地台账误将所有人王宗菁记为王菁,与罗女之本名相同,罗女于1973年冒用所有人王菁名义,领得重划前之土地所有权状,事后领得市政府土地重划增配土地缴纳地价9万余元之通知单,并据以缴款及凭该缴款收据换得重划后另二笔土地之所有权状。后因查明非属其所有,而涂销登记。罗女诉请市政府返还不当得利。"最高法院"认为此项请求为无理由:"实施诈欺行为之诈术,非以欺罔为限,即利用人之错误使其为财物之交付亦属之。市政府因罗女冒名登记为所有人之错误,致通知罗女缴纳差额地价,而罗女必须凭该地价收据,始能取得增配土地之所有权,显在意图取得非法利益而为给付,其给付具有不法原因,依法自不得请求返还不当得利。"

在此判例中"最高法院"提出一项基本见解:为实施诈欺行为,利用他人之错误使其为财物之交付者,其为意图取得此项非法利益而为之给付,具有不法原因,不得请求返还。此项原则的创设扩大了"不法原因",限制了不当得利请求权,适用上应予慎审。实施诈欺而为之法律行为并非无效,在法律评价上与违反强行规定或背于公序良俗之属无效,尚有不同,宜否扩大"不法原因"概念,将之包括在内,仍值研究。

二、主观要件:对不法原因的认识

"民法"第180条第4款本文仅规定不法原因给付不得请求返还,对给付者的主观要件,未设明文。大理院1918年统字第774号解释谓:"聘娶有夫之妇,如不知情,则所交财礼,自可依不当得利之原则,向受领者要求返还,否则为不法原因之给付,自无要求返还之理。"鉴于排除不当得利请求权系属一种法律上的制裁,在解释上应认"民法"第180条第4款本文规定的适用,须以给付人对给付原因不法性的认识具有故意(明知其不法性)或过失(因过失而不知其不法性)为要件。[①] 公序良俗为社会一般通念,违反者,原则上应认为具有过失,例如押女为娼者,不能诿为不知其

[①] 参见史尚宽:《债法总论》,第84页;蔡秀雄:《民法上不当得利之研究》,第90页。较深入的分析讨论,参见马志锰:《不法原因给付之研究》,台大1998年硕士学位论文,第71页。

背于公序良俗,而主张得请求返还其支出的身价。

三、案例研习

(一)因受诈骗汇款、行贿、洗钱与不法原因给付:"最高法院"2007年台上字第2362号判决

关于不法原因给付,实务上有一个诈骗汇款的案例,涉及不当得利若干基本问题(可以作为实例研习的案例),值得提出讨论。

在"最高法院"2007年台上字第2362号判决,原告受诈骗集团的诈骗,信赖律师来函及中奖通知,误信其将获得巨额奖金,然为避免相关部门阻挠开奖,乃基于行贿其意图,依诈骗集团指示,汇款400万元至某银行账户,其后该笔款项又以疑似洗钱方式,辗转经由多人银行账户,最后汇入被告的银行账户。嗣原告发现实情后,乃依据不当得利的法律关系,请求被告返还该笔款项。被告则以:(1)不当得利之受益人受有利益系"无法律上原因"之事实,应由受损人负举证责任,本件原告未能举证证明其汇款系受诈骗集团诈骗所致;(2)其银行账户内款项,系他人汇入的结果,并非直接基于原告之汇款行为,故其受有利益,并未直接"致"原告受有损害,二者间欠缺"因果关系";(3)原告汇款目的,系为行贿相关部门,显然是基于不法原因而为给付,不得请求返还不当得利,作为抗辩。

"最高法院"判决认为:"按不当得利请求权之发生系基于'无法律上之原因而受利益,致他人受损害'之事实,所以造成此项事实,是否基于特定人之行为或特殊原因,在所不问。亦即不当得利所探究,只在于受益人之受益事实与受损事实间之损益变动有无直接之关联,及受益人之受益状态是否有法律上之原因(依据)而占有,至于造成损益变动是否根据自然之因果事实或相同原因所发生,并非不当得利制度规范之立法目的。换言之,只要依社会一般观念,认为财产之移动,系属不当,基于公平原则,有必要调节,即应依不当得利,命受益人返还。本件资金之流动,被上诉人既系因受骗而汇款与上诉人,而上诉人亦不否认收受来自被上诉人之系争汇款400万元,上诉人在受领利益与给付利益间,具有直接之损益变动,是由资金变动之关系观察,受损人系被上诉人。上诉人抗辩其合法取得系争400万元,自应就此负举证责任。而上诉人之举证既不足相信,自应受不利之认定。被上诉人依不当得利之法律关系,请求上诉人给付系争400万元本息,于法有据。又不当得利制度乃基于'衡平原则'而

创设之具调节财产变动的特殊规范,故法律应公平衡量当事人之利益,予以适当必要之保护,不能因请求救济者本身不清白,即一概拒绝保护,使权益之衡量失其公平,故如已具备不当得利之构成要件,应从严认定不能请求返还之要件,避免生不公平之结果。被上诉人系遭诈骗集团欺骗以行贿……而汇款,应认该不法之原因仅存在于诈骗集团,基于前述衡平原则,上诉人以被上诉人系不法原因给付为由,拒绝返还系争400万元,洵非有据。"

(二)分析说明①

1. 不当得利制度的功能

"最高法院"前揭判决开宗明义阐述不当得利的立法目的及不当得利的认定基准。台湾地区不当得利法发展上最大的特色在于将不当得利加以类型化,分为给付型不当得利及非给付型不当得利。在前揭判决,"最高法院"强调只要依社会一般观念,认为财产之移动,系属不当,基于公平原则,有调节必要,即应依不当得利返还。此种以社会一般观念及公平原则认定财货变动是否构成不当得利,固然方便于处理困难的案件(Hard cases),但因欠缺可采作的合理判断基准,将使不当得利法成为就个案而认定的衡平法(Billigkeitsrecht)。多年来实务及学说已逐渐建立了给付型不当得利及非给付型不当得利的类型,应以此作为处理本件的思考方法,不能又回到不当得利制度发展的初始状态。

2. 给付型不当得利的成立及举证责任

(1)成立要件

本件判决的争点在于原告(被上诉人)得否依不当得利规定向被告(上诉人)请求其汇入的400万元款项,及上诉人得否主张原告汇款目的,系为行贿相关部门,乃不法原因给付,依"民法"第180条第4款规定,不得请求返还。因此,本件判决所涉及的,乃属给付型不当得利。

给付型不当得利的成立要件为:①须一方受利益。②须因他方的给

---

① 参见刘昭辰:《贿赂金的不法原因给付》,载《台湾本土法学杂志》2008年第106期;姜世明:《不当得利"无法律上原因"要件之举证责任分配》,载《台湾本土法学杂志》2008年第106期。此二篇论文系该杂志认"最高法院"前揭判决具有重要意义,而邀请对相关问题有研究的专家学者加以评论,一方面表示对实务的重视,他方面更有助阐释法律争点,俾益于法律解释适用。此种沟通实务与理论的方法,在德国及日本行之有年,实有助于促进法律进步与发展。另参见林更盛:《基于不法原因给付之不当得利》,载《月旦法学教室》2012年第115期。

付而受利益,即当事人间具有给付关系。③欠缺给付目的而无法律上原因。分述如下:

①受利益

被告(上诉人)因原告(被上诉人)将400万元款项汇入其银行账户,受有利益。

②因他方的给付而受利益

A. 以给付关系取代直接损益变动为判断基准

一方受利益须因他方的给付,即在当事人间须有给付关系。"最高法院"谓:"本件资金之流动,被上诉人既系因受骗而汇款与上诉人,而上诉人亦不否认收受来自被上诉人之系争汇款400万元,上诉人在受领利益与给付利益间,具有直接之损益变动,是由资金变动之关系观察,受损人系被上诉人。"系以损益变动直接性作为判断基准。在给付型不当得利,应以给付关系取代直接因果关系而认定不当得利的当事人,即由给付者对给付利益受领者主张不当得利返还请求权,前已再三言之,"最高法院"若干判决亦已采此见解(2011年台上字第990号判决)。

B. 给付关系当事人的认定

本件诈骗涉及多数人:受骗者(甲)、诈骗集团(乙)及受领汇款者(丙),谁对谁为给付?"最高法院"系认定受骗者为给付者,受领汇款之人为受领给付者,此应认系以收受汇款之人为诈骗集团的一分子,为其共犯或帮助犯。从收受汇款者的立场言,客观地认定所受汇款系来自受骗者的给付(有目的、有意识地增加其财产)。倘认受领汇款者(丙)所言,其自乙获得汇款,系乙为履行与丙间地下通汇,则此汇款系甲对丙的给付,甲对丙得主张给付型不当得利或非给付型不当得利(非给付型不当得利的辅助性)。①

③无法律上原因:欠缺给付目的

在认定被上诉人(原告)受诈骗汇款于上诉人(被告)系对上诉人为给付的情形,上诉人受领汇款自始欠缺目的,盖被上诉人系受诈骗而为汇款,与丙并无债之关系。上诉人无法律上原因受有被上诉人400万元汇款的利益,应成立不当得利。

---

① 参见刘昭辰:《贿赂金的不法原因给付》,载《台湾本土法学杂志》2008年第106期。

(2) 举证责任

①基本原则

关于给付型不当得利成立要件,"最高法院"一向认为应由主张该项不当得利请求权存在的当事人负举证责任(尤其是给付欠缺目的,无法律上原因),相对人则有真实说明义务。

②诈骗不当得利案件上的举证责任分配

在2007年台上字第2362号判决,"最高法院"转换了前揭应由不当得利请求权人证明无法律上原因的基本原则,认为:

A. 近年来盛行之诈骗集团以电话及寄发诈骗律师函及中奖通知书,诱使受骗民众汇款于诈骗集团所指定之账户者,已有多端,手法不一而足,除常见报道外,亦迭据警政单位公告周知,此属法院已显著且为其职务上所知之事实,被上诉人虽未举证证明上开律师函、中奖通知书等文书之真正,然核该项文书之内容与已知受骗民众被诈欺之方式雷同,其既系诈骗集团借以行骗之工具,若欲令受害人具体举证证明该文书为真正,实强人所难,有失公平。

B. 本件资金之流动,被上诉人既系因受骗而汇款给上诉人,而上诉人亦不否认收受来自被上诉人之系争汇款400万元,上诉人在受领利益与给付利益间,具有直接之损益变动,是由资金变动之关系观察,受损人系被上诉人。上诉人抗辩其合法取得系争400万元,自应就此负举证责任。

针对前揭"最高法院"的法律见解,学说上有认为:

a. 审酌个案所有情况,依举证责任分配一般原则显失公平而不可期待者,固得减轻请求权人的举证责任,但并非以单纯个案因素为考虑,应建立在类型化的个案群之上。

b. 所谓:"上诉人抗辩其合法取得系争400万元,自应就此负举证责任",究系指本证层次或反证层次未说明确,仍有探究余地。①

3. 不当得利请求权的排除:不法原因给付

(1)"最高法院"见解

"最高法院"2007年台上字第2362号判决的第二个争点系受诈骗交

---

① 参见姜世明:《不当得利"无法律上原因"要件之举证责任分配》,载《台湾本土法学杂志》2008年第106期;相关理论,参见姜世明:《新民事证据法论》(修订二版),2004年版,第181页以下。

付金钱,企图行贿,是否为"民法"第180条第4款所称不法原因给付,不得请求返还。"最高法院"谓:"不当得利制度乃基于'衡平原则'而创设之具调节财产变动的特殊规范,故法律应公平衡量当事人之利益,予以适当必要之保护,不能因请求救济者本身不清白,即一概拒绝保护,使权益之衡量失其公平,故如已具备不当得利之构成要件,应从严认定不能请求返还之要件,避免生不公平之结果。被上诉人系遭诈骗集团欺骗以行贿……而汇款,应认该不法之原因仅存在于诈骗集团,基于前述衡平原则,上诉人以被上诉人系不法原因给付为由,拒绝返还系争400万元,洵非有据。"

(2)分析说明

①"最高法院"1967年台上字第2232号判例①

"最高法院"1967年台上字第2232号判例谓:"为行使基于侵权行为之损害赔偿请求权,有主张自己不法之情事时,例如拟用金钱力量使'考试院'举行之考试发生不正确之结果,而受他人诈欺者,则其为此不法之目的所支出的金钱,则应适用'民法'第180条第4款前段之规定,不得请求赔偿。"本件判例所称"适用'民法'第180条第4款前段之规定",系指"类推适用"而言,依此判例意旨,被害人的不当得利请求权亦应被排除,而不得请求返还其所交付的金钱。"最高法院"2007年台上字第2362号判决究认无该判例意旨的适用,抑有意加以变更,不得确知。

②衡平原则与不法原因给付的限制解释

在本件判决,"最高法院"基于衡平原则强调应对不法原因给付不得请求返还的例外规定,作限制解释,认被上诉人系遭诈骗集团欺骗以行贿……而汇款,不具不法原因,仍得请求返还。就结论言,固值赞同。其理由构成,应有补充余地:

A. 给付行为的完成性:不法原因给付不得请求返还应限于给付行为已完成的情形。为行贿等不法目的而将汇款交付他人,乃行贿的前阶段,具暂时的性质,尚不成立不法原因的给付。

---

① 本则判例已不再援用,但其法律见解仍可供参考,具讨论价值("最高法院"2013年5月28日2013年度第7次民事庭会议决议不再援用,理由为:本院1967年台上字第2232号判例,其要旨与案例事实不符,不宜再援用)。

B. 比例原则上的利益衡量：法律之所以规定不法原因给付不得请求返还，系对本身不清白者拒予保护（Clean hand principle），并具有预防不法的一般功用。为达成此项立法目的，应对禁止请求返还的规定，作符合比例原则的利益衡量，即企图行贿者系受一个诈欺集团的诈欺，而为汇款，肯定受骗者仍得行使不当得利请求权，实为达成预防不法所必要。

(三) 关说牟取承包工程、诈骗取财与不法原因给付

甲为承包乙公司的工程，受丙诈骗，认得为关说而交付金钱，类此情事，层出不穷。在此情形，甲得向丙行使给付型不当得利请求权。问题在于丙得否以不法原因给付不得请求返还？

"最高法院"2018年台上字第2342号判决谓："按不当得利制度，旨在矫正及调整因财货之损益变动而造成不当移动之现象，使之归于公平合理之结果，以维护财货应有之归属状态。故当事人间之财产变动，即一方因他方之给付而受利益，致他方受损害，倘无法律上原因即欠缺给付目的，固可构成不当得利。然受损人系因不法之原因而为给付者，仍不得请求受益人返还，观诸'民法'第180条第4款前段规定自明。此乃因受损人之给付原因，违反强行规定或有悖公序良俗，而不应予以保护，以维社会公益及不违诚信原则使然。惟若认不法原因之给付均不得请求返还，将不免发生'不法即合法'之不公平结果，当非上开条文规定之本意，自应由法院就具体个案事实为妥适判断。即不法之给付关系，倘系因受损人之发动而成立者，纵系出于受益人之诈欺所致，亦不应准受损人请求返还。查上诉人交付200万元予被上诉人，固系受不实欺罔所致，然其系主动请求被上诉人协助，且在系争刑案已坦言交付该款系用以行贿徐○昆，图借时任自来水公司董事长之徐○昆及自称为顾问之陈○国力量，为其经营之诚兴公司关说或牟取承包自来水公司系争工程之利益等情，为原审确定之事实。则其给付该200万元，意在破坏……工程正常招标、发包、承揽法制，摧毁公平正义，给付之原因违反公序良俗，自有不法之情形，该不法原因存在于双方，非仅存在被上诉人一方，且上诉人请求返还该200万元，必主张自己之不法情事，无异鼓励为不法行为，更属不当。衡之上诉人前以同一行贿目的，遭原审另一被告游以德施用如原判决附表编号3至8所示之诈术，已交付共950万元，足征标得系争工程背后所隐藏之庞大利益，令其愿意主动找上被上诉人，不惜一再以金钱力量活动，遂其不法之目的，实不值予以保护，以符立法目的及社会公平正义。原审本此意旨，依'民法'第180条第4款前段规

定,判决上诉人败诉,纵所引用本院 1981 年台上字第 1998 号判决意旨,系重申本院已于 2013 年 5 月 28 日决议不再援用之 1967 年台上字第 2232 号判例(其要旨与案例事实不符),有欠妥适,但结果并无不当,仍应予维持。"本件判决认事用法,可资赞同。

第三目　法律效果

一、不法原因而为之给付不得请求返还

因不法原因而为给付者,不得请求返还。因给付而移转所有权的,例如为使公务员为违背职务行为而赠与汽车时,不得请求该车所有权的返还。因给付而移转物之占有的,例如甲出租 A 渔船给乙来往海峡两岸,从事人口买卖,为期半年,于租赁期间内固不得请求返还,但于租赁期间届满后,则得请求返还。

二、对概括继承人的适用

不法原因给付不得请求返还的规定,对不当得利请求权人的概括承继人亦有适用余地。破产管理人得否请求返还,不无疑问,德国实务上为保护破产债权人,采肯定说[①],但学说上多反对之。[②]

三、"民法"第 183 条的适用?

不法原因给付之受领人,以其所受者,无偿让与他人时,其原为给付之人得否向第三人请求返还?例如甲以 XO 洋酒向乙公务员行贿,乙将该酒转赠与丙时,甲得否向丙请求返还?此涉及"民法"第 183 条"不当得利之受领人,以其所受者,无偿让与第三人,而受领人因此免返还义务者,第三人于其所免返还义务之限度内,负返还责任"规定的适用。在解释上应采否定说,第三人是否知情,在所不问,其理由有二:

1. 不法原因的受领人,于让与前即得拒绝给付(第 180 条第 4款),并非其返还义务系因以其所受者无偿让与第三人而获免返还义务(参阅第 182 条第 1 项),与"民法"第 183 条规定不符。

---

① BGHZ 19, 335, 340。
② MünchKomm/Schwab §817 Rn. 32; Bamberger/Roth/Wendehorst §817.

2. "民法"第183条规定之目的,系在保护原给付人,"民法"第180条第4款规定并不在保护原给付人,即对不法原因给付人不予保护,亦无类推适用余地。①

第四目 适用范围

(一)甲开设第二高尔夫球场,为克服法令的障碍,经由乙致送金币及贵宾证给主管官员丙,为"法务部"调查局查获。试问:

1. 甲得否对丙请求返还金币及贵宾证?
2. 设甲受乙诈欺,未转送金币时,甲得否向乙请求返还?

(二)甲出租A屋给乙,经营应召站及赌场,为期2年,甲以租赁契约违反公序良俗无效,行使所有物返还请求权时,乙得否以甲系不法原因给付而拒绝之?

"民法"第180条第4款规定,因不法之原因而为给付者,不得请求返还,系以不当得利请求权为规范对象。应予研究的是,此款规定依其规范目的,应否予以一般化而适用于其他请求权,分就侵权行为损害赔偿请求权、所有物返还请求权及"民法"第113条规定的回复原状请求权说明如下:

一、侵权行为损害赔偿请求权

(一)"最高法院"1967年台上字第2232号判例

不法原因给付与侵权行为时有关联,例如甲受乙诈欺出资合伙走私贩卖枪支,制造假钞。在此情形,出资系不法原因给付,不得依不当得利规定请求返还。问题在于甲得否依侵权行为的规定向乙请求损害赔偿,主张返还出资,以回复原状?

对此问题,"最高法院"1967年台上字第2232号判例(已不再援用)采否定说,略谓:"为行使基于侵权行为之损害赔偿请求权,有主张自己不法之情事时,例如拟用金钱力量,使'考试院'举行之考试发生不正确之结果,而受他人诈欺者,是其为此不法之目的所支出之金钱,则应适用'民法'第180条第4款前段之规定,认为不得请求赔偿。""最高法院"1981年台上字第1998号判决重申此项,强调:"按为行使基于侵权行为之损害赔偿请求权,有主张自己不法之情事时,其为此不法之目的所支出之金钱,应适用

---

① 参见郑玉波:《不法原因给付与第三人之关系》,载《法令月刊》1972年第23卷第11期。

'民法'第180条第4款前段规定,认为不得请求赔偿(参照本院1967年台上字第2232号判例)。本件上诉人系因欲以金钱力量活动,使其所犯诈欺再审案件,遂其所愿,而受被上诉人诈欺者,则上诉人为此不法目的交付与被上诉人之15万元,揆诸上开说明,自不得请求被上诉人赔偿。"

(二)分析说明

关于上开"最高法院"判决,应说明者有二:

1. 依"民法"第180条第4款本文规定,排除侵权行为的损害赔偿请求权,就法学方法论言,系类推适用(Analogie),而非"适用"。易言之,即以"行使权利不得主张自己不法情事"的同一法律理由,将"民法"第180条第4款本文类推适用于基于侵权行为而生的损害赔偿请求权。

2. 在"最高法院"前揭裁判,甲拟向丙公务员行贿,遭乙诈欺吞没,而未转交[参阅案例(一)],甲对丙迄未为给付,对乙本无给付的意思,由其经手而已。在此情形,宜否类推适用不法原因给付不得请求返还的规定,认甲不得依侵权行为规定向乙请求赔偿,似有研究余地。

二、所有物返还请求权

"民法"第180条第4款本文规定得否类推适用于所有物返还请求权("民法"第767条第1项前段),实务上似无案例,"最高法院"是否会认为,"为行使所有物返还请求权,有主张自己不法情事者,不得请求返还",不得确知。

现行"民法"系采物权行为无因性理论,物权行为本身在伦理上系属中立,故基于不法之原因行为而移转某物的所有权时,其物权行为仍属有效,仅发生不当得利请求权,并无所有物返还请求权。例如甲出售某私娼馆给乙,买卖契约因违反公序良俗无效,乙因物权行为而取得其所有权,甲对乙虽有不当得利请求权,但因系不法原因给付,不得请求返还,甲对乙并无所有物返还请求权。债权行为与物权行为均因违反强行规定或背于公序良俗无效时,给付者得主张所有物返还请求权(第767条第1项前段)。在此情形,为不使请求人得主张不法的情事而行使其权利,应认有"民法"第180条第4款规定本文的类推适用。

值得提出讨论的是租赁或使用借贷上的不法原因给付。例如甲出租(或出借)A屋给乙经营应召站,为期2年,其租赁契约违反公序良俗无效。于此情形,乙系无权占有甲的房屋,甲行使所有物返还请求权时,其

"类推适用"第180条第4款本文规定,应认在此2年租赁期间内不得请求返还。盖甲所为不法原因之"给付",乃在此一定期间将物让与相对人使用收益。其所有物返还请求权应受约定期间的限制,不能认所有人永远不能行使所有物返还请求权[参阅案例(二)]。

三、"民法"第113条规定的回复原状请求权

(一)"最高法院"1994年台上字第3022号判决

"民法"第113条规定:"无效法律行为之当事人,于行为当时知其无效,或可得而知者,应负回复原状或损害赔偿之责任。""最高法院"1994年台上字第3022号判决谓:"本件双方关于系争股份之买卖,违反'公司法'第163条第2项之禁止规定,其让与契约(债权行为)无效。上诉人主张依'民法'第113条规定,得请求被上诉人回复原状,返还价金,本质上仍为返还不当得利。惟本件双方交付股票及价金,均基于不法原因所为之给付,且双方均有所认识。上诉人请求返还价金非特必须主张自己之不法行为,且无异鼓励为不法行为,自不应准许。"

(二)分析说明

关于前揭"最高法院"判决应说明有三:

1. 旧"公司法"第163条第2项规定:"发起人之股份非于公司设立登记一年后,不得转让。"①"最高法院"认此系禁止规定,违反者仅其让与契约(债权行为)无效,并不及于物权行为,应值赞同。在此情形,当事人就其交付股票及价金,各得主张不当得利请求权。值得注意的是,"最高法院"认"民法"第113条规定回复原状请求权,本质上仍为返还不当得利,此可供重新检讨"民法"第113条的规范功能及成立要件。② 就不当得利请求权言,当事人于行为时是否明知或可得而知其法律行为无效,应非所问。

2. 所谓"民法"第113条规定回复原状请求权本质上为不当得利,就"民法"第180条第4款规定言,应为类推适用。盖"民法"第113条回复

---

① "公司法"于2018年8月1日修正第163条:"公司股份之转让,除本法另有规定外,不得以章程禁止或限制之。但非于公司设立登记后,不得转让。"删除原第2项,以贯彻股份自由转让原则,修法理由指出三点:(1)股份有限公司之特色为股份自由转让,限制发起人股份之转让并不合理;(2)此限制将降低发起人新创事业之意愿;(3)此限制为其他立法例所无。

② 参见詹森林:《再论"'民法'第一一三条与其他规定之竞合关系"》,载《台湾本土法学杂志》2001年第29期。

原状本身仍非属不当得利请求权。于此项类推适用,仅给付者一方对不法原因有所认识为已足,应不以双方当事人均有认识为必要。

3. 旧"公司法"第163条第2项规定发起人之股份,非于公司设立登记一年后,不得转让其立法意旨,在防止发起人以发起组织公司为手段,以获取发起人之报酬及特别利益为目的,形成专业之不正当行为。借着类推适用"民法"第180条第4款规定,而排除双方当事人请求返还其所为之给付,虽在禁止请求权人主张自己的不法行为及避免鼓励为不法行为,但实不足贯彻旧"公司法"第163条第2项的规范目的。由此可知,将不法原因给付不得请求返还的规定适用(或类推适用)于违反财经法规的法律行为,是否妥适,仍有进一步研究的必要。①

第五目 综合分析检讨

"民法"第180条第4款本文规定不法原因给付,不得请求返还。通说认为其立法理由为任何人不得主张自己之不法。台湾地区实务积极肯定此项规定的规范功能,综合言之,具有四点特色:

1. 从宽认定"给付"的概念,包括侵占他人土地加工开垦、为赌债而设定担保等在内。

2. 对"不法原因"采最广义解释,兼指违反法令及背于公序良俗,包括因侵权行为占用他人土地、利用他人之错误使其为财物之给付等情形。

3. 未特别指出不法原因给付的主观要件。

4. 扩大其适用范围,类推适用于侵权行为的损害赔偿请求权。

实务如此扩张解释适用不法原因不得请求返还的规定,在比较法罕见其例,独具特色,具有浓厚道德化的倾向。② 本书认为为避免造成不法即合法的结果,平衡当事人间的利益,对不法原因给付不得请求返还的规定,应作适当必要的限制:

1. 所谓给付应指终局移转财产上利益而言。不法侵害他人土地,加工开垦,欠缺给付的意思;为赌债设定担保,具从属性质,均未构成给付。

---

① 深入的分析讨论,参见李模:《公司发起人转让股份之限制》,载《法令月刊》1993年第43卷第10期;刘连煜:《公司发起人股份转让限制与股份买卖之效力》,载《公司法理论与判决研究(二)》,1999年版,第103页。

② 关于大陆法系及英美法系如何处理不法原因给付,Zweigert/Kötz, Einführung in die Rechtsvergleichung, S. 577 ff.,作有深刻的比较研究,可供参考。

2. 给付内容背于公序良俗,应属不法原因,违反强行规定,固应包括在内,但应否禁止其请求返还,应慎审探求法律规范目的而定。

3. 不法原因的成立,须以给付人主观上具有故意或过失为要件。

4. 将"民法"第180条第4款本文规定"类推适用"于侵权行为损害赔偿等请求权,固为贯彻行使权利不得主张自己不法行为之情事,但在租赁或使用借贷契约,其不得行使所有物返还请求权,应限于约定的租赁或使用借贷期间。

实务与学说之所以发生争论,其主要原因有二:(1)现行规定的构成要件过于概括抽象(不法原因给付);(2)法律效果欠缺弹性(不得请求返还)。前者造成解释的困难,后者导致适用的僵硬、机械。例如给付人因受领人之诈欺或胁迫而先为不法原因给付时,不但不得请求对待给付,亦不得请求返还其所为的给付,显非合理。为避免此类不公平的结果,有二个途径可资采取,一为对"成立要件"作必要的限制,二为对"法律效果"创设若干例外。司法解释有时而穷,根本解决之道只能求诸立法,对法条内容作适当的修正,一面明确规定其成立要件,另一面对法律效果作原则及例外的规定。① 比较法提供另一个规范的可能性,即由国家(或地区)或公共团体没入不法原因的给付,旧《苏俄民法典》(第473条第4项)、《波兰民法典》(第412条)、《匈牙利民法典》(第361条第3项)均设有明文。② 此项立法涉及国家(或地区)与私人,公法与私法的关系及分际,宜否采取,应该慎审,自不待言。

第二项 不法原因仅存在于受领人一方,得请求返还

依"民法"第180条第4款但书规定,不法原因仅于受领人一方存在

---

① 参见马志锰:《不法原因给付之研究》,台大1998年硕士学位论文,第159页,基于对大陆法及英美法深入的比较研究,提出如下修正条文:"以意图违反法律强制或禁止规定,公共秩序或善良风俗为目的而为之给付,不得请求返还,但左列情形,不在此限:1.不法之原因仅于受领人一方存在者。2.以债务为给付之内容者,但为清偿此项债务所为之给付,仍不得请求返还。3.给付人之不法原因非属重大,且较受领人为轻者。4.不法目的未实现者。5.给付人与受领人间有代理,委任寄托、雇佣,及其他信赖关系存在者。"可供参考。

② 社会主义国家之所以在民法设没入之规定,因其认为民法亦具有公法的性质。《奥地利民法典》第1174条第1项亦设有由国库没入之规定,委由行政命令定之。德国著名的法律学者Nipperdey氏曾于1937年提出如下修正规定:"给付人负违反法令及善良风俗之责时,不得为返还之请求,但国家得没入给付物。"(Neue Gestaltung des Bereicherungsrechts, Jahrbuch der Akademie für deutsches Rechts, 1937, S. 19 f.)但未被采用。

时,给付人得请求返还,例如回赎绑票,给予金钱以阻止犯罪。值得提出讨论的是,此项但书规定在不当得利法上的体系地位。学说上有二种见解:

1. 此项但书规定,系不当得利不得请求返还规定的例外,因此应回复到"民法"第179条的原则,性质上系属于一般的不当得利请求权。①

2. 此项但书所规定的,系一种独立的不当得利请求权,有其固有的规范任务及适用范围。此系采德国通说对《德国民法典》第817条第1句的解释②,其基本论点有二:

(1)受领给付违反公序良俗或法律规定,其原因行为无效,欠缺法律上原因时,依"民法"第179条规定固可成立不当得利请求权,但给付人依"民法"第180条第4款但书主张不当得利请求权时,不受同法条第3款之限制,例如为绑票支付赎金,虽明知无给付之义务,仍得依"民法"第180条第4款但书规定请求返还。

(2)德国通说认为在不法原因仅存在于受领人一方之情形,其原因行为有效者,仍属有之,例如使公务员为职务上正当行为而给予利益,为阻止犯罪而给予金钱。此等情形,虽不符合"民法"第179条规定,为给付之人仍得依《德国民法典》第817条第1句规定(相当于"民法"第180条第4款但书),请求返还。

关于此项争论,首应说明的是,《德国民法典》第817条第1句规定:"给付目的之订定,如使受领人因其受领而违反法律禁止规定或善良风俗者,受领人负返还之义务。"此确为一个独立的不当得利请求权。③ 惟"民法"未采此立法例,在"民法"第180条第4款,因不法原因而为给付者,不得请求返还,须以成立"民法"第179条所定不当得利请求权为前提,是就法律体系言,其但书的适用亦应以此为必要,即应回复到"民法"第179条的原则,具一般不当得利请求权的性质。实务上未见适用的案例,其属之者,如回赎绑票而给付金钱,黑道弟兄向厂商收受保护费。至于向公务员行贿,使其从事职务上行为,应认给付者具有不法原因,不得请求返还。

---

① 参见郑玉波:《不法原因给付之分析》,载《法令月刊》1972年第23卷第9期。
② 参见马志锰:《不法原因给付之研究》,台大1998年硕士学位论文,第159页。关于《德国民法典》第817条第1句的解释适用,参见 MünchKomm/Schwab §817 Rn. 4; Palandt-Thomas §817 Rn. 2.
③ Koppensteiner/Kramer, Ungerechtfertigte Bereicherung, S. 59 f.

第三章　不当得利请求权的发生（二）：非给付型不当得利

非给付型不当得利请求权，指受益非系本于受损者的给付而发生的不当得利请求权。其发生事由有三：(1)由于行为(受益人、受损人或第三人的行为)。(2)由于法律规定。(3)由于自然事件。此等非给付型不当得利请求权，依其内容，更可分为以下三种基本类型：

1. 权益侵害型不当得利请求权：如无权占用他人土地。
2. 支出费用型不当得利请求权：如误他人之物为己有而为修缮。
3. 求偿型不当得利请求权：如清偿他人债务。

在非给付型不当得利请求权中，以权益侵害型不当得利请求权最属重要，又"民法"第183条规定无偿受让人的返还义务亦属一种非给付型不当得利(本书第359页)。

第一节　权益侵害型不当得利

第一款　基本理论

第一项　法学上的发现

试就下列六例说明乙得否对甲主张不当得利请求权，如何认定其要件，其与侵权行为损害赔偿请求权在规范功能及成立要件有何不同：

1. 甲利用乙兴建的灯塔夜航捕鱼。

2. 甲擅在乙的墙壁悬挂广告招牌。
3. 甲擅以乙女的照片作为杂志的封面女郎,大为畅销,获巨利。
4. 甲经营牛肉面店,散布谣言伪称邻近乙的牛肉面混有马肉,甲营业额大增,乙收入剧减。
5. 丙误以乙所有的肥料施于甲的土地。
6. 甲误乙所有的玉石为己有,雕刻成玉凤。

在前揭六个案例,其损益变动,非系基于一方对他方的给付,而是基于受益人的行为(案例1—4)、第三人行为(案例5)及法律规定(添附,第814条,案例6)。在此类情形,如何认定其得否成立不当得利?

为处理此类案例,德国判例学说创设了所谓 Eingriffskondiktion(权益侵害型不当得利)的类型。

自罗马法创设不当得利诉权以来,迄至近代各国和地区立法,多以给付型不当得利为重点,建构不当得利法的体系。"权益侵害型不当得利"类型的发现①,扩大了不当得利请求权的适用范围及规范功能,强化对权益的保护,对不当得利制度的发展具有重大意义。问题在于如何建立此类不当得利的理论架构,并据以提出可操作的法律技术概念,借以判断此项不当得利的成立要件。显然,此非容易,难免争议,因其涉及整个私法权益保护的范围,并与社会经济发展具有密切关系。

第二项 台湾地区不当得利法的发展

权益侵害型不当得利在台湾地区实务上早既有之,自20世纪80年代学说倡导不当得利非统一说,区别给付型不当得利及非给付型不当得利,尤其是本书引进德国法上权益侵害型不当得利及权益归属理论,终于为实务所接受。"最高法院"2010年台再字第51号判决明确认为:"不当得利依其类型可区分为'给付型之不当得利'与'非给付型不当得利',前者系基于受损人有目的及有意识之给付而发生之不当得利,后者乃由于给付以外之行为(受损人、受益人、第三人之行为)或法律规定所成立之不当得利。而在'非给付型不当得利'中之'权益侵害

---

① Reuter/Martinek, Ungerechtfertigte Bereicherung, S. 24 称之为"Entdeckung der Eingriffskondiktion"(权益侵害型不当得利的发现),此种不当得利在英美法上称为 Restitution for Wrongs,参见 Goff & Jones, The Law of Restitution, p. 716。

之不当得利',凡因侵害归属于他人权益内容而受利益,致他人受损害,欠缺正当性;亦即以侵害行为取得应归属他人权益内容的利益,而不具保有利益之正当性,即构成无法律上之原因,而成立不当得利。"此为台湾地区不当得利法的重大发展,如何整理案例,建构理论体系,乃法释义学的重要任务,体现了不当得利的发展史(Dogmengeschichte des Bereicherungsrecht)。

第二款　请求权基础的建构

第一项　"最高法院"1997年台上字第1102号判决：无权占用他人土地

权益侵害型不当得利的核心问题在于如何明确其请求权基础,申言之,即如何将"民法"第179条规定的"无法律上之原因而受利益,致他人受损害者,应返还其利益",解释适用于权益侵害型不当得利。在一个关于无权占有他人土地案件,"最高法院"1997年台上字第1102号判决谓:"长期占有使用系争土地而受有利益,致使被上诉人受有无法使用之损害,与公平正义法则有违。"认为:

1. 其所受利益为相当之租金。
2. 受损人须受有无法使用的损害。
3. 有无法律上原因,以违反公平正义为判断基准。

前揭"最高法院"三点见解均有探究余地：

1. 以所受利益为相当之租金,非无疑义,尤其是导致误认此类不当得利请求权消灭时效,应适用或类推适用"民法"第126条。
2. 以受损人受有无法使用的损害为要件,混淆不当得利与侵权行为,误认此类不当得利损害的功能,非在填补损害,而在除去侵害他人权益归属无法律上原因所受利益。
3. 以"公平正义"认定损益变动的正当性,失诸概括笼统,不足作为判断受益人得否保有其所受利益的基准。

由此判决可知,实务上当时未能明确认识权益侵害型不当得利的功能及成立要件。

第二项　违法性说与权益归属说

关于如何建立侵害他人权益的不当得利的请求权基础,首先要说明的是如何判断对他人权益的侵害。学说上有二种理论:(1)违法性说;(2)权益归属说。分述如下:

一、违法性说

违法性说(Widerrechtlichkeitstheorie)认为侵害他人权益,之所以构成不当得利,乃是因为侵害行为具有不法性,不当得利请求权的发生系基于获利行为的不法性。违法性说由德国学者 Schulz 所提出,作为不当得利法的基本原则,认为所谓"无法律上原因"乃指违法性而言。[1] 但由于此种理论对"给付型不当得利"难作圆满的说明,学说乃加以修正,认为违法性系指无保有所受利益的法律依据,以之作为"权益侵害型不当得利"的理论基础。[2]

违法性说虽值重视,但难赞同。[3] 不当得利制度之目的在于使受益人返还其无法律上原因而受的利益,其应考虑的,不是不当得利的过程,而是保有利益的正当性。给付过程的违法性及保有给付的正当性是二个不同的判断基准。在许多情形,二者固属一致(如无权处分他人寄托物而获取价金),但不相一致的,亦多有之。易言之,即:

1. 不法侵害他人权益虽具有违法性,但仍得保有所受利益,例如故意以背于善良风俗的方法从事营业竞争(案例4)。

2. 侵害他人权益虽不具违法性,但难谓有保有利益的正当性,例如甲将其对乙之债权让与丙,乙于受让与通知前,对甲为清偿时,甲受领给付并非当然具有违法性,但欠缺保有的正当性,应对丙成立不当得利。

违法性理论,虽可说明侵害他人权益行为的违法性,但未足说明侵害人不能保有利益的正当性。

---

[1] Schulz, System der Rechte auf den Eingriffserwerb, AcP 105 (1909). 1 ff.
[2] Jakobs, Eingriffserwerb und Vermögensverschiebung (1964), S. 154 f.; Wilhelm, Rechtsverletzung und Vermögensentscheidung als Grundlagen und Grenzen des Anspruchs aus ungerechtfertigter Bereicherung (1973), S. 79.
[3] Esser/Weyers, Schuldrecht II/2, S. 73 ff.

二、权益归属说①

权益归属说(Zuweisungstheorie)认为,权益有一定的利益内容,专属于权利人,归其享有,并具排他性,例如所有权的内容为物之使用、收益、处分,并排除他人的干涉(第765条),归属于所有人。违反法秩序所定权益归属而取得其利益者,例如无权处分他人之物致受让人善意取得,其取得价金,乃违反财产法上权益归属秩序,欠缺法律上原因,应成立不当得利。此项见解不以得利过程的合法性,而是以保有给付正当性(契约关系或法律规定),作为判断标准,符合不当得利规范功能,实值赞同。

权益归属内容是一个有待具体化的概念,其主要特征在于权益内容具有市场上商业性变价的可能性,通常可经由交易而获得一定的对价。关于如何认定各种权益的归属内容,将于下文作较详细的论述。

如何界定应受不当得利法保护的"权益归属内容"是一个困难的问题。兹就常被引用的利用他人兴建灯塔夜航捕鱼之例加以说明。② 其所以不成立不当得利,就法律构成要件言,可认系其夜航捕鱼受利益,并未致建造灯塔者受损害。就经济秩序言,则系应容许此种"搭便车"而获得的反射利益,期能不妨碍社会经济活动。阅读他人之书获得灵感、有所发明、投资获利,或官司胜诉时,均不成立不当得利。

第三款 权益侵害型不当得利与侵权行为

(一)甲未经乙之同意擅在乙屋顶上悬挂广告时,试就乙"有""无"使用该屋顶计划(如出租他人)之情形说明乙对甲得主张不当得利请求权或侵权行为损害赔偿请求权?此二种请求权的规范功能及构成要件有何不同?

(二)某收藏家病逝,遗有一件五彩果鸟盌,其继承人甲回来奔丧,非因过失不知该件五彩果鸟盌为乙所有,委由他人拍卖,获得价

---

① v. Caemmerer, Gesammelte Schriften 1. (1968), S. 228, 272 ff.; Erman/H.P. Westermann/Buck-Heeb § 812 Rn. 64 f.; Koppensteiner/Kramer, Ungerechtfertigte Bereicherung, S. 70 ff.; Larenz/Canaris, Schuldrecht II/2, S. 169 ff.

② 灯塔之例,参见 Larenz/Canaris, Schuldrecht II/2, S. 134. 灯塔之例所涉及的法律经济分析,参见熊秉元:《灯塔的故事》,天下文化出版公司1994年版。

金200万元。试问：

1. 乙对甲得主张何种权利？
2. 设甲将该件五彩果鸟盌赠与不知情之丙时，当事人间法律关系如何？

第一项 规范功能

一、不当得利的规范功能与成立要件

侵权行为损害赔偿旨在填补因不法行为所生的损害（填补功能，Ersatzfunktion）。"民法"第184条第1项规定："因故意或过失，不法侵害他人之权利者，负损害赔偿责任。故意以背于善良风俗之方法，加损害于他人者亦同。"第2项规定："违反保护他人之法律，致生损害于他人者，负赔偿责任。但能证明其行为无过失者，不在此限。"其特色系以不法性建构区别权益保护要件的规范体系。一般侵权行为的成立，须具备四个基本要件：（1）须侵害受保护的权益。（2）不法性。（3）加害人有故意或过失。（4）被害人须因权益被侵害受有损害，其损害赔偿的范围，包括所受损害及所失利益（第216条）。①

不当得利的功能，在于使受领人返还其无法律上原因所受的利益（除去功能，Abschöfungsfunktion），就构成要件言，不以受益人的行为具有故意或过失、不法性为必要。其所谓致他人受"损害"与侵权行为的"损害赔偿"，亦有不同。诚如"最高法院"1984年台上字第3398号判决谓："不当得利请求权，系以使得利人返还其所受利益为目的，非以相对人（损失者）所受损害之填补为目的，故与损害赔偿请求权不同。"

二、"最高法院"2013年台上字第837号判决的分析：权益侵害的违法性

值得提出的是"最高法院"2013年台上字第837号判决："因侵害行为受利益，致被害人受损害者，亦可构成不当得利，至于是否同时成立侵权行为，尚非所问。此项侵害型不当得利之机能，旨在弥补侵权行为法规范功能之不足，以维护财货应有之归属状态，俾矫正因违反法秩

---

① 较详细论述，参见王泽鉴：《侵权行为》（第三版），北京大学出版社2016年版，第103页。

序预定之财货分配法则所形成之财货不当移动之现象。因此,凡因侵害取得本应归属于他人权益内容而受利益,致他人受损害,而欠缺正当性者,亦即以不当手段取得应归属他人权益内容之利益,从法秩序权益归属之价值判断上不具保有利益之正当性者,即可构成'无法律上之原因'而成立不当得利。本件萧○男于 2001 年 12 月间担任上诉人总经理,嗣离职后于 2002 年 5 月 15 日设立宝旺公司,复为原审所认定。而上诉人一再主张:萧○男基于上述背信行为取得之设计图、客户数据等营业数据,系交付给由其实际负责之宝旺公司制造机械之产品售予上诉人之客户获取利益云云。且萧○男自称其为宝旺公司实际负责人,而以其子萧○杰名义登记为负责人。苟宝旺公司之事业经营权实质上为萧○男所控制,宝旺公司又因利用萧○男上述背信行为自上诉人处所取得之资料而获有利益,致上诉人受有损害,则宝旺公司既以不当手段取得在权益内容应归属于上诉人之利益,可否谓其不能成立不当得利?尚非全无再予研求之余地。原审未遑深究,遽以:纵使宝旺公司利用萧○男自上诉人取得之营业数据,制造机械之产品售予上诉人之客户,既不成立侵权行为,自无不当得利可言等词,进而为上诉人不利之论断,尤嫌疏略。"

关于本件判决,应说明的有二:

1. 本件判决肯定权益侵害型不当得利,并与侵权行为加以区别,实值赞同。

2. 有疑问的是,"最高法院"提出"以不当手段取得应归属他人权益内容之利益",未臻精确,应有说明的必要。侵害他人权益有基于人之行为者,有基于物所造成者(如甲之牛误食乙种植之牡丹),有基于法律规定者(如添附,第 811 条、第 816 条)。其基于人之行为者,不以具有不当性或违法性为必要,例如甲外送员误送食物至乙宅,乙误认为其母所购买而食用之,虽非出于不当手段,仍构成侵害他人权益。应特别提出的是,此涉及一个关于权益侵害型不当得利本质究为违法说或权益归属说的古老争论问题。通说采权益归属说,认为有无所谓的不当性、违法性在所不论,前已论及,敬请参照。

第二项 适用关系与请求权基础①

一、适用关系

权益侵害型不当得利与侵权行为构成要件不同,二者的适用关系可分四种情形言之:

1. 成立不当得利,但不成立侵权行为:例如甲在乙的屋顶放置招牌,并未致乙的屋顶遭受损害,或不能使用时,虽不发生侵权责任(因无损害),但仍应负权益侵害型不当得利的返还义务(受有使用他人之物的利益)。又继承人非因过失误他人之物为遗产出售于他人致生善意取得时,虽不成立侵权行为(因无过失),但仍可发生不当得利。

2. 成立侵权行为,但不成立不当得利:例如继承人甲明知 A 画为乙所有,非属其父的遗产,仍赠与善意之丙而移转其所有权时,系无权处分乙的所有权(丙善意取得,第 801 条、第 948 条以下),因系赠与行为,甲未受有利益,不成立不当得利,但因故意侵害乙的所有权,应负侵权责任。

3. 成立不当得利及侵权行为:例如继承人甲明知或因过失不知某物系乙所有,让售于善意之丙(丙善意取得),取得价金时(有偿处分),应负不当得利返还义务及侵权行为损害赔偿责任。

4. 不成立不当得利及侵权行为:例如甲非因过失不知其继承遗产中之 B 物为乙所有,赠与善意之丙(丙善意取得),并移转其所有权(无偿处

---

① "司法院"发行之司法周刊曾刊载一则台北地方法院判决的简要报道,略谓:"本件原告主张坐落台北市民生东路 1017 号 2 楼房屋为其所有,被告竟于 1984 年 10 月间在 2 楼阳台外墙悬挂招牌,致原告受到相当于广告租金之损害及精神损害,应由被告负赔偿之责。被告则以阳台外墙之使用,只要不妨碍日照、眺望,即不生妨害他人所有权行使问题,并认为法人不生精神损害赔偿问题,资为抗辩。判决书指出,建筑物之外墙,为构成建筑物本体之一部分,当然为所有权效力所及,所有权人于法令限制范围内,得自由使用、收益、处分,观乎'民法'第 765 条甚明。系争建筑之阳台既为原告所有,则其外墙自亦为原告所有,不可割裂,从而并伴有用益及排除他人侵害之权能,被告应给付原告二万四千元及自起诉状缮本送达之翌日起至清偿日止按法定利率计算之利息。又查原告系法人,不备自然实体,无精神损害之可言,其请求精神损害赔偿十万元之部分,应予驳回。"关于此一判决,未臻明确者,系原告之请求权基础究为不当得利,抑或侵权行为。无论依不当得利或侵权行为,原告(房屋所有人)均不得主张精神损害赔偿(慰抚金)。但所谓"相当于广告租金之损害",似系指不当得利而言,混淆不当得利与损害赔偿,且系基于权益归属理论。

分)。在此情形,甲对乙既不成立不当得利(因未受利益),亦不成立侵权行为(因无故意或过失),仅发生乙得否对丙主张不当得利的问题(类推适用第183条)。①

二、不当得利与侵权行为的请求权基础

兹将侵权行为与权益侵害型不当得利请求权基础的构造图示如下:

请求权基础		要件			效果	时效
		权益侵害	违法性	故意过失	损害	
权益保护	侵权责任(第184条)	3个请求权基础	+	+	+	• 损害赔偿(第213—217条) • 填补损害	第197条
	权益侵害型不当得利(第179条)	权益:人格权(所有权、智慧财产权)等	侵害他人权益归属	—	— 不以受有损害为要件	• 返还所受利益(第181—183条) • 取除得利	• 第125条 • 第126条:无权占用他人之物("最高法院")

1. 甲在乙所有墙壁投射商品广告 ─┬─ 侵权责任(−):乙未受损害
                          └─ 权益侵害型(+):甲受有使用他人之物的利益
                             不当得利

2. 甲非因过失取乙的水泥修补房屋 ─┬─ 侵权责任(−):无过失
                            └─ 权益侵害型(+) ─┬─ 不以过失为要件
                               不当得利   └─ 第811条、第816条

3. 甲过失无权占用乙的土地 ─┬─ 侵权责任(+) ── 请求权竞合
                     └─ 权益侵害型不当得利(+)
                              └─ 消灭时效 ─┬─ 第125条(−)
                                         └─ 第126条(+):"最高法院"

三、物上请求权(第767条)与不当得利

关于权益侵害型不当得利,除侵权行为与不当得利的适用关系外,尚涉及不当得利与"民法"第767条规定的物上请求权:"所有人对于无权占有或侵夺其所有物者,得请求返还之。对于妨害其所有权者,得请求除去之。有妨害其所有权之虞者,得请求防止之。前项规定,于所有权以外

---

① Larenz/Canaris, Schuldrecht II/2, S. 171.

之物权,准用之。"①

二者的适用关系常见于物权行为无因性与不当得利、无权占用他人之物或权利的不当得利等,为便于观察,将此二个重要的请求权基础图示如下:

请求权基础	性质	要件			效果
		基本要件	违法性	故意过失	
物上请求权 (第767条 第1项)	物权 请求权	1. 所有权被侵害 2. 所有权被妨害 3. 所有权有被侵害之虞	+	-	1. 请求返还所有物 2. 请求除去妨害 3. 请求防止妨害
权益侵害型 不当得利 (第179条)	债权 请求权	1. 受利益 2. 侵害权益归属,致他人受损害 3. 无法律上原因	侵害他人权益归属	-	返还所受利益(第179条、第181条以下): 1. 返还占有 2. 返还所有权(移转登记) 3. 返还所有权(涂销登记)

1. 甲因过失无权占有乙所有A地
　　├ 侵权责任(第184条第1项前段):损害赔偿
　　├ 物上请求权(第767条第1项前段):返还A地
　　└ 不当得利(第179条):返还所受利益(占有A地本身)

2. 甲非因过失误将乙所有A地登记为己有
　　├ 侵权责任(-):甲无过失
　　├ 物上请求权(第767条第1项中段):涂销登记
　　└ 不当得利(第179条):返还所受利益(涂销登记)

3. 甲出卖A地并移转所有权于乙,
　乙以意思表示错误撤销买卖契约
　　├ 侵权责任(-)
　　├ 物上请求权(-)
　　└ 不当得利(第179条,权益侵害型不当得利):甲得向乙请求返还其所受利益(A地所有权)(移转登记)

请读者阅读本书以下论述时,要明辨侵权行为损害赔偿请求权(第184条)、物上请求权(第767条)及权益侵害型不当得利请求权(第179条)的意义、功能、成立要件、法律效果及其竞合关系。

第三项 侵权行为法上的权益保护与
权益侵害型不当得利法上权益归属内容

在侵权行为法上,"民法"第184条系以不法性为中心,以不同的要件建构区别性权益保护体系。权益侵害型不当得利系以权益归属内容认定其要件(尤其是致他人受损害无法律上原因),因而产生一个问题,即得

---

① 较详细论述,参见王泽鉴:《民法物权》,北京大学出版社2023年重排版,第179页以下。

否以侵权行为法上的权益保护认定不当得利的权益归属内容？德国著名学者 Canaris 倡导此项见解，认为侵权行为法对建构区别性的权益保护，将一定财货或权益以排他的作用归属于受保护之人，故若权益内容符合侵权行为法的保护范围，例如具备《德国民法典》第 823 条第 2 项规定（相当于"民法"第 184 条第 1 项后段）时，仍得成立权益侵害型不当得利。此项见解旨在结合违法性及权益归属二种理论，扩大权益侵害型不当得利及于一般财产利益的保护。

值得提出讨论的是台中地方法院 2007 年重诉字第 368 号判决，甲公司的厂长乙，负责对外采购原料，意图为自己不法的利益，提高报价，收取佣金回扣，致该公司增加采购成本负担，受有财产上损害。问题在于甲公司得否向乙厂长主张返还回扣的不当得利？法院判决认为："（权利）侵害型不当得利，系以侵害法律上归属他人所享有的权益（所谓'权益归属理论'），因而受有利益者，即侵害人必须将所得利益返还给该人，至于何者法律上的权益为法律所赋予归属特定人所享有？德国学说认为可以参酌侵权行为的保护法益而得出。[①] 一般而言，绝对权基于排他性，故受侵权行为法所保护，所以也可以成为'侵害型不当得利'之保护对象，自无疑义，而债权利益或是一般财产利益，因欠缺法律上所赋予的专属利益保护内涵，所以原则上不构成侵权行为所要保护的法益对象，但是根据'民法'第 184 条第 1 项后段或是第 2 项，当侵害人以故意背于善良风俗之方式，造成他人不利益，或是该债权利益或是一般财产利益为法律所明文保护时，则该债权利益或是一般财产利益当然也构成法律所要保护的利益，所以不排除侵害人亦必须负起侵害型不当得利的返还责任。Canaris 教授所举的例子是，某律师将顾客的业务秘密出售给出版社……既是以故意背于善良风俗之方式，亦侵害营业秘密法所要保护的法益，故构成侵害型不当得利。此项德国法上学说，得爰引为法理适用。"[②]

之所以详为引用法院判决，旨在强调该台中地方法院法官对不当得利的发展有深刻的认识，权益侵害型不当得利已经成为判例学说的共识。

---

① Larenz/Canaris, Schuldrecht II/2, S. 170.
② 本件判决及其简评，参见刘昭辰：《回扣金做为侵害型不当得利返还客体》，载《台湾法学杂志》2009 年第 136 期。

惟须说明的是,Canaris教授的见解固具创见,但不当得利法与侵权行为法的功能不同,将不当得利责任系于侵权行为的保护,使二者等同并现,扩大不当得利的保护及于一般财产,未为德国法院所采纳,学说上亦未赞同。① 在台湾地区不当得利法上,得否援引Canaris教授的见解作为法理而适用,应有研究余地。

第四款 权益侵害型不当得利的成立要件及举证责任

试就下列二种情形,说明其是否成立不当得利:
1. 甲无权占用乙的空屋,乙无使用或出租该屋的计划。
2. 甲擅以乙的姓名、声音,作为广告推销甲的健身美容产品。

第一项 成立要件

依权益归属说的理论,"权益侵害型不当得利"的成立要件为②:

1. 受利益
2. 因侵害他人权益而受利益,致他人受损害
3. 无法律上原因

分述如下:

一、受利益

受利益,应就具体客体而为认定,同于给付型不当得利。例如消费他人之物(饮用他人之酒)、无权处分他人之物而获得对价(受让人善意取得)、出租他人之物而取得租金。无权占用他人之物时,其所受的"利益",究为"占有使用"本身,抑为"相当于租金的利益",虽有争论,应以

---

① Bamberg/Roth/Wendehoret §812 Rn.123.
② 为凸显权益侵害型不当得利的"非给付性",亦得将其成立要件分为四项:(1)受利益;(2)非基于给付的侵害权益归属;(3)致他人受损害;(4)无法律上原因。通常多将非给付而受利益此项要件加以省略。

"占有使用"本身为所受的利益,此为实务数十年迄今的争议问题,将于下文详为论述。

二、因侵害他人权益而受利益,致他人受损害

1. 须系侵害他人权益归属内容而受利益。对物的占有、使用、处分为所有权的归属内容,因此占有、使用或有偿无权处分他人之物时,即构成侵害权益归属内容而受利益。如诈骗集团将骗得赃款汇入人头账户,账户名义人无端获得赃款,系侵害应归属于被害人的财产权益。①

2. 致他人受损害(直接性)。在给付型不当得利,应以给付关系取代致他人受损害,前已再三言之,例如甲售 A 车给乙,依让与合意交付后,因意思表示错误而撤销买卖契约时,乙因甲的给付所受的利益(A 车所有权、占有),即属致甲受损害。

在权益侵害型不当得利类型,通说认为仍应以致他人受损害为要件,即受利益与受损害须具有直接性,其受利益系直接来自他人受损害,而非经由第三人财产。例如甲取乙的油漆粉刷丙的房屋,丙因动产附合于不动产而取得乙油漆的所有权(第811条),具有直接性,应成立侵害他人权益不当得利(第816条)。须再强调的是,关于致他人受损害,应扬弃所谓的因果关系,尤其是"最高法院"在若干判决中所提出的相当因果说,此项见解不符权益侵害型不当得利的功能,与损害赔偿无关,异于侵权行为,采此见解将导致法之适用的不安定。致他人受损害的直接性此项要件,旨在控制无边际的不当得利责任,具有三种功能:

(1)特定不当得利的客体。

(2)认定不当得利债之关系的当事人。

(3)避免借不当得利请求所谓的反射利益(如渔夫利用灯塔夜航)。

3. 不以实际上受有损害为必要。"民法"第 179 条虽规定"受利益,致他人受损害",但解释上应认权益侵害型不当得利的成立,不以他方实际上受有损害为必要,因为不当得利法的目的非在于填补损害,而是在除去无法律上原因所取得的利益。例如甲擅在乙的屋顶放置广告招牌时,因使用他人之物而受利益,乙是否有使用屋顶计划,是否受有不能使用收益的损害,在所不问(案例1)。在此类型不当得利,只要因侵害应归

---

① 参见高等法院暨所属法院 2011 年法律座谈会民事类提案第 2 号。

属他人权益而受利益,即可认为基于同一事实"致"他人受"损害",不以有财产移转、受有实际损害为必要。又损益内容是否相同,亦所不问(参阅1976年台再字第138号判例,本书第455页)。

三、无法律上原因

如上所述,侵害应归属于他人的权益内容而受利益,致他人受损害(直接性),欠缺保有该项利益的正当性(契约关系或法律依据),应构成无法律上原因。所有权具有一定的内容,权益范畴较易判断。其他权利,尤其是人格权,如何认定其应归属于权利人享有的内容,例如甲擅自以乙女的照片作为杂志的封面女郎,是否成立不当得利,乃理论与实务发展的重要课题(本书第245页)。

由上述可知,权益归属内容系权益侵害型不当得利的核心,与受利益、致他人损害、无法律上原因三个要件,具有密切关系,将于后文就各种权益侵害型不当得利类型作更进一步的说明。

四、案例解说:误取乙的肥料施于丙的土地

> 试用心思考下列二例,说明当事人间的法律关系(采请求权基础方法写成书面):
> 1. 甲误取乙的肥料,误施于丙的土地。
> 2. 甲误取乙的油漆,误漆于丙的墙壁。

实务上有一个深具启发性的法律问题:甲误取乙之肥料施于丙之土地。问乙是否得依不当得利之规定向丙请求偿金?研究意见采乙说见解,认为:"所谓直接损益变动关系应系指其受利益直接自受损人之财产而非经由第三人之财产,某甲误取某乙之肥料时,该肥料之所有权仍属于某乙,某丙因肥料附合成为土地之重要成分而取得肥料所有权("民法"第811条参照)直接自某乙受利益,某乙得依不当得利规定,向某丙请求偿金("民法"第816条参照)。"["司法院"1992年11月6日(1992)厅民一字第18571号函复台高院]此一案例深具启发性,可供更精确认识权益侵害型不当得利的要件,图解如下:

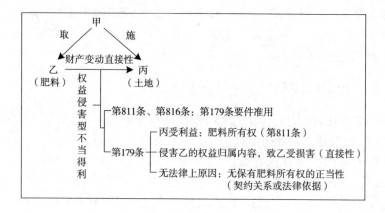

本件法律问题涉及因第三人行为而发生添附情事,此重要案例可供较深刻认识权益侵害型不当得利。丙因甲的行为而依"民法"第811条规定,取得乙的肥料所有权,侵害应归属于乙的权益内容,基于同一事实受利益致乙受损害,欠缺法律上原因,应依"民法"第816条及第179条规定(要件准用)成立权益侵害型不当得利(关于添附与不当得利,本书第381页)。

第二项 举证责任

在给付型不当得利,主张不当得利请求权人(受损人、债权人)应就不当得利的要件,尤其是"无法律上原因"负举证责任,前已说明(本书第103页)。关于"权益侵害型不当得利"的举证责任,"最高法院"2011年台上字第899号判决强调:"'非给付型之不当得利'中之'权益侵害之不当得利',由于受益人之受益非由于受损人之给付行为而来,而系因受益人之侵害事实而受有利益,因此只要受益人有侵害事实存在,该侵害行为即为'无法律上之原因',受损人自不必再就不当得利之'无法律上之原因'负举证责任,如受益人主张其有受益之'法律上之原因',即应由其就此有利之事实负举证责任。又'非给付型之不当得利'中之'权益侵害之不当得利',凡因侵害取得本应归属于他人权益内容而受利益,致他人受损害欠缺正当性,亦即以侵害行为取得应归属他人权益内容之利益,而从法秩序权益归属之价值判断上不具有保有利益之正当性者,即应构成'无法律上之原因'而成立不当得利。本件上诉人利用保管郭○敏之存折、印章之便,擅自由郭○敏账户中提领如附表上开编号所示之款项,既为原审合法确定之事实,乃系以侵害行为取得在权益内容本应归属于郭○敏之利益,致敦○敏受损害,核属于'非给付型之不当得利'中之'权益侵害之不当得利',而上诉人复未能举证证明其具有保有该利益之正当性,自应成立不当得利。"①

第三项 早期实务案例

兹就早期实务上若干案例,分析检讨权益侵害型不当得利的成立要件。

一、因房屋拆除向政府领得之人口救济费

"最高法院"1962年台上字第514号判例谓:"上诉人因房屋拆除向政府领得之人口救济费,其性质系属对于该屋现住人口之周济,与所有权人无关,则上诉人基于买卖取得所有权之原因,虽因契约解除而不存在,然其以现住人关系取得之利益,尚非当然即为被上诉人之损失,按之'民法'第179条无法律上之原因而受利益,致他人受损害者,应返还其利益之规定,尚未尽符。"

此种人口救济费,既系对该屋现住人口的救济,与所有权人无关,则上诉人因房屋拆除领取此项救济费而受有利益,并未侵害应归属于所有权人的权益归属内容,应不成立不当得利。早年判例学说尚未明确认识所谓的权益侵害型不当得利。

二、受托人违反信托本旨处分信托财产

"最高法院"2000年台上字第1525号判决谓:"信托契约之受托人在法律上为信托财产之所有人,其就信托财产所为之一切处分行为完全有效,倘其违反信托本旨处分信托财产,仅对委托人或受益人负契约责任而发生债务不履行之损害赔偿问题,尚无不当得利可言。"

信托财产既为信托契约之受托人所有,受托人处分信托财产,不生侵

---

① 详细评释,参见姜世明:《新民事证据论》(修订3版),2009年版,第345页以下;许士宦:《不当得利之类型与无法律上原因之举证》,载《月旦民商法杂志》2012年第37期;王洪亮:《非给付不当得利的构成与举证责任》,载《月旦民商法杂志》2012年第37期。德国亦有采相同见解,OLG Köln NJW 1993, 939; MünchKomm/Schwab §812 Rn. 370。

害应归属于信托人权益的问题,自不成立不当得利。

三、共有人逾越其应有部分之范围对共有物为使用收益

"最高法院"1966年台上字第1949号判例谓:"'民法'第818条所定各共有人按其应有部分,对于共有物之全部有使用收益之权。系指各共有人得就共有物全部,于无害他共有人之权利限度内,可按其应有部分行使用收益权而言。故共有人如逾越其应有部分之范围使用收益时,即系超越其权利范围而为使用收益,其所受超过利益,要难谓非不当得利。"

共有人超越其权利范围而为使用收益,乃侵害应归属于他共有人的权益内容,而成立权益侵害型不当得利。

四、抵押权人受领拍卖无效的价金

"最高法院"1998年台上字第2993号判决:"执行法院拍卖抵押之不动产,经拍定人缴纳价金,如该拍卖为无效,执行法院即应将拍定人所缴纳之价金退还,不得以之分配于抵押权人;纵已分配终结,无从由执行法院退还该价金于拍定人,惟其既非抵押物卖得价金,抵押权人对之即无行使抵押权优先受偿之可言,其受领分配款,自属无法律上之原因而受利益,致拍定人受损害,拍定人得依不当得利之法则请求返还。"

抵押权人就非抵押物卖得价金既不得行使抵押权,其受领分配款,乃基于法院的行为(第三人行为),而取得应归属于拍定人受偿的价金,应成立权益侵害型不当得利。

第五款 无权处分

甲出差,将珍藏的A名贵古瓶寄托乙处。乙赌六合彩,明牌失灵,全部杠龟,周转不灵,擅将A古瓶出售于善意之丙,并依让与合意交付之。试问:

1. 乙、丙间共有多少法律行为?
2. 乙、丙间的买卖契约是否有效?
3. 丙得否取得A古瓶所有权?
4. 甲对乙得否主张返还其出售A古瓶的价金?

第一项　问题说明:无权处分与善意取得

侵害他人权益而发生不当得利,有由于他人的行为,有由于法律规定(添附,第811条以下),有由于自然事件(如甲之牛误食乙之饲料)。

在因受益人的行为而发生的侵害他人权益不当得利中,以无权处分最称典型,因涉及民法最基本概念,有益于法律思考,并具法学方法的意义,值得作较深入的论述。在前揭案例,甲寄托A古瓶于乙处,乙擅自出卖于善意之丙(第345条),并即交付,依让与合意移转其所有权(第761条)。于此案例,在乙、丙间共有三个法律行为:(1)买卖契约(债权行为);(2)乙移转A古瓶所有权于丙的行为(物权行为、处分行为);(3)丙支付价金的行为(物权行为、处分行为)。乙、丙间的买卖契约,虽系以他人之物为标的,仍属有效。[①] 丙支付价金的处分行为(第761条),亦属有效。乙擅自让与甲之A古瓶所有权于丙,则属无权处分行为。

无权处分行为,指无权利人,以自己名义,就标的物而为的处分行为。无权利人,指就标的物无处分权之人。无权处分,除经有权利人的承认外,不生法律行为上的效力(第118条第1项),但为维护交易安全,法律设有善意取得制度。关于动产善意取得,现行"民法"设有详细规定,简言之,即以动产物权之移转或设定为目的,而善意受让动产之交付者,除法律另有规定外,纵为移转或设定之人,无移转或设定之权利,受移转或设定之人,仍取得其权利(参阅第801条、第948条以下规定)。就前揭乙无权处分甲的A古瓶之情形言,倘丙系属善意,则能取得A古瓶所有权。

兹举一个基本案例加以说明:甲出借A琴给乙,乙擅将其作为己有,出卖于丙,并依让与合意交付A琴。在此情形,乙系出卖他人(甲)之物,并为无权处分(第761条、第118条),丙因让与合意取得A琴所有权(第801条、第948条)。甲得对乙主张债务不履行损害赔偿请求权(第226条)、侵权行为损害赔偿请求权(第184条第1项前段)及权益侵害型不当得利请求权。甲对丙不得主张权益侵害型不当得利,因为丙虽受有利益(取得A琴所有权),侵害甲的权益归属,致甲受损害,惟其受利益系基于善意取得规定,得终局保有A琴所有权,具有法律上之原因。此

[①] 参见王泽鉴:《再论"出卖他人之物与无权处分"》,载王泽鉴:《民法学说与判例研究》(第四册),北京大学出版社2009年版,第106—113页。

一案例涉及民法最核心的概念及法律关系,图示如下,以助理解,并请作为案例研习,写成书面:

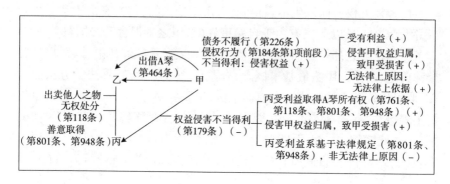

关于对物之无权处分及善意取得于不动产亦会发生,例如甲为逃避债权人的强制执行,与乙通谋虚伪为 B 屋的买卖,并办理所有权移转登记。设乙擅将 B 屋出售于不知情之丙,并依让与合意办毕登记时(第758条),乙系无权处分,丙因信赖土地登记,仍能取得 B 屋所有权(第759条之1)。又例如甲售 A 地给乙,因地政机关人员疏失误登记为 B 地,乙将 B 地让售于丙,并办理所有权登记时,亦属对 B 地所有权的无权处分,而有第759条之1适用。①

第二项　无权处分不当得利的三个请求权基础类型

在无权处分的情形,于第三人善意取得标的物所有权时,发生所有权人对无权处分人得否主张不当得利的问题,其类型有三:

1. 有偿的无权处分,即基于一个有偿的原因行为(如买卖)而为之无权处分。

2. 无偿的无权处分,即基于一个无偿的原因行为(如赠与)而为之无权处分。

3. 无法律上原因的无权处分,即基于一个不成立、无效或被撤销的原因行为而为之无权处分。

兹将上述三种无权处分图示如下:

---

① 参见王泽鉴:《无权处分与不当得利》,载王泽鉴:《民法学说与判例研究》(第二册),北京大学出版社2009年版,第77—87页。

第三章 不当得利请求权的发生(二):非给付型不当得利

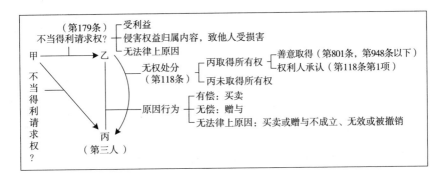

在第三人因恶意不能取得标的物所有权的情形,尚发生所有人得否承认无权处分,而向无权处分人行使不当得利请求权的问题。

第三项 有偿的无权处分

甲有 A 瓶寄托乙处,乙死亡,其继承人丙非因过失不知 A 瓶系属甲所有而与丁之 B 瓶互易,并同时履行之。设丁系属恶意,移民,不知去处时,甲得否对丙请求返还 B 瓶?[1]

第一目 请求权基础

因无权处分而发生的不当得利,系一种典型权益侵害型不当得利,兹提出请求权的要件,作为讨论的基础(请查阅条文):

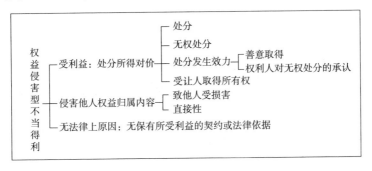

---

[1] 关于有偿处分应有部分的善意取得与不当得利,例如,甲、乙、丙、丁以继承人身份共同参与某地遗产分割协议,将公同共有变更为分别共有。丁将其应有部分出卖于乙,并办理所有权移转登记。其后发现丁非继承人,试说明其法律关系。参见王千维:《应有部分之善意取得与有偿无权处分》,载《月旦实务选评》2022 年第 2 卷第 6 期,论述简明,可供参照。

由上述请求权基础的分析,可知无权处分与不当得利的首要问题在于受让人是否取得无权处分标的物的所有权。兹分受让人取得所有权及受让人未取得所有权二种情形,说明如下:

第二目　受让人善意取得所有权

一、权益侵害型不当得利的成立

在有偿无权处分的情形,例如甲寄托 A 瓶于乙处,乙擅自将 A 瓶让售于善意之丙,由丙善意取得其所有权时,关于甲就乙所取得的价金(受利益)得否主张不当得利请求权,《大清民律草案》第 934 条第 1 项仿《德国民法典》第 816 条立法例,设如下规定:"无权利人就权利之标的物为处分,而对于权利人有效力时,其因其处分所受之利益,负归还于权利人之义务。前项情形,若其处分未得报偿,因处分直接受利益人,负前项之义务。"①现行"民法"虽未设明文,然依"民法"第 179 条规定,仍应肯定甲对乙的不当得利请求权。物的所有人得处分其标的物而取得对价,此为所有权的内容,乙无权处分甲的所有物,由丙善意取得,其自丙受有价金(或价金请求权)的利益,系违反权益归属内容,致甲受损害,并无法律上之原因,应成立不当得利。此项不当得利请求权乃所有权的继续作用,具有替代所有物返还请求权的功能。②

二、"致他人受损害"的问题

关于此种不当得利请求权的成立,可能产生疑义的是,一方的受利益(取得价金)是否"致"他方受损害(丧失所有权),具有所谓的"同一原因事实的因果关系"(直接性)?

关于此点,高等院暨所属法院 1979 年度法律座谈会民事类第 1 号提案的法律问题,可作为讨论基础:甲有机车一部,为乙盗窃,乙将之寄托于

---

① 其立法理由略谓:"无权利人处分权利之目标物,且其处分对于权利人有效时,不可不使无权利人以所受利益返还权利人。例如:甲以动产寄托于乙,乙将动产卖之他人,且其买主确系善意,并不知动产为甲物,则买主取得所有权,而真正之所有权人甲丧失其权利,此时应令乙以所受利益返还于甲,此就有报偿时言也。若无报偿而为处分,使直接受利益者负返还其利益之义务,例如:甲以乙所寄存之马赠丙,而丙又以之赠丁,则丁有返还之义务。此本条所由设也。"

② Larenz/Canaris, Schuldrecht II/2, S. 170 称之为 Vindikationsersatzfunktion(所有物返还请求权替代功能)。

丙处(设丙不知为赃物),丙以之出售丁得款一万元。问甲可否基于不当得利之法律关系向丙请求返还利益?

讨论意见:甲说:丙擅将乙寄托之机车变售得款,乃无权处分他人之物而获有利益,并使甲之所有权无法回复,其双方损益即互有因果关系,且系基于受益人单方行为所造成,甲、丙间应有不当得利之关系,甲自可据此向丙主张返还利益。乙说:按不当得利,依"民法"第179条之规定,必须利益与损害之间有直接因果关系,始负返还义务("最高法院"1970年台上字第3813号判决要旨),丙将机车转售得款,系基于占有乙寄托之机车而来,与甲应无直接因果关系,且本题又非属"民法"第183条规定之情形,甲自不得据此向丙请求返还利益。审查意见:拟采乙说。研讨结果:照审查意见通过。兹将其基本法律关系图示如下:

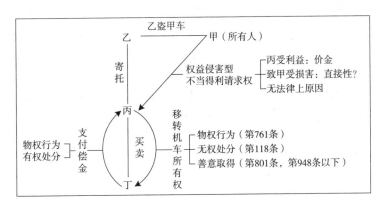

关于前揭法律问题及研讨结果,应说明者有四点:

1. 丙将该机车出售于丁,而移转其所有权,系属无权处分。问题在于丁是否善意取得该机车所有权。讨论意见及研讨结果在结论上似采肯定说,但未说明其法律基础。乙盗甲的机车,将之寄托于丙处,不论丙知情与否,丙所处分的仍属盗赃物,应适用"民法"第801条、第949条至第950条规定。

2. 研讨结果采乙说,否定甲对丙的不当得利请求权,其理由为:"丙将机车转售得款,系基于占有乙寄托之机车而来,与甲应无直接因果关系。"此项论点似有误会。丙将机车转售得款,并非基于占有乙寄托的机车而来,而是基于丙与丁间的交易(买卖契约及对机车所有权的无权处分)而来,不能以前揭理由否认甲对丙的不当得利请求权。

3. 真正的问题是,丙将甲的机车出售于丁受有价金的利益,与甲所受损害(丧失机车所有权),是否具有因果关系。此在"民法"上所以发生疑义,究其根源,系由于现行"民法"采取物权行为独立性及无因性理论,即认为于债权行为(如买卖机车的契约)之外,尚有一独立的物权行为,其效力不因债权行为无效或撤销而受影响。一个交易行为在法律技术上被分为三个法律行为:(1)买卖契约;(2)移转机车所有权的物权行为;(3)支付价金的物权行为。此项理论的优点在于概念分明,易于判断各种法律关系,缺点则在于割裂一个整体的交易行为。基此认识,在判断不当得利的损益变动关系时,应将在法律技术上分开的法律关系,合一观察,认定其具有直接因果关系(即受益与受损系基于让售他人之物之同一侵害行为)。前揭法律问题讨论意见,甲说肯定甲(原权利人)对丙(无权处分人)的不当得利请求权,认为:"其双方损益即互有因果关系,且系基于受益人单方行为所造成。"其所谓单方行为,意义未臻明确,惟可解释系属侵害他人权益的行为。是受益人让售他人之物为无权处分,使权利人丧失其所有权,并且取得应归属于权利人的对价,系无法律上原因而受利益,致他人受损害,应负返还的责任。台湾地区学者通说在结论上均采此见解。①

4. 有争论的是,无权处分人依不当得利规定所应返还的,究为所获利益的全部(全部价金),抑或限于被处分客体的客观价额。关于此点,俟于论及不当得利返还标的时,再行详述(本书第 328 页)。

第三目 受让人未取得所有权

一、不成立善意取得

在有偿无权处分的情形,权利人得依不当得利规定向无权处分人请求返还其所受利益,系以第三人善意取得标的物所有权为前提。若第

---

① 参见史尚宽:《债法总编》,第 78 页;郑玉波:《民法债编总论》,第 124 页;孙森焱:《民法债编总论》(上册),第 156 页;均未特别及直接因果关系的问题。值得注意的是,梅仲协:《民法要义》,第 135 页,谓:"无权之处分,系有偿行为者,此时无处分人,即属无原因而有所获(间接得利),请求权之行使,应对该无处分人为之。"惟间接得利欠缺所谓"直接因果关系",原则上不能成立不当得利,例如甲向乙购买肥料,施于丙之土地,丙乃间接得利,乙不能以买卖契约不成立或甲无资力向丙行使不当得利请求权。

三人非属善意,不能取得所有权时,权利人(所有权人)得对该第三人主张所有物返还请求权(第767条第1项前段),对无权处分人虽得依侵权行为规定(第184条第1项前段),请求损害赔偿,但无不当得利请求权。惟就利益状态言,在若干情形,使权利人对无权处分人主张不当得利请求权,具有实益。例如甲有A瓶寄托于乙,乙死亡,其继承人丙非因过失不知A瓶为甲所有,与丁所有价值相当的B瓶互易,同时履行之,丁系恶意不能取得A瓶所有权。在此情形,甲对丁虽得主张A瓶的返还请求权(第767条第1项前段),但对丙则无侵权行为损害赔偿请求权(因丙无过失)或不当得利请求权(因甲仍有A瓶所有权)。设丁去处不详,或A瓶灭失,丁无资力赔偿时,如何使甲得依不当得利规定向丙请求返还所受的利益(B瓶所有权),实值研究。

二、权利人对无权处分的承认

为解决此一问题,得适用"民法"关于承认无权处分的规定。"民法"第118条第1项规定:"无权利人就权利标的物所为之处分,经有权利人之承认始生效力。"由是可知,无权处分行为系须得第三人同意的行为,权利人未予承认时,其效力尚未确定,受让人不能取得权利。权利人承认时,则溯及既往发生效力(第115条)。因此,所有人甲得承认丙的无权处分行为,使丁取得A瓶所有权,甲的所有权归于消灭,丙所取得B瓶所有权,乃甲所有权消灭的对价,从而甲对丙得依不当得利规定,请求返还其所受利益(B瓶所有权)。采此解决方法,一方面使受让人依其所欲取得标的物所有权,一方面又使权利人得适当维护其权益,确能符合当事人的利益。①

承认系单方意思表示,具有形成权的性质,得向无权处分人或受让人,依明示或默示之方法为之。德国联邦法院认为权利人向无权利人起诉请求返还所受利益(价金或其他对价)时,即可认系对无权处分的承认。此项见解,甚受批评,因为径将起诉请求返还利益认定为承认,则权

---

① 参见梅仲协:《民法要义》,第135页。结论上同此见解,略谓:"在无处分权人所为之处分行为,有时虽不能对真正权利人发生效力,但真正权利人,仍可主张其不当得利之返还请求权,盖此时真正权利人当得就该项无权处分,予以同意,并向无处分权人请求返还其不当之得利。例如乙善意购取甲被窃之手表,而复以此表转让与丙,依"民法"第950条之规定,乙与丙,均不能取得所有权人之资格,亦不能对甲而生效力。惟此时甲得就表之转让与丙之行为,予以同意,而向乙请求返还其价金。"可供参照。

利人的权利于起诉时即归消灭,若无权处分人所受领的利益不存在或无资力时,对权利人诚属不利。为克服此项困难,学者乃提出二项见解:(1)附解除条件说,认为权利人的承认,于处分之标的物再出现时,或无权处分人无支付能力时,失其效力。(2)同时履行抗辩说,认为权利人的承认,与无权处分人所受利益的返还,应同时履行之。此两说的理由构成,虽有不同,但其目的则一,即须权利人实际取得该项利益时,始终局丧失其所有权。①

第四目　实务案例

一、土地登记错误,无权处分与不当得利:"最高法院"2010年台上字第226号判决

查系争土地本非钟○荣之应继承标的,其取得系争土地之继承登记,系因上诉人误载所致,乃无法律上之原因。且在钟○荣于1998年3月26日未将系争土地以买卖因移转登记予李○琴前,上诉人原可依职权办理更正登记,因钟○荣前开移转登记行为,导致上诉人无法为此项更正登记,而须负担赔偿责任,钟○荣同时受有取得土地出售对价之利益,即本件不当得利发生之始点,在于上开1998年3月26日移转登记之时,并因此同时造成上诉人之损害及钟○荣之受领利益,已符合不当得利之要件。

二、通谋虚伪买卖、无权处分(设定抵押权)与不当得利:"最高法院"2012年台上字第1722号判决

本件原审认双方就系争房地之买卖契约及物权移转行为系出于通谋虚伪意思表示而无效,则张○强似非基于其有意识、有目的增益张○瑛财产。张○瑛以系争房地为担保,设定抵押权,侵害应归属于张○强之权益,张○瑛因而受有借款利益,似可认系基于同一原因事实致张○强受有系争房地附有抵押权之损害,并因张○瑛所受之借款利益实系归属于房地所有人张○强,而欠缺正当性,构成无法律上之原因,属于非给付型不当得利。关于本件判决应说明者有二:

1. 土地之买卖契约及物权行为因通谋虚伪意思表示无效时(第87

---

① 参见王泽鉴:《民法总则》,北京大学出版社2022年重排版,第522页。

条),买受人受有土地登记(或占有)的利益,出于出卖人的给付,无法律上原因,得成立给付型不当得利。

2. 本件系就他人土地设定抵押,因亦属无权处分,受有借款利益、致侵害他人权益,"最高法院"认为得成立权益侵害型不当得利。应说明的是,其所受利益不是借款,而是抵押权的设定(本书见解)。

第四项　无偿无权处分

甲赠 A 画给乙,乙转赠给丙,均依让与合意交付之。试就下列二种情形,说明甲对丙能否请求返还 A 画:

1. 甲以意思表示错误撤销赠与契约。
2. 甲系受监护宣告之人(或以意思表示受胁迫撤销其赠与契约及移转 A 画的物权行为)。

第一目　问题说明

在无偿无权处分的情形,例如甲寄托 A 画于乙处,乙死亡,其继承人丙将 A 画赠与善意之丁,由丁取得其所有权。在此情形,甲的法律地位为:(1)对丁而言,甲并无不当得利请求权,因丁受有利益系本诸善意取得规定,有法律上原因。(2)对丙而言,甲亦无不当得利请求权,因丙系将 A 画赠与丁,并无对价,未受有利益。甲仅能依侵权行为规定向丙请求损害赔偿(第 184 条第 1 项前段),惟此须以丙具有故意或过失为要件,若丙无故意或过失,即不成立侵权行为,纵属成立侵权行为,倘丙无资力,甲亦有难获赔偿之虞。为解决此项问题,《大清民律草案》第 934 条第 2 项仿《德国民法典》第 816 条第 1 项后段规定:"若其处分未得报偿,因处分直接受利益人,负前项之义务。"①现行"民法"未采此规定,究应如何

---

① 本条立法理由谓略:"无权利人处分权利之目标物,且其处分对于权利人有效力时,不可不使无权利人以所受利益返还权利人。例如:甲以动产寄托于乙,乙将动产卖之他人,且其买主确系善意,并不知动产为甲物,则买主取得所有权,而真正之所有人甲丧失其权利,此时应令乙以所受之利益返还于甲,此就有报酬而言也。若无报偿而为处分,使直接受其利益者负返还其利益之义务,例如:甲以乙所寄存之马赠丙,而丙又以之赠丁,则丁有返还之义务,此本条所由设也。"本条系仿自《德国民法典》第 816 条,关于《德国民法典》第 816 条参见 MünchKomm/Schwab §816; Palandt-Thomas §816. 关于无偿无权处分,《德国民法典》第 816 条第 1 项规定权利人对受益人有不当得利请求权;《中华人民共和国民法典》第 311 条第 1 款第 2 项规定在无权处分非以合理价格转让者,受让人不能取得该不动产或动产所有权。

处理？

第二目 学说见解

关于如何处理无偿无权处分所涉及的不当得利,学说上有三种见解：

一、否定说：法无明文

郑玉波先生认为依《德国民法典》第816条第1项后段规定,善意受让人如系无偿取得者,应负返还义务,台湾地区"民法"对此无规定,解释上如为贯彻善意受让制度之精神,则善意受让人纵系无偿取得,亦不应使负不当得利之返还义务。然若顾及原权利人之利益,则在有偿取得之情形,固不能使之负返还之义务,但在无偿取得,如原处分人无资力时,似应使负返还义务为宜,不过在台湾地区"民法"上尚未能如此解释,若有第183条之情形,则又当别论。①

二、肯定说：公平原则

梅仲协先生则采肯定说,认为无权之处分,系无偿行为者,此时由该处分而获利益之第三人,即为无法律上之原因,虽该第三人与真正权利人间,无直接的财产损益变动之存在,然依公平之原则,不当得利请求权之行使,应向该第三人为之。例如书籍之使用人,将借用之书籍赠与善意第三人者,该第三人对于赠与人,应负返还之义务。②

三、肯定说：适用"民法"第183条规定

孙森焱先生亦采肯定说,并明确指出其请求权基础为"民法"第183条,认为为保护善意第三人及贯彻占有之公示原则,凡自占有人善意受让权利者,应即受法律之保护,原权利人即不得对之主张不当得利返还请求权。尤其是善意受让人如系有偿取得其利益,即无受益之可言。即如无偿而受益者,其与无权处分人之间亦不发生不当得利问题,盖其受利

---

① 参见郑玉波：《民法债编总论》,第135页。
② 参见梅仲协：《民法要义》,第135页。梅仲协认为,在无偿之无权处分,第三人由该处分获利益,系属无法律上原因,但因无财产直接损益变动之存在,故不成立不当得利。本书认为第三人由该处分获有利益(书籍所有权),致原权利人受损害(丧失所有权),具有直接因果关系,但有法律上原因(民法善意取得规定),故不成立不当得利。

益,与无权处分人间有无偿行为之法律上原因存在,惟若贯彻此原则,倘无权处分人亦因善意而对受损人免负返还义务,则受损人之受害与善意受益人间之受益,不能求得平衡,"民法"第183条乃规定,善意受让人于无权处分人所免返还义务之限度内负返还责任。①

第三目 分析说明:"民法"第183条规定的适用或类推适用?

一、采肯定说的理由

郑玉波先生系从立法政策的观点强调,为顾及原权利人的利益,应使受让人负返还义务为宜。梅仲协及孙森焱先生则均认为在现行法上受让人亦负有此项返还义务,本书赞同此项见解,其理由有二:(1)原权利人有保护的必要,此在无权处分人不负侵权责任时,特为显著。受让人系无偿取得利益,使其负返还义务,并不违反公平原则。(2)无偿受益人与其他权利人的重大利益发生冲突时,应予适当让步,"民法"设有规定(参阅第410条、第416条、第418条及第183条),使原权利人得向无偿受让人请求返还其所受利益,符合民法上的价值判断。

二、请求权基础

问题在于请求权基础。梅仲协先生一方面认为原权利人对无偿受让人不成立不当得利请求权,他方面又认为不当得利请求权之行使,应向第三人为之,并未明确指出请求权基础。孙森焱先生则认为无偿无权处分可"适用""民法"第183条规定。本书则认为无偿无权处分之请求权基础为类推适用"民法"第183条规定。

(一)"民法"第183条的适用

兹先说明"民法"第183条的"适用"。设甲出售一部汽车于乙,乙转赠于丙,当事人依让与合意交付后,发现买卖契约不成立、无效或被撤销,乙不知其事。在此情形,当事人间的法律关系为:(1)物权行为的效力不因买卖契约不存在而受影响,故乙仍取得汽车所有权,但因欠缺给付

---

① 参见孙森焱:《民法债编总论》(上册),第157页。孙氏似认为,在有偿无权处分,善意受让人如系有偿取得其利益,即无受益之可言,故不成立不当得利。本书认为,善意受让人由该处分而受利益(如机车所有权),不因其须支付对价(价金)而成为"即无受益之可言",其所以不构成不当得利,乃因其受利益具有法律上原因。

目的,应成立不当得利,甲得对乙请求返还汽车所有权(第179条)。乙将汽车转赠于丙,移转其所有权,系属有权处分,丙取得所有权,乙系善意,不知无法律上原因,得主张所受利益不存在,免负返还或偿还价额之责任(第182条第1项)。(2)甲对丙无不当得利请求权,因丙受利益系来自乙的给付,并未致甲受损害。不当得利受领人乙,以其所受者,无偿让与丙,乙因此免返还义务,故丙应依"民法"第183条规定负返还汽车所有权的责任。兹为便于观察,图示如下:

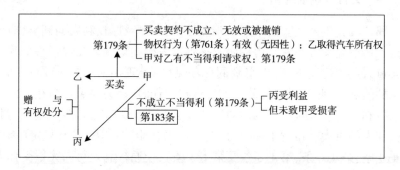

兹再就无偿无权处分,举一例对照加以说明。甲出售一部汽车给乙,乙转赠给丙,于移转所有权后,发现甲为受监护宣告人,乙不知其事。在此情形,当事人间的法律关系为:(1)甲与乙间的买卖契约及物权行为均因甲系受监护宣告人无行为能力而无效(第15条、第75条)。乙将该汽车转赠给丙,系赠与他人之物,赠与契约(债权行为)固为有效,但移转汽车所有权的物权行为(第761条),则属无权处分,丙善意取得该汽车所有权(第801条、第948条)。(2)甲对丙无不当得利请求权,因丙受利益有法律上之原因(善意取得规定)。乙非属汽车"所有权"的不当得利受领人,并以其所受者,无偿让与第三人,故亦无"民法"第183条的"适用"。准此以言,孙森焱先生认为:"倘无权处分人亦因善意而对受损人免负返还义务,则受损人之受害与受益人间之受益,不能求得平衡,'民法'第183条乃规定,善意受让人于无权处分人所免返还义务之限度内负返还责任。"尚难赞同。兹为便于观察,图示如下(请与上图对照之!)。

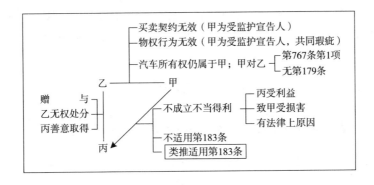

(二)"民法"第 183 条的类推适用

据上所述,在无偿无权处分的情形,原权利人(甲)对善意取得人(丙)无不当得利请求权,亦无"民法"第 183 条规定的"适用",惟得"类推适用""民法"第 183 条规定,使无偿受让人(丙)负返还责任。之所以"类推适用""民法"第 183 条规定,乃基于相同的利益状态,对法律未设规定的漏洞予以填补:

1. 原权利人应受保护。在"民法"第 183 条规定的情形,甲对乙虽有不当得利请求权,但善意的乙免负返还义务。在无偿无权处分的情形,设乙无过失不知无处分权时,甲对乙既无不当得利返还请求权,亦无侵权行为损害赔偿请求权,无救济之道。

2. 受让人同属无偿而取得利益。二者的利益状态既属相同,应类推适用之,以贯彻等者等之,相同者应为相同处理的平等原则,以实践法律上的价值判断,促进法律的进步。

第五项　无法律上原因的无权处分

甲借金表给乙,乙擅自出售于善意之丙,并依让与合意交付之。其后发现乙与丙间的买卖契约不成立(或乙以意思表示错误撤销与丙间之买卖契约)。试问,甲或乙得向丙主张何种权利?

第一目　问题说明

在无法律上原因无权处分的情形,例如甲借金表给乙,乙擅自将金表出售于善意之丙,并依让与合意交付之,丙支付价金,其后发现乙与丙间的买卖契约不成立(无效或被撤销)。此际发生二个法律问题:(1)善意的丙是否取得金表所有权?(2)谁(甲或乙)得向丙行使不当得利请求权?

第二目　物权变动

一、动产善意取得须以有效成立的原因行为为要件

首先应该讨论的是物权变动。问题的关键在于丙善意取得动产所有权,是否须以原因行为(买卖、互易、赠与)的有效存在为要件。关于此点,史尚宽先生采肯定说,认为受让人之善意取得占有,惟可补正权源之瑕疵,即惟可补正让与人权利之欠缺。为权利取得原因之法律行为,必须为客观的存在,假如无权源之瑕疵,其占有人应即可取得其动产上之权利,从而因无效行为或经撤销成为无效之法律行为,受物之交付之占有人,对于相对人之原状回复之请求,不得主张善意取得之保护,而拒绝占有物之返还。有谓物权行为为无因行为,其原因行为之无效或撤销,对于物权行为之效力,不生影响,故原因行为虽为无效或撤销,其物权行为仍有善意取得之适用。然此与物权行为之为有因或无因,不生关系,盖纵物权行为之原因事实不存在,当事人间至少有不当得利返还之问题,无法律上之原因取得物权,当事人之一方,负有返还之义务,不得保有其权利,此则与善意取得制度之精神不符,故善意取得之规定,对基于无效或得撤销之行为而授受动产之当事人间,应不适用。其当事人以外之第三人,始得援用之。例如甲为未成年人,未得法定代理人同意,以其所有之金表出卖与乙时,乙对于甲有返还金表之义务。如乙将此金表更转卖,而丙善意受让其占有时,则得以善意取得其所有权为理由,拒绝甲之回复请求。①

二、动产善意取得无须以有效成立的原因行为为要件

史尚宽先生所提出的论点,言之成理,诚值重视,惟本书认为,动产善意取得,不必以原因行为(债权行为)的有效为要件②,分四点言之:

---

① 参见史尚宽:《物权法论》,第506页。
② 同此见解,参见陈自强:《"民法"第948条动产善意取得之检讨》,载苏永钦主编:《民法物权争议问题研究(1999)》,第307页;王泽鉴:《民法物权》,北京大学出版社2023年重排版,第665页。

1. "民法"第801条规定:"动产之受让人占有动产,而受关于占有规定之保护者,纵让与人无移转所有权之权利,受让人仍得其所有权。"就法律文义而言,并不以有效原因行为(债权行为)为要件。

2. 债权行为与物权行为的分离及物权行为的无因性,系台湾地区"民法"的基本原则,于动产善意取得制度上亦应有其适用。无权处分他人动产,非经权利人承认时,原不生效力,善意取得制度旨在创设例外,使善意受让人仍能取得动产所有权。原因行为是否存在,则属于受让人取得权利是否有"法律上之原因"的范畴。

3. 有效原因行为存在时,善意受让人取得动产所有权,具有法律上原因,原因行为不存在时,则善意受让人取得动产所有权无法律上原因,应依不当得利规定负返还的义务。此项法律状态,符合现行"民法"的基本原则,与善意取得制度精神,似难谓有何违背之处。

4. 史尚宽先生认为:"善意取得之规定对基于无效或得撤销之行为而授受动产之当事人间,应不适用,其当事人以外之第三人,始得援用之。"意义未甚明白,就其所举之例而言,甲为未成年人,未得其法定代理人的同意,以其所有之金表出于与乙时,其买卖契约(债权行为)及物权行为("民法"第761条)均不生效力,乙不能取得金表所有权。乙将此金表更转卖于他人(丙),而让与其所有权时,系属无权处分,丙善意受让其占有时,取得其所有权。此例似不涉及原因行为无效或被撤销。在涉及原因行为无效或被撤销之情形,例如甲借金表给乙,乙出售给丙,丙转售于丁,并交付之,若乙与丙间的买卖契约无效时,依史尚宽先生的见解,善意取得的规定对乙与丙间不适用,但第三人丁(善意或恶意)则得援用之,就善意取得制度言,此项论点,似无依据。

据上所述,本书认为,动产善意取得不因原因行为无效或被撤销而受影响,是在前举乙无权处分甲的金表之例,其买卖契约虽被撤销,善意的丙仍能取得金表所有权。①

第三目 不当得利请求权

再应讨论的是不当得利请求权。由于乙、丙间的买卖契约不存在,丙

---

① 此为德国通说,参见 Boehmer, Grundlagen der Bürgerlichen Rechtsordnung II, 2 (1954), S. 1 ff.; Palandt/Thomas §816 Rn. 3d。

取得金表所有权欠缺法律上原因,应负不当得利返还义务,固无疑问,至于谁(甲或乙)得向丙行使不当得利请求权,则有二种见解,一为直接请求权说,一为双重请求权说。

一、直接请求权说(Einheitskondiktionslehre)

认为丙受利益,系基于乙的无权处分,并因此致甲丧失所有权,故应由原权利人(甲)直接对取得人(丙)行使不当得利请求权。① 此说的主要缺点系忽略了丙与乙间的给付关系,致丙不能对甲行使基于此项给付关系而生的抗辩(如同时履行抗辩权)。

二、双重不当得利请求权说(Doppelkondiktionstheorie)

强调为顾及丙与乙间的给付关系及其所由发生的抗辩,应由给付人乙(无权处分人)对受领人丙行使不当得利请求权,原权利人(甲)则得依不当得利规定请求乙让与其对丙的不当得利请求权。② 须注意的是,丙系自乙受让占有,而丧失标的物所有权者则为甲,因此如何决定乙对丙不当得利请求权的内容,不无疑问。由乙对丙请求返还标的物所有权,显然超出其因给付而受的损害,不利于原权利人。就利益衡量言,应回复乙为无权处分前的状态,故乙对丙得请求返还的,系将占有移转于自己,而将其所有权移转于甲,而于丙将标的物交付于乙时,其所有权亦重归于甲。尽管理论构成有困难,此项见解符合不当得利的基本原则,兼顾当事人利益,似较可采。

第六款　出租他人之物、出租共有物、违法转租③

1. 甲出租 A 屋给乙,租赁期间届满后,乙拒交还 A 屋,并将 A 屋"转租"给丙,收取租金 10 万元。试问甲得否依不当得利规定向乙请求返还其所受的利益?

---

① Boehmer, Grundlagen der Bürgerlichen Rechtsordnung II, 2, 1954, S. 7 ff.; Oertmann, Recht 1915, 514; Grunsky, JZ 62, 207.
② 此为德国通说,参见 Erman/Westermann/Buck-Heeb §816 Rn. 10; Staudinger/Lorenz §816 Rn. 21; Soergel/Mühl §816 Rn. 17.
③ 参见杨智守:《出租他人之物三面关系的类型化不当得利之分析》,载《法令月刊》2014年第65卷第2期。

2. 甲出租 B 屋给乙,月租 10 万元,乙违反约定将该屋转租于丙,收取租金 12 万元。试问甲得否依不当得利规定向乙请求返还其所受 12 万元租金?

3. 甲、乙共有 C 屋,应有部分各二分之一,甲擅将 C 屋出租于丙,试问乙得否对甲或丙主张不当得利?

第一项 出租他人之物

出租他人之物,收取租金,与无权处分他人之物,获得对价,其法律性质虽有不同,但侵害他人权益,则无二致,均属无法律上原因而取得应归属于权利人的利益,应成立不当得利。有疑问的是,租赁关系消灭后,承租人未交还租赁房屋,擅自将之出租他人,收取租金时,是否构成不当得利(参见案例 1)。

一、"最高法院"1959 年台上字第 1555 号判决

在"最高法院"1959 年台上字第 1555 号判决一案,被上诉人向上诉人承租系争台北市中华路 82 号内临街房屋一大间,应予交还,并自 1954 年 11 月 3 日起至执行终了之日止,按每月 100 元(新台币,下同)计算,赔偿上诉人之损害,业经另案判决确定执行在案,上诉人主张被上诉人于租赁关系消灭后,将讼争房屋转租他人,每月收取租金至少在 500 元以上,而向上诉人所支付之租金每月仅为 100 元,其因转租所获超过此数额之租金,即为不当得利,而为共应返还 15200 元之请求。经查,被上诉人有转租之事,曾据系争房屋之现住人杨○麟等于另案执行中承认,有与被上诉人订立租约迁入居住,并据提出租赁契约可凭,经原审调阅该另案执行卷宗查明属实。惟其系因上诉人不返还其所交押租金 14000 元,拒不交还,据陈明在卷,而上诉人对此亦无争执。

"最高法院"的判决理由认为:"按无法律上之原因而受利益致他人受损害者,应返还其利益,则为'民法'第 179 条所明定,但所谓受利益致他人受损害者,必须受利益与受损害之间有因果关系存在,其间有无因果关系,应视受利益之原因事实与受损害之原因事实是否同一事实为断,如非同一事实,纵令两事实之间有所牵连,亦无因果关系,自与上开规定不当得利之要件不合。本件双方间因另案请求交还房屋等事件,业经判命

被上诉人按每月100元计算赔偿上诉人之损害,确定执行在案,是上诉人所受损害已获得赔偿,而被上诉人系因上诉人不返还押租金,拒不交房并转租取得相当租金之利益又如前述。其受利益之原因事实与受损害之原因事实,并非同一,其间虽有牵连,仍不能谓有因果关系,依照上开说明,既与不当得利之要件不合,上诉人主张超过其租金100元之利益为不当得利,据为返还之请求,为非正当,业经原审予以认定,并于原判决阐明其理由,爰予维持第一审驳回其诉之判决,于法尚非有违。上诉论旨,徒肆空言指摘,不能认为有理由。"

二、分析说明

"最高法院"此项判决对权益侵害型不当得利成立要件的认定,似有误会。租赁关系消灭后,承租人将租赁物"转租"他人,亦为出租他人之物,其受有租金的利益,违反权益归属,致所有人受有损害,欠缺法律上原因,应成立不当得利。[①] 不因出租人已另获损害赔偿,或出租人(上诉人)拒不返还押金,而受影响。至于如何定其应返还客体的范围,乃另一问题。"最高法院"1963年台上字第2947号判决谓:"系争房屋原为共同经营炼瓦业而由被上诉人提供使用,上诉人擅将此项房屋转租图利之时,自应认其合伙之目的事业已完成,依'民法'第692条第1、3款之规定,应视为当然解除。被上诉人自得向上诉人请求返还自其转租之日起之不当得利。"此项见解可资赞同。

第二项 出租共有物

一、"最高法院"1994年台上字第1139号判决

"最高法院"1994年台上字第1139号判决谓:"土地共有人未经其他共有人同意将整笔土地出租,该租约对于其他共有人固不生效力,但租赁乃特定当事人间所缔结之契约,出租人不以所有人为限,故共有人超出其应有部分,将整笔土地出租,该租约于为出租之共有人与承租人间仍然有效,承租人有依约支付租金之义务,其既未受有相当于租金之利益,他共

[①] 详细讨论,参见王泽鉴:《出租他人之物、转租与不当得利》,载王泽鉴:《民法学说与判例研究》(第四册),北京大学出版社2009年版,第154—162页。

有人自不得依不当得利之规定对该承租人为返还利益之请求。"

二、分析说明

在本件判决,"最高法院"关于租赁契约效力部分的见解,确值赞同。关于不当得利部分,其所述理由不限于出租共有物,对出租他人之物亦有适用余地。其基本见解有二:

1. 其他共有人(所有人)得否向无权出租人主张不当得利?"最高法院"未明确表示其见解。本书认为应采肯定见解。部分共有人无权出租他人之物(或共有物)系属侵害权益归属内容,取得租金,受有利益,而无法律上的原因。其法律关系相当于共有人中之一人无权占用(或处分)共有物。

2. "最高法院"否认对承租人的不当得利请求权,其理由为:"承租人有依约支付租金之义务,未受有相当于租金之利益。"此项论点,尚有推究余地,无权占有使用他人的房屋,受有应归属于所有人的利益,此项利益系对物之使用本身,而非"相当于租金之利益"。所谓"相当于租金之利益",乃所受利益依其性质不能返还时应偿还的价额。对所有人而言,无权占有人不能以其与无权出租人间的租赁契约(债之关系相对性),主张其侵害他人权益归属未受有不当得利。无权占有使用他人之物,应对所有人负权益侵害型不当得利的义务,不应因其与他人有租赁契约而主张其未受利益或其受利益有法律上原因。

然则可否径认其他共有人(所有人)得对承租人主张不当得利?此对所有人甚为有利,在承租人迄未对出租人支付租金时,其法律关系较为简单。于承租人已为租金的支付时,承租人得否主张所受利益不存在,而免负返还或偿还价额义务(第182条第1项)?对此,应采否定说,盖此与所受利益既无因果关系,亦非基于信赖而发生。在此情形若肯定所有人得向承租人行使不当得利请求权,将使善意承租人遭受不测的损害,及造成复杂的求偿关系。

较合理的解决方法系适用"民法"第952条以下关于占有人与回复请求权人关系之规定。[①] 所有人对于无权占有其物的承租人得主张所有

[①] 关于"民法"第952条以下规定的解释适用,参见王泽鉴:《民法物权》,北京大学出版社2023年重排版,第710页以下。

物返还请求权。依"民法"第952条规定,善意占有人,依推定其为适法所有之权利范围内,得为占有物之使用收益。承租人为善意时,得对其占有物使用收益,不负归还于所有人的义务。于此情形,纵承租人发现出租人非属所有人,仍有依约支付租金的义务,而由所有人对出租人主张不当得利请求权。在承租人系属恶意时(参阅第956条),则无受保护的必要,应对所有人依不当得利规定,负返还其无权占有使用其物所受利益的义务。

第三项 违法转租

承租人非经出租人承诺,不得将租赁物转租于他人。但租赁物为房屋者,除有反对之约定外,承租人得将其一部分转租他人(第443条第1项)。在合法转租的情形,租金应归承租人取得,不生疑义。有争论的是,在违法转租的情形,承租人所受利益(租金),对出租人言,是否构成不当得利。关此问题,应采否定说①,其理由有二:

1. 出租人与承租人有租赁契约关系存在,承租人支付对价而为使用收益,出租人对租赁物已无使用收益的权能,故承租人因违法转租而受利益,并未致出租人受损害。若肯定出租人的不当得利请求权,将使其获得双重利益。

2. 违法转租所涉及的不是权益归属,而是租赁契约的问题。承租人未得出租人承诺而转租,或违反不得转租的约定而为转租时,应在租赁契约上求其解决,出租人得终止契约(第443条第2项),或请求债务不履行之损害赔偿,以资效济。②

第七款 无权占用他人之物
——不当得利实务与理论发展史的回顾

(一)甲无权占用乙所有的土地作为停车场。乙向甲主张不当得利请求权。关于以下问题,发生争议:

---

① 德国通说同此见解,BGH NJW 1964, 1853; Esser/Weyers, Schuldrecht II/2, S. 82 f.; Reuter/Martinek, Ungerechtfertigte Bereicherung, S. 307 ff.; 不同意见, Larenz/Canaris, Sduldrecht II/2, S. 173。

② 关于转租所涉及的基本法律问题,参见史尚宽:《债法各论》,第170页;郑玉波:《民法债编各论》,第247页。

1. 甲受有何种利益？
2. 乙无使用该地的计划时，甲之受利益是否致乙受损害？
3. 如何定乙对甲不当得利请求权的消灭时效期间？

（二）甲无权占用乙的基地建筑房屋，丙无权占用（或租用）甲的房屋，试说明甲、乙、丙间的法律关系。

第一项　实务上的重要问题

无权使用或消费他人之物，颇为常见，例如擅自在他人墙壁悬挂广告、无权占用他人别墅、越界建筑、共有人逾越其应有部分的范围对共有物为使用收益、未购票而搭乘火车、饮用他人咖啡等。在实务上最为常见的，系租赁关系消灭后，承租人未交还租赁物，仍继续占用。此类不当得利有助于更进一步认识权益侵害型不当得利的要件、效果及其消灭时效，特就无权占用他人之物作较详细的说明。

第二项　"最高法院"见解的回顾

为便于了解"最高法院"关于无权占有使用他人之物此类不当得利的基本见解，特选具代表的四个判例、判决如下：

1. "最高法院"1972年台上字第1695号判例：依不当得利之法则请求返还不当得利，以无法律上之原因而受利益，致他人受有损害为其要件，故其得请求返还之范围，应以对方所受之利益为限，非以请求人所受损害若干为准，无权占有他人土地，可能获得相当于租金之利益为社会通常之观念，是被上诉人抗辩其占有系争土地所得之利益，仅相当于法定最高限额租金之数额，尚属可采。

2. "最高法院"1999年台上字第3331号判决：土地所有人固得依不当得利法则向无权占用其土地之人请求返还相当于租金之损害金，惟其数额，除以申报地价为基础外，尚须斟酌基地之位置、工商业繁荣之程度及占用人利用土地之经济价值及所受利益等项，并与邻地租金相比较，以为决定，并非必达申报地价年息百分之十之最高额。

3. "最高法院"1957年台上字第1081号判决："民法"第179条载"无法律上之原因而受利益，致他人受损害者，应返还其利益"。是利益之返还必须具备此方受利益而他方受损害之条件，若谓此方受利益，即应视为他方受损害,则条文即无双方并举之必要,被上诉人被他人占用土地而不知,显无利用土地之计划,则上诉人为之耕犁施肥有何损于被上诉人。①

4. "最高法院"1996年台上字第711号判决:租金之请求权因5年间不行使而消灭,既为"民法"第126条所明定,则凡无法律上之原因而获得相当于租金之利益,致他人受损害时,如该他人之返还利益请求权已逾租金短期消灭时效之期间,债务人并为时效之抗辩者,其对于该相当于租金之利益,不得依不当得利之法则,请求返还。

综上所述,关于无权占有使用之物的不当得利,"最高法院"长期以来采三点基本见解:

1. 无权占有使用他人之物所受利益,系"相当于租金的利益"或"损害金"。

2. 无权占有使用他人之物致他人受损害,须以所有人有利用该物之计划为必要。

3. 无权占有使用他人之物的不当得利请求权,其消灭时效应适用"民法"第126条规定,因5年间不行使而消灭(详见本书第358页)。②

"最高法院"前揭三点见解误认权益侵害型不当得利,均有探究余地。本书认为:

1. 无权占有使用他人之物所受利益,系占有使用本身,而非相当于租金的利益。

2. 无权占有使用他人之物,系侵害他人的权益归属,不以所有人有利用该物的计划或受有损害为必要。

3. 此种无权占有使用他人之物不当得利请求权的消灭时效,应适用"民法"第125条规定的一般时效期间(15年)。"最高法院"基于"相当于租金的利益"之见解,认为有"民法"第126条关于租金的5年短期时效规定的适用或类推适用,是一个不当的推论。

以上见解,将于本书详为论述。

---

① 同意旨判决甚多,参见"最高法院"1961年台上字第688号判决要旨略谓:"请求返还不当得利,依'民法'第179条,系以他人受损害为要件,如谓一方受利益,即为他方受损害,则条文何须规定他方受损害之字样,故水产公司如未计划使用或未对已离职之上诉人请求返还原豁免使用代价之系争土地,则水产公司尚未受有损害,有何返还不当得利可言。"

② 关于不当得利请求权消灭时效,详见本书第366页。

第三项 "最高法院"见解的展望
——请求权基础的再构成

"最高法院"关于无权占有使用他人之物不当得利的基本见解,历经数十年演变发展,尚有强化余地,分述如下:

一、所受的利益

(一)其所受利益系占有使用本身

关于使用他人之物所受之利益,"最高法院"一向明确地认为系"相当于租金之利益",此种基于节省费用的观念,乃传统见解。

本书认为"民法"第179条所称受利益,系指因某项事由(给付或非给付)而受的个别具体利益而言,非以受益人整个财产作为判断标准。在租赁契约,承租人所受利益为出租人的给付(物之交付,以供使用收益)。在雇佣契约,雇主所受利益为受雇人所服的劳务。租赁契约或雇佣契约不成立或无效时,承租人或雇主所受的利益,依其性质不能"原物"返还,应偿还其价额,此应依相当于租金或报酬客观计算之(第181条但书)。在无租赁关系使用他人之物、租赁关系消灭后继续占用租赁土地(2003年台上字第2682号判决)或无雇佣契约而服劳务的情形,亦同。

无权占有使用他人之物时,其所受利益应为占有使用本身,"相当的租金"乃原受利益依其性质不能返还时应偿还的价额。又"最高法院"1999年台上字第3331号判决认此种相当的租金,系属"损害金",纵符合"民法"第179条所谓致他人"受损害"的用语,但其与损害赔偿法(如侵权行为或债务不履行)的损害,功能性质不同,应属一种拘泥于文义而发生的误解。

在一件案例,甲出卖设备于乙,乙将设备出租于丙,乙指示甲交付设备于丙,其后甲以乙未依约付款解除买卖契约,并向乙请求租金的不当得利,乙抗称其并未收到租金。"最高法院"2017年台上字第461号判决谓:"按不当得利制度不在于填补损害,而系返还其依权益归属内容不应取得之利益,亦即倘欠缺法律上原因而违反权益归属对象取得其利益者,即应对该对象成立不当得利。次按无权占有他人之物为使用收益,可能获得相当于租金之利益为社会通常之观念,因其所受利益为物之使用收益本身,应以相当之租金计算应偿还之价额。"

"最高法院"早期判决曾认为无权占有他人之物所受利益系相当于租金之利益。本件判决的重要意义在于肯定占有他人之物其所受利益系物之占有本身。盖是否受有利益,应就侵害所得的具体个别利益而认定,而非以财产整体变动作为判断基准。此项占有的利益依其性质不能原物返还,应偿还以相当于租金的价额。又须说明的是,物之所有人是否有使用该物的计划,在所不问。例如占有他人空地作为停车场,亦得成立不当得利,因为不当得利乃在返还无权占有人所获利益,而非在于填补权利人的损害。

值得提出的是,在一件关于请求返还房地等事件,"最高法院"2019 年台上字第 872 号判决明确地表示:"按不当得利制度不在于填补损害,而系返还其依权益归属内容不应取得之利益,故依不当得利法则请求返还之范围,应以受领人所受之利益为度。又无权占有他人土地,所受利益为土地之占有本身,依其性质不能返还,应偿还其价额。""受利益""致他人受损害"系不当得利法的核心概念,就无权占有他人之物的案例,"最高法院"的见解从须有使用计划的损害,到相当于租金的利益,再到肯定其所受利益系占有使用本身,不以受有损害为必要。这是一个经过长期努力具有意义的法律发展。

(二)"最高法院"为何坚持"相当租金说"?

值得提出的是,若干"最高法院"判决认为无权占用他人之物,其所受利益为占有本身(2017 年台上字第 461 号、2017 年台上字第 187 号、2014 年台上字第 2578 号判决),但仍始终坚持"相当租金说"(2014 年台上字第 104 号判决),而不明确采"占有使用本身说",此或系为维护法律适用的安定性,但主要原因应系若扬弃"相当租金说",则"最高法院"关于占有使用他人之物不当得利请求权应适用(或类推适用)第 126 条关于租金的 5 年短期时效的见解,即失其理论依据,将颠覆一个长期确立、影响深远的实务见解。

(三)对"最高法院"的期待

不当得利请求权始于"受利益",关于无权占用他人土地,其所受利益究为"占有使用本身",抑为"相当于租金的利益"?"最高法院"数十年来对此不当得利所受利益的核心概念,始终未能一以贯之采取明确的判断基准,造成法律适用的不安定,似非妥适,应有经由大法庭作成统一解释的必要。

二、致他人受损害

无权占有使用他人之物,系侵害他人所有权的利益归属,当然致他人受损害。"最高法院"认为所有人若无利用土地之计划,即未受损害,无不当得利可言,此项见解,难以赞同。不当得利制度并不在于填补损害,而是在于返还其依权益归属内容不应取得的利益,不以请求人受有积极损害及消极损害为必要。关于此点,孙森焱作有深刻的说明:"所谓损害兼指既存财产之积极减少及应得利益之丧失二种情形。应增加之财产而未增加固属损害,此种情形受损人并不必证明该项事实如未发生,即确实可以增加财产,只须证明苟无该项事实,依通常情形,财产当可增加,即为受有损害,例如无权源而使用他人房屋时,不问该他人是否果有使用该房屋之必要抑或有无出租第三人之计划,即使将房屋荒废不顾,亦应认为损失相当于租金额之损害。盖所谓财产总额不限于具有金钱价值的权利总和,且包含随时可以使用收益的潜在价值,自不必斟酌受损人对于该财产有无使用收益之意思或有无使用收益之计划,只须依通常情形认为该项利益应归属受损人,即应命受益人将其利益返还,斯符公平原则。"[①]对此见解,应说明者有四点:

1. 认为无权源而使用他人房屋,系受有"相当于租金"之利益,致他方受"相当于租金之损害",仍采取"财产移动"的传统见解。

2. 将所谓损害解释为"兼指既存财产积极减少及应得利益之丧失",似仍以损害赔偿观念为出发点(参阅第216条),尤其是受有"损害"为要件。

3. 在结论上肯定:"不必斟酌受损人对于该财产有无使用收益之意思或有无使用之计划",确属卓见,诚值赞同。更精确言之,根本不必考虑受损人对于该财产有无使用收益之意思或有无使用之计划。

4. 在理由构成上,认为只须证明苟无该项事实,依通常情形,财产当可增加,即为受有损害,乃出于顾及法律文义。应可进一步扬弃损害的概念,认凡侵害应归属他人的权益而受利益者,即当然"致他人受损害",须负返还的义务。

---

① 孙森焱:《民法债编总论》(上册),第142页。

三、无法律上原因

无权使用他人之物,欠缺债权(如租赁权)、物权(如地上权)或其他使用收益的权利时,其受有应归属权利人的利益,即无法律上之原因,应构成不当得利。

四、请求权基础的再构成

无权占用他人之物,系不当得利法上常见的重要案例,涉及侵害他人权益不当得利的基本问题,系无权使用他人之物或权利(专利权、人格权等)的缩影,兹综据前述,将其请求权基础简示如下:

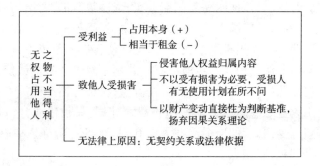

五、回顾与展望

某种重要法律制度或实务上重要问题的回顾与展望,旨在探究其发展过程,发现问题争点、可能产生的误解及论证强化的必要,经由判例(裁判)学说与各级法院的沟通与协力,获取共识,稳定法律的适用,作为未来开展进步的基础。

第四项 基地、房屋的无权占有
——一个具原则性重要的实务案例

乙无权占用甲的 A 土地建筑 B 屋,丙无权占用 B 屋或乙将 B 屋出租于丙时,甲得否向丙主张不当得利请求权?(请先思考解答再阅读下文)

乙无权占用甲所有的土地建筑 A 屋,丙无权占用乙建筑的 A 屋时,发生二个法律问题:
1. 甲的所有物返还请求权(第767条第1项前段)。
2. 甲的不当得利请求权(第179条)。
兹参照"最高法院"判决,说明如下:

一、所有物返还请求权

房屋不能脱离土地而独立存在,使用房屋必须使用该房屋之基地,故占有基地者,系房屋所有人,而非使用人。倘房屋所有人无权占有该房屋之基地,基地所有人本于土地所有权之作用,于排除地上房屋所有人之侵害,即请求拆屋还地时,固得一并请求亦妨害其所有权之使用该房屋第三人,自房屋迁出,然不得单独或一并请求该使用房屋而间接使用土地之第三人返还土地,否则无从强制执行。至房屋所有人有权占有该房屋之基地者,不论第三人是否有权使用该房屋,均难谓其妨害基地所有人之所有权,土地所有人更不得请求该第三人返还土地(2013年台上字第232号判决)。

二、不当得利请求权

(一)无权占用在他人土地上无权建造的房屋:"最高法院"2013年台上字第232号判决〔无权占用房屋案〕

"最高法院"谓:"房屋不能脱离土地而独立存在,使用房屋必须使用该房屋之基地,故占有基地者,系房屋所有人,而非使用人……无权占有他人土地建屋而获不当利益者系该建屋之人,受害人为基地所有人,而无权占有上开房屋而获不当利益者为房屋占有人,受害人则为房屋所有人,从而无权占有上开房屋所受之不当利益,与基地所有人所受损害之间,并无直接因果关系,不能混为一谈。准此,上诉人纵无使用系争土地之合法权源,因占有系争土地者为系争花棚所有人,上诉人仅为占有系争花棚之人,则倘系争花棚所有人有权占用系争土地,系争土地所有人即未受损害,反之,倘系争花棚所有人无权占有系争土地,系争土地所有人固得对于系争花棚所有人及占有人一并请求排除侵害,但因上诉人所受之不当利益,与土地所有人所受损害之间,并无因果关系,被上诉人即不得依不当得利之法律关系,请求上诉人给付相当于租金之损害。"

"最高法院"认为被上诉人不得依不当得利之法律关系请求上诉人给付"相当于租金之损害",此项法律见解未臻精确,显然混淆不当得利与损害赔偿。不当得利请求给付者,系所受利益(物之使用利益,或相当于租金之利益),非所谓"相当于租金之损害"。

(二)租用在他人土地上无权建造的房屋:"最高法院"2020年台上字第1938号判决〔租赁房屋案〕①

1. 案例事实

土地共有人甲,以建物所有人乙拍定取得所有权的建物无权占用其土地为由,起诉请求乙拆除建物、返还土地并支付占用其土地期间相当于租金的不当得利,获得胜诉判决确定后,声请法院强制执行。然而强制执行程序终结前,丙公司主张其之前已向乙承租建物、乙所有的建物有权占有土地、且其已对甲提起第三人异议之诉为由,声请供担保后停止强制执行程序,获得法院准许。其后,丙公司提起的第三人异议之诉,经法院判决败诉确定。甲乃于受让其他共有人的不当得利返还请求权后,主张丙公司于强制执行程序停止期间,计302日,无法律上原因受有占用其土地的利益,致其无法使用收益土地而受有损害,依"民法"第179条规定,起诉请求丙公司返还相当于土地租金的不当得利。

丙公司则以实际占用土地者为建筑物所有人乙,其非实际占用土地之人,乙既已支付相当于土地租金的不当得利于甲,甲已无损害,不得重复请求不当得利;丙公司系向乙承租建物,支付租金于乙,其系合法占用建物,并无不当得利可言,资为抗辩。

2. 法院见解

(1)原审法院见解

原审法院审理结果,肯定甲的请求。其理由略以:丙公司既因承租实际占用系争建物,而系争建物复占用系争土地,则丙公司系直接占用系争土地之人,其辩称"实际占用系争土地之人",系诉外人乙名下之"建物",自不足采。

按无法律上之原因而受利益,致他人受损害者,应返还其利益。所

---

① 本案事实及原审法院、"最高法院"见解的整理与判决的评释,参见陈忠五:《不当得利法上的利益与损害概念》,载《台湾法律人》2021年第3期。本件评释简明分析不当得利法上的二个核心概念,足供参照。

谓受利益者,系指因某项事由而受之个别具体利益而言,使用收益固属之,即占有本身亦具有财产价值,不失为不当得利之客体("最高法院"2000年台上字第214号判决意旨参照);又按受益非基于受损人之给付而生者,为非给付不当得利。不当得利法则之功能,并不在于填补损害,而在于使受领人返还其无法律上原因而受之利益,故"民法"第179条所谓损害,自有别于损害赔偿之意义。在非给付不当得利,所谓受利益致他人受损害,基本上系指取得依权益(财货)内容应归属于他人之利益。且所谓"受利益",系指依某特定给付行为而取得的个别具体利益,而非就受领人的整个财产状态抽象地加以计算。系争建物之所有人乙,该建物本身占有系争土地之状态虽亦属乙受有之利益,惟丙公司与乙之受有利益状态俱属存在,非互斥关系;丙公司占有系争土地,此一占有行为已受有利益,并致被上诉人受有无法使用系争土地之损害,且上诉人占有系争土地既无合法权源,就此以观,双方间已有不当得利之适用,至于系争土地上之建物系乙所有,此与甲依不当得利主张之法律关系应各别认定。

(2)"最高法院"见解

"最高法院"有不同意见。"最高法院"指出:占有系争土地之系争建物为乙所有,系争强制执行程序停止期间,丙公司系向乙承租系争建物,依另案确定判决,乙应按月给付甲2万元之不当得利至返还系争土地之日止,能否谓甲仍受有该项损害,其得依不当得利之法则,请求丙公司返还,已滋疑问。且丙公司倘已支付租金于乙,该租金既为其使用系争建物与土地之对价,则可否谓其于系争执行停止期间受有相当于租金之不当得利,亦非无疑。原审未详查审认,遽谓系争执行停止期间,系争土地所有人无法使用土地受有损害,丙公司占用系争土地受有利益,其应给付甲系争强制执行程序停止期间之不当得利,自有可议。

三、分析说明

(一)基本法律关系及请求权基础

为便于分析前揭二个"最高法院"判决所涉及的问题,图示其基本关系如下:

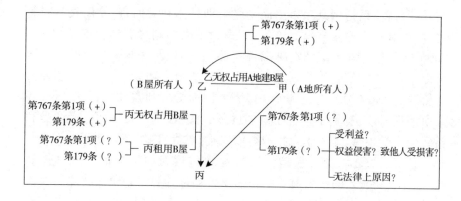

据上述法律关系，发生如下的请求权：

1. 甲得向乙主张所有物（A地）返还请求权（第767条第1项前段），"最高法院"2013年台上字第232号判决采此见解，可资赞同。

2. 丙无权占用乙所有的房屋时，乙得向丙主张所有物（B屋）返还请求权（第767条第1项前段），及权益侵害型不当得利请求权（第179条）。

3. 请特别注意明辨"民法"第767条第1项前段与第179条的成立要件与法律效果。

4. 争议的问题，系甲得否向丙主张权益侵害型不当得利请求权？此应分别丙系无权占用或租用房屋，就其要件加以认定。

（二）无权占用（或租用）在他人土地无权建造的房屋

1. 受利益

不当得利请求权始于"受利益"，此应依具体个别财产加以判断。占用他人房屋，其所受利益系占用房屋本身，而非相当于租金之利益，"最高法院"2020年台上字第1938号判决采此见解，可资赞同。建筑物不能脱离土地而存在，建筑物之占有人当然须使用所坐落之土地，自与土地有一定且相当继续性之结合关系，应认系土地之占有人（2014年台上字第2578号判决），无权占用房屋系对土地的直接占有。"最高法院"2013年台上字第232号判决认为土地所有人得请求妨害其所有权之房屋占用人自房屋迁出，应系肯定房屋占用人系直接占有土地。惟须说明的是，在租用房屋的情形，出租人系间接占有土地，承租人为直接占有人。乙占用房屋不论是直接占有土地或间接占有土地，均系占用他人土地，受有利益。

2. 侵害权益归属内容,致他人受损害

权益侵害型不当得利的核心问题在于其受利益(无权占用土地、房屋)是否侵害他人的权益归属,致他人(土地所有人)受损害。分就无权占用房屋与租用房屋二种情形加以说明:

(1)无权占用房屋

在无权占用房屋的情形,"最高法院"2013年台上字第232号判决谓:"无权占有他人土地建屋而获不当利益者系该建屋之人,受害人为基地所有人,而无权占有上开房屋而获不当利益者为房屋占有人,受害人则为房屋所有人,从而无权占有上开房屋所受之不当利益,与基地所有人所受损害之间,并无直接因果关系,不能混为一谈。"

诚如"最高法院"所言,此二个不当得利请求权应予区别,不能混为一谈,但似不能据此而认为无权占有房屋并未侵害基地所有人的权益归属内容,致其受损害。其所涉及者非属因果关系(无论是直接因果关系或间接因果关系,参阅本书第75页)。依权益归属说,凡侵害他人权益归属内容(如无权占用他人土地或无权占用他人土地的房屋),均系致他人受损害,不必讨论他人是否受有财产上损害,此属侵权行为损害赔偿问题。在本件案例,应肯定无权占用房屋亦系侵害基地所有人的权益归属内容,致其受损害(直接性),得成立不当得利。

(2)租用房屋

在租用房屋的情形,"最高法院"2020年台上字第1938号判决认为原审见解自有可议,其理由为:

①占有系争土地之系争建物为乙所有,系争强制执行程序停止期间,丙公司系向乙承租系争建物,依另案确定判决,乙应按月给付甲2万元之不当得利至返还系争土地之日止,能否谓甲仍受有该项损害,其得依不当得利之法则,请求丙公司返还,已滋疑问。

②且丙公司倘已支付租金于乙,该租金既为其使用系争建物与土地之对价,则可否谓其于系争执行停止期间受有相当于租金之不当得利,亦非无疑。

本件判决具有重要意义,值得重视,为便于说明,并与前揭〔无权占用房屋案〕对照,图示如下:

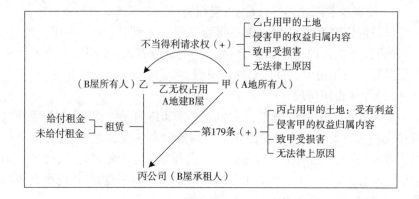

在本件判决,原审法院肯定甲对丙公司得主张权益侵害型不当得利请求权。原审及"最高法院"判决理由似均认为丙公司系受有利益(无论其受利益系占用土地本身或相当于租金之利益),并侵害土地所有人甲的权益归属。其争点在于是否"致他人受损害",原审采肯定说,"最高法院"认为有疑问,其理由有二:

①甲对乙有不当得利请求权。

②丙公司给付租金于乙。

关于"最高法院"见解,应说明的有三:

①"民法"第179条规定"受利益,致他人受损害",作为不当得利的成立要件,其目的在于明确不当得利的当事人及客体。在给付型不当得利,"致他人受损害"由给付关系所取代(本书第80页)。在权益侵害型不当得利,通说认为仍须"致他人受损害",以明确不当得利的当事人及其适用范围。通说并强调,依权益归属说,侵害他人权益归属内容(如占用他人土地),即足成立"致他人受损害"。

②在权益侵害型不当得利,凡侵害他人权益归属内容(如所有人对其物的使用收益的可能性),即构成致他人受损害,不以他人受有财产损害为必要(例如占用他人废置弃用的土地或房屋),此已成为学说上的共识,且为"最高法院"再三强调的见解。"最高法院"在本件判决将致他人受"损害",解释为系受有财产损害,并采总体财产的计算方法(相当于损害赔偿法上之计算损害赔偿的差额说),并据此而认为因甲(土地所有人)对乙(房屋所有人)有不当得利请求权,故未受损害,因而甲对丙公司无不当得利请求权。"最高法院"将不当得利法上的受"损害"与损害赔

偿法上的"损害"混为一谈,是否符合不当得利法的目的(除去不当得利,非在填补损害),非无疑问。若将此"最高法院"见解加以一般化,或将颠覆稳妥的传统见解,应有探究检讨余地。

③"最高法院"认为丙公司倘已支付租金于乙,可否谓其受有相当于租金之不当得利。此项见解非无疑问:

A. 丙公司与乙房屋所有人间有租赁契约,丙公司对乙有给付租金义务,无区别已为给付或未为给付的必要。

B. 甲对丙公司的不当得利请求权与丙公司与乙间的租赁契约,系二个独立的法律关系,各有其要件及法律效果,不能混为一谈,认为因丙公司对乙有给付租金义务,故未侵害甲的权益归属内容,甲未受损害。

四、结论

乙擅在甲所有土地上建造房屋,丙无权占用该屋或丙公司向乙租用该屋,首先应肯定的是甲对乙、丙的物上请求权(第 767 条第 1 项),"最高法院"2013 年台上字第 232 号判决可资参照。产生争论的是甲对丙的不当得利请求权。

1. 在〔无权占用房屋案〕,"最高法院"以致他人受损害不具直接因果关系,否定甲(土地所有人)对丙(无权占用房屋人)的不当得利请求权。在〔租赁房屋案〕,"最高法院"将致他人受"损害"解释为财产损害,采整体财产计算方法(相当于损害赔偿的差额说),认定甲(土地所有人)因对乙(房屋所有人)有不当得利请求权,未受损害,故甲对丙公司(房屋租赁人)无不当得利请求权。

2. 本书认为在〔无权占用房屋案〕与〔租赁房屋案〕,丙均系受有利益(占用土地本身或相当于租金之利益),侵害甲的权益归属内容,致甲受损害,而无法律上原因(无契约或法律依据),得成立甲对丙的不当得利请求权。

在同一土地上,乙、丙对甲均受有占用土地的利益,应各自成立不当得利,按其所受利益部分,分别负不当得利责任,不生共同不当得利,须负连带责任,此为实务通说。诚如"最高法院"2008 年台上字第 1311 号判决谓:"依不当得利之法则请求返还不当得利,以无法律上之原因而受利益,致他人受有损害为其要件,故其得请求返还之范围,应以对方所受之利益为度,非以请求人所受损害若干为准(本院 1972 年台上字第1695号判例意旨）。且因不当得利发生之债,同时有多数利得人时,应各按其利得数额负责。本件上诉人甲对系争建物为直接占有人,上诉人乙为间接占有人,为原审所确定之事实,则彼等各有若干利得,即应查明,而非命其共同给付,原审未遑为之,亦欠允洽。上诉论旨,指摘原判决违背法令,求予废弃,非无理由。"（参阅第四章多人关系的不当得利,本书第276页）

3."最高法院"在前揭〔无权占用房屋案〕与〔租赁房屋案〕以不同的理由（丙与甲受损害不具直接因果关系,或丙有对乙的不当得利请求权而无损害）,认为甲（土地所有人）对丙（房屋占用人）无不当得利请求权,无论是为处理具体案例（避免双重不当得利）,或建构诠释不当得利法的基本原则或构成要件,其论证理由均未臻明确,不具说服力。此攸关不当得利的核心问题、解释适用与未来发展,应有重新检讨研究的余地。

第五项　占用骑楼及停车位

一、骑楼

骑楼具有防雨与防晒等功能,关于其使用引起许多争议,其中之一系区分所有权人占用自己专有的骑楼,是否成立不当得利？"最高法院"2015年台上字第1656号判决谓:"按'民法'第179条规定,无法律上之原因而受利益,致他人受损害者,应返还其利益。虽有法律上之原因,而其后已不存在者,亦同。高郑○贵为系争新北市○○区○○街○○○号一楼房屋之所有权人,如附图一所示A部分面积一点七七平方公尺系高郑○贵专有骑楼之一部分,为原审认定之事实。果尔,系争骑楼既为高郑○贵专有,能否谓其于该骑楼设置如附图一所示A部分地上物,系无法律上原因受利益致被上诉人受损害,被上诉人得请求高郑○贵给付不当得利,亦非无疑。"

本件判决结论固值赞同,但值得强调的是此属"权益侵害型不当得利"类型,系争骑楼既为高郑○贵专有,并未侵害其他区分所有权人的权益归属,致其受所害,故不成立不当得利。

二、停车位

(一)"最高法院"2015年台上字第1858号判决

1. 原审法院

上诉人为系争大厦二号二楼等十二户之区分所有权人,并为该大厦地下二层停车场之共有人,应有部分为万分之一一四一等事实,为双方所不争。查上诉人对于被上诉人(即水钻石小区大厦管理委员会)于停车空间内划设机车停车位,系供全体区分所有权人使用,且未收费等情,并不争执,堪认被上诉人并未使用机车停车位,亦难认其受有利益。

2. "最高法院"

因侵害他人权益而受利益,倘乏正当依据,即应成立不当得利。又对于物有事实上管领之力者,为占有人,"民法"第940条定有明文。而无权占有使用他人之不动产,可能获得相当于租金之利益,为社会通常之观念。原审认被上诉人于系争大厦地下二层停车空间内划设机车停车位,供全体区分所有权人使用,则被上诉人似对该等机车停车位有事实上管领之力。果尔,能否仅以其未使用该等停车位,而谓未受利益,非无疑义。

本件"最高法院"见解,可资赞同。权益侵害型不当得利成立要件在于侵害他人的权益归属内容,受损人是否使用该停车位,在所不问。又须再说明的是,无权占有使用他人的不动产,其所受利益,系占有使用本身,而非"可能获得相当于租金的利益",此应就具体个别财产而为判断。所谓通常的观念,不足作为判断标准。

(二)"最高法院"2015年台上字第531号判决

"最高法院"2015年台上字第531号判决谓:"继承人有数人时,在分割遗产前,依'民法'第1151条规定,各继承人对于遗产全部为公同共有关系,固无应有部分。然共有人(继承人)就继承财产权义之享有(行使)、分担,仍应以应继分(潜在的应有部分)比例为计算基准,若逾越其应继分比例享有(行使)权利,就超过部分,应对其他共有人负不当得利返还义务,他共有人自得依其应继分比例计算其所失利益而为不当得利返还之请求,此项请求权非因继承所生,自非属公同共有。查系争土地为双方由被继承人吴○益继承取得,为公同共有,被上诉人未经上诉人同意,于1996年12月8日至2011年5月18日,擅自在系争土地经营停车场,出租车位,获有相当于租金之不当得利,上诉人受有损害,为原审确定之事实。果尔,上诉人是否不能依其继承之应继分比例计算,分别请求被上诉人返还不当得利,即非无推求之余地。原审见未及此,遽以上开理由为上诉人败诉之判决,尚有可议。"

本件判决结论值得赞成。共同继承人逾越应继分占有系争土地经营停车场,出租车位,其情形同于无权处分,获有相当于租金的利益,侵害其他共有人的权益归属内容,欠缺保有的法律依据,应成立权益侵害型不当得利。须注意的是所谓"上诉人受有损害",应认系其权益归属本身遭受侵害,而非谓其因他人侵害其权益而受有财产上的损失。

第六项　事实上处分权

"最高法院"2017年台上字第187号判决谓:"'民法'第179条前段规定,无法律上之原因而受利益,致他人受损害者,应返还其利益。是否该当上述不当得利之成立要件,应以'权益归属'为判断标准,亦即倘欠缺法律上原因,而违反权益归属对象取得其利益者,即应对该对象成立不当得利。又未为所有权登记之建物之占有利益,应归属于享有事实上处分权之人,第三人未经事实上处分权人同意而占有该建物,受有占有之利益,致事实上处分权人受有损害,且无法律上原因时,该事实上处分权人自得依'民法'第179条规定,请求返还其占有。被上诉人为系争建物之事实上处分权人,则该建物一楼之占有利益,自应归属于被上诉人,上诉人既不得对之主张租赁契约存在,其占有系争建物一楼即欠缺法律上原因,而为无权占有,是其受该占有之利益,致被上诉人受损害,则被上诉人依'民法'第179条前段规定,请求上诉人返还其占有,为有理由,应予准许。原审认被上诉人得依'民法'第184条第1项前段规定请求损害赔偿,而判命上诉人为给付,理由虽有不当,惟于判决结果并无二致,仍应予维持。"应说明者有三:

1. 本件判决认为无权占有他人之物,其所受利益,系占有本身,实值赞同。

2. 建物之"占有"与"事实上处分权"是不同的权能。"民法"第765条规定:"所有人,于法令限制之范围内,得自由使用、收益、处分其所有物,并排除他人之干涉。"解释上所有权的权能应包括占有,所谓处分包括法律上处分(如出卖、让与)及事实上处分。所谓事实上处分权指对所有物得为拆除、变动、改建等事实上行为,不包括物之占有、使用、收益,无论建物是否已为所有权的登记,均属如此。"最高法院"认为物之占有应归属事实上处分权人,乃扩大事实上处分权的概念。本书认为其所侵害的权益归属系物之占有、使用、收益本身,而非所谓的事实处分权,其得请求不当得利者,系物之有权占有人(如所有权人或地上权人),而非所谓的事实上处分权人。

3. "最高法院"在本件判决开宗明义谓:"按'民法'第184条第1项前段所称之权利,系指既存法律体系所明认之权利。所谓既存法律体系,应兼指法典(包括委任立法之规章)、习惯法、习惯、法理及判例。受让未办理所有权第一次登记之建物,受让人虽因该建物不能为所有权移转登记,而仅能取得事实上处分权,但该事实上处分权,具占有、使用、收益、事实上处分及交易等支配权能,长久以来为司法实务所肯认,亦为社会交易之通念,自属'民法'第184条第1项前段所称之权利。"在违章建筑买卖,应将司法实务所肯认、亦为社会交易通念的事实上处分权加以实质化,认定其为事实上所有权。①

第七项　借名登记
——出名人处分借名登记的财产

甲有A地,借乙名登记,乙擅将该地让售于丙(善意或恶意),甲对丙得主张何种权利?对乙有无不当得利请求权?

借名登记具台湾地区特色,产生诸多问题。关于不当得利,其涉及给付型不当得利,前已说明(本书第49页)。兹就出名人处分借名登记土地的案例加以论述。

一、出名人无权处分

"最高法院"2011年台上字第2101号判决谓:"无权处分他人之物而取得之利益,因违反权利归属内容,致他人受损害,并无法律上之原因,固应成立不当得利;惟倘所处分者在法律上为自己名义上之物,即不能概论以无权处分而认系成立不当得利。又所谓借名登记契约,乃当事人约定,一方(借名者)经他方(出名者)同意,而就属于一方现在或将来之财

---

① 参见王泽鉴:《民法物权》,北京大学出版社2023年重排版,第134页。

产,以他方之名义,登记为所有人或其他权利人。出名人在名义上,为财产之所有人或其他权利人,且法律行为之相对人系依该名义,从形式上认定权利之归属,故出名人就该登记为自己名义之财产为处分,纵其处分违反借名契约之约定,除相对人系恶意外,尚难认系无权处分,而成立不当得利。"

关于本件判决,应说明的有二:

1. "最高法院"认为出名人就登记为自己名义的财产为处分,纵其处分违反借名契约之约定,"除相对人系恶意外,尚难任系无权处分",而成立不当得利。应强调的是,无权处分系以有无处分权为判断基准,与相对人是否为恶意无关。"最高法院"以相对人恶意与否,据以认定出名人是否为无权处分,其法律见解诚非妥适。

2. "最高法院"似认为出名人的处分系有权处分时(相对人为善意),其与所有人间的法律关系应依借名登记契约加以认定,不成立不当得利。此项法律见解非无疑义(参阅下文)。

二、出名人有权处分

值得注意的是,关于出名人违反借名登记契约之规定,将登记之财产出卖于他人并移转其所有权时,"最高法院"放弃无权处分说,改认定其为有权处分,谓:"不动产借名登记契约为借名人与出名人间之债权契约,出名人依其与借名人间借名登记契约之约定,通常固无管理、使用、收益、处分借名财产之权利,然此仅为出名人与借名人间之内部约定,其效力不及于第三人。出名人既登记为该不动产之所有权人,其将该不动产处分移转登记予第三人,自属有权处分。"(2017年度第三次民事庭会议决议;参阅2022年台上字第146号判决)在此情形,借名人得依债务不履行规定向出名人请求损害赔偿(第226条)。问题在于借名人得否主张不当得利请求权?

前揭"最高法院"2011年台上字第2101号判决认为,在有权处分情形,不成立不当得利,其理由系在形式上登记的财产归属于出名人,此系就外部关系而言。在内部关系,应认为其财产权益归属于借名人,"最高法院"2018年台上字第403号判决谓:"称借名登记者,谓当事人约定一方将自己之财产以他方名义登记,而仍由自己管理、使用、处分,他方允就该财产为出名登记之契约。在内部关系上,出名人为借名登记财产之所有人,出名人对之并无使用收益之权。倘出名人未经借名人之同意,占有使用借名登记财产,受有利益,致出名人受损害,即属欠缺法律上原因,违反权益归属内容而取得利益,应成立不当得利。""最高法院"见解可资赞同。准此见解,应认为出名人擅将借名登记的财产出卖于他人,受有利益时,虽为有权处分,但系侵害借名人的权益归属内容,致借名人受有损害,且无契约或法律依据,而为无法律上原因,应成立权益侵害型不当得利。

第八项　政府未依法占有使用公共设施保留用地

"最高法院"2017年台上字第823号判决谓:"所谓公共设施用地,系指依都市计划法规定,于都市计划地区范围内,所设置供作公共设施使用之土地。而公共设施保留地,则指依都市计划法规定,于都市计划范围内指定之公共设施用地,而未经政府开辟或使用之公私有土地。职是,公共设施用地在未经取得前,乃为公共设施保留地,政府不得径予使用收益,二者显不相同。而人民依法取得之土地所有权,应受法律之保障与限制;所有人于法令限制之范围内,得自由使用、收益、处分其所有物,并排除他人之干涉,'宪法'第143条第1项中段、'民法'第765条分别定有明文。又'民法'第179条前段规定,无法律上之原因而受利益,致他人受损害者,应返还其利益。其判断是否该当前揭不当得利之成立要件时,应以'权益归属说'为标准,亦即倘欠缺法律上原因而违反权益归属对象取得其利益者,即应对该对象成立不当得利。

"查上诉人原为系争土地之所有人,该土地于2012年2月14日始移转登记予许○文等人;被上诉人(按:即高雄市政府)于1955年5月19日将系争土地编定为都市计划道路公共设施保留地,现况为高雄市林森二路、新田路之部分道路等情,既为原审所认定。且上诉人陈称:被上诉人于1956年间将系争土地开辟为道路云云,可见该土地供道路使用后,上诉人显已丧失自由使用、收益之权能。然系争土地仍属都市计划道路之公共设施保留地,被上诉人并未取得该土地所有权,则其将系争土地开辟为道路使用之缘由为何(被上诉人抗辩系争土地为既成道路,具公用地役关系)?与其占有使用该土地有无法律上原因,所关颇切,自有调查审认之必要。原审未遑细究,徒以被上诉人将系争土地编定为都市计划道路公共设施保留地,且地目为道,其规划为道路,即有法律上原因,进而为上诉人败诉之判决,自嫌速断。"

本件判决认事用法,均值肯定,应说明者有二:

1. 认定此为权益侵害型不当得利,明确采取权益归属说。

2. 权益侵害型不当得利亦适用于公法上的行为,体现"宪法"保障人民私有财产权的意旨,具有重大意义。

第九项　公用地役关系与不当得利

一、政府机关使用公用地役关系用地

"最高法院"2010年台上字第1988号判决谓:查私有土地实际供公众通行数十年之道路使用,公法上应认为已有公用地役关系存在,其所有权之行使应受限制,土地所有人不得违反供公众通行之目的而为使用(参照"行政法院"1957年判字第39号判例)。土地所有人于上述公用目的范围内,有容忍他人使用之义务,政府机关为有利于公众之通行使用,就该道路予以铺设柏油,属合乎公共利益之行为,土地所有人亦应容忍。又既成道路成立公用地役关系者,其所有权人对土地既已无从自由使用收益,形成因公益而特别牺牲其财产上之利益,自应依法律之规定办理征收补偿,各级政府如因经费困难,不能对上述道路全面征收补偿,有关机关亦应订定期限筹措财源逐年办理或以他法补偿其损失,固经"司法院"大法官会议释字第400号解释在案;惟既成道路之使用既系公法上之公用地役关系,其补偿关系自属公法上之权利义务,无私法上不当得利之问题。本件系争土地为既成道路,已供公众通行数十余年,而成立公用地役关系,乃原审所确定之事实,上诉人自不得请求铲除道路上之柏油及给付不当得利。原审为上诉人不利之判决,经核于法并无违误。

本件判决明确区别既成道路之使用系公法上之公用地役关系,明辨公法上的补偿关系与不当得利,实值赞同。

二、私人无权占用公用地役关系用地

甲有A地,为具公用地役关系之既成道路,系黄昏市场的一部分。乙无权占用A地设摊,甲得向乙主张不当得利,请求支付相当于租金之利益?

(一)"最高法院"2015年台上字第152号判决

在一个涉及在其公用地役权关系之私有土地摆摊营业的案例,"最高法院"2015年台上字第152号判决谓:"被上诉人所有系争土地虽为既成巷道具公用地役关系,但仅受供公众通行之限制而已,系争土地既未被征收,被上诉人仍保有其所有权能,于不违反既成道路供通行之限制范围,就系争土地应有使用收益权。又被上诉人前以上诉人无权占用E部分面积7.2平方公尺之系争土地,依'民法'第767条第1项规定诉请拆除还地,业经原法院以2009年重上更(二)字第123号判决其胜诉确定。虽系争土地为因公益需要使用具公用地役关系之私有土地,仍尚须经正当法律程序,其他私人更无基于私益理由而使用具公用地役关系之私有土地。上诉人未经被上诉人同意,使用系争土地如附图所示E部分摆摊营业,系无法律上之原因而受有利益。参酌系争土地附近租金行情,每摊位每月在2万元以上,则被上诉人请求上诉人返还自2006年1月13日起至2011年6月30日止,计65个月又18日以每摊位每月租金2万元,按上诉人占用E部分土地相当二摊位之不当得利,共2624000元,应属有据。"此已成为"最高法院"固定见解(另参阅2013年台上字第2503号判决、2013年台上字第1069号判决)。须注意的是,土地所有人仅得请求相当于租金的利益,并不得请求无权占有人摆摊营业所得的收入。

(二)"最高法院"2013年台上字第2503号判决

"最高法院"2013年台上字第2503号判决涉及公用地役关系与不当得利:

1. 原审法院见解

系争土地为具公用地役关系之既成道路,属新北市永和区民享街四十年历史黄昏市场之一部分,摊贩云集,严重妨害交通,虽未经政府征收,但依"道路交通安全规则"第140条、"道路交通管理处罚条例"第82条第1、2项规定,任何人均不得为妨碍交通之行为,则双方既均不得违反通行之目的而于系争道路设摊,倘上诉人得依不当得利规定向被上诉人诉请返还相当于租金之利益,实质上将成为出租人,无异于鼓励其妨碍交通,违反公共秩序。且上诉人系因系争土地具有公用地役关系,致所有权之行使受有限制,因而受有不得出租该地于特定个人之损害,与被上诉人无权占用系争土地出租设摊享有之利益,二者非同一事实,其间并无直接因果关系,自不得依不当得利规定请求被上诉人返还设摊之利益。

2. "最高法院"见解

公用地役关系为公法关系,私有土地具有供公众通行使用之公用地役关系者,土地所有权人权利之行使,固不得违反供公众通行使用之目的,惟其并未丧失所有权及收益权,倘其将之出租于他人设摊,仅生是否违反行政法规应予取缔之问题,该租约并非无效。则第三人因无权占用上开土地所获不当得利,与土地所有权人受有租金之损害间有相当因果关系,土地所有权人非不得请求该第三人返还不当得利。

3. 分析说明

本件判决涉及权益侵害型不当得利,兹分别检视其三要件,并图示其基本关系如下:

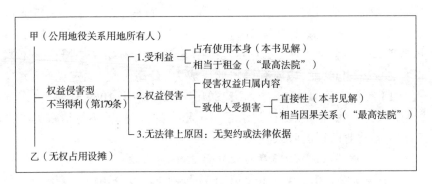

（1）受利益:不当得利始于受利益。"最高法院"一向认为无权占用他人土地,其所受系相当于租金之利益,采整体财产计算方法。本书认为应采个别具体计算基础,其所受利益系占有使用本身。

（2）本件判决涉及权益侵害型不当得利。

①侵害权益归属内容:诚如"最高法院"所言,私有土地具有公用地役关系者,土地所有人并未丧失所有权。土地所有人将该地出租于他人,被第三人无权占用时,系侵害土地所有人的权益归属内容。

②致他人受损害:此为问题的核心。原审采直接因果关系,认为非系"致他人受损害",而否定不当得利的成立。"最高法院"采"相当因果关系",认为系"致他人受损害",而肯定不当得利的成立。本书认为,"致他人受损害"系指因侵害他人权益归属内容而受利益的同一事

实而言,具有财货变动直接性,其"致他人受损害"并非存在于无权占有土地与土地所有人出租收益的损失之间,应扬弃传统见解的因果关系说(无论是直接或是间接),前已论及,兹不赘述(本书第75页)。在本件判决应肯定第三人无权占有土地系"致他人受损害","最高法院"判决结论,可资赞同。

(3)第三人侵害土地所有人权益归属内容而受利益,无契约或法律依据,系无法律上原因。土地所有人得请求第三人占有土地设摊之利益,此项利益依其性质不能"原物"偿还,应偿还以相当于租金利益之价额(第181条)。

第八款 债 权

侵害他人债权亦得成立不当得利,例如债权人于让与债权之后,仍自债务人受领给付(参照第294条以下),致受让人的债权消灭,侵害受让人的债权归属,应负不当得利返还义务。① 又例如甲承租乙地作为停车场,丙擅占用该地时,系侵害甲基于租赁关系(债之关系)而为占有的权利(有权占有),亦得成立不当得利(第179条),而应偿还通常或合理的使用价额(第181条)。

第九款 占 有

甲无权占有乙的空屋居住。丙趁甲出国,占有该屋,经营民宿。试问乙得否向甲、丙主张不当得利?

"占有"本身,非属侵害他人权利不当得利法保护的客体。"占有制度"乃在维护社会秩序,而非保护个别利益,欠缺必要的权益归属内容。例如甲无权占有乙的土地作为停车场,丙复无权占用该地时,甲得对丙主张占有返还请求权(第962条),但不得主张不当得利,而请求偿还相当的租金。兹举二个"最高法院"判决,以供参照:

1. 陈○基既已无占有之正当权源,上诉人又从无正当权源占有土地之人占有土地,自同属无正当权源,其将系争土地出租于黄○心变为间接占有,亦属无合法正当之权源。双方间之租约已于1996年届满,被上诉人黄○心于租期届满后,仍继续使用系争土地,虽获有相当于租金之不法

---

① 关于债权让与所涉及不当得利,参见孙森焱:《民法债编总论(下册)》,第956页。

利益,然所受损害者为系争土地所有权人即台北市政府,上诉人系无权占有人,原不得享有任何利益,即未受有任何损害,是其依不当得利之法则请求黄○心返还所受利益,即与"民法"第 179 条之规定不合,不应准许(2004 年台上字第 2438 号判决)。

2. 判断是否该当权益侵害型不当得利之成立要件时,应以"权益归属说"为标准,亦即若欠缺法律上原因而违反权益归属对象取得其利益者,即应对该对象成立不当得利。查上诉人就系争土地并无合法权源存在,则使用收益系争土地之权益,不应归属于上诉人,被上诉人陈○龙于租期届满后仍使用系争土地,虽获有使用收益系争土地之利益,惟因该等利益非应归属上诉人,上诉人自无受到任何损害,故上诉人为此请求,亦无理由(2003 年台上字第 2682 号判决)。

第十款 侵害知识产权

一、侵害知识产权与不当得利

因侵害他人权益而生的不当得利,举凡对著作权、专利权或商标权(无体财产权、知识产权)的侵害,均可成立此一类型的不当得利。例如未经著作人同意或授权选辑他人著作,发行销售时,乃侵害著作人对著作物独占利用、收益的权益("著作权法"第 22 条以下、第 28 条)。"著作权法"第 88 条第 1 项、第 2 项第 2 款规定,因故意或过失不法侵害他人之著作权或制版权者,被害人得请求损害赔偿,而选择请求侵害人因侵害行为所得之利益。但侵害人不能证明其成本或必要费用时,以其侵害行为所得之全部收入为其所得利益(参阅"专利法"第 97 条第 1 项第 2 款、"商标法"第 71 条第 1 项第 2 款)。此等规定具不当得利请求权的性质[1],惟须以侵害人有故意过失为要件。应注意的是,此等规定并不排除被害人

---

[1] 此一规定相当于《德国著作权法》第 97 条第 1 项规定:"著作权或本法所保护之其他权利受不法侵害时,被害人得请求除去其侵害;侵害有再发生之虞者,得请求防止之。加害人若有故意,并得请求损害赔偿,或请求加害人交付因侵害所得之利益。"所谓"或请求加害人交付因侵害所得之利益",德国立法理由及通说认性质上系不当得利请求权,Schricker, Urheberrecht, Kommentar, 2. Aufl. (München 1999), § 97 Rn. 86 f. (S. 1539)。侵害知识产权与不当得利的重要著作,Ellger, Bereicherung durch Eingriff (Tübingen 2002); Kobbelt, Der Schutz von Immaterialgütern durch das Bereicherungsrecht (Hamburg 1999)。

依"民法"规定行使不当得利请求权,不以侵害人具有故意或过失为必要。①

值得提出的是,关于侵害著作权、专利权或商标权的不当得利请求权,德国目前通说扬弃了所谓"费用节省得利"(Ersparnisbereicherung)的传统见解,不再认其因侵害他人著作权等所获的利益,系相当于应支付的授权费用,而强调其系侵害依法应归属权利人(被害人)的利用权能(Benutzungsbefugnis)。此项利益依其性质不能返还,应偿还其交易上客观价额。②

二、侵害专利权

关于侵害专利权与不当得利请求权的基本问题,"最高法院"2017年台上字第2467号判决作有详细阐述,特摘录其内容要旨如下:

1. 不当得利乃对于违反公平原则之财产变动,剥夺受益人所受利益,以调整其财产状态为目的,其判断应以"权益归属说"为标准,亦即倘欠缺法律上原因而违反权益归属对象取得其利益者,即应对该对象成立不当得利,不以受益人有归责性及违法性存在为必要。而专利权虽属无体财产权,然于支配关系上近似于民法之物权,一旦专利权之支配关系受到破坏,随着专利权之受损害,往往发生不正当财产损益之变动,而产生

---

① 在"最高法院"2010年台上字第842号判决,当事人双方均系经营媒合工作机会之人力银行网站,上诉人因其职员郑○庆等四人非法侵入被上诉人网站之犯罪行为,取得本属被上诉人所有之系求职数据,并于过滤后对于系争筛选数据之客户寄发邀请登录之电子邮件。原审法院(及"最高法院")均肯定,被上诉人自1996年成立以来,即投入庞大之劳力、时间、费用,以强力播放广告及与厂商结合营销等方式增加曝光率,开拓求职端及求才端之媒合市场,已树立一定之品牌知名度,并建立一套完善之求职者履历登录数据库,求职者信赖其服务质量,纷纷进入其网站登录履历,为双方不争,则系争求职数据之使用权益当然归属于被上诉人,上诉人取得该8万笔资料之利益,系违反权益归属内容,致被上诉人受有损害,并无法律上原因,构成不当得利,且依其性质,该等利益不能返还,上诉人即应偿还其价额。原审并特别指出,按"民法"第179条、第181条所谓"所受利益",指受领人因给付或非给付所受利益本身,在无权占有使用他人之物时,其所受利益应为占有使用本身;在侵害知识产权时,其所受利益为依法应归属权利人(即被害人)之利用权能。而在非给付类型之不当得利,只要因侵害应归属他人权益而受利益,即可认为基于同一原因事实致他人受损害,不以有财产移转为必要。至于原受利益依其性质不能返还时,应偿还其价额(通常之报酬或对价),且应返还价额之计算,应依客观交易价值定之;盖不当得利制度并不在于填补损害,而在于返还其依权益归属内容不应取得之利益,不以请求人受有积极损害及消极损害为必要。又关于应偿还价额之计算时点,应以价额偿还义务成立时为准。

② BGHZ 15, 338; 82, 299; 99, 244(Chanel Nr. 5香奈儿五号香水案件)。

"专利侵权"与"不当得利"竞合之情形。专利侵权之救济方式,"专利法"第 96 条、第 97 条固定有明文,惟须以侵害人有故意、过失为要件,与不当得利之成立要件不同。专利权既亦属财产权,而"专利法"并无排除"民法"不当得利适用之规定,基于财产法体系而论,专利权人自得依"民法"不当得利之法律关系主张其权利。原审就此所为之论断,固非无见。惟按不当得利制度不在于填补损害,而系返还其依权益归属内容不应取得之利益,故依不当得利法则请求返还之范围,应以受领人所受之利益为度,非以请求人所受损害若干为准(本院 1972 年台上字第 1695 号判例参照)。且关于应返还数额,应以返还义务成立时为计算标准。

2. 查上诉人未经被上诉人授权,即制造、贩卖具有请求项六技术特征之系争产品,受有不当利益,致被上诉人受有损害,被上诉人得请求上诉人返还其所受之不当利益等情,为原审确定之事实。果尔,原审就上诉人应返还之不当利益,自应以其返还义务成立当时,所受之利益为度。而擅自实施他人之专利财产权,使用人所能获得利益,应依其实施该专利,于客观上所能获致之实际利益为计算标准,而非径以专利权人所受短收授权金之损害为判断依据。原审以被上诉人 2009 年间所制定,包裹授权含系争专利在内共 199 件专利之空白系争许可协议中,约定之授权金,作为判断上诉人自 2003 年至 2012 年间,无法律上原因实施系争专利,应返还利益之唯一计算依据,不仅于时间上有相当落差,且上开计算所得数额,与被上诉人因上诉人未支付对价(授权金)即使用系争专利而受之损害额,是否有所差异,尚待厘清。又上诉人辩称:纵未在 lead-in 区域轨道上记载任何信息之 DVD-R 空白光盘片,仍可为 DVD 光驱正常读写数据,系争产品有无使用系争专利有关信息,其功能不受影响,系争专利对系争产品之贡献度极微等语,倘属实在,上诉人因使用系争专利所获之利益,能否犹谓与被上诉人前揭包裹式之授权金相当,亦有疑义。

3. 再按行使权利,履行义务,应依诚实及信用方法,"民法"第 148 条第 2 项定有明文。此项规定,于任何权利之行使及义务之履行,均有其适用。权利人在相当期间内不行使其权利,如有特别情事,足使义务人正当信任权利人已不欲行使其权利,其嗣后再为主张,即应认有违诚信而权利失效。法院为判断时,应斟酌权利之性质、法律行为之种类、当事人间之关系、社会经济状况及其他一切情事,以为认定之依据。又权利失效系基于诚信原则,与消灭时效制度无涉,要不因权利人之请求权尚未罹于时效而受影响。查被上诉人于2003年间即知悉上诉人制造贩卖系争产品,并曾于2004年间在意大利对上诉人主张侵害系争专利之相对应专利,而遭意大利法院以未侵害为由驳回其请求。自是而后,至提起本诉(2014年4月28日)前,10年间未再对上诉人为任何之权利主张。似此情形,依社会交易之惯习,上诉人抗辩:被上诉人显于相当期间,怠于行使权利,上诉人系基于正当信赖而长期使用系争专利生产系争产品,于其长期且大量生产后,被上诉人再为本件不当得利之权利行使,有违诚信原则,致其权利应失效等语,是否全无可取,非无研求余地。原审就上开各项未详查审认,所为不利上诉人之判决,尚嫌速断而难昭服。

本件判决提出三点重要见解:

1. 肯定侵害权利得成立"权益侵害型不当得利",不以有违法性与可归责性为要件,并得与专利侵权竞合。

2. 强调其所受利益,系指擅自实施他人之专利财产权所获利益(而非专利权人所受损害),并依其实施该专利,于客观上所能获致之实际利益为计算标准。

3. 肯定基于诚信原则的权利失效于权益侵害型不当得利请求权亦得适用,应就个案情形加以认定。

前揭三点见解,基本上均值赞同,对不当得利法与专利侵权行为法的发展,具有重大意义,是一个值得深入研究的课题。

第十一款　侵害人格权

> 甲周刊杂志,擅以乙的照片作为封面女郎,并擅以丙的姓名推荐其杂志,致该周刊大为畅销,获利甚巨。试问乙或丙得向甲请求何种损害赔偿?得否依不当得利或无因管理规定,请求甲返还其所受利益?

一、问题的提出:人格权保护发展的重要课题

人格权系以人的存在及尊严为内容的权利。"民法"对人格权的保护设有尚称周全的规定。人格权受侵害时,得请求法院除去其侵害,有受侵害之虞时,得请求防止之(第18条第1项)。人格权受侵害时,以法律有规定为限,得请求损害赔偿或慰抚金(第18条第2项、第184条第1项

前段、第19条、第193条、第194条)。值得注意的是,1999年4月21日修正的"民法"第195条第1项前段规定:"不法侵害他人之身体、健康、名誉、自由、信用、隐私、贞操,或不法侵害其他人格法益而情节重大者,被害人虽非财产上之损害,亦得请求赔偿相当之金额。"近年来报纸杂志,企业厂商常使用他人肖像、姓名、声音或隐私数据作为商品广告或报导内容,获取利益。于此等情形,为进一步强化对人格权的保护,如何除去加害人所获利益[①],尤其是得否适用不当得利,使加害人返还其所受利益,乃成为法律上的一项重大课题[②]。

二、人格法益的财产价值与不当得利请求权

未经他人同意,擅以其肖像、姓名、声音,或隐私资料,作为商品广告或杂志新闻报道,系受有利益致他人受损害。得否成立不当得利,其关键问题在于是否侵害应归属人格权的权益内容,而无法律上原因。传统上多认为人格权系属非财产权,不得对人格加以处分变价。然此并不排除若干人格法益具有财产性质(人格财产或经济法益),得为市场交易的客体,予以商业化,尤其是与他人订约以其肖像、声音或姓名等作为推销商品的广告,或以自己的生活隐私作为报道内容。此等契约基本上并不为法律所禁止或违反公序良俗(第71条、第72条)。人格权是一种支配权,权利人对此等得为交易客体之人格财产法益,具有专属排他的权利,侵害者,乃取得应归属他人权益内容的利益,欠缺法律上原因,应成立不当得利。

"最高法院"2015年台上字第1407号判决谓:"随社会变动、科技进步、传播事业发达、企业竞争激烈,常见利用姓名、肖像等人格特征于商业活动,产生一定之经济效益,该人格特征已非单纯享有精神利益,实际上

[①] 德国联邦法院在著名侵害摩洛哥公主 Prinzessin Caroline v. Monaco 人格权案件(BGH NJW 1995, 861),认为在计算被害人的损害赔偿时,应列入加害人因其侵权行为所获利益,引起广泛深入的讨论。参见 Prinz, Geldentschädigung bei Persönlichkeitsrechtsverletzung durch Medien, NJW 1996, 953; Canaris, Gewinnabschöpfung bei Verletzung des allgemeinen Persönlichkeitsrechts, Festschrift für Deutsch (1999), S. 85 ff.。

[②] 此为值得深入研究的课题,参见 Beuthien/Schmölz, Persönlichkeitsschutz durch Persönlichkeitsgüterrechte, 1999; Götting, Persönlichkeitsrechte als Vermögensrechte(1995); Siemens, Gewinnabschöpfung bei Zwangskommerzialisierung der Persönlichkeit durch die Press, AcP 201 (2001), 203 ff. 此在美国法涉及 right of privacy 及 right of publicity 的问题,在此限于篇幅,暂置不论。

亦有其'经济利益',而具财产权之性质,应受保障。又人之权利能力终于死亡,其权利义务因死亡而开始继承,由继承人承受。故人格特征主体死亡后,其人格特征倘有产生一定之经济利益,该人格特征使用之权利尚非不得由其继承人继承,而无任由第三人无端使用以获取私利之理。"此为人格权法具里程碑意义的判决,继受了美国法上隐私权和公开权(right of publicity),德国法上人格权具精神利益与财产利益,历经百年形成建立的法律见解,乃超越制定法的法之续造。① 为强化对姓名权等人格权的保护,期待"最高法院"能进一步肯定侵害姓名权等人格权的权益侵害型不当得利请求权。②

未经他人同意而使用其肖像等人格法益,得成立不当得利,已如上述。其所受利益,系对此等人格法益的使用,依其性质不能返还,应偿还其使用此等权益客观上所应支付的对价。权利人是否有将此等人格法益变价的意思,对不当得利的成立不生影响,仅涉及应支付价额的计算。

第十二款　强制执行、查封拍卖、征收
——由于第三人行为(公权力)而发生的权益侵害型不当得利

1. 法院因甲误以乙的土地与房屋为债务人丙所有,将之查封拍卖,由丁拍定,甲受领分配价金,而乙诉请涂销丁的登记时,试问丁得向甲、丙主张何种权利?

2. 甲向乙购 A 地,付清价金,乙交付 A 地,但迄未办理登记,其后 A 地被政府征收。试问甲对乙受领之征收补偿费,主张不当得利请求权,有无理由?

权益侵害型不当得利多由于受益人的行为,前已详为说明。其出于第三人行为者,以公权力行为,尤其是强制执行、查封拍卖、征收等最为常见,兹整理实务案例③,分项说明如下:

---

① 参见王泽鉴:《人格权法》,北京大学出版社 2013 年版,第 257 页以下。
② 参见王泽鉴:《民法总则》,北京大学出版社 2022 年重排版,第 141 页;较详细深入的讨论,参见王泽鉴:《人格权法》,北京大学出版社 2013 年版,第 129 页以下。
③ 因强制执行拍卖而发生的不当得利的案例,参见刘昭辰:《以给付概念检视不当强制执行的不当得利效果》,载《法令月刊》2014 年第 65 卷第 1 期;叶启洲:《基于确定判决所为的给付,可依不当得利请求返还?》,载《月旦裁判时报》2019 年第 87 期。

第一项　基于内容不当的终局确定判决而为强制执行

债权人本于确定判决,于债务人为强制执行受金钱之支付者,该确定判决如未经其后之确定判决予以废弃,纵令判决之内容不当,亦非无法律上之原因而受利益(1933年上字第3771号判例,已停止适用)。"最高法院"1980年台上字第1142号判例重申此项法律见解,强调债权人本于确定判决对于债务人为强制执行而受金钱之支付者,该确定判决如未经其后之确定判决予以废弃,纵令判决内容不当,在债务人对于原执行名义之确定判决提起再审之诉予以变更前,亦非无法律之原因而受利益,自无不当得利可言。又"最高法院"2017年台上字第1505号判决谓:"按确定判决之既判力及执行力,非经提起再审之诉或第三人撤销之诉而以确定判决废弃或变更,无从加以排除。确定判决所命给付,其先决法律关系虽经另案确定判决确认不存在,惟该给付确定判决之效力并不当然消灭,倘未经再审之诉或第三人撤销之诉之确定判决予以废弃或变更,其既判力及执行力依然存在,债权人持之为执行名义对于债务人为强制执行所受领之给付,非无法律上原因,自无不当得利可言。"

第二项　基于不存在的权利而为强制执行

一、确认债权不存在之诉确定胜诉

非讼事件之强制执行名义成立后,如经债务人提起确认该债权不存在之诉,而获得胜诉判决确定时,应认原执行名义之执行力,已可确定其不存在。若尚在强制执行中,债务人可依"强制执行法"第12条规定声明异议,若已执行完毕,债务人得依不当得利规定请求返还因执行所得之利益。如债权人应负侵权责任时,并应赔偿债务人因执行所受之损害("最高法院"1981年11月24日1981年度第24次民事庭会议决议)。

二、破产前设定抵押的撤销

破产人在破产宣告前,以其不动产为他人设定抵押权,经破产管理人依"破产法"第78条之规定诉请撤销,此项形成判决,于拍卖抵押物之强制执行程序终结后始告确定,虽对拍定人或承受人不生任何效力,然对债权人所受优先受偿之利益,其法律上之原因即难谓仍存在,破产管理人依

"民法"第179条之规定,诉请返还其利益,要非法所不许(1965年台上字第2391号判例)。

三、拍卖程序的作价承受

强制执行结果如与实体法权利关系不符者,应予受不当执行之债务人救济程序,惟当执行程序终结后,执行名义所表彰之权利,经确定判决确认其不存在者,因已终结之执行程序无从再予撤销,债务人自得另依不当得利法律关系,对执行债权人请求返还该执行行为所受之利益。债务人依不当得利法律关系请求返还所受利益者,与执行处分经撤销后之回复原状有别,非当然指返还执行客体,仍应视执行债权人因系争执行行为所受之具体利益为何而定;又所谓债权人作价承受者,系指债权人依执行法院所定底价或所作价额承买拍卖之动产或有价证券,经执行法院许可之谓。本件被上诉人于拍卖程序中承受系争股票,并以自己之执行债权抵付承受价金,取得系争股票权利,则系争股票作价承受后,因执行债权不存在,无以之抵付价金可言。因此,苟原拍卖程序未经撤销,作价承受之法律关系尚存,则被上诉人因该执行行为所受之具体利益,似指换价承受时抵付之价金言,而非系争股票(2010年台上字第1340号、2009年台上字第1487号判决)。①

第三项　抵押权人基于不存在的债权拍卖抵押物

抵押权人声请拍卖抵押物系属非讼事件,法院仅就其提出证明有抵押权存在之证据为形式上之审查,只须抵押权已经登记,且登记之债权已届清偿期而未受清偿,法院即应为准许拍卖之裁定。而准许与否之裁定,既无确定实体法上法律关系存否之性质,要于债权及抵押权之存否,并无既判力。故债权人以准许拍卖抵押物之裁定为执行名义,声请强制执行而受金钱之支付者,倘其债权确不存在,债务人非不得径依不当得利之规定,请求其返还因执行所得之利益,难谓债务人须先提起确认债权不存在之诉而获得胜诉判决确定后,始得依不当得利之规定请求债权人返还因执行所得之利益(1995年台上字第1243号判决)。

---

① 参见刘昭辰、卢俊宇:《作价承受所生的不当得利》,载《台湾法学》2011年第188期。

第四项　基于无效的拍卖而受领分配款①

依"强制执行法"所为之拍卖,仍属买卖性质,拍定人为买受人,执行法院仅代表出卖人立于出卖人之地位,法律并未禁止拍定人得以其错误或不知情事而撤销其投标应买之意思表示。又法律行为经撤销者,视为自始无效,"民法"第114条第1项亦有明定。因此强制执行程序中之拍卖,如拍定人合法撤销其投标应买之意思表示时,即自始无效。执行法院之拍定表示即因投标应买意思表示之欠缺,而不生拍定之法效。在此情形,执行法院本应将拍定人所缴价金退还拍定人,如已分配于抵押权人,因该价金非抵押物卖得之价金,抵押权人对之即无行使抵押权优先受偿可言(第860条),故其受领分配款自系无法律上原因(2007年台上字第2035号判决)。

第五项　拍定之买卖关系不存在而受领分配款

实务上有一个案例:债权人甲拍卖乙的财产,由丙拍定。执行法院将拍卖价金分配于债权人甲后,发现拍卖买卖契约无效时,拍定人丙得向谁主张不当得利？

一、"最高法院"2013年台上字第2056号判决

1. 原审法院谓:"依'强制执行法'所为之拍卖,仍属买卖性质,拍定人为买受人,执行法院仅代表出卖人立于出卖人之地位。又债权人本于确定判决对于债务人为强制执行而受金钱之支付者,该确定判决如未经其后之确定判决予以废弃,纵令判决内容不当,在债务人对于原执行名义之确定判决提起再审之诉予以变更前,亦非无法律之原因而受利益,自无不当得利可言。本件……受有分配价金之利益,系因李陈○美未缴纳1998年度综合所得税,经依法移送行政执行署强制执行而受偿,显有法律上之原因。又张○文取得分配款之利益,系基于对李陈○美之票款债权,亦非无法律上原因。至上诉人主张系争买卖关系不存在(一审判决确认上诉人与李陈○美间就系争土地之买卖关系不存在)者,亦应由受有债务清偿利益之李陈○美,依不当得利之法则返还

---

① 参见许士宦:《分配程序与不当得利》,载《台湾本土法学杂志》2002年第34期。

所受利益。上诉人依不当得利法律关系,诉请……返还不当得利,洵属无据。"

2. "最高法院"谓:"无法律上之原因而受利益,致他人受损害者,应返还其利益。虽有法律上之原因,而其后已不存在者,亦同。'民法'第179条定有明文。又法律行为经撤销者,视为自始无效,'民法'第114条第1项亦有明定。以故,强制执行程序中之拍卖,倘嗣后经拍定人声请法院确认与债务人间之系争买卖(拍卖)关系不存在确定,基于债权人得以分配价金,应以该拍卖所生买卖关系存在为前提,则于该拍定之买卖关系不存在时,执行法院不得以之代替债务人清偿其债务,债权人受领之分配款即无法律上原因,拍定人与受领分配款债权人间成立非给付型不当得利。又本于拍定人为债权债务间强制执行以外之第三人,应较受领分配款债权人受法律之保护,就其所受损害自得向受有利益之债权人请求返还。本件执行法院拍卖李陈○美所有系争土地,业经第一审法院判决确认上诉人与李陈○美间之买卖关系不存在确定,上诉人所缴价金并非李陈○美之执行财产,执行法院不得将之分配于李陈○美之债权人以清偿其债务,被上诉人……受领分配款时虽有法律上原因,惟其后已不存在,即应对上诉人负不当得利返还之责。"

本件判决系三人关系不当得利的基本问题,具有启示性,特为较详细地说明,兹图示其法律关系如下:

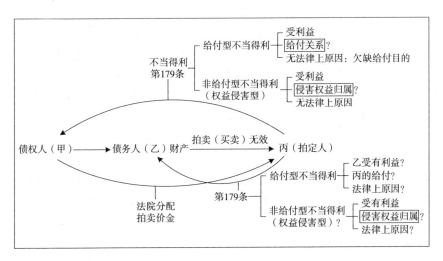

须特别提出的是,处理三人关系不当得利应区别给付型不当得利与非给付型不当得利,明确地认定案例事实是否符合其构成要件。本件判决的案例事实有助于更深入区辨给付型不当得利与权益侵害型不当得利。

二、给付型不当得利？非给付型不当得利？

(一) 拍定人对债务人的不当得利请求权

原审法院肯定拍定人对债务人有不当得利请求权,"最高法院"2019年台上字第1726号判决亦认为,在拍卖法定空地买卖契约视为自始无效的情形,债务人(上诉人)受有债务消灭之法律上原因嗣后不存在,拍定人(被上诉人)得依不当得利之规定请求返还其经由法院分配于债权人的价金。上开二则判决均未明确说明论证其究系给付型不当得利或非给付型不当得利,兹依其成立要件加以检验。

首先要认定的是债务人所受利益。原审法院认为债务人所受利益系执行法院分配拍卖(买卖)价金于债权人,而使债务人受有对其债权人债务清偿的利益。依此见解,债务人之受利益,系基于执行法院分配价金于债权人的行为,而非基于拍定人的给付(有意识、有目的地增加他人财产)。易言之,即非由拍定人对债务人清偿价金,而是由执行法院将该价金分配于债权人,清偿债务人对债权人的债务。拍定人与债务人间不具给付关系,不发生给付型不当得利。

拍定人得否向债务人主张权益侵害型不当得利？原审法院及"最高法院"2019年台上字第1726号判决均认为债务人受有清偿债务的利益,问题在于其所受利益是否侵害拍定人权益归属内容,致拍定人受损害？对此应采否定见解,其直接侵害拍定人权益归属者,系受领分配价金的债权人,而非债务人。

(二) 拍定人对债务人的非给付型不当得利请求权

1. "最高法院"未论及拍定人对债务人的不当得利,亦未说明拍定人对债权人是否有给付型不当得利,在结论上应系采否定的见解,盖拍定人与债权人既然无债之关系,自不因给付而发生给付型不当得利。

2. "最高法院"肯定拍定人对债权人的非给付型不当得利请求权,但未明确说明系权益侵害型不当得利。

3. 债权人受有执行法院分配价金的利益。问题在于其受利益是否侵害拍定人的权益归属,致拍定人受损害。所谓权益归属,指应归属于他人享有的权益内容;致他人受损害,指基于同一原因事实的直接因果关系(直接性),以明确侵害客体及当事人的范围。在拍卖(买卖)无效的情形,执行法院本应将拍定人所缴价金退还拍定人(参阅 2007 年台上字第 2035 号判决)。债权人因法院分配价金,代替债务人清偿其债务,系直接侵害拍定人的权益归属。债权人无保有因拍卖买卖无效而应由执行法院退还拍定人的价金之正当依据,其受利益无法律上原因。

第六项　非债权人受领非配款

非债权人而声明参与分配并经执行法院依分配表发给分配款时,倘该分配款应返还执行债务人,自对执行债务人构成不当得利,尚不得因其系经执行法院依分配表发给分配款,即谓其受领有法律上之原因(2016 年台上字第 2418 号判决)。

第七项　查封拍卖非属债务人的财产

债权人为强制执行时,误第三人财产为债务人所有而将之查封加以拍卖,系"强制执行法"上的重要问题,并涉及不当得利。分二点说明如下:

1. "强制执行法"第 15 条所定第三人异议之诉,系以排除执行标的物之强制执行为目的,故执行标的物经拍卖终结而未将其卖得价金交付债权人时,对于该执行标的物之强制执行程序,不得谓已终结,第三人仍得提起异议之诉,但已终结之拍卖程序不能依此项异议之诉有理由之判决予以撤销。故该第三人仅得请求交付卖得价金,不得请求撤销拍卖程序["司法院"院字第 2776 号解释(一)参照]。因此,执行法院对第三人所有之执行标的物进行拍卖,其卖得价金未交付债权人时,第三人原有请求执行法院交付该卖得价金之权(2008 年台上字第 1743 号判决)。

2. 执行债权人仅得对执行债务人责任财产强制执行所得之金额分配受偿,苟拍卖之执行标的物属第三人所有,其卖得价金纵已分配终结,致执行法院无从将该卖得价金交付第三人,惟该价金既非因执行债务人责任财产拍卖所得之金额,执行债权人对之无可受分配受偿之权,故其就拍卖第三人所有财产所得价金受领分配款,即属无法律上之原因而受利益,致得请求执行法院交付卖得价金之第三人受损害,该第三人自得依不当得利之法则请求执行债权人返还(2008年台上字第1743号判决)(参阅本书第460页)。

第八项　扣押命令与不当得利

按扣押命令,依"强制执行法"第115条第1项规定,系禁止执行债务人收取对于第三人之金钱债权或为其他处分,并禁止第三人向执行债务人清偿。若执行债务人或第三人为有碍执行效果之行为,类推适用同法第51条第2项规定,仅对执行债权人不生效力,并非绝对无效。当事人之一方本于契约受领他方之给付,除该契约经解除、撤销、终止之情形外,究难谓其所受领之给付为无法律上之原因,而构成不当得利(2015年台上字第978号判决)。

第九项　征　收

征收亦可使一方受利益,侵害他方权益归属内容,致他方受损害,在何种情形无法律上原因,而得构成不当得利?兹就实务案例,分四种情形说明如下:

一、耕地的征收与放领

耕地征收后,再为放领时,土地所有人对承领耕地的佃农有无不当得利请求权?

"最高法院"1974年台上字第2142号判决认为,上诉人之土地及地上物,系因政府之征收而丧失,被上诉人系因政府之放领而取得该土地及地上物果树、竹、木之所有权,非无法律上之正当原因,上诉人谓为不当得利,请求返还为无理由。至于地价之补偿,无论为征收之耕地地价,或附带征收之地上物及其基地价额,均依法评估由政府核定补偿之("实施耕者有其田条例"第13条,现已废止)。被征收耕地之地主,就该未与土地分离之地上物,已否受合法之补偿,系该地主与政府间之关系,与承领耕地之佃农无关,亦不能以政府未予系争地上物之补偿,而谓被上诉人取得该地上物之所有权为不当得利。

二、不动产的登记名义人受领土地征收补偿费

道路预定地因合并分割错误,致登记为他人所有,在该土地所有权变

更登记,并由该他人领取土地被征收之补偿时,是否成立不当得利?

"最高法院"1985年台上字第1370号判决采肯定说,认为"土地法"第43条所谓登记有绝对效力,系为保护第三人起见,将登记事项赋予绝对真实之公信力,故第三人信赖登记而取得土地权利时,不因登记原因之无效或撤销而被追夺,惟此项规定,并非于保护交易安全之必要限度以外剥夺真正之权利(见"司法院"院字第1919号解释);又不动产物权之登记名义人非真正权利人时,登记名义人对于真正权利人即不得主张其权利,从而其因登记形式而取得补偿费,对真正权利人言,为不当得利。

三、出售的土地于所有权移转前被征收

实务上最值重视的案例类型为,已出售的土地,于交付后,办理所有权移转登记前被政府征收。在此情形,买受人得否依不当得利的规定向出卖人请求返还其所受领的补偿费?

(一)"最高法院"见解

在"最高法院"1974年台上字第2142号判例,原审法院认为土地征收补偿费"系土地之代替利益",依"民法"第373条规定,应归被上诉人取得,上诉人虽有所有权,土地既经交付,即无权享有,自为不当得利。"最高法院"判例不采此项见解,认为:"查'民法'第373条前段规定买卖标的物之利益及危险,自交付时起,均由买受人承受负担,系指买卖标的物交付后,买受人对之有收益权;其因事变致标的物罹于灭失或毁损发生之不利益亦由买受人负担。此与标的物所有权之移转系属两事。本件被上诉人(黄○盛等系继承黄○泉之买受人地位;黄谢○凤系继承黄○财之买受人地位)向上诉人买受系争359之14号土地,尚未经上诉人办理所有权移转登记,即于1985年12月4日经台北市政府办理征收,将补偿地价发给上诉人,然该笔土地早于1970年9月1日即已交付杨○宝等使用等情,为原审合法确定之事实,则上开土地之利益及危险,虽自1970年9月1日起即由被上诉人承受负担,但被上诉人自始未曾取得所有权,而上诉人所负移转所有权之债务已属给付不能,亦仅发生被上诉人如何依债务不履行之规定,主张其权利之问题。上诉人不履行债务时,其债务并不能因此免除,自无利益可得,尚难谓被上诉人因上诉人之受利益致受损害。抑有进者,上诉人系本于所有权而受领补偿地价,要非无法律上之原因可比,被上诉人依不当得利之法则请求上诉人将受领之补偿地价返

还,殊非有理。"

(二) 分析说明

"最高法院"的见解在结论上可资赞成,分三点补充加以说明①:

1. 出卖人受有利益。出卖的地于移转所有权前,被政府征收,出卖人受领补偿费,受有利益。"最高法院"认为上诉人(出卖人)不履行债务时,其债务并不能因此免除,自无利益可得,尚难谓被上诉人(买受人)"受利益致受损害",此项见解似有疑问:(1)土地被征收,系为不可归责于双方当事人之事由,致给付不能,出卖人免给付义务("民法"第225条第1项)。(2)出卖人应否负债务不履行责任,与出卖人受领征收补偿费,系为二事。受领人是否受有利益,应就其客观具体认定,不能就受领人的整个财产状态加以判断。准此以言,出卖人受领补偿费,受有利益,不因其应否负债务不履行责任,而受影响。

2. 致买受人受损害。真正的问题,系出卖人受领补偿费的利益,是否致买受人受损害。此涉及"民法"第373条"买卖标的物之利益及危险,自交付时起,均由买受人承受负担"的规定,其所称"利益"是否包括土地征收补偿费的问题。"司法院"第一厅研究意见曾认为:"按政府征收土地应给付之地价补偿费,苟已具体发生,其请求权既非不得让与('最高法院'1983年台上字第450号判决参照),自得为'民法'第225条第2项代偿请求权之标的。而买卖标的物之利益及危险,自交付时起,均由买受人承受负担,'民法'第373条前段定有明文。故本件甲将建地出卖与乙,并已交付,乙亦已付清价金,虽在办毕所有权移转登记前,土地为政府征收,然该土地之危险及利益自交付时起均归于乙,甲取得地价补偿费即属因发生给付不能之事由而取得之利益,乙当得请求让与其请求权。研讨结论,照修正之审查意见通过,核无不合。(厅民一字第1139号函复台高院)。"②

此项研究意见认为"民法"第373条所称利益包括土地补偿费等替代利益,似有误会。"最高法院"认为此之所称利益,系指使用收益(尤其是孳息),不包括土地补偿费,则值赞同。出卖人在办毕登记前,仍为土地所

---

① 较详细讨论,参见王泽鉴:《出售之土地被征收时之危险负担、不当得利及代偿请求权》,载王泽鉴:《民法学说与判例研究》(第六册),北京大学出版社2009年版,第76—86页。
② 《民事法律问题研究汇编·民事实体法》,"司法院"印行(1988),第149页。

有人,在权益归属上,土地补偿费本应归由出卖人取得,并未因此而"致"买受人受损害。

3. 无法律上原因。出卖人基于所有人的地位受领补偿费,具有法律上原因。

综据上述,可知出卖的土地于办理所有权移转登记前被政府征收时,出卖人本于所有人地位受领补偿费,具有法律上原因,不成立不当得利。买受人仅得依"民法"第225条第2项规定请求出卖人交付其所受领的补偿费(案例2)。①

四、耕地承租人溢领补偿地价

依法征收之出租耕地,应由土地所有权人,以所得之补偿地价,扣除土地增值税后余额之三分之一,补偿耕地承租人。此项补偿耕地承租人之地价,应由主管机关于发放补偿时代为扣交,并以余款交付被征收土地之所有权人("平均地权条例"第11条第1项、第2项)。是支付补偿耕地承租人之地价者为土地所有权人,主管机关不过代为扣交而已,则耕地承租人倘有溢领情事,土地所有权人即非不得依不当得利之法则请求耕地承租人返还(1999年台上字第1894号判决)。

第十项　得没收物之扣押与保管

"刑事诉讼法"第133条第1项规定:"可为证据或得没收之物,得扣押之。"此项扣押之物并得交付保管。扣押系公权力的行使,交付他人保管系属公法行为,得为法律上原因,但其关系一旦终止,则成为无法律上原因。"最高法院"1986年台上字第2720号判决谓:"上诉人主张:伊持有系争原判决附表所载支票四张,金额合计壹佰捌拾伍万柒仟肆佰陆拾柒元贰角,因台北地检处侦办陈○宏被诈欺乙案,予以扣押,并将其交由被上诉人保管等情,为被上诉人所不争。则台北地检处系本于公权力之行使,依'刑事诉讼法'第133条第1项之规定而为扣押。依同法第317

---

① "最高法院"1992年台上字第1972号判决采同于本书见解,认为:"按'民法'第373条所指之利益,系指物之收益而言,并不包括买卖目标物灭失或被征收之代替利益(损害赔偿或补偿费),且上诉人自始并未取得系争土地之所有权,被上诉人在办毕所有权移转登记前,仍为土地所有人,在权利归属上,其补偿费本应归由被上诉人取得,故被上诉人本于土地所有人之地位领取地价补偿金,自不成立不当得利。"

条前段规定,扣押物未经谕知没收者,应即发还。是上诉人与台北地检处之间原无私法关系存在。至于台北地检处将该支票四纸交由被上诉人保管,系属公法上行为,得因扣押机关一方之意思而终止之。本件台北地检处既经通知被上诉人缴回上开支票之兑收款,则保管原因即归于消灭,因无私法上法律关系存在,被上诉人之受利益(享有支票兑收款之权利)即成为无法律上原因,而上诉人亦因扣押之原因消灭,扣押机关准予发还扣押物,竟因被上诉人之拒绝缴还而直接受损害,上诉人即非不得本于不当得利之法律关系,请求被上诉人返还其利益。"可资参照。

第十三款　基于法律规定而生的物权变动与不当得利

试问于下列情形,甲得否对乙主张不当得利,其理由何在?

1. 甲有某件非洲某部落稀有之面具,被乙所盗,乙以所有之意思,10年间和平公然占有之。

2. 甲对乙有100万元债权,因15年间不行使而罹于消灭时效。

3. 甲有某胡琴被丙所盗,丙将之出售或赠与于善意之乙,并依据与乙之合意交付其物。

4. 甲承租乙的房屋经营卡拉OK店,出资整修房屋,为室内隔墙粉刷墙壁等,甲得否依"民法"第816条规定请求偿还价额?

当事人间财产(尤其是物权)直接发生变动有基于法律规定而发生的。在此情形,一方受利益,致他方受损害,是否无法律上原因,应依该法规的立法旨趣而定。倘该法规的立法旨趣系在使受益人终局的、实质的保有该利益,而以维持该财产状态的新秩序为目的时,应不成立不当得利。反之,该法规之目的如系仅在技术上谋取方便,形式上使该项利益归属于某人,实质上并不使其终局保有该利益时,则可成立不当得利。

第一项　时　效

时效,指一定事实,存续一定期间,而发生一定法律效果的制度,可分为消灭时效及取得时效,分述如下:

一、消灭时效

"最高法院"1962年台上字第2881号判例谓:"因时效而免负义

务,虽得认为受利益,但法律规定时效制度,其目的即在使受益人取得其利益,故除另有不当得利请求权与之竞合之情形外,不能谓无法律上之原因而受利益。本件上诉人受被上诉人殴伤,当时对于被上诉人仅有侵权行为之损害赔偿请求权,并无不当得利返还请求权与之竞合,可得选择行使之情形存在,则于侵权行为之损害赔偿请求权罹于时效后,即无行使不当得利请求权之可言。""最高法院"此项见解在结论上可资赞成,应说明者有二点:

1. "民法"第144条第1项规定:"时效完成后,债务人得拒绝给付。"债务人因时效而取得者,仅系一种拒绝给付的抗辩权,似不能谓因时效而免负义务。

2. 所谓"故除另有不当得利请求权与之竞合之情形外,不能谓无法律上之原因而受利益",语意上难免使人产生误会,认为若另有不当得利请求权与之竞合,则"因时效而免负义务",即可谓无法律上之原因而受益。

二、取得时效

"最高法院"1958年台上字第303号判例谓:"不当得利,须以无法律上之原因而受利益,致他人受损害为其成立要件。其因时效而取得权利,'民法'上既有明文规定,即与无法律上之原因而受利益之情形有别,不生不当得利之问题。"此项见解可资赞同。时效取得制度旨在维护法律秩序的安定,依法律规范目的,其因时效而取得利益系属终局、确定的,应不成立不当得利。例如甲盗乙之胡琴出售于知情之丙,丙虽不能主张善意取得,但以所有之意思,10年间和平公然占有该胡琴时,得因时效取得其所有权(第768条),丙受利益,虽致乙受损害,但乙仍不能依不当得利的规定向丙请求返还。

第二项　善意取得

关于动产善意取得,"民法"第801条及第948条设有规定,即以动产物权之移转或设定为目的,除法律另有规定外,纵为移转或设定之人,无移转或设定之权利,受移转或设定之人,仍取得其权利(关于不动产善意取得,参阅"民法"第759条之1)。例如甲借A名贵唱片给乙,乙擅自将之出售于善意之丙,并依让与合意交付时,丙善意取得该唱片所有权。在

此情形,权利人甲对无权处分人有不当得利请求权,前已论及。至于甲对丙有无不当得利请求权分二种情况言之:

1. 丙系有偿取得时,不成立不当得利。至其理由,学说上有认为丙之受利益系基于乙的给付,具有法律上之原因,然基于债之关系相对性,丙应不得以其与乙的契约作为其致甲受损害的法律上原因。其值赞同的,系认此乃基于善意取得的规定,即为保护交易安全,有使受让人终局保有其取得的权利,故不成立不当得利。

2. 丙系无偿取得者,其受利益虽具有法律上原因,但应类推适用"民法"第183条规定,使其负返还责任,前已说明,请参照(本书第209页)。

第三项　添　附

一、问题说明

添附指附合、混合、加工而言。"民法"第811条规定:"动产因附合而为不动产之重要成分者,不动产所有人,取得动产所有权。"例如甲以乙的水泥,修补其屋顶,由甲取得水泥所有权。"民法"第812条规定:"动产与他人之动产附合,非毁损不能分离,或分离需费过巨者,各动产所有人,按其动产附合时之价值,共有合成物。前项附合之动产,有可视为主物者,该主物所有人,取得合成物之所有权。"例如甲以乙的宣纸糊其窗,窗可视为主物,由甲取得其所有权。"民法"第813条规定:"动产与他人之动产混合,不能识别,或识别需费过巨者,准用前条之规定。"例如甲误以乙之糖加入其咖啡,咖啡可视为主物,由甲取得混合物的所有权。"民法"第814条规定:"加工于他人之动产者,其加工物之所有权,属于材料所有人。但因加工所增之价值显逾材料之价值者,其加工物之所有权属于加工人。"例如甲取乙的象牙,雕成九龙杯,价值连城,由甲取得加工物的所有权。

二、"民法"第816条规定:不当得利请求权构成要件或法律效果的准用?

前揭因添附而发生物权变动,系为避免社会经济的不利,为调和当事人利益,旧"民法"第816条明定因添附(第811条至第815条)之规定而受损害者,"得依关于不当得利之规定,请求偿还价额"。问题在于所谓

"依关于不当得利之规定",其规范意旨何在?

(一)旧"民法"第816条规定

1. 法律效果准用说的检讨

"最高法院"1999年台抗字第46号判决谓:"'民法'第179条规定'无法律上之原因而受利益,致他人受损害者,应返还其利益'。而'民法'第811条规定:'动产因附合而为不动产之重要成分者,不动产所有人,取得动产所有权。'同法第816条规定:'因前五条之规定,丧失权利而受损害者,得依关于不当得利之规定,请求偿金。'是动产因附合而为不动产之重要成分者,动产所有人丧失所有权及不动产所有人取得动产所有权,均系因法律之规定。不动产所有人并非无法律上之原因而受利益,仅法律基于衡平考虑,许丧失权利者依关于不当得利之规定,请求偿金。足见'民法'第811条、第816条与同法第179条所规定者显为二不同的请求权。"

此为"最高法院"关于"民法"第816条所谓"得依关于不当得利之规定,请求偿还价额"所作成的重要判决,认"民法"第816条与第179条所规定者显为二不同之请求权。此项见解似容商榷,分二点加以说明①:

(1)"民法"第816条所谓"依关于不当得利之规定",系指依不当得利请求权的构成要件(Tatbestandsverweisung、Rechtsgrundverweisung),从而必须具备"民法"第179条的要件,性质上乃属不当得利请求权。"最高法院"认为"不动产所有人并非无法律上之原因而受利益,仅法律基于衡平考虑,许丧失权利者,依关于不当得利之规定,请求偿金",系适用其法律效果(Rechtsfolgenverweisung)。采此论点难免造成法律适用的困难。例如承揽人甲为定作人乙粉刷墙壁,其油漆等因附合而由乙取得其所有权。依"最高法院"判决,于此情形似应有"民法"第816条的适用。依本书见解,乙之受有粉刷墙壁的利益,系基于承揽人的给付,具有法律上原因,不成立不当得利。

(2)"最高法院"以不动产所有人取得动产所有权,均系因法律之规定,故其所受利益,并非无法律之原因。"最高法院"所以采此见解,或系鉴于动产善意取得亦不成立不当得利。然必须指出的是,在动产善意取

---

① 较详细说明,参见王泽鉴:《添附与不当得利》,载王泽鉴:《民法学说与判例研究》(第四册),北京大学出版社2009年版,第163—179页。

得,法律旨在保护交易安全,使受让人终局保有其权利,故不构成"不当"得利。在添附的情形,法律所以规定由一方当事人取得动产所有权,乃在维护物的经济利益,非在使他方当事人终局实质地取得其利益,为期平衡此项物权变动,"民法"乃另设债权上不当得利的求偿关系。因添附而受益,虽系基于法律规定,但法律并无使取得所有权之人终局实质取得其利益的规范意旨,故不具有法律上之原因,应成立不当得利。"最高法院"以因添附而生所有权变更,系基于法律规定,即径认其"不动产所有人并非无法律上原因而受利益",似未究明法律规范目的。

2. 构成要件准用说的肯定

值得赞同的是,"最高法院"1999年台上字第419号判决在一件关于承租人整修租赁物的案件(参阅案例4)所采的见解,认为:"'民法'第816条规定系一阐释性条文,旨在揭橥依同法第811条至第815条规定因添附丧失权利而受损害者,仍得依不当得利之法则向受利益者请求偿金,故该条所谓'依不当得利之规定,请求偿金',系指法律构成要件之准用。易言之,此项偿金请求权之成立,除因添附而受利益致他人受损害外,尚须具备不当得利之一般构成要件始有其适用。查被上诉人就系争租赁标的房屋所为之装潢修缮,系基于其与黄○和之父黄○寅有效成立之租赁契约而为给付,既为原审详核房屋租赁契约书所确定之事实,似见上诉人非因无法律上原因而受利益。果尔,则能否径谓被上诉人得依'民法'第816条所定不当得利之法则向上诉人请求偿金,已滋疑义。"(参阅2008年台上字第418号判决,采相同见解,本书第462页)

(二)现行"民法"第816条

2009年"民法"物权编修正,第816条明定:"因前五条之规定而受损害者,得依关于不当得利之规定,请求偿还价额。"立法理由谓:"本条规范意义有二,一为宣示不当得利请求权,纵使财产上损益变动系依法(例如第811条至第815条规定)而发生,仍属无法律上原因。其二系指明此本质上为不当得利,故本法第179条至第183条均在准用之列,仅特别排除第181条关于不当得利返还客体规定之适用。因添附而受损害者,依关于不当得利之规定请求因添附而受利益者返还其所受之利益时,仅得适用本法第181条但书规定请求'偿还价额',不能适用同条本文规定,请求返还'利益原形',以贯彻添附制度重新分配添附物所有权归属、使所有权单一化、禁止添附物再行分割之立法意旨。为求明确,将现行规定'偿金'修正为'价额'。又添附行为如该当侵权行为之要件,自有侵权行为损害赔偿请求权之适用,乃属当然,并予指明。"

三、实务案例

(一)利用他人所有材料新建房屋

甲有房屋一栋,出租与乙使用,嗣该房屋经台风吹毁,乙未得甲之同意,出资就原有房屋一部分旧材料重新建筑房屋一栋,原有房屋既经台风吹毁后,不复存在,甲就原有房屋所有权即随之丧失,嗣后乙出资重新建筑房屋,该新建房屋,即应由乙原始取得,甲不得就新建房屋主张所有权,惟新建房屋中一部分材料系取自甲原出租之房屋,甲得就丧失材料部分向乙请求赔偿损害或返还不当得利。①

(二)不动产出产物与添附

1. "民法"第66条第2项与第811条的适用关系

"民法"第66条第2项"不动产之出产物,尚未分离者,为该不动产之部分"的规定,其所谓"部分",系指不动产的成分而言。② 最高法院1942年上字第952号判例谓:"不动产之出产物尚未分离者,为该不动产之部分,'民法'第66条第2项有明文规定,某甲等在某乙所有地内侵权种植其出产物,当然属于某乙所有,如果该项出产物经某甲等割取,即不能谓某乙未因其侵权行为而受损害。"甲在乙所有的土地侵权种植,其出产物(如果树、茶树),其所以"当然属于某乙所有",并非基于"民法"第66条第2项,而是基于"民法"第811条规定,即该种植的出产物因附合而为不动产重要成分,由不动产所有人取得其所有权,并有"民法"第816条规定的适用。

2. 于他人土地侵权种植其出产物与不当得利

最高法院1942年上字第453号判例谓:"上诉人在双方因确认卖约无效案判决确定后,仍将系争地强行耕种,其所用籽种、肥料及牛工、人工等损失,非由于被上诉人之侵权行为,固不得请求赔偿。但被上诉人就上

---

① "最高法院"1959年6月9日1959年度第二次民、刑庭总会会议决议(一)。
② "民法"第66条第2项系所谓"不动产之部分",并为不动产的重要成分,未分离的出产物不得单独作为权利(尤其是所有权)的客体(参见1943年上字第6232号判例)。参见王泽鉴:《民法总则》,北京大学出版社2022年重排版,第221页以下。

诉人耕种所获之农产品,如已收取,显系无法律上之原因而受利益,致他人受有损害,则上诉人所施用之籽种、肥料、牛工、人工等项,依不当得利之法则,尚非无请求返还之权。"本件判例认被害人无法律上之原因而受的利益,系其所收取上诉人耕种所获的农产品,此项见解容有研究余地,分两点言之:

(1)上诉人于被上诉人所有的土地强行耕种,其所用籽种、肥料等,因附合而为不动产之重要成分,由被上诉人取得其所有权,其出产物尚未分离者,为不动产之成分,亦归属于不动产所有人。是被上诉人收取该项农产品,应不能认系无法律上原因而受利益。

(2)被上诉人所获的利益,系上诉人所施用的籽种、肥料、牛工、人工等项,得依"民法"第816条规定请求返还。上诉人是否收取耕种所获之农产品,乃所受利益返还范围的问题。例如所有人不知他人在其土地上侵权种植果树,而其出产物因风灾灭失时,其所受利益已不存在,免负返还或偿还价额之责任(第182条第1项)。

3. 基于使用借贷契约的添附与不当得利

"最高法院"1975年台上字第2739号判例谓:"系争地上茶树、桐树等未与土地分离前为土地之一部分,并非附合于土地之动产而成为土地之重要成分,与"民法"第811条至第815条所定之情形无一相符,则上诉人依同法第816条规定要求被上诉人返还不当得利,自难谓合。"

此一判例内容过于简略,不易了解其意义。查在本件,上诉人系依使用借贷关系开垦被上诉人所有的土地,移植茶树、桐树等。于使用借贷关系消灭后,被上诉人依强制执行取回土地及地上茶树、桐树等。上诉人则依"民法"第811条及第816条规定主张不当得利。

本件判例所涉及的,系基于一定权利得使用某不动产,而发生动产因附合而成为不动产之重要成分。就物权关系言,应有"民法"第811条规定的适用,由不动产所有人(本件判例的被上诉人),取得动产(茶树、桐树)所有权。"最高法院"认其与"民法"第811条所定情形不符,容有商榷余地。上诉人就其种植茶树、桐树等得主张何种权利,应依使用借贷契约定之,得排除"民法"第816条规定的适用。"最高法院"谓上诉人依该规定请求被上诉人返还不当得利,自难谓合,就其结论而言,可资赞同。

第二节　支出费用型不当得利[①]

试区别下列案例,说明当事人间的法律关系:
1. 甲承揽整修 A 屋,其后确认承揽契约不成立、无效或被撤销。
2. 乙的 A 屋遭台风毁损,甲雇工修缮。
3. 甲误乙所有的 A 屋为甲父遗产,加以整修。
4. 甲强占乙的 A 屋,加以整修,经营民宿。

第一款　意义及基本问题

支出费用型不当得利(Aufwendungskondiktion 或 Verwendungskondiktion),指非以给付的意思,于他人之物支出费用,使其受有财产利益。此为因受损人自己行为而成立的非给付型不当得利。所谓支出费用,指财产牺牲,包括金钱、食物、劳务、材料等。例如,误他人之犬为己有而饲养;空中喷洒农药,因未注意而扩及于他人稻田;购买房屋,不知买卖契约无效,提前装潢;无权占有他人房屋而为整修。在此等情形,受损人既无给付的意思,受益人无保有所受利益的正当性(契约或法律规定)时,应负不当得利返还义务。

值得提出的是实务上一个关于支出费用型不当得利的判决,"最高法院"2011 年台上字第 930 号判决谓:"按不当得利制度,旨在矫正及调整因财货之损益变动而造成财货不当移动之现象,使之归于公平合理之状态,以维护财货应有之归属状态,俾法秩序所预定之财货分配法则不致遭到破坏。故当事人间之财产变动,即一方受财产上之利益,致他方受损害,倘无法律上之原因,即可构成不当得利,不以得到受益人之同意或受益人有受领之意思为必要。又不当得利之成立,不以出于受损人之给付行为为限,如因受损人给付以外之行为,使他人之财产有所增益,亦可成立不当得利。至于受益人于受请求返还时,其所受之利益已因无偿让与而不存在,乃不当得利返还范围之问题("民法"第 182 条参照),对于不当得利之成立并不生影响。准此,擅自对于他人所有

[①] Brox/Walker, Schuldrecht BT. S. 431; Fikentscher/Heinemann, Schuldrecht, Vol. I, S. 732; Medicus/Petersen, Bürgerliches Recht, S. 440 f. (Rn. 892 f., 901 f.).

或管有土地上之树木施以养护，致使他人受有利益（包含积极得利，如增加树木之价值，或消极得利，如本应支出之养护费用而未支出），如他人欠缺受益之权利者，支出费用者系以给付以外之行为，使他人受有财产上之利益，自亦可成立不当得利（支出费用型或耗费型之不当得利）。"

本件判决的重要意义有二：①肯定支出费用型不当得利，明确认定其属非给付型不当得利。②阐述此种不当得利的要件。其应进一步研究的有三个问题：

1. 适用范围。
2. 竞合关系。
3. 请求权的要件及法律效果。

第二款　适用范围、竞合关系与请求权基础

一、适用范围

关于对他人之物支出费用是否成立不当得利，首应检讨的是有无优先适用的特别规定，例如：

1. 契约法上的规定（如"民法"第428条规定，租赁物为动物者，其饲养费由承租人负担）。基于承揽而支出费用，承揽契约无效时，发生给付型不当得利，应优先适用。
2. 无因管理，如修缮邻居遭台风毁损的屋顶（第178条），其受利益有法律上原因，不成立不当得利。
3. "民法"关于占有回复规定（所有人—占有人关系）（第954条、第955条、第957条），系属应优先适用的特别规定（通说）。

二、请求权基础

支出费用型不当得利系以"民法"第179条为其请求权基础，兹就前揭"最高法院"判决，说明如下：

1. 受利益：土地所有人因他人养护该地上之树木而获有财产利益（费用、劳务等），此应视具体个别财产而为认定，而非就整体财产加以计算。
2. 受利益系非基于给付，而"致他人损害"：他人养护土地所有人的树木，非属对土地所有人的给付（有意识、有目的地增益他人财产）。

3. 无法律上原因：土地所有人在契约或法律上无保有所受利益的依据。

养护树木者得依"民法"第179条规定向土地所有人请求返还因养护树木而受之利益。

三、法律效果

不当得利受领人应返还其所受之利益（"民法"第181条），土地所有人就他人养护树木支出的财产利益，依其性质不能"原物返还"，应偿还其价值。树木的养护，客观上虽具财产价值，但若对土地所有人并无使用或出租的益处，则发生所谓的强迫得利（aufgedrängte Bereicherung）。在此情形得认其所受利益不存在，而免负返还其价值之责任（第182条第1项）（关于强迫得利，详见本书第335页）。

四、规范体系的建构

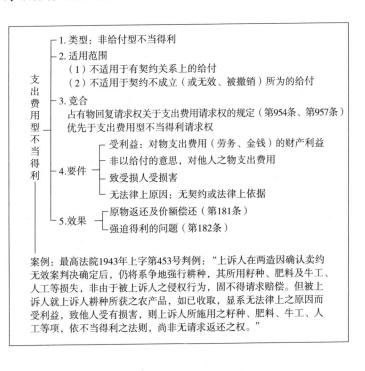

案例：最高法院1943年上字第453号判例："上诉人在两造因确认卖约无效案判决确定后，仍将系争土地强行耕种，其所用籽种、肥料及牛工、人工等损失，非由于被上诉人之侵权行为，固不得请求赔偿。但被上诉人就上诉人耕种所获之农产品，如已收取，显系无法律上之原因而受利益，致他人受有损害，则上诉人所施用之籽种、肥料、牛工、人工等项，依不当得利之法则，尚非无请求返还之权。"

请采请求权基础方法,明确说明何谓"不当得利之法则"?

台湾地区法学及法律的进步体现于不当得利(或侵权行为)法则请求权基础的明确化、具体化及类型化!

第三节 求偿型不当得利[①]

试就下列情形,说明当事人的求偿关系:

1. 甲与乙共同侵害丙,应负连带损害赔偿。甲对丙为全部损害赔偿。
2. 保证人甲为债务人清偿债务。
3. 甲欠乙债,拒不偿还,丙代为清偿。
4. 甲之子毁损乙车,丙误认系其子所为,对乙赔偿。
5. 甲向乙分期付款购买 A 车,乙保留所有权。丙向甲购买该车,对乙清偿全部价金。
6. 甲与乙结婚多年,离婚后由甲单独抚养未成年子女丙,乙有能力而不为抚养。

求偿型不当得利请求权(Rückgriffskondiktion),指清偿他人债务,使其免除债务而生的不当得利请求权。此亦属因受损人行为而发生的非给付型不当得利。

一、适用范围

求偿型不当得利因下列优先性的特别规定而被排除,其适用范围甚狭:

1. 给与人因法律规定取得新的请求权:连带债务人的求偿权(第281条第1项)、无因管理人的求偿权(第172条、第176条)。
2. 法定债权移转:连带债务人的代位权(第281条第1项)、保证人的代位权(第749条)。
3. 给与人对受领人取得受领人对第三人的请求权:债权人的代偿请求权(第225条第2项)。

[①] Brox/Walker, Schuldrecht BT. S.430; Fikentschen/Heinemann, Schuldrecht, Vol. 2, S. 32; Medicus/Petersen, Bürgerliches Recht, S. 648 (Rn. 945); Schneider, Rückgriffskondiktion (München 2008).

二、请求权基础

求偿型不当得利系以"民法"第179条为请求权基础,其要件为:①受有利益。②非因给付(清偿他人债务)而受益,致他人受损害。③无法律上原因。

兹举四例说明如下:

1. 因遗产而生之捐税及费用,应由继承人按其应继分负担之,此为继承人间之内部关系,从而继承人之一代他继承人垫支上开捐税及费用者,该垫支人得依不当得利规定向他继承人请求返还其应负担部分(1985年台上字第1367号判决)。

2. 夫妻于婚姻关系存续中,对其未成年子女保护教养所生费用,应依"民法"第1089条之规定为之,即除法律另有规定外,由父母共同负担之。父母不能共同负担时,由有能力者负担之。因此,如非父母不能共同负担义务,父母之一方已单独支付该费用时,自得依不当得利之规定请求他方偿还代垫其应分担之费用部分(2011年台上字第55号判决)。由本件判决可知,不当得利的适用范围亦及于身份关系上无法律上原因的财产变动,乃财产法与身份法的交错领域,应予注意(参阅2003年台上字第1699号判决,本书第466页)。

3. 甲向乙购买汽车,分期付款,约定在价金清偿前,由乙保留所有权。甲的债权人丙为对该汽车强制执行时,得清偿最后数期价款,由甲取得该车所有权。于此情形,丙对甲有求偿型不当得利请求权。

4. 在适法的无因管理(如代缴税捐),其受利益有不当得利的法律上原因,不成立不当得利。但不适法的无因管理(如违反本人意思而清偿债务)则得成立不当得利。

第四节 体系构成及适用关系

第一款 体系构成

第一项 体系构成、案例研习

兹将非给付型不当得利的类型及其请求权基础整理如下,请理解其体系构成,案例系供复习、研习及考试之用(写成书面!)。

第二项　给付型不当得利请求权与权益侵害型不当得利请求权的比较

项目 类别	案例	功能	要件及举证责任	排除	效力	
给付型 不当得利	非债清偿：如基于不成立、无效或被撤销的契约（如买卖、租赁、承揽）而为给付	矫正失败契约的财货变动	一、要件 1. 受利益 2. 基于给付关系 3. 无法律上原因：欠缺给付目的 二、由受损人（债权人）负举证责任，尤其是无法律上原因	第180条	第181—183条	给付不当得利优先性（非给付不当得利的辅助性）（详见下文）
权益侵害型不当得利：非给付型不当得利	侵害法秩序上应归属他人的权益内容：如无权处分或使用他人之物；无权使用他人肖像、姓名，推销商品等	权益保护补强物权或侵权行为的保护，不以故意、过失或受有损害为要件	一、要件 1. 受利益 2. 侵害权益归属致他人受损害（直接性） 3. 无法律上原因：无保有所受利益的正当性（契约或法律依据） 二、由受益人就其有法律上原因负举证责任			

关于前揭表格,应予强调的是,给付型不当得利及非给付型不当得利(尤其是权益侵害型不当得利)的区别,并非法律逻辑的当然,乃是基于目的性的考虑,不能因此而否认不当得利制度具有一个统一的原则:除去欠缺法律上原因不应保有的利益。① 类型化在于突显各种不当得利请求权的作用,及明确其要件,使问题的呈现(问题提出、问题陈述)更为透明,俾益法律的适用,以实践不当得利制度的规范功能。②

第二款　给付型不当得利请求权与非给付型不当得利请求权的适用关系

1. 甲寄托一批建材于乙处,乙擅以自己名义,出售于不知情之丙,依让与合意交付之。甲得否对丙主张不当得利,其理由何在？设乙与丙间的买卖契约无效(或被撤销)时,甲得否对丙主张不当得利

---

① Larenz/Canaris, Schuldrecht, 2/II, S. 142.
② 关于"问题呈现的透明性"（Transparenz der Problemdarstellung）,参见 Koppensteiner/Kramer, Ungerechtfertigte Bereicherung, S. 193 ff.; Medicus/Petersen, Bürgerliches Recht, S. 334 (Rn. 665)。

请求权?

2. 甲寄托一批建材于乙营建商,乙擅自以之承揽修建丙遭台风毁损的屋顶。试问甲对丙主张不当得利请求权,有无理由?

第一项 给付型不当得利的优先性、非给付型不当得利的辅助性

不当得利可分为给付型不当得利与非给付型不当得利二个基本类型。关于二者的适用关系,通说认为给付型不当得利请求权有优先性,非给付型不当得利则为辅助性,即就同一不当得利客体有给付型不当得利及非给付型不当得利存在时,应优先适用给付型不当得利。其主要理由系认在给付关系处理其不当得利,较符合债之当事人的利益。① 兹分二人关系及多人关系不当得利加以说明:

一、二人关系不当得利

在二人关系不当得利,倘认定当事人间有给付关系时,就构成要件言,当然排除非给付型不当得利,须当事人间无给付关系时,始发生非给付型不当得利请求权。例如甲受雇喂养乙的马,雇佣契约无效时,甲对乙有给付型不当得利请求权(乙受有甲给付劳务的利益)。倘甲与乙无雇佣关系,而甲误乙马为己有而喂养时,因无给付关系,则得成立非给付型不当得利(支出费用型不当得利)。

二、多人关系不当得利

在多人(三人以上)关系不当得利,应依给付关系优先性决定谁得向谁主张不当得利。例如甲出卖 A 车给乙,乙转售于丙,并移转其所有权。在甲与乙间买卖契约不成立时,甲应向乙主张给付型不当得利,而不得向丙主张非给付型不当得利。又在前举之例,乙指示甲将该车交付于丙。在此情形甲将该车交付与丙,系甲对乙为给付,设甲与乙间买卖契约不成立,甲仅得向乙主张给付型不当得利,而不得向丙主张非给付型不当得

---

① Hüffer, Die Eingriffskondiktion, JuS 1981, 263, 267; Medicus/Petersen, Bürgerliches Recht, S. 367 f. (Rn. 727 f.); Koppensteiner/Kramer, Ungerechtfertigte Bereicherung, S. 114 ff.; Erman/Westermann/Buck-Heeb § 812 Rn. 83 ff.

利。相关问题(包括给付型不当得利优先性的限制)将于论及多人关系不当得利时再详细论述。以下先就无权处分与添附二个重要争议问题加以说明。

第二项 给付与处分

甲寄存一批木材于乙处(或乙盗甲的木材),乙擅以自己名义让售于不知情之丙,移转其所有权时,乙系无权处分,丙善意取得(第801条、第948条、第949条)。丙受有利益(木材所有权),一方面系由于乙的给付,他方面又因乙的处分致甲丧失其所有权,其不当得利关系,应区分乙与丙间买卖契约成立与否二种情形说明,为便于观察,先将其基本关系图示如下:

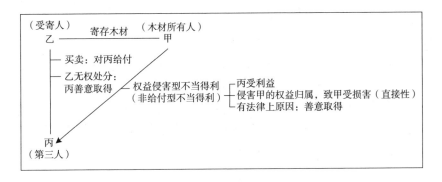

一、乙与丙间的买卖契约有效成立

乙与丙间买卖契约有效成立时,丙自乙受领给付上的利益,具有法律上原因,不成立给付型不当得利。问题在于丙对甲是否成立非给付型不当得利。学说上提出非给付型不当得利请求权辅助性理论(Subsidiarität),强调给付关系的优先性,认为受利益系基于给付关系时,无成立非给付型不当得利的余地。是在前举之例,丙受利益系基于乙之给付,既有给付关系存在,具有法律上原因,故甲对丙并无不当得利请求权。

其较值赞同的,系认为对甲而言,丙不得以其与乙的债之关系,作为保有木材所有权的法律依据(债之相对性)。甲之所以对丙不得主张非给付型不当得利请求权(权益侵害型不当得利),其理由系民法关于善意取得的规定,旨在使善意受让人终局实质地保有其取得的权利。无论采取何说,结论均属相同,即甲不能对丙主张非给付型不当得利请求权,仅能向乙行使非给付型不当得利请求权,请求返还其侵害甲的所有权而取得的利益(价金请求权或价金)。

二、乙与丙间的买卖契约不成立、无效或被撤销

此属无法律原因的无权处分,究应由乙对丙主张给付型不当得利请求权,抑或由甲对丙主张非给付型不当得利请求权,甚有争论,为维护给付关系上的抗辩,宜采前说,前已论及,兹不赘述。

第三项 给付与添附:物权法上善意取得的平行评价

甲寄存一批木材于乙处(或乙窃取甲的木材),乙出售于知情之丙,丙以之制造家具。在此情形,丙取得木材所有权,并非基于乙的给付,而是基于对木材的加工(第814条),成立非给付型不当得利(权益侵害型不当得利),甲得依"民法"第816条规定向丙请求偿还价额,不发生与给付型不当得利请求权竞合的问题。①

有争论的是另外一种案例类型:甲寄托一批木材于乙处(乙为营造商),乙擅用该批木材承揽修建丙遭台风毁损的屋顶。于此情形,甲得向何人(乙或丙)主张不当得利请求权?

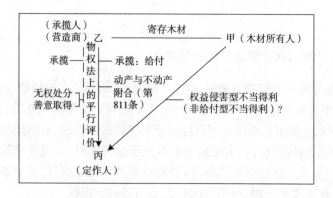

---

① Schwerdtner, Ungerechtfertigte Bereicherung, Jura, 1982, 200.

第三章 不当得利请求权的发生(二):非给付型不当得利 275

在承揽契约,定作人提供工作基底的不动产,而由承揽人以自己材料施工,系属动产(材料)附合于不动产(基底),由定作人取得动产(材料)的所有权(第811条)。① 承揽人以自己的材料施工,系基于承揽契约而为给付,定作人受利益具有法律上之原因,不成立不当得利。

在承揽人(乙)以第三人(甲)的材料施工时,甲得否依"民法"第816条规定向丙请求偿金(非给付型不当得利请求权)? 对此问题,在结论上宜采否定说。在理由构成上,有采取给付型不当得利优先性理论,认为丙与乙间既有承揽契约存在,丙受利益,具有法律上原因,不成立不当得利,并因此排除非给付型不当得利请求权的适用。然丙取得木材所有权并非基于乙的给付,而是基于添附,前揭理由未臻充分。

须提出的是,乙以甲的木材承揽修建丙的房屋,亦可采取先将木材所有权移转于丙的方式,此际乙系无权处分,丙得善意取得该批木材所有权,甲对丙无不当得利请求权,前已论及。是就利益衡量言,丙的地位不应因乙是否先移转材料所有权而不同,从而应采物权法上平行判断基准,即以贯彻法律上价值判断(法秩序统一性),丙亦得依善意取得规定取得木材所有权时,亦应同受保护,不成立不当得利。② 故甲只能向乙行使不当得利请求权。③

---

① 参见史尚宽:《债法各论》,第312页;郑玉波:《民法债编各论》,第358页。
② 此为德国通说,参见 Baur/Stürner, Sachenrecht, 17. Aufl., 1999, §53 CII (S. 634); Berg, Bereicherung durch Leistung und in sonstiger Weise in den Fällen des §951, I BGB, AcP 160 (1960), 505.; von Caemmerer, Bereicherung und unerlaubte Handlung, in Festschrift für Rabel, I (1954), S. 373. 关于物权法上平行价值(sachenrechtliche Parallelwertung),参见 Schwarz/Wandt, Gesetzliche Schuldverhältnisse, 3. Aufl. (München 2009), S. 215。
③ 添附的客体为盗赃物时,因涉及盗赃物善意取得问题(第949条),在此暂置不论,参见陈忠将:《论非给付类型不当得利——以所有人被窃盗物之添附为例》,载《中正大学法学集刊》2011年第34期。并请参见德国法上的古典案例(Jungbullenfall, BGHZ 55, 176):甲盗乙所有的牛出卖与丙,丙宰牛加工作成香肠,因加工取得其所有权(《德国民法典》第951条),德国最高法院肯定乙得向丙主张权益侵害型不当得利。值得注意的是,在德国民法(《德国民法典》第935条),盗赃物不能善意取得,不发生物权上善意取得平行评价问题。须注意的是,台湾地区"民法"第949条规定,原所有人自丧失占有时起2年之内,得向善意受让人请求回复其物,不同于德国民法。问题在于此2年内,盗赃物的所有权归属原权利人或善意受让人? 在2年内善意受让人对盗赃物"加工"时(例如宰猪作成肉松),如何处理? 在2年内所有权属于原所有权人的情形,受让人因加工取得加工物(肉松)所有权(第814条),原所有人对受让人得主张权益侵害型不当得利。若认2年内所有权属于受让人时,不成立对他人之物的加工,原权利人对受让人无从主张不当得利请求权。

第四章 不当得利请求权的发生(三)：多人关系的不当得利

第一节 绪 说

第一款 二人关系的不当得利

给付型不当得利多发生于二个当事人之间，实务上的案例多属此种情形。兹分就代理与法人代表作进一步说明：

一、代理

当事人一方或双方经由代理人订立契约或利用辅助人履行债务的，仍属二人的给付关系。例如甲授权于乙，以其名义与丙订立修缮房屋的承揽契约(第490条)，丙遣工人丁前往施工。设甲以乙受丙诈欺为理由，撤销承揽契约时(第105条、第92条)，不当得利关系的当事人为甲与丙：(1)乙为甲的代理人，乙于代理权限内，以甲的名义与丙订立承揽契约，直接对甲发生效力，使甲与丙成为承揽契约当事人(第103条)。(2)丁为丙的债务履行辅助人，基于丙的指示而修缮甲的房屋，系为丙对甲提出给付。(3)甲因丙的给付而受利益，承揽契约既因撤销而视为自始无效(第114条)，法律上原因不存在，甲应依不当得利规定负返还所受利益的义务(第179条、第181条)。为便于观察，将其基本法律关系图示如下：

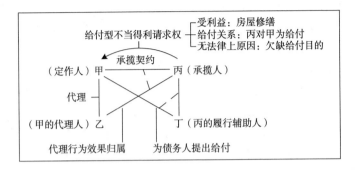

二、法人代表

关于法人代表所涉及的不当得利,"最高法院"2011年台上字第990号判决谓:公司为法人,法人为一组织体,自身不能为法律行为,必须由机关(自然人)代表为之,其机关代表法人所为之行为,在法律上视为法人本身之行为。申言之,代表法人之机关(自然人),为法人组织之部门,该机关在其代表之权限范围内所为之行为,视同法人亲自所为之行为,与充作机关之自然人无涉。本件上诉人系悼新公司股东,其所交付之上开款项给付悼新公司作为增资款,被上诉人乃以悼新公司董事长之身份,居于公司代表("公司法"第208条第3项前段参看)之地位受领增资款,该受领之行为应视为悼新公司本身之行为,与被上诉人无关。本件上诉人所请求之给付关系既存在于上诉人与悼新公司之间,则被上诉人并未因此受有财产之利益,自不负不当得利返还之义务。

第二款 多人关系的不当得利

第一项 意义、主要案例类型

多人(三人以上)关系不当得利,指三人以上的多数人参与给付关系而发生的不当得利,其参与之人多为三人,故亦称为三人关系或三角关系

不当得利,其主要案例类型有八:①

1. 给付连锁
2. 缩短给付
3. 指示给付关系
4. 第三人利益契约
5. 债权让与、债务承担
6. 保证
7. 第三人清偿
8. 误偿他人之债

第二项 处理多人关系给付型不当得利的基本规则

多人关系不当得利的核心问题,在于如何判断认定谁对谁为给付而成立不当得利,此系不当得利法上最具争议的难题。经过长期的论辩,判例(裁判)学说的协力,对基本问题的思考方法取得了通说的共识,建立了若干较为明确的规则,有助于处理各种类型的三角关系不当得利:

---

① 三人关系(三角关系)不当得利,是不当得利的核心问题,为不当得利法研究的重点,相关论著汗牛充栋。综合性简要说明,Stephan Lorenz, Bereicherungs-rechtliche Drittbeziehungen, JuS 2003, 729 f; v. Caemmerer, Bereicherungsansprüche und Drittbeziehung, JZ 62, 358 ff.; Canaris. Der Bereicherungsausgleich im Drei-personenverhältnis, Festschrift für Larenz (1973), S. 799 ff; Flume, Zum Bereicherungsausgleich bei Zahlung in Drei-Personen-Verhältnis, NJW 1991, 2521; Hadding, Der Bereicherungsausgleich beim Vertrag zu Rechten Dritter (1970); Hassold, Zur Leistung im Dreipersonenverhältnis (1981); Kunish, Die Voraussetzungen für Bereicherungsansprüche in Dreiecksverhältnissen, "Rückgriffs-kondiktion" und "Kondiktion gegen Drittempfänger" (1968); Kupisch, Gesetz-positivismus im Bereicherungsrecht, Zur Leistungskondiktion im Dreipersonen-verhältnis (1978); Lorenz, Gläubiger, Schuldner, Dritte und Bereicherungsausgleich, AcP 268 (1968), 286.; Meyer Udo, Der Bereicherungsausgleich in Dreiecksver-hältnissen unter besonderer Berücksichtigungen der Anweisungsfälle (1979). 日本资料,参见〔日〕泽井裕:《事务管理,不当得利》,有斐阁2001年版,第44页;〔日〕铃木禄弥:《债权法讲义》,1982年版,第452页;〔日〕近江幸治:《事务管理,不当得利、不法行为》,成文堂2004年版,第65页;〔日〕藤原正则:《不当得利法》,信山社2002年版,第311页。中文资料,参见梁松雄:《不当得利法上之三角关系》,载《东海大学法学研究》1985年第2期;陈自强:《委托银行付款之三角关系不当得利》,载《政大法学评论》1996年第56期;邱慧洳:《"指示给付关系"之不当得利》,载《中正大学法学集刊》2015年第49期;林诚二:《指示给付关系下之不当得利请求对象》,载《台湾法学杂志》2018年第350期;王怡苹:《指示"给付关系"之不当得利》,载《月旦民商法杂志》2019年第66期。

一、给付型不当得利请求权的优先性原则

关于给付型不当得利请求权优先性原则,前已说明,即某人因他人的给付而受同一利益时,排除第三人的"非给付型不当得利请求权",非给付型不当得利(侵害权益不当得利)仅具补助性。易言之,因给付过程而受某种利益(如取得某物所有权)时,就同一受利益客体,不能同时因非给付方式而取得,而成立非给付型不当得利请求权。给付型不当得利优先性原则的功能,类似于损益变动直接性理论,均在限制不当得利的当事人。

在"最高法院"2017年台上字第239号判决,原审法院谓:"林○火向被上诉人(编按:即台湾电力股份有限公司)申请改设高压需量电力综合用电,系供其任负责人之太美公司台中厂用电使用,太美公司乃直接享有使用电能之人。林○火与被上诉人间虽成立供电契约,但林○火依契约自被上诉人处获取电力使用之权利,系以相关供电设备正常为前提,前开电表箱之电缆反接造成电表计量失准,致被上诉人无法正确计算用电度数据以向林○火收取电费,非该供电契约之本意,则因林○火之前揭过失侵害行为,造成被上诉人在不知前开电缆反接致电表计量失准之情况下供给电能,该电能之供给自非被上诉人基于其有目的及有意识之给付,太美公司因而取得电能使用,应可认系基于同一原因事实致被上诉人受有电能之损害,且太美公司不必缴纳电费即取得电能使用之利益,亦欠缺正当性而无法律上原因,应构成非给付型之不当得利。"

"最高法院"否定侵权行为的要件(详见判决理由),并特别强调:"按给付不当得利之所谓给付,系指有意识地,并基于一定目的而增加他人财产,强调'给付目的指向',以决定给付关系之当事人为何。在指示给付关系中,其给付关系分别存在于指示人与被指示人及指示人与领取人间,至被指示人与领取人间,则仅发生履行关系,并无给付关系存在。又受益人所得利益,倘系经由他人之给付行为而来,则就同一受利益客体,不能同时因非给付方式而取得,而成立非给付不当得利。倘认太美公司取得之供电,乃被上诉人本于供电契约所为给付,则被上诉人与林○火、太美公司三人间,是否成立类似指示给付关系?被上诉人给付之对象究为林○火或太美公司?如认被上诉人仅与林○火发生给付关系,未与

太美公司发生给付关系,则就林〇火本于给付关系所受领之同一利益客体,太美公司能否成立非给付不当得利?亦有待厘清。"

本件判决的重要贡献在于认为就同一受利益客体,不能同时因非给付方式而取得,而成立非给付型不当得利,肯定给付型不当得利的优先性,应值赞同。

二、就个别给付关系认定不当得利请求权

在多人关系有多数给付关系时,应就个别给付关系认定不当得利请求权,例如甲出卖 A 车给乙,乙转售给丙,甲对乙给付,乙对丙给付,而甲与乙、乙与丙的原因行为均无效时,甲对乙有给付型不当得利请求权,乙对丙有给付型不当得利请求权。须强调的是,在此情形,甲与丙间无给付关系,不发生给付型不当得利;基于给付型不当得利优先性原则,甲对丙亦无非给付型不当得利请求权(非给付型不当得利的补助性),排除甲对丙的直接请求权。

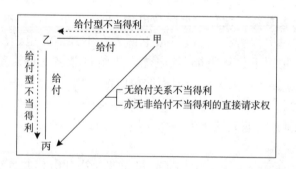

三、以给付概念为出发点,并应斟酌法律价值基准

处理多人关系不当得利应以给付概念为出发点,认定给付关系的当事人。给付的指定,谁对谁的给付,应从受领者的立场客观地加以解释。又须强调的是,除给付概念外,尚应就个案情形斟酌法律上的价值基准,例如归责原则、信赖保护原则等加以判断。

前述三个基本规则有助于使多人给付型不当得利具可预见的安定

性、法律适用上的涵摄性、可学习性及可考试性。①

第二节 给付连锁

甲售某件宋官窑青瓷洗给乙,并依让与合意交付之。一周后,甲以意思表示错误撤销买卖契约,向乙请求返还该件瓷器时,发现乙已将该件瓷器转售于丙,并移转其所有权,但乙、丙间的买卖契约并未成立(无效或被撤销)。试说明甲对乙、丙各得主张何种权利?

第一款 给付连锁关系上的不当得利

前揭案例可作为讨论"三人给付关系不当得利"的出发点。甲售某件瓷器给乙,乙转售于丙,系属二个给付关系,但因连续以同一标的物为给付客体,学说上称为给付连锁(Leistungskette)。② 此类案例涉及三个不当得利请求权问题:

1. 若仅乙与丙间的买卖契约不成立时,乙得对丙主张给付型不当得利请求权,请求返还瓷器所有权及占有。

2. 若仅甲与乙间的买卖契约不成立(无效、被撤销)时,甲得对乙主张给付型不当得利请求权,乙不能返还瓷器所有权,应偿还其价额(第181条)。

---

① Stephan Lorenz, JuS 2003, 729. 多人关系不当得利系德国国家司法考试常见的题目,在德国最高联邦法院判决(BGHZ 113, 62),保险公司接获被保险人通知发生保险事故,应对第三人为损害赔偿,保险公司在为损害赔偿后,发现保险事故并不存在时,发生是否成立指示给付关系或清偿他人不存在债务的问题,引起著名学者 Jacob、Martinek 及 Canaris 间的激烈争论。Jacob 教授认为关于多人关系不当得利,判例与学说间的意见常不一致,学者间的见解更是分歧,不宜作为司法考试的题目。德国学者多批评此为短视的看法,强调三人关系不当得利最能训练、检验法学思考能力,增进了解民法重要基本制度及整个私法秩序的财产变动,应该作为考试题目。参见 Jacob, Die Rückkehr der Praxis zur Regal- Anwendung und der Beruf der Theorie im Recht der Leistungskondiktion, NJW 92, 2524; Martinek, Der Bereicherungsausgleich bei veranlasster Drittleistung auf fremde nichtbestehende Schuld, JZ 91, 365; Canaris, Überforderte Professoren? NJW 1992, 3143。

② 此种因给付连锁而生的不当得利,是否属于三人关系,尚有争议,参见 Esser-Weyers, Schuldrecht, Besonderer Teil, II/2 S. 50 ff.; Koppensteiner/Kramer, Ungerecht-fertigte Bereicherung, S. 19 ff. Medicus/Petersen, Bürgerliches Recht, Rn. 669 ff.。

3. 在甲、乙间及乙、丙间的买卖契约均不存在（不成立、无效或被撤销）时，构成所谓的双重瑕疵（Doppelmangel），此乃三人关系不当得利的基本问题，如何处理，实值研究。

第二款 双重瑕疵的不当得利请求权

在双重瑕疵的情形，应就个别给付关系成立不当得利，即在甲与乙、乙与丙间分别成立二个不当得利请求权。甲与丙之间并无给付关系，甲对丙无不当得利请求权。在双重给付瑕疵最具争议的问题在于如何认定不当得利请求权的客体。在前揭案例，乙得向丙请求返还宋官窑青瓷洗的所有权。问题在于甲得依不当得利规定向乙请求返还的，究属何种利益（参阅下图）：

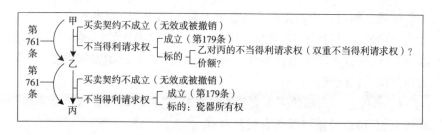

一、双重不当得利请求权说

传统见解认为，甲得依不当得利规定向乙请求返还的，乃乙对丙的不当得利请求权（双重不当得利请求权，Doppelkondiktion, Kondiktion der Kondiktion）。此说的推理过程为：甲基于买卖契约移转瓷器的所有权给乙（第761条），买卖契约不成立（无效或被撤销）时，甲得对乙请求返还该瓷器所有权，乙已将该瓷器所有权移转于丙，不能返还原物，应偿还价额。不当得利之受领人不知无法律上之原因，仅就现存利益负返还义务（第182条），利益是否尚存在，应就受领人的财产总额加以认定。准此以言，乙现尚存在的利益，而应返还于甲的，系对丙的不当得利请求权。因此乙应依债权让与的方式，将其对丙的不当得利请求权移转于甲（第294条）。依"民法"第299条规定，债务人于受通知时，所得对抗让与人之事由，皆得以之对抗受让人，故受让人向债务人丙请求返还瓷器所有权时,丙得对甲主张基于其与乙间买卖契约所生的一切抗辩(尤其是同时履行抗辩权)。①

二、价额说

双重不当得利请求权说是否合理,学者提出质疑,其主要问题在于,不当得利请求权人(甲)除相对人(乙)的抗辩外,尚须承受第三人(丙)的抗辩,尤其是必须承担乙或丙破产的危险。为克服此种抗辩及破产风险的聚合(Kumulierung der Einwendungs-Konkursrisiken)的不利益,学说上有主张应扬弃"双重不当得利请求权"的传统理论,而改采"价额说",即甲对乙请求返还的客体,不是乙对丙的"不当得利请求权",而是给付标的物之价额。②

前揭二说,价额说确值重视,惟本书仍采传统的双重不当得利请求权说,理由有二:(1)在法律上较有直接的依据。(2)就当事人利益言,采价额说,虽可避免请求权人承受第三人的抗辩或破产的不利益,但请求权人亦因此不能向第三人请求返还其所为给付(如名贵的宋官窑青瓷洗),亦属不利。

第三节　缩短给付

甲向丙购买某娃娃鱼,甲转售给乙③,甲图方便,嘱丙将该鱼径交付于乙。试就下列情形,说明当事人间之不当得利请求权:

1. 甲与丙间的买卖契约不成立、无效或被撤销。
2. 甲与乙间的买卖契约不成立、无效或被撤销。
3. 甲与乙间、甲与丙间的买卖契约不成立、无效或被撤销。

---

① von Caemmerer JZ 1962, 388 f.; Lorenz JZ 1968, 53 f.; Koppensteiner/Kramer, Ungerechtertighe Bereicherung, S. 27 ff.; Esser/Weyers, Schuldrecht Tel II/2, S. 50 f.; MünchKomm/Schwab §812 Rn. 38.

② Canaris, Der Bereicherungsausgleich im Dreipersonenverhältnis, Festschrift für Larenz (1973), S. 811; Larenz/Canaris, Schuldrecht II/2, S. 205.; Jauernig/Schlechtriem §812 Rn. 5c; Staudinger/Lorenz §812 Rn. 55. 简要说明参见 Medicus/Petersen, Bürgerliches Recht, S. 336 (Rn. 670); Loewenheim/Winckler, Grundfälle zum Bereicherungsrecht, JuS 1982, 912.

③ 娃娃鱼,产自四川,午夜哭泣,其声如婴孩,故名之,至为珍贵。走私来台,高价辗转买卖,杀之作食,以增强功力,极尽荒唐,特志其事。其所涉及的"动物保护法"及"野生动物保育法"的问题,暂置不论。

第一款　缩短给付关系的物权变动

前揭娃娃鱼买卖所涉及的案例类型,学说上称为缩短给付(缩短交付 abgekürzte Lieferung),即在通常情形,系由丙对甲为给付,再由甲对乙为给付,但当事人为图简便,甲指示丙径将标的物交付于乙,以缩短给付(交付)过程,因而形成三角关系。① 此为三人给付关系的原型,具有模式作用,应予注意,为了解其基本法律关系,图示如下:

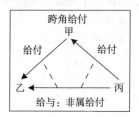

要处理此类案例,首先必须认定物权变动关系。"民法"第761条第1项规定:"动产物权之让与,非将动产交付,不生效力,但受让人已占有动产者,于让与合意时,即生效力。"准此以言,动产所有权的变动须具备让与合意及交付二个要件。在缩短给付类型,通常不能认为物权变动系发生于丙与乙之间。甲嘱丙交付娃娃鱼给乙,丙不能由此而得知甲所要使乙取得的,究为物的所有权或仅其占有而已(丙不知甲、乙间的法律关系,或虽知其为买卖,甲亦可能保留所有权),故难以认定丙与乙间有移转标的物所有权的让与合意。在解释上应认为丙依让与合意将娃娃鱼所有权移转于甲,并依甲之指示将标的物交付于乙(第761条)。甲复将娃娃鱼所有权让与于乙,并指示丙对乙为交付(第761条)。易言之,即在一个所谓法律上的瞬间(juristische Sekunde),该买卖标的物(娃娃鱼)的所有权因丙对乙的交付,由丙移转给甲,再由甲移转给乙。②

---

① 德国学说多将"缩短给付"作为独立的类型,加以讨论,列为指示给付(Anweisungsfälle)的类型,参见 Esser-Weyers, Schuldrecht II/2, S. 50 ff.; Medicus/Petersen, Bürgerliches Recht, Rn. 671; MünchKomm/Schwab §812 Rn. 30 f.。

② 参见 BGH NJW 1968, 1929, 1939; Lopau JuS 1975, 773; Walde JZ 1974, 679.; Martinek, Traditionsprinzip und Geheißerwerb, AcP 188 (1988), 574. 简要说明参见 Medicus/Petersen, Bürgerliches Recht, S. 337 (Rn. 671)。

第二款 不当得利请求权

丙将娃娃鱼交付于乙时,发生二个物权变动,并因此完成二个个别给付关系:(1)丙对甲履行基于买卖契约所生的债务(第348条)。(2)甲对乙履行基于买卖契约所生的债务,学说称之为跨角给付(Leistung Übers Eck)。丙本身对乙并无给付目的。就利益状态言,缩短给付与给付连锁基本上并无不同,其不当得利关系亦应为相同的处理:

1. 丙与甲间的买卖契约不成立时,丙对甲有不当得利请求权。
2. 甲与乙间的买卖契约不成立时,甲对乙有不当得利请求权。
3. 丙与甲间、甲与乙间之买卖契约均不成立时(双重瑕疵),丙对乙无不当得利请求权,其不当得利请求权分别存在于甲、乙和甲、丙之间(跨角不当得利请求权)。关于丙对乙不当得利请求权的客体,请参照关于给付连锁双重瑕疵的说明。须再特别指出的是,丙对乙亦无非给付型不当得利直接请求权(非给付型不当得利的补助性)。图示如下:

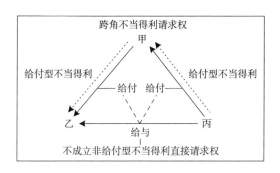

关于法之适用,应明辨指示给付关系上的对价关系、资金关系及给与关系,诚如"最高法院"2019年台上字第2004号判决所言:"按指示给付关系,必需有指示人、被指示人,及受给付之第三人,且被指示人系为履行其与指示人间之约定(资金关系或补偿关系),始依指示人之指示向领取人(第三人)给付者,始能成立。倘给与者所以向领取人为给付,非为履行与他人之约定,而系为履行自己与领取人间约定之目的,纵其给付自始欠缺目的、目的消灭或目的不达,亦属一般给付型不当得利,要无成立指示给付关系之余地。"又"最高法院"2017年台上字第239号判决谓:"按给付不当得利之所谓给付,系指有意识地,并基于一定目的而增加他人财产,强调'给付目的指向',以决定给付关系之当事人为何。在指示给付关系中,其给付关系分别存在于指示人与被指示人及指示人与领取人间,至被指示人与领取人间,则仅发生履行关系,并无给付关系存在。又受益人所得利益,倘系经由他人之给付行为而来,则就同一受利益客体,不能同时因非给付方式而取得,而成立非给付不当得利。"

须特别指出的是,前述关于动产缩短给付的基本规则,亦得应用于不动产,例如甲向丙购买 A 屋,再将该屋出售于乙。甲为节税,指示丙移转该屋所有权于乙。在此情形,丙将该屋所有权移转于乙,系为履行其对甲的买卖契约上的义务,从而法律上应认为丙将该物所有权移转于甲,再由甲移转于乙,就不当得利法言,则应视为甲取得该屋所有权。丙与甲间买卖契约不成立(无效或被撤销)时,丙得向甲主张给付型不当得利。甲不能返还该屋所有权,应偿还其价额。

第四节 指示给付关系①

第一款 指示给付的意义及其基本法律关系

甲向乙购买 A 车,价金 50 万元。某日,甲查阅旧账,发现丙尚欠 50 万元贷款未还,乃发行指示证券指示丙对乙付款。于丙对乙为给付后,试就下列情形,说明谁得向谁主张不当得利:
1. 甲以受乙诈欺为理由撤销买卖契约。
2. 丙欠甲的债务业已清偿。
3. 甲撤销与乙的买卖契约,丙对甲的债务业已清偿。

在三人关系给付型不当得利,指示给付类型在实务上最为常见,堪称典型。"民法"第 710 条规定:"称指示证券者,谓指示他人将金钱、有价证券或其他代替物给付第三人之证券。"②在不当得利法上,所谓指示给

---

① 指示给付(Anweisungsverhältnis)关系系多人不当得利的核心问题,相关判决及著作甚多,参见 MünchKomm/Schwab §812 Rn. 59-154; Staudinger/Lorenz §812 Rn. 6 f., 49 f.。

② 关于指示证券的基本问题,参见郑玉波:《民法债编各论》(下),第 728 页;Hirsch, Schuldrecht BT, S. 426; Palandt/Sprau §812 Rn. 59-61。

付关系,应从广义,除指示证券外,尚包括言词指示、银行与客户间的汇款指示或转账指示,其客体亦兼及不动产、劳务等。

在指示给付的案例类型,有三个当事人:(1)指示之人,称为指示人;(2)被指示之他人,称为被指示人;(3)受给付的第三人,称为领取人。指示给付所由发生的关系,称为原因关系(基础关系),可别为对价关系及资金关系,此外尚有给与关系:

1. 对价关系,即指示人所以使领取人领受给付的关系,或为清偿债务,或对领取人为赠与等。

2. 资金关系(或称为补偿关系),即被指示人对于指示人所以为给付的关系,其原因或为清偿债务,或贷与信用等。

3. 给与关系,此指被指示人对领取人的给与(Zuwendung)此为履行行为或给与行为(出捐行为)。就上开购车案例言,甲对乙发行指示证券,指示丙对乙付款,甲为指示人,丙为被指示人,乙为领取人。甲与乙间的关系为对价关系,其目的在于清偿价金,丙与甲间的关系为资金关系,其目的在于返还借款。丙对乙支付50万元,使对价关系及资金关系上的债务因而获得清偿,是为履行行为,此项给与行为同时完成甲对乙、丙对甲的二个给付。为便于观察,图示如下:

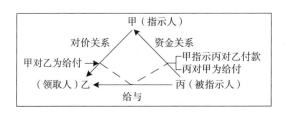

关于指示给付关系上的不当得利,有二个基本类型应予区别:
1. 原因关系(基础关系)不存在。
2. 指示的瑕疵。
分述如下:

第二款　原因关系(基础关系)不存在

一、原因关系与双重授权

在指示给付类型,有二个原因关系(基础关系),一为对价关系,一为资金关系(补偿关系),前已论及。为处理因基础关系具有瑕疵(不成立、无效、撤销)所产生的不当得利请求权,首先必须了解指示人指示被指示人,向领取人给付,在性质上系属于一种双重授权,即领取人因指示人的授权,得以自己名义请求给付,而被指示人亦因指示人的授权,得为指示人的计算,向领取人为给付。故被指示人的支付,一方面如同被指示人对于指示人为给付,他方面亦如同指示人对于领取人为支付,并因被指示人的履行行为(给与),在法律上完成二个不同的给付,一为被指示人对于指示人的给付,一为指示人对于领取人的给付。

前揭抽象的理论,可借前揭汽车买卖案例加以说明:甲向乙购车,应支付价金50万元,指示其债务人丙对乙为给付。丙依甲的授权,以甲的计算对乙付款时,同时完成二个给付:(1)甲对乙为给付,旨在清偿基于买卖契约而生的价金债务;(2)丙对甲为给付,旨在清偿因借款未还的债务。

在给付型不当得利,应依给付关系个别决定不当得利请求权的当事人,由给付者向受领者请求返还其无法律上原因而受的利益,前已再三论及。准此以言,在指示给付类型,因基础关系具有瑕疵时(不存在)所生的不当得利,应分资金关系瑕疵、对价关系瑕疵及资金关系与对价关系双种瑕疵加以处理。

二、资金关系与对价关系均无瑕疵

资金关系与对价关系均属有效存在,不具瑕疵时,被指示之人对领取人不得主张不当得利请求权,兹举二例加以说明:

1. "最高法院"1996年台上字第2656号判决甚具启示性,前已论及(本书第75页),其判决理由谓:"'民法'第179条规定不当得利之成立要件,必须无法律上之原因而受利益,致他人受损害,且该受利益与受损害之间应有因果关系存在。本件上诉人汇入系争90万元至被上诉人之账户内,系因鲍○亮以借款运转为由所为之指示。而被上诉人取得系争90万元,则系因鲍○亮清偿被上诉人之欠款,两者显非属同一原因事实。上诉人因鲍○亮之行为受有90万元之损失,仅能向鲍○亮直接求偿,被上诉人所受清偿之利益,系另一原因事实。上诉人既无法证明被上诉人有恶意情事,自难以系争90万元汇入在被上诉人之上开账户内,鲍○亮并未领走,而认其所受之损害与被上诉人之受益有因果关系存在,被上诉人抗辩称伊不负返还其利益之责任云云,于法并无不合。"

在本件甲(鲍〇亮)向丙借款,丙基于甲的指示,汇90万元至乙(被上诉人)的账户。"最高法院"所以否认丙对乙的不当得利请求权,系以乙的受益与丙的受损欠缺同一原因事实的因素关系,系采统一说的思考方法。依本书所采的非统一说(类型说),在此种给付类型,不当得利请求权的成立,应视"谁"向"谁"为给付而定,由给付者对受领者请求返还欠缺给付目的的给付。在本件,丙基于甲的指示汇款于乙,乃在缩短给付的过程,实际上则发生二个给付关系:(1)甲对乙为给付,以清偿债务;(2)丙对甲依指示汇款至乙的账户,而对甲为给付。于此情形,丙所以不得向乙主张不当得利请求权,其理由为丙汇款至乙的账户,系对甲为给付,乙未因丙的给付而受利益,丙对乙无给付型不当得利请求权(参阅下图):

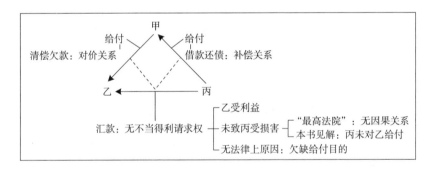

2. 甲出售货物给乙,指示乙将价金汇至丙的账户。其后乙解除买卖契约时,乙得否向丙依不当得利规定请求返还汇款?"最高法院"2016年台上字第633号判决谓:"按于指示给付关系中,被指示人系为履行其与指示人间之约定,始向领取人(第三人)给付,被指示人对于领取人,原无给付之目的存在。苟被指示人与指示人间之关系不存在(或不成立、无效或被撤销、解除),被指示人应仅得向指示人请求返还其无法律上原因所受之利益。至领取人所受之利益,原系本于指示人而非被指示人之给付,即被指示人与领取人间尚无给付关系存在,自无从成立不当得利之法律关系。查合作社依郑〇〇之指示,将买卖价金汇至被上诉人之系争账户,属付款方式之指示,为原审合法确定之事实。则合作社(被指示人)解除未出货部分之买卖契约,依上说明,不得对被上诉人(受领人)行使不当得利返还请求权。"

本件判决涉及三人给付关系的不当得利,深具意义。"最高法院"的见解实值赞同,即在指示给付的情形,其不当得利请求权不存在于给付者与领取者间。在此判决,甲指示乙向丙付款,系甲对丙为给付。被指示人乙系对甲为给付,而非对丙为给付,故对丙无不当得利请求权。兹简示其基本关系,图示如下:

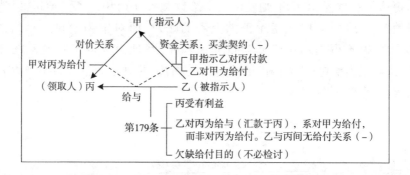

三、资金关系(补偿关系)瑕疵

资金关系(指示人与被指示人的关系)具有瑕疵,被指示人对指示人有给付型不当得利请求权。就案例言,如丙欠甲的债务业已清偿时,丙得向甲请求返还其无法律上原因而受的利益。

四、对价关系瑕疵

对价关系(指示人与领取人间的关系)具有瑕疵时,指示人对受领给付之人有给付型不当得利请求权。就前揭案例言,如甲与乙间的买卖契约不成立时,甲得向乙请求返还其无法律上原因而受的利益。

五、资金关系与对价关系双重瑕疵

对价关系与资金关系均具有瑕疵的情形,亦常有之。例如甲基于买卖契约应对乙支付价金50万元,指示其债务人丙对乙付款,其后发现甲与乙的买卖契约无效,而丙对甲的债务早已清偿时(参阅案例),直接按不当得利请求权？跨角不当得利请求权？究应如何处理，尚有争议。对此问题，郑玉波先生综合各种解决途径，作有如下详细说明①，略谓：然若双方均无原因，即双重原因欠缺时则如何？有主张被指示人对于领取人直接有不当得利之返还请求权者。果如此则不免矛盾，因被指示人对领取人之给付，只要证券有效，不须另有原因存在。然则此种情形，究应如何而后可？仍应各别发生不当得利返还请求权，然后被指示人基于其对于指示人之不当得利返还请求权，请求指示人让与其对领取人之不当得利返还请求权，于是被指示人始得直接向领取人请求。不过被指示人对领取人之给付，既等于指示人自己对领取人之给付，则指示人与领取人间无原因关系时，即具有无偿给付之性质，倘指示人（对于被指示人言，则居于不当受领人之地位）为善意者，即因此而免返还义务，于是得类推适用"民法"第183条规定②，领取人于指示人所免返还义务之限度内，对于被指示人负返还义务。此时被指示人亦得直接向领取人请求不当得利之返还矣。惟此等解决办法，虽理论上甚为合适，但事实上未免迂回，殊不若承认被指示人与领取人间径行成立不当得利返还请求权为妥，因如此对于各当事人之间既均无不利益之可言，而法律关系又直截了当。

由被指示人（丙）对领取人（乙）主张直接不当得利请求权（德国学说上称为 Durchgriffskondiktion）固称简便，但难谓对于各当事人之间均无不利益可言，因领取人将丧失其对指示人基于对价关系（如买卖契约）所生的抗辩（如同时履行抗辩）。为维护个别给付关系上的各种抗辩，在双重原因欠缺的情形，本书认为仍应就个别给付关系定其不当得利请求权，即分别由指示人对领取人、被指示人对指示人主张不当得利请求权，学说上称为跨角行使不当得利请求权（Abwicklung übers Eck）。关于双重瑕疵所涉及不当得利请求权的客体（双重请求权说、价额说）请参阅关于缩短给付的说明（本书第 283 页），至于被指示人与领取人之间并无给付关系，应不成立给付型不当得利。③

---

① 参见郑玉波：《民法债编各论》（下），第 755 页；史尚宽：《债法各论》，第 769 页。
② 在此种情形，可否认为指示人与领取人之间系属无偿给付，而有适用或类推适用"民法"第 183 条规定，尚值研究，参见 Fikentscher/Heinemann, Schuldrecht, S. 671。
③ 在德国，以前通说系采 Durchgriffskondiktion，但目前已放弃此项见解，认为应依个别给付关系定其不当得利请求权，参见 Esser-Weyers, Schuldrecht, II/2 S. 53; Fikentscher/Heinemann, Schuldrecht, Vol. 1, S. 671; Koppenstein/Kramer, Ungerechtfertigte Bereicherung, S. 42; Medicus/Petersen, Bürgerliches Recht, S. 378 (Rn. 675)。

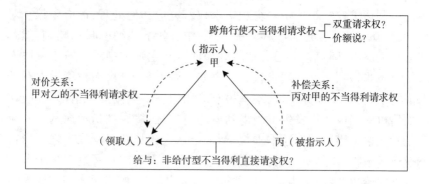

第三款　指示瑕疵①

甲开具乙银行的支票与丙,支付货款。试问于下列情形,谁得向谁主张不当得利:

1. 支票面额10万元,乙银行职员误付12万元。
2. 丙变造支票为50万元,乙银行职员未察而付款。
3. 甲撤销委托付款,乙银行职员疏于注意,仍为付款。

一、概说

指示给付关系的特色在于指示人"指示"被指示人,向领取人为给付,并因被指示人对领取人之支付而分别完成二个给付关系。关于原因关系(对价关系或资金关系)瑕疵所生不当得利,前已论及。与"原因关系瑕疵",应严予区别的,系"指示的瑕疵"(Mangel der Anwendung),即指示的欠缺或不生效力。在此情形,谁得向谁主张不当得利请求权,是三角关系上重要争议问题。② 此种指示瑕疵有为指示自始不存在,有为指示其后被撤回,多发生于非现金支付的交易型态,与银行业务及社会经济活动具有密切关系。在指示瑕疵,除给付概念外,尚须从事利益的衡量:

---

① 参见陈自强:《委托银行付款之三角关系不当得利》,载《政大法律评论》1996年第56期;Larenz/Canaris, Schuldrecht 11/2, S. 223 ff.。

② Bamberger/Roth/Wendehorst §812 Rn. 180 f.; Medicus/Petersen, Bürgerliches Recht, S. 338 f. (Rn. 674); MünchKomm/Schwab §812 Rn. 59–154; Schwarz/Wandt, Gesetzliche Schuldverhältnisse, S. 223 f.

一方面要维护客户利用银行从事交易活动的利益;他方面要顾及善意受领者的信赖保护。指示瑕疵主要情形有四:

1. 溢付款项
2. 伪造指示(伪造票据)
3. 变造指示(变造票据)
4. 指示人撤销付款委托

为便于观察及比较,图示如下:

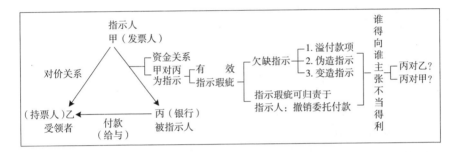

二、欠缺指示

欠缺指示,系指示不存在或不生效力。在此情形被指示人(给与者)对受领者的给与,因欠缺清偿指示,给与者不能将清偿指定以使者的地位传达于受领人,不成立指示人的给付,受领人系以非给付方式取得财产利益,给与者(被指示人)得向受领人主张非给付型不当得利,受领人对欠缺指示善意与否,在所不问。指示欠缺的主要情形有:(1)无行能力人或限制行为人的指示(指示无效);(2)无权代理人所为的指示(指示不生效力);(3)伪造、变造指示;(4)对被指示人以外之人为给与(甲指示丙汇款于乙,丙误汇于丁);(5)重复支付。

(一)溢付款项

甲对乙支付货款,签发以丙银行为付款人,面额新台币10万元的支票。丙银行职员因疏失误付12万元。就该溢付的2万元,甲并未对丙银行为付款指示,自始欠缺有效的指示,丙银行对该溢付款项自不能对甲发生给付的效果,而归由甲负担,故丙银行仅得对乙主张非给付型不当得利请求权。① 在丙银行对乙重复支付,或误对丁支付的情形,丙银行得对受领给付的乙或丁行使不当得利请求权。

(二)伪造指示(伪造票据)

伪造指示系典型欠缺指示的案例,例如乙与甲合谋伪造甲对丙的指示,使丙对乙为给与(如支付10万元)。在此情形,应由丙对乙主张非给付型不当得利,前已说明。应特别提出的是伪造票据的问题。

票据的伪造,指无权限而假托他人名义在票据上签名,而有犹若该他人自为票据行为的外观而言(参阅"票据法"第15条)。于此情形,银行就伪造的支票为付款时,究应如何处理?

银行实务上常利用定型化契约条款订定如下条款:"付款人对于存户签发之支票、所用之图章或签字,经核对与原留印鉴相符,而凭票付款后,如因印鉴伪造或文字被涂改、被窃盗、遗失等情事所发生之损失,非普通目力所能辨认者,付款人概不负责。"为控制此等免责条款,"最高法院"1984年度第10次及第11次民庭会议著有决议,认为金融机关如以定型化契约约定不负善良管理人注意之义务,免除其抽象的轻过失责任,则应认此项特约违背公共秩序,应解为无效。准此以言,金融机关不能免除抽象轻过失时,不能将其付款归使存款户负担,应由付款的银行对受款人主张不当得利。

值得注意的是,"最高法院"1984年9月11日第10次民事庭会议决议认为:"甲种活期存款户与金融机构之关系,为消费寄托与委任之混合契约,第三人盗盖存款户在金融机构留存印鉴之印章而为伪造支票,向金融机关支领款项,除金融机关明知其为盗盖印章而仍予付款之情形,其凭留存印鉴之印文而付款,与委任意旨,并无违背,金融机关应不负损害赔偿责任。"准此"最高法院"决议,金融机关的善意付款,得使存款户负担

---

① 关于银行与客户间的不当得利关系(二人关系),实务上有一则法律问题,可供参考:"某甲持有乙所签发以华南银行为付款人且已划并行线,面额为新台币贰万元之支票一纸,存入其设于第一银行之账户内,委托该行提出交换取款,惟第一银行承办人一时疏失,未俟交换结果,即如数付款予甲。嗣后该支票竟遭退票。此时第一银行究应依何种法律关系向甲请求偿还。"讨论意见及审查意见认为:"按某甲将该支票存入第一银行账户,系委托第一银行取款,亦即第一银行并非支票之付款人,在未获付款人同意付款而收入该票款以前,原无付款之义务,故纵属因错误而将款付与某甲,某甲亦系无法律上之原因而受利益,致第一银行受损害,第一银行得依不当得利之法律关系,请求某甲返还该款。"(高等法院暨所属法院1979年度法律座谈会民事类第1号提案)

时,应由存款户对伪造支票受领付款的第三人主张不当得利请求权。

(三)变造指示(变造票据)

指示的变造(如将指示金额10万元,变造为20万元),亦属指示欠缺,应由给与者对受领人主张非给付型不当得利。应特别说明的是票据变造。

票据变造,指无权而变更签名以外之票据上记载内容而言,其中最常见的,为票据金额的变更。高等法院1982年度法律座谈会民事类第1号曾提出如下法律问题:某甲签发以某银行为付款人,面额新台币(下同)1000元之支票交付某乙,某乙将该纸支票之面额变造为1万元后背书交付不知情之某丙以抵付所欠贷款。届期某丙持支票向付款银行如数兑现。嗣后发票人某甲发觉该支票系经某乙变造,乃依"民法"第179条不当得利之法律关系向某丙起诉,请求返还9000元之差额,是否有理由?

讨论意见:

1. 甲说:某甲之发票行为系在变造之前,依"票据法"第16条第1项规定,仅依原有文义即1000元负责,不能令某甲依变造后之文义即1万元负责。虽付款银行依该变造后之文义而为付款,乃应解为得依"民法"第179条规定请求受款人返还其差额。①

2. 乙说:按"票据法"第16条系就变造票据之执票人向其前手(在支票指发票人及背书人等)行使追索权时,为分际各该前手应负责任范围所为规定,故执票人行使票据上之权利,而为付款之提示,经付款人依变造后之票据文义兑付后,其为票据基本行为之发票人,固属签名在变造前,尚难因其与付款人间之资金关系要求后手之执票人返还因变造所得之利益。本件某丙既然善意受让,本于票据债权人即支票被背书人地位,向付款银行提示付款,因而受领票载金额1万元,其行使票据上之权利为票据法上所明定,自难谓无法律上之原因而受利益,是某甲提起请求返还新台币9000元之诉,殊难谓为正当(参阅"最高法院"1963年台上字第1946号判决)。

审查意见:采乙说(某甲只能向某乙依侵权行为之法则请求损害赔偿)。研讨结果:照审查意见通过。

---

① 参见陈世荣先生:《票据法总则诠解》,第424页。

三、可归责的指示瑕疵与善意保护：撤销付款委托

在指示具有瑕疵的案例中，最引起争议的是，发票人（指示人）撤销委托付款，银行（受指示人）的职员疏于注意，仍为付款的情形。"最高法院"1980年台上字第3965号判决略谓："本票发票人之责任，与汇票之承兑人同，"票据法"第120条定有明文，故对本票负有付款之义务，纵令担当付款人未为付款，发票人对其签发之本票，仍应付款。本件上诉人经指定被上诉人为担当付款人，嗣于到期日前撤销付款之委托，被上诉人职员虽未予注意而为付款，然上诉人既不能证明执票人中联公司取得系争本票，系出于恶意，而有不得行使票据权利之情形，上诉人依"票据法"之规定，对于其签发之本票即负有付款之义务，则被上诉人代上诉人付款，虽已非受上诉人之付款委托，但既发生清偿本件本票债务之效力，而使上诉人对系争本票债务责任消灭，自属受有利益，且被上诉人因代为清偿而受有损害，两者间复有因果关系，上诉人自属不当得利，被上诉人请求返还不当得利，即无不合。"

关于前揭判决，在方法论上最值得注意的是，"最高法院"采用统一说的见解，认定发票人因银行代为付款，发生清偿本票债务之效力，使本票债务消灭，受有利益，银行因代清偿受有损害，具有因果关系，故银行得依不当得利规定向发票人请求返还其因清偿本票所受的利益。惟须说明的是，执票人亦因银行付款而受利益，致银行受损害，具有因果关系，因此使银行对执票人主张不当得利，似难谓无相当的理由。必须承认的是，以给付关系处理此类案例，亦有困难。发票人对银行为付款委托时，决定了票据关系上之给付目的，即银行对持票人付款时，乃尽其对发票人在补偿关系上的义务，得将该项付款归由发票人负担。此项给付目的因发票人撤销付款的指示而失其存在，该项付款所生的损失，能否归由发票人负担，非无疑问。

据上所述，可知在撤销委托付款时，究应由谁向谁主张不当得利请求权，无论采统一说或非统一说的给付概念，均难断言。[1] 就信赖保护和危

---

[1] 撤销委托付款所产生的不当得利，系各国和地区判例学说所面临的难题，关于英美法，参见 R. M. Goode, The Bank's Right To Recovr Money Paid on A Stopped Cheque, The Law Ouarterly Review, Vol. 97, 254. 德国法上论述甚多，参见 v. Caemmerer, Bereicherung und Drittbeziehungen, JZ 1963, 387; Moschel, Fehlerhafte Banküberweisung und Bereicherungsausgleich, JuS 1972, 301; Stierle, Der Bereicherungsausgleich bei fehlerhaften Banküberweisungen (1980). 简要说明，Medicus/Petersen, Bürgerliches Recht, S. 338 (Rn. 676)。

险分配的利益衡量言,原则上由银行对发票人主张不当得利请求权①,"最高法院"上开判决的结论,基本上可资赞同,有四点应予说明:

1. 发票人开具票据于持票人时,原具有一定给付目的,其后再为撤销付款委托,善意持票人应受保护。

2. 银行职员疏未注意付款委托业经撤销,仍对持票人付款,其错误存在于发票人与银行之间,宜在银行与发票人间,求其解决。

3. 为维护票据交易上的安全及便捷,应尽量避免使受款人的法律地位受到发票人与银行间关系的影响。

4. 在撤销委托付款的情形,所以应由银行对发票人主张不当得利,其主要理由系发票人原有给付的指示,其后再撤销之,造成指示欠缺的发生,有可归责性(zurechenbar veranlasst),产生指示存在的权利表征,自应承担其风险,以维护善意持票人的信赖。

第五节　第三人利益契约

(一)甲向丙购买 A 画,甲转售该画于乙,甲与丙约定,乙对丙有直接请求权。试问:

1. 乙自丙受领该画前,发现以下三种情事时,当事人间的法律关系如何:(1)丙与甲间的买卖契约不成立(无效或被撤销)。(2)甲与乙间的买卖契约不成立。(3)甲与丙、甲与乙间的买卖契约均不成立。

2. 乙自丙受领该画后,始发现前揭三种情事时,谁得向谁主张不当得利?

(二)甲向丙人寿保险公司投死亡保险,以乙为受益人。甲病故,丙对乙为给付。半年后丙查知甲故意未告知病情。试问丙于撤销保险契约后,得否向乙请求返还其受领的保险金?

---

① 德国实务上采此见解(BGHZ 61, 289),并认为持票人明知撤销付款者,即无保护的必要,应由银行对其行使不当得利请求权。学说多赞同此项判决,Esser/Weyer, Schuldrecht II/2, S. 54 ff.; Larenz/Canaris, Schuldrecht II/2, S. 229 ff.。

第一款　第三人利益契约的意义及基本法律关系

一、第三人利益契约的法律构造

第三人利益契约,指当事人一方使他方向第三人给付时,第三人即因之而取得直接请求给付权利之契约(第269条)。第三人利益契约本身并不是一个固有的契约类型,而是就特定契约(基本契约,如买卖、保险)为第三人利益而作成的约定。在此契约中有三个当事人:债权人(第269条称为要约人)、债务人(亦称受约人)及受益人。在第三人利益契约,有三个法律关系应予区别:

1. 补偿关系,即为使债务人(受约人)对第三人负担债务原因的债务人与要约人间的法律关系。

2. 对价关系,即要约人自己不受给付,而约使第三人取得权利之要约人与第三人间的原因关系。例如甲向丙购 A 画,转售(或赠与)于乙,其后甲与丙约定,乙得向丙直接请求给付时,甲与丙间的买卖为补偿关系,甲与乙间的买卖(或赠与)为对价关系。

3. 第三人向债务人(受约人)直接请求给付的权利。此种类型的第三人利益契约,具有缩短给付的功能,即在通常情形系由丙对甲为给付,再由甲对乙为给付,当事人利用第三人利益契约,缩短其给付过程(参阅下列图示)。

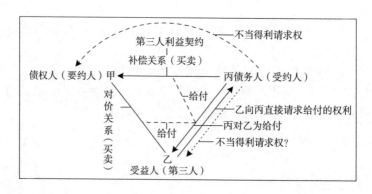

对价关系及补偿关系(受益人、第三人)各自独立,当事人订立第三人利益契约时,不必表明对价关系。对价关系的不存在(不成立、无效

或被撤销),不影响第三人利益契约之成立,受约人不得以对价关系不存在为理由拒绝给付。又补偿关系的不存在对于对价关系亦不生影响。惟须注意的是,在第三人利益契约,受约人所以愿与要约人约定向第三人给付,乃基于补偿关系,第三人虽独立取得向受约人(债务人)请求给付的权利,但其权利究系基于债务人与要约人间的契约而来,故"民法"第270条规定债务人得以由契约所生之一切抗辩,对抗受益之第三人。①

基于上述说明,关于上开案例(一)之1,可试为如下的说明:

1. 甲与丙间的买卖关系(补偿关系)不存在时,丙得依"民法"第270条规定拒绝对乙为给付。

2. 甲与乙间的买卖契约(对价关系)不存在时,丙不得以此为理由拒绝对乙为给付。乙对丙请求给付的权利,并不因此而受影响。丙对乙为给付后,甲得依不当得利规定,请求乙返还其所受的利益(详后)。在丙对乙为给付前,甲得请求乙将其基于第三人利益契约所取得的请求权移转于自己。

3. 甲与丙间,甲与乙间的买卖契约均不存在时,丙得依"民法"第270条规定对乙拒绝给付。

二、非真正第三人利益契约与指示给付关系

与第三人利益契约应严予区别的是所谓的"非真正第三人利益契约"其特色在于第三人并无直接请求权,例如甲向乙购 B 车,赠与丙,甲指示乙交付 B 车于丙。在此情形,丙并无直接向乙请求直接交付之权利,乃非属第三人利益契约。"最高法院"2008 年台上字第 176 号判决谓:"按第三人利益契约,乃当事人之一方与他方约定,由他方向第三人为一定之给付,第三人因此取得直接请求他方给付权利之契约。倘第三人并未取得直接请求他方给付之权利,即仅为当事人与第三人间之'指示给付关系',尚非'民法'第 269 条所规定之第三人利益契约。又于'指示给付关系'中,被指示人系为履行其与指示人间之约定,始向领取人(第三人)给付,被指示人对于领取人,原无给付之目的存在。苟被指示人与指示人间之关系不存在(或不成立,无效),被指示人应仅得向指示人请求返还其无法律上原因所受之利益,至领取人所受之利益,原系本于指示

---

① 关于第三人利益契约的基本问题,参见史尚宽:《债法总论》,第 588 页;郑玉波:《民法债编总论》,第 473 页;孙森焱:《民法债编总论》(下册),第 844 页。

人而非被指示人之给付,即被指示人与领取人间尚无给付关系存在,自无从成立不当得利之法律关系。"可资参照。① 就上举之例言,设丙与甲的买卖契约无效时,丙仅得向甲主张给付型不当得利。乙与丙间无给付关系,不成立给付型不当得利。

第二款　缩短给付类型第三人利益契约

第三人利益契约的订立,多为缩短给付过程。例如,甲向丙购A物(汽车或房屋),甲转售于乙时,当事人可采三种方式履行债务:(1)丙将该物所有权移转给甲,甲再将该物所有权移转于乙(给付连锁)。(2)甲与丙约定,由丙将该物交付于乙(缩短给付,广义的指示给付)。(3)采第三人利益契约方式,使乙对丙有直接请求给付的权利。在第(1)、(2)二种情形,应各依甲与丙、甲与乙间的给付关系决定其不当得利请求权之当事人,前已论及。

在采第三人利益契约的情形,受益人(乙)对于债务人(丙)有直接请求给付的权利,债务人丙将标的物交付于乙,移转其所有权时,对丙而言,在于清偿买卖契约对甲所生的义务,对乙而言,在于履行其基于第三人利益契约所生的债务。对价关系或填补关系不存在时,其不当得利请求权,究应如何处理? 之所以发生争议的主要原因系涉及三个给付关系:(1)债务人(受约人)对债权人(要约人)的给付;(2)债权人对第三人的给付;(3)债务人对第三人的给付。因此单就给付概念难以判断谁得对谁主张不当得利,尚必须考虑当事人间的利益状态及个案的情事,始能认定应以哪一个给付关系为准,何者予退让。兹分别情形说明如下:

一、对价关系不存在

对价关系不存在(如甲与乙间的买卖契约不成立、无效或被撤销)时,应由甲对乙主张不当得利请求权。此为学者的一致见解②,可资赞

---

① 本件判决的评释,参见刘昭辰:《"利益第三人契约"的不当得利返还》,载《台湾法学》2008年第109期。
② 参见史尚宽:《债法总论》,第605页;郑玉波:《民法债编总论》,第473页;孙森焱:《民法债编总论》(下册),第846页以下。德国通说亦采此见解,Esser-Weyers, Schuldrecht II/2, S. 384; Fikentscher/Heinemann, Schuldrecht, Vol. 1, S. 184; Koppensteiner/Kramer, Ungerechtfertige Bereicherung, S. 59 ff.; Schwarz/Wandt, Gesetzliche Schuldverhältnisse, S. 244; Staudinger/Hadding §334 Rn. 15 f.。

同。盖甲系经由丙对乙为给付,甲与乙买卖契约不存在时,欠缺给付目的,乙系无法律上之原因而受利益,应对甲负返还的义务。

二、补偿关系不存在

(一)二种见解

补偿关系不存在(如甲、丙间的买卖契约不成立、无效或被撤销)时,丙(债务人)得向何人(受益人或要约人)请求不当得利,有二种见解:

1. 向受益人请求说:认为债务人应向受益的第三人请求返还,其主要理由为,受益人因补偿关系不存在而丧失其向债务人请求给付的债权,受有利益,欠缺法律上原因,应成立不当得利。易言之,此说认为债务人既得以受益人无债权而拒绝给付于前,则于给付之后,自得依不当得利规定请求返还(参照"最高法院"2006年台上字第42号判决)。

2. 向要约人请求说:认为债务人与要约人间有补偿关系存在,债务人向第三人为给付,实际上系对要约人为给付,或消灭要约人对第三人的债务,或使要约人对第三人取得债权,故债务人仅能向要约人请求返还其无法律上原因所受之利益。①

(二)本书见解

本书认为应由债务人(受约人)向要约人(债权人)主张不当得利,应说明者有四:

1. 就缩短给付的类型言,甲向丙购 A 物,甲转售给乙,丙依甲指示对乙为交付后,发现丙与甲间的买卖契约无效时,丙仅能向甲请求返还其无法律上原因所受的利益,而不能向乙请求,此在现行法上应属定论。设甲与丙约定,乙对丙有直接请求权,其目的乃在缩短给付过程,当事人间的利益状态并未改变,丙仍应向甲请求返还不当得利,而不能径向乙主张。

2. 债务人基于补偿关系对要约人所负的给付义务系基本的给付义务,对第三人的给付则属次要。第三人对于债务人仅有直接请求给付的债权,并无债之关系。

3. 当事人约定第三人(乙)对债务人(丙)有直接请求权,其目的乃在强化第三人的地位,第三人不应因此反而受到不利益,需对债务人丙返

---

① 此为德国通说,Emmerich, Schuldrecht BT, S. 254; Esser-Weyers, Schuldrecht II/2, S. 57 ff.; Looschelders, Schuldrecht BT, S. 368。

还其本于对价关系所受的利益,丧失其基于对价关系所生的抗辩。

4. 台湾地区实务上亦采同于本书所采见解,"最高法院"2000年台上字第1769号判决谓:"附第三人利益约款之契约,涉及债务人与要约人、要约人与第三人及债务人与第三人间之三面关系,第三人虽得直接向债务人请求给付,但并不因而成为契约当事人,故债务人于给付前,固得依'民法'第270条之规定以契约所由生之一切抗辩,对抗受益之第三人,包括债权未发生或消灭及同时履行抗辩等拒绝给付之抗辩,即于第三人为给付请求时,设债务人已解除契约,得以债务已消灭,拒绝给付而已,倘债务人已为给付后,债务人始解除契约,应负回复原状之义务者,依'民法'第259条规定,则为要约人,而非第三人。又倘债务人已为给付后,债务人始主张第三人利益契约无效,应负回复原状之义务者,依'民法'第113条规定,亦为要约人,而非第三人。"此项见解于不当得利请求权亦得适用,即应负不当得利返还义务者,系要约人,而非第三人(受益人)。

三、补偿关系与对价关系均不存在

补偿关系与对价关系均不存在时,构成所谓双重瑕疵,应分别由债务人(丙)对要约人(甲)、要约人(甲)对受益人(乙)主张不当得利请求权(跨角请求权)。债务人(丙)对受益人(乙)并无直接不当得利请求权,以维护当事人间基于补偿关系与对价关系所生的抗辩。关于此点,前已再三论及,兹不赘。

第三款 第三人利益的保险契约

第三人利益契约多用于保险契约。在原则上仍应适用前揭原则,尤其是补偿关系不存在时,应在当事人间求其解决,而不得对第三人主张不当得利。"最高法院"1999年台上字第657号判决谓:"保险契约如约定第三人为受益人,使受益人享有赔偿请求权,即属附有第三人利益契约之保险契约。又第三人利益契约之要约人,所以约定由债务人向第三人给付,常有其使第三人受利益之原因,此原因即对价关系,第三人受领给付,即系基于其与要约人间之对价关系。故要约人与债务人之基本契约纵经解除,如第三人与要约人间之对价关系,仍然存在,第三人受领之给付,即与无法律上之原因而受利益或虽有法律上之原因而其后已不存在之情形有别,不生不当得利之问题。"此项见解,基本上固值赞同,然如前所述,纵第三人与要约人间的对价关系亦不为存在时,债务人仍不得对第三人主张不当得利请求权。

应特别说明的是,前揭原则于人寿保险契约,应设例外,于补偿关系不存在时(如保险人因受要保人诈欺而撤销保险契约),应使保险人得对受益人主张不当得利,其主要理由系此类保险契约约定仅第三人有直接请求权,其对价关系为无偿,且自始即以使第三人受有利益为其固有之目的。①

第六节 债权让与、债务承担

(一)甲以10万元向丙购买其珍藏的西班牙画家达利的版画,并先付款。甲将其对丙之债权赠与乙,并让与之。丙于获甲通知时,即将该画交付于乙,移转其所有权。试问于下列情形,谁得向谁主张不当得利:

1. 甲与乙间的赠与契约无效(不成立或被撤销)。
2. 甲与乙间的债权让与行为无效。
3. 甲与丙间买卖契约无效。

(二)甲向乙购A车,价金10万元。丙为清偿欠甲的借款,乃与乙订立债务承担契约。丙向乙支付价金后,发现如下情事时,试问谁得向谁主张不当得利:

1. 丙不知其对甲的债务业已清偿。
2. 丙承担债务的契约无效。
3. 甲与乙间的买卖契约无效,债务自始不存在。

第一款 债权让与

一、债权让与的法律结构

债权让与,系让与人(原债权人)与受让人(新债权人)以移转债权为

---

① Canaris, Festschrift für Larenz (1973), S. 833 ff.; Koppensteiner/Kramer, Ungerecht-fertigte Beeicherung, S. 47; Emmerich, Schuldrecht BT. S. 254. 关于保险契约所涉及的不当得利,参见叶启洲:《附抵押权条款之保险契约的解除与不当得利》,载《月旦法学杂志》2003年第92期;叶启洲:《被保险人重复受领损害赔偿及保险金与不当得利》,载《法令月刊》2013年第64卷第11期。

标的的契约。① 债权让与必有其原因,或为买卖,或为赠与[参阅案例(一)],或为清偿债务(代物清偿),或为信托(如债权的收取)。债权让与为处分行为(准物权行为),具有无因性,兹将其基本法律关系图示如下[案例(一)]:

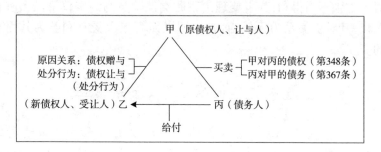

二、原因关系不存在

债权让与具有无因性,故原因关系纵不存在,债权让与契约亦不因此而受影响,仅发生不当得利问题。例如,甲向丙购 B 版画,而将其对丙的债权(第348条)出让于乙(原因行为),并即让与之(处分行为),其后发现甲与乙间的买卖契约不成立时,乙依有效的债权让与行为取得对丙的债权,因甲的给付而受利益,但买卖契约不存在,欠缺给付目的,乙应对甲依不当得利规定负返还"债权"的义务,设丙已对乙给付该画时,则乙本于所受利益(债权)更有所取得,应返还该版画所有权(第181条)[参阅案例(一)]。

三、债权让与不成立(无效或被撤销)

债权让与本身不成立(无效或被撤销)的,亦属有之,例如,让与人(甲)为让与行为时受监护宣告,无行为能力(第15条),债务人不知债权让与不生效力而向受让人清偿。在此情形,受让人(乙)未取得让与的债权,原债权人本预期依让与行为而清偿基于原因关系而生债务之目的,亦未达成,未受有利益。债务人应向受有利益的受让人主张给付型不当得利请求权。

---

① 关于债权让与的基本问题,参见郑玉波:《民法债编总论》,第 565 页;孙森焱:《民法债编总论》(下册),第 935 页;邱聪智:《新订民法债编通则》(下),第 673 页。

四、让与的债权不存在

债权让与三角关系上不当得利的难题,系所让与的债权不存在时,应如何处理。例如,甲向丙购买 B 版画,甲将其对丙的债权(第 348 条)出让于乙,并即让与之,丙获甲债权让与通知后,即向乙为给付。其后发现甲与丙间的买卖契约不成立(无效或被撤销)。在此情形,于乙向丙请求给付时,丙得主张债权未发生的抗辩,拒绝给付(第 299 条第 1 项)。设丙对乙为给付时,得向何人主张不当得利[参阅案例(一)]?①

(一)由债务人向受让人主张不当得利

学说上有认为应由债务人(丙)对受让人(乙)主张不当得利(直接请求权)②,其理由有三(针对应由债务人对受让人主张不当得利的反对意见):①在债权让与的情形,新债权人代替旧债权人,受让人因而取得债权,债的主体业已发生变动,故债务人系对受让人(新债权人)为给付,债务既然不存在,给付欠缺目的,应成立不当得利。②受让人与让与人间的法律关系(如买卖或赠与),依债权相对性原则,不得对债务人主张之,作为受利益的法律上原因。③使债务人对受让人主张不当得利请求权,固然影响债务人与让与人间基于双务契约所生的抗辩,但此乃基于债权让与性而发生。设给付标的物在受让人处灭失,而受让人免负返还义务(第 182 条第 1 项),债务人对让与人亦得依"民法"第 182 条第 1 项规定主张所受利益不存在,免负返还义务。

(二)由债务人向让与人主张不当得利

本书认为应原则上由债务人(丙)向让与人(甲)主张不当得利,其理由亦有三点③:①债务人对受让人提出给付时,一方面清偿其对让与人基于买卖契约所生的债务,他方面亦使让与人对受让人的债务消灭,故让与人因债务人对受让人给付而受有利益(跨角给付)。②受让人与让与人

---

① 参见 Peter, AcP 173 (1973), 83 ff; Dörner, Kondiktion gegen Zedenten oder gegen den Zessionar, NJW 1990, 473 ff.。

② Medicus/Lorenz, Schuldrecht II, Rn. 730; Bayer, JuS 1990, 883; Flume, AcP 199 (1999), 1 (18 ff.)。

③ 此为德国通说 BGHZ 105, 365 (368), Staudinger/Lorenz, § 812 Rn. 41; MünchKomm/Schwab § 812 Rn. 124; Werner Lorenz, Abtretung einer Forderung aus mangelhaften Kausalverhältnis: Vom Wen kondiziert der Schuldner? AcP 191 (1991), 279 ff.; Schwarz/Wandt, Gesetzliche Schuldverhältnisse, S. 241。

间具有法律关系(如买卖或赠与),其受利益,有法律上的原因。③债务人与让与人之间有契约关系,当事人可主张同时履行抗辩(第264条),债权让与不必得债务人的同意,债务人的抗辩权不应因此而受影响,故从利益衡量的观点,应肯定债务人得向让与人行使不当得利请求权,其后再由让与人向受让人主张不当得利(跨角请求权),其情形相当于在指示给付对价关系不存在的法律关系。

第二款 债务承担

一、承担债务的法律构造

将债务移转于第三人者,称为债务承担(免责的债务承担)①,其成立方法有二:①由承担人(新债务人)与债权人订立契约;②由承担人与债务人(原债务人)订立契约(需经债权人同意,第301条)。债务承担必有其原因,通常存在于承担人与原债务人间,例如,抵偿原欠债务,贷与信用,或对于债务人为赠与。债务承担为处分行为(准物权行为),具有无因性。兹将其基本法律关系图示如下:

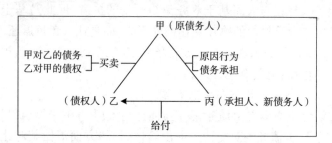

二、原因关系不存在

在债务承担,原因关系纵不存在,债务承担契约亦不因此而受影响。例如,丙为抵偿原欠甲之债务,承担甲应支付于乙的价金债务,其后发现该项债务业已清偿时,其债务承担契约仍属有效存在,丙不得以承担债务

---

① 关于债务承担的基本问题,参见郑玉波:《民法债编总论》,第583页;孙森焱:《民法债编总论》(下册),第964页;邱聪智:《新订民法债编通则》(下),第688页。

的原因关系的事由,对抗甲的债权人。① 丙为给付后,对债权人无不当得利请求权。惟原债务人甲因第三人丙承担其债务而受有债务消灭的利益,原因关系既不存在,应成立不当得利,债务人甲对承担债务的丙负返还的义务[参阅案例(二)]。

三、债务承担不成立(无效或被撤销)

债务承担契约本身不生效力(不成立、无效或被撤销)时,不论债务承担契约系由承担人与债权人订立,或由承担人与债务人订立,其债务承担均不生效力,原债务人仍为债务人。承担人对债权人所为的给付,对甲不能发生清偿债务的效力,应由承担人丙对债权人乙主张不当得利请求权。②

四、承担之债务不存在

原债务人与债权人间的债务不存在(如买卖契约无效),承担人于为债务承担后,已为履行时,系属非债清偿,承担人对受领给付的债权人得主张不当得利请求权。③

第七节 保 证

甲向乙借款10万元,甲委任丙保证之。丙获知甲届期未清偿,即汇款到乙的账户,代为清偿。试问于下列情形,丙得向何人主张不当得利请求权:
1. 丙汇款给乙前夕,甲对乙抵销债务。
2. 丙以受甲胁迫为理由撤销保证契约。
3. 甲与丙间的委任契约不成立。

第一款 保证的主债务不存在

保证者,乃当事人约定,一方于他方之债务人不履行债务时,由其代

---

① "民法"第303条规定,"债务人因其法律关系所得对抗债权人之事由,承担人亦得之以对抗债权人"。但承担人不得以承担债务的原因关系的事由,对抗债权人,以避免债权人因此遭受不利益。
② MünchKomm/Schwab §812 Rn. 173-178; Staudinger/Lorenz §812 Rn. 46.
③ MünchKomm/Schwab §812 Rn. 173; Staudinger/Lorenz §812 Rn. 46.

负履行责任之契约(第739条)。保证债务,具有从属性,与其所担保的主债务原则上同其命运。主债务人所有的抗辩,保证人得主张之(第742条),例如,主债务因抵销(或清偿、提存)等事由而消灭时,保证人自得以之对债权人为抗辩。设保证人不知主债务根本未发生或业已消灭,而代主债务人履行责任时,债权人因保证人的给付而受利益,欠缺给付目的,应依不当得利规定对保证人负返还的义务。① 其基本法律关系图示如下(参阅案例):

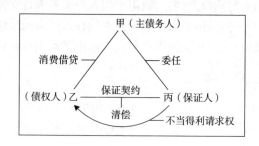

第二款 保证契约不成立、无效或被撤销

保证系属债权契约,应适用"民法"关于法律行为及债权契约的一般规定,当事人意思不一致时,保证契约不成立。保证人无行为能力时,其保证契约无效。保证人亦得以意思表示有瑕疵,而撤销其意思表示。在此等保证契约自始或嗣后不存在的情形,保证人就其为代负履行责任,而提出的给付,得向无法律上原因而受其利益的债权人,主张不当得利。

第三款 保证人与主债务人间委任关系不成立

保证人之所以愿与债权人订立保证契约,其事由有二:①出于保证人的自动,此际保证人与主债务人间的关系为无因管理。在此情形,保证人于代为履行后,得依无因管理的规定向主债务人求偿(第176条)。②②由于债务人的委任,保证人于代为履行后,得依委任规定向债务人请求偿还(第546条)。③ 问题在于委任契约不成立或无效时,究应如何处理。

---

① Staudinger/Lorenz §812 Rn. 47.
② 参见史尚宽:《债法各论》,第868页;郑玉波:《民法债编各论》,第849页以下。
③ 参见史尚宽:《债法各论》,第899页;郑玉波:《民法债编各论》,第850页。

于此情形,应适用不当得利的规定,即主债务人因保证人之清偿而消灭债务,受有利益,无法律上原因,应对保证人负返还的义务(参照1939年渝上字第1872号判例)。

第八节 第三人清偿

1. 甲欠乙租金,久催不还,甲外出省亲,丙为其清偿租金。丙向甲请求返还时,始发现甲的租金债务原已罹于时效,而甲曾拒绝给付。试说明当事人间的法律关系。

2. 甲欠乙10万元逾期未偿,甲的挚友丙知其事,表示愿赠与10万元。丙将10万元汇入乙之账户后,发现甲得明牌中六合彩,业已对乙偿还债务。试说明当事人间的法律关系。

债之清偿,得由第三人为之,但当事人另有订定或依债之性质不得由第三人清偿者,不在此限。第三人之清偿,债务人有异议时,债权人得拒绝其清偿,但第三人就债之履行有利害关系者,债权人不得拒绝(第311条)。应说明的是,第三人清偿不同于指示给付。在指示给付,系由被指示人以使者的地位,将(指示人)债务人的清偿指定传达于受领指示的债权人;在第三人清偿,系第三人自为清偿指定。第三人清偿有出于债务人启动(Veranlassung),例如,债务人委任第三人向债权人清偿债务;亦有出于第三人自己的意思,例如,无因管理。关于第三人清偿所生的不当得利关系,因债务存在或不存在而异。兹将其基本法律关系图示如下(参阅案例1、2):

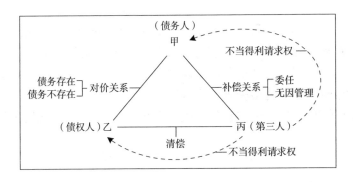

第一款 债务存在时的法律关系

第三人为清偿,而其清偿的债务存在时,债权人虽取得给付,但其债权亦因此消灭,未受有利益,不成立不当得利。

为清偿的第三人与债务人的关系应视情形而定。第三人基于赠与而为清偿时,无求偿权。基于委任而为清偿时,依委任的规定(第546条)。基于无因管理而为清偿者,依无因管理的规定(第176条)。在案例1,丙为甲清偿对乙的租金,系无义务,而为他人管理事务,应成立无因管理。① 惟租金债务罹于时效,甲拒绝给付,丙不知其事而对乙清偿,其管理事务不利本人,违反本人之意思,甲得不主张享有适法无因管理之利益(第177条)。② 无委任关系或不成立适法无因管理的情形,第三人对债务人有求偿型不当得利请求权,实务上有二个案例,可供参考:

1. 因遗产而生之税捐及费用,应由继承人按其应继分负担之,此为继承人间之内部关系,从而继承人之一,代他继承人垫支上述税捐及费用者,该垫支人得依不当得利规定向他继承人请求返还其应负担部分(1985年台上字第1367号判决)。

2. 台北地方法院士林分院1985年度法律座谈会曾提出如下法律问题:甲将自用小客车一辆出售于乙,并将车辆及有关证件交于乙,约定应由乙向监理机关办理过户登记。嗣乙逾期未办理该登记手续,致纳税义务人仍为甲,使税捐机关仍向甲征收燃料使用费等税费,甲于缴纳后,能否对乙起诉请求返还前述费用?如能请求,应依何种法律关系请求?

"司法院"第一厅研究意见认为:(1)甲出售车辆于乙,既已交付车辆及有关证件,物权自已移转于乙,乙应负纳税之义务。甲仅为纳税名义人,其于缴税之后,自得向乙请求偿还。(2)乙既为应负担纳税之义务人,却由甲缴纳,是无法律上原因而受有利益,致甲受有损害,甲得本于不当得利请求乙返还。且甲、乙既订买卖契约,约定乙应向监理机关办

---

① 参见史尚宽:《债法总论》,第737页;郑玉波:《民法债编总论》,第617页;孙森焱:《民法债编总论》(下册),第1006页。
② 参见王泽鉴:《债法原理》,北京大学出版社2022年重排版,第405页。

理过户登记,而乙迟延未办,致使甲仍需纳税而受有损害,故甲亦得依债务不履行请求损害赔偿["司法院"1985年12月3日(1985)厅民一字第911号函]。

第二款 债务不存在时的法律关系

第三人为清偿,而其清偿的债务不存在时(参阅案例2),究应对债权人抑或对债务人行使不当得利请求权,颇费思量。对此问题,应区别第三人清偿是否本诸自己意思(自动)或出于债权人的启动(Veranlasung)而为说明。

一、第三人本诸自己的意思(自动)清偿债务

第三人本诸自己的意思(自动)清偿债务,应由第三人对受领给付的债权人主张给付型不当得利请求权,应说明者有二:

1. 第三人为清偿,乃出于自己的决定,而非基于债务人指示,从债权人(受领人)立场,客观地加以解释,不能认系债务人的给付,而应解为系第三人本身的给付,以保护第三人。

2. 债务既不存在,不发生债务消灭的情事,债务人并未受有利益,受有利益的,乃债权人。

二、由债务人启动的第三人清偿

第三人清偿出于债务人启动(Veranlasste Drittzahlung)者,例如,债务人要求第三人向其债权人清偿债务,此从债权人(受领人)的客观立场言,得认系债务人对债权人的给付。此种第三人清偿涉及债权人与债务人间对价关系的瑕疵(债务不存在),其情形同指示给付,应依指示给付关系处理,即债务人对债权人有给付型不当得利请求权,第三人对债务人有给付型不当得利请求权①,但对债权人无不当得利请求权。

---

① 此为德国通说,Larenz/Canaris, Schuldrecht II/2, S. 242. Juris PK-BGB/Martinek §812 Rn. 141 f.。

第九节 误偿他人之债

就读小学的 A、B 二童在路旁嬉戏。A 掷石击落甲窗口上名贵的捷克水晶花瓶。A 因其父乙家教苛严,不敢承认,B 与 A 友爱,担负其责。B 父丙不知真相,即购同一类型的花瓶对甲赔偿。当日发生地震,该瓶掉落灭失。试问:

1. 丙得向何人主张不当得利请求权?
2. 丙得否变更清偿为他人清偿的意思,而选择向甲或乙主张不当得利?

第一款 给付型不当得利请求权

非债务人而误他人的债务为自己的债务,并以自己名义为清偿(误偿他人之债),日常生活上颇为常见,除前揭案例外,尚有下述情形:丙误以为己狗咬伤甲,为赔偿后始发现甲为乙的狗所咬伤;遗产占有人丙对甲清偿遗产债务后,始发现乙为真正继承人;甲超级市场误寄乙的账单给丙,丙未察而为清偿。在此类案例,误偿他人债务的第三人(丙),并无为债务人(乙)清偿债务的意思,不成立第三人清偿,债务人的债务并未消灭,债权人(甲)因第三人的给付而受利益,欠缺给付目的,无法律上的原因,应成立给付型不当得利。①

债权人因第三人误为清偿,常会发生毁弃债权证书,抛弃担保,债权罹于消灭时效,或债务人破产等情事。于诸此情形,债权人于误偿的第三人向其行使不当得利请求权时,得依"民法"第182条第1项之规定,主张应仅就现存利益负返还义务,即得保留其受领的给付,而将其对债务人的请求权让与不当得利请求权人。②

---

① 参见杨芳贤:《非债清偿或第三人清偿之不当得利》,载《台湾本土法学杂志》2007年第96期。

② 参见郑玉波:《民法债编总论》,第145页。

第二款 清偿意思的事后变更：非债清偿者的选择权？

误偿他人之债的第三人，得向受领给付的债权人主张给付型不当得利请求权，已如上述，有争论的是，第三人于清偿后，发现债权人所受利益已不存在，免负返还责任（第182条第1项），或债权人破产等不利于己的情事时，得否将其原为清偿自己债务的意思变更为有为他人（真正债务人）清偿债务的意思，溯及发生第三人清偿之效力，从而得转向债务人主张不当得利请求权？①

学说上有肯定误偿他人之债的第三人得于事后变更其清偿意思，问题在于如何保护债务人？亦有认为第三人于不违反诚实信用原则，无损于债务人时，得为清偿意思的变更。较值赞同的是认为不应使误为清偿的第三人得变更其清偿意思，而选择向债务人或债权人主张不当得利②，其理由有三：

1. 第三人得单方嗣后变更其原为给付的意思，在法律尚无依据。
2. 不当得利请求权人本应承担所受利益不存在或其他风险，不因其系误偿他人之债，而有不同。
3. 赋予选择权过分偏惠清偿者，难免影响他人权益，造成法律关系的不安定。

第十节 体系构成、案例研习

第一款 体系构成

多人关系（三角关系）不当得利可分为两类：①多人给付关系；②给

---

① G. H Maier, Irrtümliche Zahlung fremder Schulden, AcP 152 (1952), 97; von Caemmerer, Gesammelte Schriften I, S. 340 f; Koppensteiner/Kramer, Ungerecht-fertigte Bereicherung, S. 52 f.

② Esser-Weyers, Schuldrecht II/2, S. 37; Medicus/Petersen, Bürgerliches Recht, Rn. 951: "Die h. L. lehnt dagegen solch ein nachträgliches Bestimmungsrecht ab, weil es den irrtümlich leletenden einseitig bevorzugt: G kann Einwendungen verlieren, die ihm gegenüber dem wahren Mchuldner zustehen." 此为德国通说，Juris PK-BGB/Martinek, §812, Rn. 149. 通说不采此种认清偿者得事后决定向谁清偿的权利，因其此单方面偏惠于供给付者，债权人将丧失其对真正债务人的主张抗辩。

付与处分(无权处分)的聚集(本书第 273 页),属于"民法"上最困难、最重要、最值得研究的问题,兹整理其类型及基本案例如下,以供复习、演习(写成书面),或考试之用:

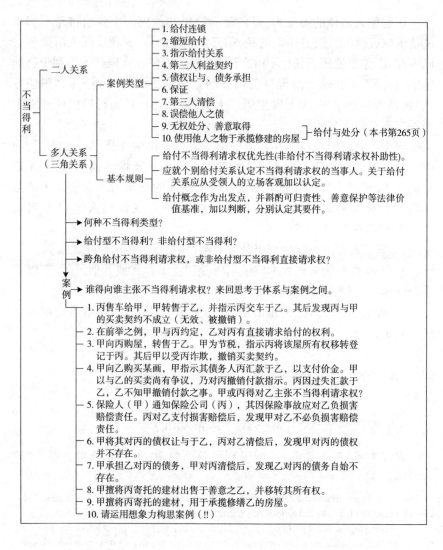

第二款　案例研习

一、"最高法院"2000年台上字第961号判决

请求权基础与案例研习是民法教学研究的重心，并应结合实务案例。为此特就一个"最高法院"判决加以说明。

在"最高法院"2000年台上字第961号判决，甲将乙所有的土地出卖于丙，所有人乙承认此项买卖。丙将该地出卖于丁，且丙指示乙将该地登记于丁。查丙、丁系为通谋虚伪买卖。在此情形，丙得否依不当得利规定向丁请求该地所有权移转登记（请阅读判决全文，并参阅下列图示）？

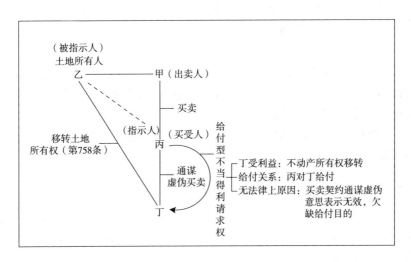

本件判决涉及出卖他人之物与物权行为独立性及无因性，以及指示给付等法律基本问题，具有研究价值。"最高法院"认为："无法律上之原因而受利益，致他人受损害者，应返还其利益。虽有法律上之原因，而其后已不存在者，亦同。'民法'第179条定有明文。无法律上之原因取得不动产所有权而受利益，致他人受损害者，该他人自得依不当得利规定，请求移转不动产所有权登记，以返还利益，并不发生涂销登记之问题。又物权行为有独立性及无因性，不因债权行为系无效或得撤销而失效；而买卖契约与移转所有权之契约不同，买卖契约不过一种以移转物权为目的之债权契约，难谓即为移转物权之物权契约，且出卖人对于出卖之标的

物,不以有处分权为必要(本院1948年上字第7645号、1949年台上字第111号判例意旨参看)。倘出卖人出卖他人之不动产,并依买受人之指示,使该他人将买卖标的物不动产所有权径移转登记于买受人所指定之第三人,则此第三人与该他人间仅存在移转物权之独立物权契约关系,其间并无何买卖债权债务关系,亦不因其取得所有权之登记原因载'买卖'而受影响;若此,如买受人无法律上之原因,使非买卖当事人之第三人取得不动产所有权,第三人因而受有利益,且该买受人受有损害时,买受人自非不得请求第三人移转不动产所有权登记以返还利益。"

二、不当得利请求权

在本件,丙得否依"民法"第179条规定向丁请求系争土地所有权移转,属于给付型不当得利,须具备三个要件:

(一)丁受有土地所有权的利益

甲将乙所有土地出卖于丙,丙再出卖于丁,均系出卖他人之物,乃债权行为而非处分行为。出卖人虽无处分权,买卖契约仍属有效。乙依丙的指示将土地所有权登记于丁,丁因与乙间的物权行为而取得该地所有权(第758条)。此项物权行为独立于丙与丁的买卖契约,不因该买卖契约系通谋虚伪意思表示无效(第87条)而受影响,故丙、丁间的通谋虚伪买卖契约虽属无效,丁仍能取得土地所有权。

(二)丁因丙的给付而受利益

在给付型不当得利,"民法"第179条所谓"受利益,致他人受损害",得以给付关系取代之,即须因他人的给付而受利益。给付指有意识、有目的地增加他人财产。在买卖契约,出卖人自己或使他人将买卖标的物所有权移转于买受人,系属有意识地履行买卖契约义务而为的给付(第348条)。乙受丙的指示将买卖标的物移转于丁,系由丙对丁为给付,丁因丙的给付而受利益,此项给付不因丙与丁的买卖系属通谋虚伪意思表示无效而受影响,其情形犹如出卖人明知或不知买卖契约不成立,或因违反法律规定、公序良俗而移转买卖标的物所有权时,仍构成给付(第180条)。

(三)无法律上原因:欠缺给付目的

在给付型不当得利,无法律上原因指欠缺债之关系上的给付目的而言。在本件,丙与丁间的买卖契约因系通谋虚伪意思表示无效,出卖人不负移转买卖标的物于买受人的义务,丙指示乙移转土地所有权于丁,欠缺债之关系的给付目的,丁受利益系无法律上原因。

据上所述,丁因丙的给付受有土地所有权的利益,无法律上原因,丙得向丁依"民法"第179条规定请求移转不动产所有权(第758条),以返还其所受利益。

三、请求权基础思考方法

前揭案例研习旨在结合请求权基础与判例(裁判)研究。请求权基础思考方法有助于掌握当事人间的法律关系、明确问题争点,以及从事法律适用的论证(包括法律解释及法之续造),系法律人必备的能力。

案例研习的题目应多采自法院案例,以整合沟通理论与实务,期能为将来的法律职业做准备。希望读者能善用前揭不当得利体系构成及案例,采请求权基础的方法,写成简要书面,应能启发法学想象力及提升法律能力。

第五章 不当得利请求权的法律效果

——内容与范围

第一节 法律问题及规范模式

第一款 适用范围与基本问题

(一)二个实务上重要争议问题：

1. 无权占用他人土地；误认有雇佣契约为他方服劳务；擅以他人姓名、肖像刊登商业广告。诸此情形，其所受利益如何请求返还？

2. 甲出卖 A 屋于乙(价额 1000 万元)并移转其所有权，乙再将该屋以 1200 万元出卖于丙并移转其所有权。其后甲以买卖契约不成立(或无效、被撤销)，向乙请求返还 A 屋所有权时，得否向乙请求返还其出卖 A 屋于丙的 1200 万元价金？设乙系以 900 万元出卖 A 屋于丙时，甲得否向乙请求 1000 万元？

(二)甲出售其所有德国母狼犬给乙，价金 20 万元，双方同时履行之。甲将 10 万元存放银行生息，将 10 万元赠与主妇联盟基金会(丙)。乙为该狼犬支出医药费用 2000 元。该母狼犬生产 A、B 两只小犬，乙以 1 万元将 A 犬让售于丁，以 B 犬与戊的 C 犬互易。其后甲以意思表示错误撤销买卖契约。试说明其应规范的基本问题。设乙于订约时，不知或明知甲意思表示错误(或该买卖无效)时，其法律关系有何不同?①

无法律上之原因,而受利益,致他人受损害者,"应返还其利益"(第179条)。关于不当得利的研究,向来偏重于构成要件,而忽略于其法律效果。实务上关于不当得利请求权构成要件的判例判决数以千计,涵盖面甚广,关于法律效果的判例判决,较为少见。就前揭案例加以分析,可知关于不当得利请求权的法律效果所应规范的,有三个基本问题:

1. 如何决定不当得利请求权的客体,是否包括所受利益的孳息、灭失时的损害赔偿、出售的对价?所受利益不能依其原状返还时,如何定其应偿还的价额?在权益侵害型非给付型不当得利,其应返还者,究为客观价额或所获取的利益?

2. 于决定应返还的不当"得利"时,如何考虑所受利益本身的毁损、灭失及返还义务人因受领给付所受财产上的不利益,如何认定所受利益已不存在?双务契约如何处理?

3. 应返还利益的范围,是否因受领人不知或明知无法律上原因而不同,如何赋予不同的法律效果?

关于前揭问题,有不同的规范选择可能性。"民法"于第181条至第183条加以规定(请阅读条文,并思考其立法政策!),适用于一切不当得利请求权,包括给付型不当得利及非给付型不当得利。兹简示其规范模式如下,再作较详细的说明:

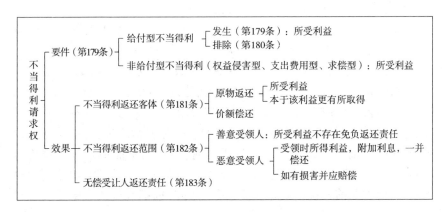

---

① 于阅读法律规定及以下说明前,请先细心研读本案例,以更深刻认识法律规范的问题及如何形成具体规范的思考空间。

第二款　利益与损害
——最具争议的核心问题

"最高法院"2010年台上字第2255号裁定谓:"查不当得利制度在于矫正因违反法秩序所预定之财货分配法则,而形成之财产不当移动现象,使之回复公平合理之状态。其机能固应使受益人返还其所受利益于受损人,惟受益人所受之利益如大于受损人所受之损害时,其返还范围仅能以受损人所受之损害作为计算利益之范围,以免受损人反而因此获得不当之利益,转失不当得利制度维护衡平之旨意,此与本院1972年台上字第1695号判例所揭橥:'依不当得利……其得请求返还之范围,应以对方所受之利益为度,非以请求人所受损害若干为准……'之意旨,系专指'损害大于利益,以利益为准'情形而为之阐释(比对该判例要旨与全文事实自明),未尽相同,亦即所谓'损害大于利益,以利益为准;利益大于损害,以损害为准'抽象原则之运用。原审就此所为之论断,核无违背法令可言,并此叙明。"

"最高法院"在1972年台上字第1695号判例及2010年台上字第2255号裁定中提出了一个重要的基本法律见解,即不当得利法上应返还的范围,损害大于利益时,应以利益为准,利益大于损害时,应以损害为准。此项见解系在解释"民法"第179条:"无法律上之原因而受'利益',致他人受'损害'者,应返还其利益……"

"最高法院"前揭见解涉及不当得利法最核心的概念及数十年的争议,造成法之适用不安定的重大困扰①,应有重新检视的必要:

1. 在给付型不当得利,例如,甲基于不成立(或无效、被撤销)的买卖契约,将价值1000万元的A屋移转于乙,乙以1200万元转售于丙。在此情形,不当得利的成立,以乙受有利益(房屋所有权),其所受利益系因甲之给付,不以甲因其给付而受损害为要件。A屋其后灭失,乙应偿还其价额(第181条前段),乙将该屋转售于丙时,甲对乙不能请求其转售价金1200万元(非属"更有所取得"),乙不能原物返还,应偿还其价额(第181条但书,请参照前文说明),不发生"最高法院"前揭判例所生衡量利益与损害大小而定其偿还范围的问题。

---

① 参见陈忠五:《不当得利法上的利益与损害概念》,载《台湾法律人》2021年第3期。

2. 在权益侵害型不当得利,例如,甲无权占用乙的空屋(或占用乙的房屋致其不能出租收取租金)。在此情形,乙对甲得主张无权占用其房屋的权益归属内容,无论乙是否有使用空屋的计划。易言之,即乙是否受有财产上损害,在所不问。在甲无权占用乙的房屋,致乙不能如期出租收取租金的情形,乙亦得向甲主张权益侵害型不当得利。在此两种情形,其侵害他人权益归属本身,即构成致他人受损害,与乙是否实际受有财产损害无关。乙因甲无权占用其屋致不能出租收取租金,与不当得利的成立或返还范围无关,乃侵权行为损害赔偿问题。

3. "民法"第179条所谓受利益"致他人受损害",在给付型不当得利,不以此为要件。在权益侵害型不当得利,其侵害他人权益归属本身,即属致他人受损害,不以他人实际受有财产损害为必要,此为目前判例(裁判)学说的共识。

4. 权益侵害型不当得利,受损人另受有财产损害时,得依侵权行为请求损害赔偿,与不当得利无关。

5. 以利益与损害的大小比较认定不当得利请求权的范围,系误认不当得利法的功能,混淆不当得利与损害赔偿。

6. 利益与损害系不当得利法上的核心问题,"最高法院"宜重新检视其历年判决,更明确地阐释其法律见解。

第二节 不当得利返还的客体[①]

"民法"第181条规定:"不当得利之受领人,除返还其所受之利益外,如本于该利益更有所取得者,并应返还。但依其利益之性质或其他情形不能返还者,应偿还其价额。"可知不当得利返还的客体为:①所受之利益。②本于该利益更有所取得。至其返还方法,以返还所受利益的原状为原则(学说上称为原物返还),以价额偿还为例外。分述如下:

---

① Manfred Wandt, Gesetzliche Schuldverhältnisse, S. 183 f.

第一款 所受利益及更有所取得
——原物返还

一、所受利益

试就下列情形,说明甲所受利益为何,应如何返还?
1. 甲基于无效的买卖契约,自乙受让 A 画所有权。
2. 甲基于无效的买卖契约及物权行为受让 B 屋所有权。
3. 甲不知买卖契约不成立,自乙受领价金 1000 元。
4. 甲未购票而搭乘观光列车。
5. 甲无权占有使用乙的土地。
6. 甲擅以乙的肖像作为推销商品的广告。

(一)所受利益及其返还

1. 返还客体

不当得利请求权的客体系所受之利益,此指受领人因给付或非给付所受利益本身,应采具体个别财产认定基准(本书第 68 页),如某种权利、物的占有使用、土地登记(合称直接利益)、债务免除(消极利益)等。

2. 返还方法

至于所受利益的返还方法,关于权利,应依各该权利的移转方法,将其权利移转于受损人(债权人),例如不动产物权应依"民法"第 758 条规定,动产应依"民法"第 761 条规定,债权应依让与合意(第 294 条)为之。关于物的占有,应依交付为之(第 946 条)。关于土地登记(如基于无效的买卖及物权行为而为所有权移转登记),得请求涂销之。经设定的物权(如抵押权)应予废止。经废止的物权应予回复。经成立的债权应为免除。经免除的债务应加以回复。

所受利益为金钱时,依严格形式的看法,应认债务人所受的利益,系货币(如某千元大钞)所有权,其应返还的,亦为该货币的所有权,于不能原物返还时(如业已存入银行、使用消费),应偿还其价额。就经济观点言,有认为可径认其所受利益而应返还的,为金钱价值,而非特定的货币本身。①

(二)道歉书的返还？

德国实务上有一个常被引用的案例：A 因误认侵害 B 的名誉而书立道歉书。其后认定 A 并未侵害 B 的名誉，A 乃依不当得利规定向 B 请求返还该道歉书。德国联邦法院认该道歉书不具财产价格而否认 A 的不当得利请求权。② 此项见解甚受批评，学说上多认为基于给付所受利益，不以具有财产价格为必要，均得作为不当得利的客体(参阅第 199 条第 2 项)。

(三)给付关系上的双重瑕疵③

甲出卖 A 画给乙，乙转售于丙，乙指示甲对丙为给付后，发现甲与乙、乙与丙间的买卖契约均属不成立、无效或被撤销时，是为给付关系上的双重瑕疵。于此情形，甲不得对丙行使不当得利，仅得对乙主张之。关于甲得对乙请求返还的，有认系乙对丙的不当得利请求权(双重不当得利)，有认系该画的价额，前已论及，敬请参阅(本书第 282 页)。

(四)物及权利的使用

在给付型不当得利，例如，基于不成立的契约而服劳务，通说认为其受利益系劳务本身。在侵害权益不当得利，例如无权占有使用他人土地，"最高法院"曾一再认为其所受利益系"相当于租金"的损害，此项见解系采"费用节省得利"的观点，而以受益人的整个财产作为基准，而非就受利益的客体本身而为判断，难以赞同，前已再三言之(本书第 68 页)。在此等使用他人之物或权利的案例类型，例如，在他人屋顶放置广告物、未购票搭乘观光列车④、擅以他人肖像作为商品广告等无权使用无体财产，其所受利益为物或权利的使用本身，依其性质不能返还，应偿还其价额(通常的报酬或对价)。

---

① NJW 1952, 417.
② Loewenheim, Bereicherungsrecht, S. 129 ff.
③ Musielak, Grundkurs, BGB (1986), S. 325.
④ 德国实务上有一个著名的案例(BGHZ 55, 128 搭乘飞机案件，Flugreisefall)。17 岁之 A，得其唯一法定代理人母亲的同意，搭乘德航飞机，由慕尼黑飞往汉堡。在汉堡，A 未购机票混入其他乘客，搭乘尚有空位的德航飞机飞往纽约。在纽约因无签证，而由德航送还汉堡，德航依不当得利规定对 A 请求支付汉堡到纽约的票款。本件涉及不当得利法上所受利益及所受利益是否存在等问题，在德国法上引起广泛深入的讨论。参见 Beuthien/Weber, Schuldrecht II, Ungerecht-fertigte Bereicherung und Geschäftsführung ohne Auftrag, 2. Aufl. (1987), S. 54 ff.(附有文献资料)。

二、本于该利益更有所取得

甲售 A、B、C 三画（各值 10 万元）于乙，并依让与合意交付之。其后发现买卖契约不成立，乙已将 A 画以 12 万元让与丙，以 B 画与丁的 D 画互易，C 画则因戊画廊的过失灭失，赔以 F 画（时值 12 万元）。试问甲得否向乙求返还 12 万元、D 画及 F 画？

(一) 本于该利益更有所取得的种类

不当得利之受领人除返还其所受之利益，本于该利益更有所取得亦应返还。其无争议的有三类：

1. 原物的用益：包括原物的孳息（天然孳息及法定孳息）及使用利益（如居住房屋、使用汽车）。

2. 基于权利的所得：如原物为债权时，其所受的清偿；原物为所有权时，其中所发现的埋藏物（第 808 条）；计算机乐透彩券的中奖。

3. 原物的代偿（Surrogate）：如原物因毁损，由第三人取得的损害赔偿、保险金，因被征收而取得的补偿费等。

(二) 基于法律行为而取得的对价？

应特别提出讨论的，系受领人以原物为标的，依法律行为而取得对价（交易替代物，commodum ex negotiatione），是否亦属"本于该利益更有所取得"？[①]

台湾地区高等法院台中分院暨辖区各地院 1976 年度第 1 次法律座谈会曾提出如下问题：不当得利受领人以原物为手段，而依法律行为之所得，例如，以受领之金钱购买房屋，或以原受领之房屋高于一般市价出卖而取得高价，受领人是否负返还该所得，即本例所示房屋或高价之义务？

讨论意见：甲说：如本题所示，房屋或高价出售之所得，乃基于受领人与第三人之契约而来，而非直接基于权利人之权利而发生，故受领人只需偿还受领时原物之一般市价，而不及于房屋或高价。乙说：不当得利之受领人，依其利益之性质或其他情形不能返还者，依"民法"第 181 条但书之规定，固仅应偿还其价额，惟所谓其所受之利益已不存在者，非指所受利益之原形不存在而言，原形虽不存在，而实际上受获得财产总额之增加现

[①] MünchKomm/Schwab §818 Rn. 39—42; Staudinger/Lorenz §818 Rn. 15, 17 f.; Jakobs, Lucrum ex negotiatione (1993).

尚存在时,不得谓利益已不存在,如本例所示,以原物为手段而换得之房屋或高价,仍不失为受领人所受之利益,受领人仍应负返还之义务。结论:似以采甲说为当,"司法行政部"研究结果:同意。①

在本件法律问题,结论采甲说,乃通说见解,可资赞同。②乙说一方面认为依"民法"第181条但书规定,应偿还其价额,另一方面又依"民法"第182条第1项规定,认为以原物为手段而取得之房屋或高价,仍不失为受领人所受之利益,立论未臻一贯。"民法"第181条但书与第182条第1项规定,具有不同的规范功能,前者在于决定应返还的客体,后者在于决定善意受领人应返还的范围,应予区别。

(三)"最高法院"2019年台上字第2000号判决

1. 案例事实与判决理由

按不当得利之受领人,依其利益之性质或其他情形不能返还者,依"民法"第181条但书之规定,应偿还其价额,受领人因将原物出卖而不能返还者,其所受之利益为卖得之价金,即应以卖得之价金为其应偿还之价额。原审本其采证、认事及解释契约之职权行使,合法认定上诉人之被继承人吴○盛与被上诉人订立系争买卖契约,吴○盛复与蔡○成约定就系争买卖契约之权利与义务,由吴○盛占60%,蔡○成占40%。被上诉人依吴○盛指示将系争土地所有权应有部分4/10移转登记于蔡○成,系争买卖契约经吴○盛撤销而溯及失效,上诉人就系争土地移转登记于蔡○成部分已不能返还被上诉人,应返还系争土地价金1760万元之4/10即704万元(务请先自行研读分析本件判决)。

2. 分析说明

在本件判决,"最高法院"认为不当得利受领人将其所受利益(如A

---

① "司法行政部"1976年8月5日台(1976)函民字第06614号函。
② 参见史尚宽:《债法总论》,第94页。《德国民法典》第818条第1项、第2项规定:"Ⅰ返还义务及于所收取之用益,及受领人基于所取得之权利,或就所取得目标物之灭失、毁损或侵夺所受赔偿而取得者。Ⅱ依所取得利益之性质不能返还,或受领人基于其他事由不能返还者,受领人应赔偿其价额。"台湾地区学说参考系此规定解释"民法"第181条。依德国判例学者通说,受领人就原物,依法律行为而取得的对价(Commandum ex negotiatione),不负返还之义务,而应偿还原物不能返还之价额(Wertsatz),至其理由,通说认为不当得利请求权在于避免债权人遭受损失,而非在于使其获利。参见 Mugdan, Die gesamten Materialien zum BGB, Bd 2, S. 467, 1185; Brox/Walker BT. 440; Fikentscher/Heinemann, Schuldrecht, S. 740; Larenz, Zur Bedeutung des "Wertsatzes" im Bereicherungs-recht, Festschrift für v. Caemmerer (1978), S. 209; RG 101, 389; BGH 24, 106。

屋所有权)出卖而不能返还者,其所受之利益为卖得之价金,即应以卖得价金为其应偿还的价额(第181条但书)。本书认为关于此项问题,应区别"民法"第181条本文及但书规定而为判断,在法律思维上应区别二个层次:①出卖原物的价金(法律行为代位物)是否为"更有所取得"(第181条本文)?②其次应再检讨的是,所受利益或更有所取得不能返还时的价额偿还问题。

(1)法定代位物:甲不当得利受有乙之A屋所有权的利益,该屋遭火灾灭失时,保险公司理赔之保险金为其代位物(Surrogat,法定代位物);甲不当得利受有乙之A画所有权的利益,该画遭丙毁损、灭失时,丙赔偿甲之B画为其代位物。此等法定代位物系本于该利益更有所取得,乙得向甲依"民法"第181条本文规定请求返还保险金(或B画)。

(2)法律行为代位物:问题在于所谓代位物是否包括法律行为的代位物(rechtsgeschäftliche Surrogat)?

对此问题应采否定说①,例如,甲不当得利受乙之A屋所有权的利益,甲将A屋出卖所得之价金或出租所得之租金,系法律行为的代位物;又如,甲不当得利受有乙之A画所有权的利益,与丙之B画互易时,B画系法律行为的代位物。在此等情形,乙不得向甲依"民法"第181条第1项规定请求返还其依法律行为所取得的代位物(价金或互易物)。

(3)价额偿还:"民法"第181条但书规定,"但依其利益之性质或其他情形不能返还者,应偿还其价额"。例如,不当得利受领的A屋灭失(或B画被盗),应偿还A屋或B画的价额,此应以交易上的客观价额加以计算。在本件案例,若肯定法律行为上的代位物非属不当得利返还的客体,受损人不得依"民法"第181条本文规定请求返还买卖房屋所得之价金,仅得依"民法"第181条但书规定请求偿还房屋所有权的客观价额。

(4)"最高法院"见解:"最高法院"见解的争点不在于其结论,即受损人得否请求买卖房屋所得之价金,对此问题得有不同见解。本件判决值得研究的是,"最高法院"未能认识明辨法律行为上的代位物(应返还的利益,更有所取得,第181条本文)与所受利益不能返还时应偿还的价额(第181条但书)。二者应予区别,并次序检查认定,此攸关不当得利的基

---

① 此为德国通说,BGH 24, 106, 110; BGH 75, 206; Wandt, Gesetzliche Schuldvenhältnisse, S. 184。

本思维方法,应有进一步究明的意义。

第二款　价额偿还

甲遗赠 A 古瓶给乙,时值 5 万元,甲的继承人丙交付于乙后,发现遗赠无效。试问:

1. 乙将该瓶以 6 万元出售于丁时,甲得否向乙请求返还 6 万元?设其价金为 4 万元时,如何决定其应偿还价额。

2. 乙不慎毁损该瓶。毁损时市价 6 万元,丙起诉请求时市价 7 万元,法院判决时市价 8 万元。法院应如何定其应偿还的价额?

一、应偿还价额的意义

(一)所受利益,或本于该利益更有所取得不能原物返还

所受之利益,或本于该利益更有所取得者,依其性质或其他情形,不能返还者,"应偿还其价额"(第 181 条):

1. 所谓依其性质不能返还,如所受之利益为劳务、物的使用或消费、免除他人的债务等。

2. 所谓其他情形不能返还,包括:

(1)客观不能:因灭失、被盗或遗失,或物因法律之禁止规定而不能返还(1986 年台上字第 2970 号判决)。

(2)主观不能:受领人将受领标的物出售、赠与或与他人之物互易而移转其所有权等。受领之物部分毁损时,亦属不能原物返还,就其毁损部分,亦应以价额偿还。受领人对不能原物返还是否有故意或过失,在所不问。受领之利益为代替物时(如书、笔等),其应返还的,仍为价额,而非其他代替物。

(二)应返还的不动产设定抵押权

甲赠 A 地给乙,办理所有权移转登记后,发现赠与契约不成立(无效或被撤销),而乙已将该地设定抵押权于丙。① 在此情形,乙应返还 A 地

---

① 台湾地区实务上迄未见此类案例,以下说明参见德国联邦法院判决(BGHZ 112, 376)及德国学说上论述,Canaris, Der Bereicherungsausgleich bei Bestellung an einer rechtsgrundlos erlangten oder fremden Sache, NJW 1991, 2513; Reuter, Die Belastung des Bereicherungsgegenstandes mit Sicherungsrechten, Festschrift für Gernhuber (1993), S. 369 ff.。

所有权。关于 A 地抵押权,不能为原物返还,应偿还其价额。

乙就 A 地设定抵押权所受的利益,乃在获得一定的信用(担保的金额),乙应对此支付一定的对价,此应依通常为人提供担保所得请求的报酬加以计算。在上举之例,设甲系将该地出卖于乙时,衡诸双务契约的本质,甲得向乙请求 A 地所有权的返还,而保留相当于该地因设定抵押权致价值减少的价金数额,并与抵押权的排除主张同时履行抗辩。

在上举之例,设乙于受领 A 地所有权时,明知无法律上原因或其后知之时,应排除所设定抵押权,并负给付迟延的损害赔偿责任,此包括债权人甲就该地不能设定位序在先抵押权而受的损失(第182条第2项)。

二、价额的计算及其计算的时点

(一)价额的计算

1. 客观说及主观说

关于应返还价额的计算,有客观说和主观说二种见解(参阅案例1):

(1)客观说认为,价额应依客观交易价值定之。依客观说,无论其市价多少,其应偿还的,均为5万元。

(2)主观说认为,价额应就受益人的财产加以计算,其在财产总额上有所增加的,皆应返还。例如,受领的利益为某瓶所有权,市价时值5万元,受益人将之出售于他人时,不能原物返还,应偿还其价额。依主观说,其应偿还的为所得价金,设所得价金为6万元时,应偿还6万元;设所得价金为4万元时,应偿还4万元。

通说采客观说,符合公平原则及交易通念[①],本书从之。

2. 以原物出卖的价金为所受利益:最高法院1941年渝上字第40号判例

最高法院1941年渝上字第40号判例谓:"不当得利之受领人,依其利益之性质或其他情形不能返还者,依'民法'第181条但书之规定,固应偿还其价额,惟受领人因将原物出卖而不能返还者,其所受利益既仅为卖

[①] 参见史尚宽:《债法总论》,第95页;郑玉波:《民法债编总论》,第142页。德国通说亦采客观说,Koppensteiner, NJW 1971, 1769 ff; Koppensteiner-Kramer, S. 159 ff., 161 ff., 175 f.; Goetzke, Subjektiver Wertbegriff im Bereicherungsrecht, AcP 173 (1993), 289; Larenz, Zur Bedeutung des "Wertersatzes" im Bereicherungsrecht, Festschrift für v. Caemmerer (1978), S. 209.; Reuter/Martinek, Ungerechtfertigte Bereicherung, S. 563.

得之价金,即应以卖得之价金为其应偿还之价额。""最高法院"系以原物卖得价金的全部作为应偿还的价额,系采主观说见解。关于此项重要判例,应说明者有三:

(1)将出售原物所得的价金,认系所受利益,致"民法"第179条所谓"而受利益"及第181条本文所谓"所受之利益",发生混淆。据本书前揭说明,价金乃法律行为的代位物,非所受利益,亦非本于该利益更有所取得,不是不当得利请求权应返还的客体。

(2)依"最高法院"见解的逻辑加以推论,倘受领人将原物与他人之物互易时,即应以互易之物为其应返还的价额,以受领的金钱购屋,即应以所购房屋为应返还的价额,从而其应返还的,实际上不是价额,而是受领人以原物为手段,依法律行为而取得的对价。此项交易上的对价不属于"基于所受利益更有所取得",不在返还之列,前已说明,敬请参阅。

(3)出卖的价金低于市价时,受领人仅须以卖得价金为其应偿还的价额,而不须以客观价额偿还之,恶意受领人的返还责任将因此而减轻,违反"民法"第182条第2项之规范目的。

3. 无权占用他人土地的所受利益及其价额计算

(1)"最高法院"1999年台上字第1894号判决

不当得利所获的利益为劳务时,应偿还的"价额",系为取得该项劳务的相当报酬。消费他人之物时,应偿还该物的市价。

在使用他人之物的情形,"最高法院"一向认为其所受利益为"相当之租金",本书认为其所受利益为"物之使用"本身,"相当之租金"系原受利益依其性质不能返还时,应偿还之价额,以相当的租金计算之,前已再三提及。"最高法院"1999年台上字第1894号判决谓:"无权占用他人土地,可能获得相当于租金之利益,为社会通常之观念。而基地租金之数额,除以基地申报地价为基础外,尚须斟酌基地之位置、工商业繁荣之程度、承租人利用基地之经济价值及所受利益等项,并与邻地租金相比较,以为决定。"此项判决仍以"相当之租金"作为"所受利益",虽难赞同,但其所提据以认定"相当于租金之利益"的因素,则可作为认定"相当租金价额"的准据(参阅2001年台上字第190号判决,本书第 474 页;2003 年台上字第 324 号判决,本书第 475 页)①。

(2)"最高法院"2019 年台上字第 872 号判决

值得特别提出的是,"最高法院"2019 年台上字第 872 号判决谓:"按不当得利制度不在于填补损害,而系返还其依权益归属内容不应取得之利益,故依不当得利法则请求返还之范围,应以受领人所受之利益为度。又无权占有他人土地,所受利益为土地之占有本身,依其性质不能返还,应偿还其价额。原审参酌双方间就租期届满江机公司未交还系争房地之损害赔偿总额预定性质违约金额,认定江机公司无权占有部分之不

---

① 无权占用他人之物所应偿还相当于租金的利益,系实务上重要问题,另参阅以下"最高法院"判决(请参阅判决全文):

1. 2016 年台上字第 596 号判决:"无权占有他人之土地,乃无法律上原因,侵害应归属他人之权益内容,而可能获得相当于租金之使用土地之利益,致他人受有损害,为社会通常之观念,该相当于租金之利益自应以占有之土地范围及期间作为计算之基础,故对于无权占有人请求返还不当得利之诉讼,法院认原告有返还不当得利之请求权存在,而命被告返还不当得利之判决时,如未于判决理由项下记载被告无权占有土地之范围及期间,致欠缺关于所受利益之计算基础者,即属'民事诉讼法'第 469 条第 6 款所谓判决不备理由之违背法令。"

2. 2011 年台上字第 1801 号判决:"无权占有他人土地,可能获得相当于租金之利益为社会通常之观念,为原审所认定。而租金者,系因使用租赁物而支付之对价。至政府机关以征收或征用之方式,取得土地所有权,其给付之补偿费类同于价购土地之价金。故使用土地所支付之对价自难以土地价金或补偿费甚至补偿费之利息为计算标准,无权占用土地给付相当于土地租金之不当得利,仍应以占用土地人所获得之利益为判断之标准。"

3. 2009 年台上字第 1012 号判决:"'土地法'第 97 条第 1 项关于按建筑物及基地之申报总价,为计收城市房屋租金之规定,于请求返还相当于租金之不当得利事件,固不失为计算不当得利之标准。但于房屋与其基地分属不同一人所有之情形下,如房屋所有权人依该条项之规定,请求无权占有人给付相当于租金之不当得利时,仍以该房屋系正当占有土(基)地,且其占有遭无权侵夺为必要。"

4. 2003 年台上字第 2324 号判决:"'土地法'第 110 条规定地租不得超过地价百分之八,系指耕地租用而言。倘系租用基地建筑房屋,其租金之数额,则应依同法第 105 条准用同法第 97 条第 1 项规定,以不超过土地申报总价年息百分之十为限。而举办规定地价或重新规定地价时,土地所有权人未于公告期间申报地价者,始以公告地价百分之八十为其申报地价,'平均地权条例'第 16 条前段定有明文。系争土地地目虽为田,惟被上诉人系无权占有系争土地建筑房屋,并非作耕地使用,其所获相当于租金之不当得利数额,自不受'土地法'第 110 条规定之限制。"

5. 2000 年台上字第 2273 号判决:"'土地法'第 97 条、第 105 条关于房屋及基地计收租金之规定,于计算损害赔偿或不当得利事件时,虽非不可据为计算之标准,惟依'土地法'第 105 条准用同法第 97 条规定计算基地租金之最高限制,系就租用基地建筑房屋之情而设,如其地上物属市场摊位使用,则使用基地之人,其获有之利益除使用该土地之对价外,尚包括享受整个市场之特殊利益。"

参见张永健、陈恭平、刘育升:《无权占有他人土地与相当于租金之不当得利——实证研究与政策建议》,载《政大法学评论》2016 年第 144 期。

当得利数额,尚无不合。""最高法院"终于在本件判决明确肯定无权占有他人土地,其所受利益为土地之占有本身,希望此能成为实务上一以贯之的统一见解。

(二) 价额计算的时点

关于应偿还价额计算的时点,学说上颇有争论,有认为不当得利请求权成立时①,有认为法院事实审辩论终结时。②

本书认为应以价额偿还义务成立时为准据时点。"最高法院"2010年台上字第842号判决亦同此见解:"不当得利制度不在于填补损害,而系返还其依权益归属内容不应取得之利益,故依不当得利法则请求返还之范围,应以受领人所受之利益为度,非以请求人所受损害若干为准(本院1972年台上字第1695号判例参照),且关于应返还数额之计算,应以返还义务成立时为准。"③在原受利益依其性质不能返还的情形,其准据时点与不当得利请求权成立时相同。在原物因其他事由不能返还的情形,以其不能事由发生(如原物灭失或让售于他人)之时。所以采此见解,其理由有三:

1. 其所应返还的,既为价额,在理论上自应以价额偿还义务成立时为时点。

2. 原物在其返还义务发生时起至与其不能返还时的增值,应包括在价额偿还请求权之内。

3. 如采以法院事实审辩论终结时为时点,实际上系以原物在受领人财产的变动为其判断标准,与法律设价额偿还之规范目的未尽相符。④

---

① 德国通说见解,RGZ 101, 391; BGHZ 5, 197, 200.
② Esser-Weyers, Schuldrecht II/2, S. 418; Koppensteiner NJW 71, 589.
③ 史尚宽:《债法总论》,第94页;孙森焱:《民法债编总论》(上册),第130页。MünchKomm/Schwab §818 Rn. 45 f.; Staudinger/Lorenz §818 Rn. 31. 在一个侵害专利财产权的案件,"最高法院"2017年台上字第2467号判决亦同此见解:"按不当得利制度不在于填补损害,而系返还其依权益归属内容不应取得之利益,故依不当得利法则请求返还之范围,应以受领人所受之利益为度,非以请求人所受损害若干为准(本院1972年台上字第1695号判例参照)。且关于应返还数额,应以返还义务成立时为计算标准。查上诉人未经被上诉人授权,即制造、贩卖具有请求项6技术特征之系争产品,受有不当利益,致被上诉人受有损害,被上诉人得请求上诉人返还其所受之不当利益等情,为原审确定之事实。果尔,原审就上诉人应返还之不当利益,自应以其返还义务成立当时,所受之利益为度。而擅自实施他人之专利财产权,使用人所能获得利益,应依其实施该专利,于客观上所能获致之实际利益为计算标准,而非径以专利权人所受短收授权金之损害为判断依据。"
④ Reuter/Martinek, Ungerechtfertigte Bereicherung, S. 569 f.

三、返还客体及价额偿还的规范模式

据前所述,不当得利请求权的返还客体及其价额偿还,系实务上的重要问题,兹将其规范模式、争议问题及思考层次,图示如下:

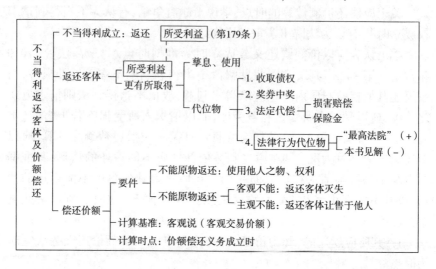

请就前揭案例(尤其是二个实务上最具争议的问题),参照前揭思考模式作为案例研习。

第三款　获利返还责任

试就下列情形,说明如何定其返还责任:

1. 甲擅以乙寄放的A名贵兰花(时值10万元),以12万元出售于善意的丙。由丙善意取得该兰花所有权。

2. 甲擅以乙的肖像,为其商品作广告,扣除相关费用外,获利100万元。

不当得利法上最具争论的问题之一,系所谓获利返还责任(Gewinnhaftung),即受益人所应返还的,是否及于其所获利益。例如,甲借A兰花(时值10万元)给乙,乙死亡,其继承人丙明知(非因过失不知)该兰花为甲所有,让售于善意之丁,得价12万元时,其应返还者,究为10万元(甲之损失),抑或12万元(丙的获利)？易言之,债务人所应返还者,究为价额(Wertersatz),抑或所获利益(Gewinn)。又甲擅以乙的肖像作为商品广

告,乙得否请求其因此所获利益,此涉及不当得利制度的功能,侵权行为损害赔偿及无因管理的适用(或类推适用),殊值重视。①

史尚宽认为应在不当得利法上寻求解决途径,而扩大"损失"的概念,强调所谓损失,不独指现实所蒙受财产之减少而言,应增加财产之不增加,亦包括在内。若无其事实,通常可认为应有之财产增加,亦可以为损失。例如,甲利用乙之专利权或著作权,加以种种之设计及设备,而获得巨额之利益。此时当然不能以甲所取得之利益均认为乙之损失,盖若准用无因管理之规定,使甲负全部返还之责,则反使乙生不当得利之结果。然甲若不利用乙之专利权或著作权,则乙未尝不有利用之机会,亦不能谓乙不有财产上之损失,故此时,一方面应就甲所利用之专利权或著作权,他方面应就甲之技能及其为此利用所需之设备,各为评价,按其评定额之比例,以定甲应返还于乙之部分。②

孙森焱对此问题亦有深刻的说明,认为受损人之受损害原系受领人受利益之结果,利益所以超过损害,乃因受领人具有特殊技能或设备有以致之,则此项利益当不在返还范围之内。惟若该利益依社会通常观念认为应归属于受损人时,即应认为受损人所受之损害。例如,电影公司将无名作家之小说改编,拍成电影而获得巨利,该作家之损害即为此项小说客观的使用对价,至于电影公司若未将其拍成电影,无名作家是否有机会寻得拍成电影之机会,即非所问。③

在比较法,德国学说上亦有主张在侵害他人权益不当得利的情形,债务人应负返还所获得全部利益(扣除费用等)的义务,其主要理由有三:

1. 任何人不能因其不法行为而获利,德国法学家 Schulz 早在 1908 年即在其"System der Rechte auf den Eingriffserwerb"论文中,曾引用英国法院一则著名的判决,"This court will never allow a man to make profit by a wrong"④,主张侵害他人权利者,应返还其所获的利益,始可避免鼓励不法,具有预防的作用。

---

① Detlef König, Gewinnhaftung, Festschrift für v. Caemmerer (1978), S. 179 ff.; Jakobs, Eingriffserwerb und Vermögensverschiebung in der Lehre von der ungerechtfertigten Bereicherung (1964); Kellmann, Grundsätze der Gewinnhaftung (1969).
② 参见史尚宽:《债法总论》,第 88 页。
③ 参见孙森焱:《民法债编总论》(上册),第 177 页。
④ AcP 105 (1909), 1- 488.; Lord Hatherly in Jegon v. Vivan (1870- 71), L. R. Ch. App. VI, 742, 761.

2. 不法无因管理的成立,须以管理人明知其所管理者为他人事务,侵权行为损害赔偿的成立,须以行为人具有故意或过失为要件,未臻周全,不法侵害他人权益者,纵无过失,亦不得保有其所获得的利益。

3. 就不当得利请求权言,其功能在于取除受益人无法律上原因的利益,一方受利益,不以他方财产上受有损失为必要。《德国民法典》第816条第1项规定:"无权利人就标的物而为处分,而该处分对权利人为有效者,无权利人应将因处分其所得之利益,返还于权利人。"此之所谓利益,系指全部的获利。①

本书基本上仍采通说见解②,认为所受利益依其性质或其他情形不能返还时,其应偿还的价额,系交易上的客观价额,在无权处分他人之物,侵害他人的知识产权、人格法益(如肖像、姓名等)等情形,其所受利益的返还范围亦应限于客观价额,均不包括超过此项客观价额的获利,应说明者有三:

1. 任何人不得因其不法行为而获利,纵可认为系一般法律原则,但在不当得利,依其规范功能不能径以之作为"获利返还责任"的依据,主张"最高法院"所谓"不当得利应返还的范围"。

2. 不当得利不是衡平制度,而是在一定要件下,调节当事人间欠缺法律上原因的财产变动,超过客观价额的获利究应归属于谁,实非不当得利法所能决定。德国学者解释《德国民法典》第816条第1项前段的利益为"全部获利",固有其法制发展史上的背景,系就个别案例类型而设例外规则,产生争议。通说认为不宜将此例外规定予以一般化。现行"民法"并未采德国民法上开立法例,自不发生此项问题。超过客观价额获利的归属,涉及甚多考虑因素,诸如公平原则、获利计算的方法及其困难、侵害人主观归责要件、被侵害的权利的种类等,不当得利制度诚难胜任此项

---

① Koppensteiner/Kramer, Ungerechtfertigte Bereicherung, S. 160.
② "最高法院"1999年台上字第262号判决谓:"按依不当得利之法则请求返还不当得利,以无法律上之原因而受利益,致他人受有损害为其要件,故其请求返还之范围,应以对方所受之利益为度,非以请求人所受损害若干为准。"又"最高法院"2000年台上字第2452号判决谓:"关于侵权行为赔偿损害之请求权,以受有实际损害为成立要件,故被害人得请求赔偿之金额,应视其所受之损害而定;而依不当得利之法则请求返还不当得利,则以无法律上之原因而受利益,致他人受有损害为其要件,其得请求返还之范围,应以不当得利受领人所受之利益为度,而非以被害人所受损害若干为准。故前者以被害人所受之损害定其赔偿之金额,后者则以受益人所得利益为其返还之范围,二者并不相同。"可资参照。

规范任务,应在相关法律设其规定,"著作权法"第 88 条、"商标法"第 71 条、"专利法"第 97 条相关规定,可资参考。

3. 为使侵害他人权益者,返还其所获利益,应适用"民法"第 177 条第 2 项规定,即管理人明知为他人之事物,而为自己之利益管理之者,本人仍得享有因管理所得之利益(第 177 条第 1 项准用)。立法理由谓:"无因管理之成立,以管理人有'为他人管理事务'之管理意思为要件。如因误信他人事务为自己事务(误信的管理),或误信自己事务为他人事务(幻想的管理)而为管理,均因欠缺前揭主观要件而无适用无因管理规定之余地。同理,明知系他人事务,而为自己之利益管理时,管理人并无'为他人管理事务'之意思,原非无因管理。然而,本人依侵权行为或不当得利之规定请求损害赔偿或返还利益时,其请求之范围却不及于管理人因管理行为所获致之利益;如此不啻承认管理人得保有不法管理所得之利益,显与正义有违。因此宜使不法之管理准用适法无因管理之规定,使不法管理所生之利益仍归诸本人享有,俾能除去经济上之诱因而减少不法管理之发生,爰增订第 2 项(《德国民法典》第 684 条第 1 项参考)。"此项立法理由明确阐释台湾地区"民法"上侵权行为、无因管理及不当得利制度的要件及功能,深值赞同。

第四款　强迫得利①

试就以下二种情形说明甲得否对乙主张不当得利,其理由何在?
1. 甲擅在乙所有某地种植果树,乙原预定在该地兴建别墅。
2. 甲误乙的围墙为己有而为油漆,而乙已雇工预定于近日拆除该墙。

受损人因其行为使受领人受有利益,违反其意思,不合其计划的,亦时有之,例如,不知他人之围墙即将拆除而加以整修;盗用他人行将报废的旧车,加以板金;占用他人预定兴建别墅的土地种植槟榔。在诸此所谓"强迫得利"(Aufgedrängte Bereicherung)情形,使受领人返还依客观计算

---

① 强迫得利系不当得利法上重要讨论的问题,参见 v. Rittberg, Die aufgedrängte Bereicherung (1960); Reimer, Die aufgedrängte Bereicherung (1990); Werner Lorenz, Der Schutz vor aufgedrängter Bereicherung- Eine vergleichende Betrachtung des deutschen und des englischen Rechts, Festschrift für Medicus (1999), S. 367。

的价额,显非合理①,如何处理,诚值研究。

一、恶意不受保护原则

实务上有一个法律问题②,可作为讨论基础:甲侵占乙之土地,乙向甲提起请求返还土地及损害赔偿之诉,甲对该土地因加工开垦所增价值,可否反诉乙请求返还不当得利?高雄地方法院1957年10月司法座谈会采取如下见解:"某甲之开垦行为,本身即是实施侵权行为,依'民法'第180条第4款之规定,因不法之原因而为给付者,不得请求返还,某甲所出之劳力等系属不法,依据恶意当事人不受法律保护之原则,某甲不得请求不当得利。再依据损害赔偿之原则,应回复他方损害发生前之原状,则本件某乙对某甲之侵权行为,请求回复原状,而某甲何得再请求不当得利?"前揭见解以多种理由否定甲的不当得利请求权。应说明者有三:

1. 开垦他人土地,支出费用,土地所有人受有不当得利。此乃支出费用型不当得利,不是给付型不当得利,不能认系不法原因给付,而以此为理由排除开垦者的不当得利请求权。

2. 恶意当事人不受保护纵可认为系属法律原则,亦不能径以之作为否认不当得利请求权的实体法依据。又在强迫得利的情形,并非所有当事人均属恶意,此项原则亦不足适用。

3. 侵权行为损害赔偿请求权,可资赞同。例如,擅行占用他人房屋,增建围墙时,受益人(被害人)可请求除去增建的围墙,以回复原状,但行使此项请求权,须具备侵权行为的要件,自不待言。

二、不当得利法上的解决方法:价额概念的主观化

本书认为,如何处理此类增加于他人的不当得利,在方法上应在不当得利法本身加以解决,即将"民法"第181条但书所称"价额",予以主观化,就受益人整个财产,依其经济上计划认定其应偿还的价额③,例如开垦(如种植果树)他人预定作为垃圾处理场的土地,或油漆他人即将拆除的围墙时,其应偿还的价额为零,不必返还。此亦符合"民法"第182条第

---

① 新竹地方法院2012年诉157号判决的内容,可供参考。
② 参见《民事法律问题汇编》,第105页。
③ 此为德国通说,Münchkomm/Schwab §812 Rn. 265 f.; Soergel-Mühl §812 Rn. 162; Esser-Weyers, Schuldrecht II/2, S. 105 f.

1项的规范意旨。

第三节 不当得利返还的范围①

不当得利受领人应返还的客体,为所受利益及本于该利益更有所取得,不能原物返还时,应偿还其价额(第181条)。"民法"对受领人应返还的"范围",因受领人为善意或恶意而设不同规定(第182条),并因此影响第三人的返还义务(第183条)。分述如下:

第一款 善意受领人的返还责任
——"民法"第182条第1项

第一项 所受之利益不存在

一、立法目的

"民法"第182条第1项规定:"不当得利之受领人,不知无法律上之原因,而其所受之利益已不存在者,免负返还或偿还价额之责任。"可知受领人为善意时,仅负返还其现存利益的责任,倘该利益已不存在时,则不必返还或偿还价额,其不知无法律上之原因,有无过失,在所不问。此项规定显现不当得利责任的特色,立法目的在使善意受领人的财产状态不致因发生不当得利而受不利的影响。此对不当得利的债务人特为优遇,对债权人则属不利,如何合理解释,调和当事人利益,系不当得利法上的重要课题。②

二、所受之利益已不存在的意义、准据时点及举证责任

(一)所受之利益已不存在的意义及其计算基准

甲赠时值10万元的A画于乙,乙以9万元让售于丙,并移转其

---

① 参见王怡苹:《不当得利之返还范围》,载《月旦裁判时报》2022年第123期。
② 精细深刻的论述,参见曾世雄:《论"所受利益已不存在"有关不当得利之法学理论》,载《法学丛刊》1964年第2期;许惠佑:《不当得利法上所受利益之不存在》,政治大学法律学研究所1980年硕士论文。

所有权。其后发现赠与(或买卖契约)不成立,而乙为受赠(买卖)该画,支出 2000 元。试说明甲与乙间的法律关系,并以此例说明"民法"第 182 条第 1 项所谓"其所受之利益已不存在"的意义。

"民法"第 179 条所谓"受利益"、第 181 条所谓"所受之利益",均指因不当得利过程所取得的个别、具体的利益而言,如某车所有权、某地的占有、某屋的使用等,并及于本于该利益更有所取得。此项"所受之利益"或"本于该利益更有所取得者",依其性质或其他情形不能返还者,应偿还其价额。

应予提出的是,"民法"第 182 条第 1 项所谓"其所受之利益",究应作何解释?立法理由书谓:"谨按受领人在受领时,不知无法律上之原因,而于受领以后,其利益又因不可抗力而灭失,此际或因善意而消灭者,不问其有无过失,均应免其返还利益或偿还价格之责任,以保护善意之受领人。此第 1 项所由设也。"准此以言,所谓"其所受之利益",不同于"民法"第 179 条所谓"受利益"、第 181 条所谓"所受之利益",而指个别具体的所受的利益言(如前举案例的 A 画所有权)。

值得特别注意的是,实务上突破法律的文义,作成三则重要判例、判决:

1. "最高法院"1952 年台上字第 637 号判例:"民法"第 182 条第 1 项所谓其所受之利益已不存在者,非指所受利益之原形不存在者而言,原形虽不存在,而实际上受领人所获财产总额之增加现尚存在时,不得谓利益已不存在。上诉人所收陈福记祭祀公业之稻谷,除完粮纳税及正当开支外,并无不存在之理由,虽因消费其所受利益而其他财产得免消费,结果获得财产总额之增加,其利益自应视为现尚存在。

2. "最高法院"1974 年台上字第 1162 号判决:查上诉人公司既将溢领之款项,用以还债,则因清偿债务而获免受减少财产之利益,仍应认为其所受利益现尚存在,不得执为得免返还责任之理由。

3. "最高法院"1998 年台上字第 937 号判决:按不当得利之受领人,不知无法律上之原因,而其所受之利益已不存在者,免负返还或偿还价额之责任,为"民法"第 182 条第 1 项所明定,故利得人为善意者,仅负返还其现存利益之责任;所谓现存利益,系指利得人所受利益中于受返还请求时尚存在者而言;于为计算时,利得人苟因该利益而生具因果关系之损失时,如利得人信赖该利益为应得权益而发生之损失者,于返还时亦得扣除之,盖善意之利得人只须于受益之限度内还尽该利益,不能因此更受损害。被上诉人于土地征收计划未核定前,亟须使用土地,对上诉人先行发放系争补偿费,上诉人则同意将土地先行提供于被上诉人施工使用,既为原审确定之事实。则上诉人放弃耕作以提供土地,系因信赖双方先行使用土地之约定,得领取系争补偿费,其受领自难谓非善意,虽因征收计划撤销,解除条件成就,致系争补偿费之受领失其权源,然依上说明,其应负返还责任者,仅被上诉人请求返还时之现存利益而已。倘彼时上诉人有因领取补偿而放弃耕作致生果树之损失,于计算利益时即得扣除之。

由前揭三则判例、判决可知,"最高法院"对"民法"第182条第1项"所受之利益已不存在",系就受领人的整体财产为对象,以认定其应返还的现存利益(Bereicherung)。此项见解旨在实践不当得利法"取除利益"的功能,乃不当得利法上一项重大发展。兹将其思考模式图示如下①:

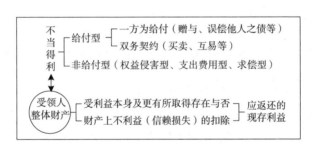

就前揭思考模式加以观察,可知"民法"第182条第1项的核心问题在于如何计算善意受领人应返还的利益,其应研究的有二个要件(参照前揭图示):

1. 所受利益本身是否尚属存在?
2. 受领人因受益过程而受的何种财产上损失(不利益),应予扣除。若受有利益本身尚属存在时,其应扣除其他财产上损失的差额,即为所受领人所应返还的利益。

在前揭案例,乙基于不成立的赠与契约受有A画所有权的利益,乙将该画让售于丙,不能返还其"所受的利益"(A画所有权),应偿还其客观价额(10万元),乙让售该画于丙,取得9万元价金,乃留存于其财产的

---

① 此图构思于乌来娃娃谷散步途中(2002年2月12日清晨)。

利益。又乙为受领 A 画,因信赖赠与契约的存在而支出 2000 元运费,应予扣除。是就乙的财产总额加以计算,乙应返还的现存利益为 88000 元 [90000 元(所受利益本身尚存的利益) - 2000 元(应扣除的财产损失) = 88000 元(现存利益)]。在前揭案例,A 画尚在乙处(未让售于丙)时,该所有权的返还与运费的偿还,应同时履行之(第 264 条)。

应特别指出的是,前揭案例系单务契约(赠与),仅发生甲(赠与人)向乙受赠人主张不当得利。在双务契约(买卖、互易等),则有"对待给付"的问题,从而发生如何处理双务契约上的不当得利请求权问题(参阅本书第 345 页)。

(二)准据时点及举证责任

关于所受利益是否尚存在的准据时点,"民法"未设明文,解释上应以受返还请求之时为准。不当得利债务人于受返还请求之催告时,应负迟延责任(第 229 条第 2 项),既经催告,当知其无法律上原因,自此时点起,应依"民法"第 182 条第 2 项定其返还责任。

受领人主张"所受之利益已不存在",应就此事实负举证责任。

三、所受利益已不存在之认定

如何认定善意受领人所受之利益已不存在(Wegfall der Bereicherung),涉及所受利益本身不存在,及受领人财产上的损失,前已论及,兹先就一方为给付(如赠与、误偿他人之债)的情形,加以说明。双务契约的不当得利请求权具特殊性,俟后再行论述。

(一)所受利益本身已不存在

> 甲赠 A 车给乙,依让与合意交付后,甲以乙忘恩负义而撤销赠与。试就下列情形,说明乙应负的返还责任:
> (1)该车时值 10 万元,乙以 11 万元(10 万元或 9 万元)出售他人。
> (2)乙将该车赠与他人。
> (3)乙遭车祸,该车全毁或半毁。
> (4)乙以该车作犯罪工具,被没收。

"民法"第 182 条第 1 项所谓"其所受之利益",在解释上应包括原受利益本身及本于该利益更有所取得。兹可就若干典型案例加以说明:

1. 所受之利益(如某车所有权),因毁损、灭失、被盗或其他事由不能返还时,其获有补偿者(如损害赔偿、保险金),该项补偿系"本于所受利益更有所得",应予返还。其未受有补偿时,其所受利益不存在,免负返还义务或偿还价额的责任。

2. 受领人就受领的利益(如某车所有权),为法律行为上的交易,其所获对价(如价金或互易物)不能认为系本于该利益更有所取得。在此情形,应认原物不能返还,应返还其价额。设受领人将时值10万元A车,以11万元出售时,应返还10万元(客观说);以9万元出售时,其财产总额的增加现尚存在的,为9万元,故善意受领人仅负返还9万元的责任。若受领人将该车赠与他人时,实际上所获财产并未增加,所受利益不存在,免负返还或偿还价额的责任。惟设受领人原约定赠与他人时值10万元的汽车,而交付该受领之车,以为履行时,其财产总额的增加尚存在,应偿还10万元(支出费用的节省)。

3. 所领的利益为金钱时,因金钱具有高度可代替性及普遍使用性,只要移入受领人的财产,即难以识别,原则上无法判断其不存在。但受领人若能证明确以该项金钱赠与他人时,则可主张所受利益不存在。在溢领薪俸的情形(尤其劳工的工资),因多用于充实生活或扶养之目的,倘须返还,其日常生活必遭困难,各判例学说为保护经济上弱者,多认定其所受利益不存在,可供参考。①

4. 奢侈支出:使用消费他人之物,例如,甲、乙二人同名同姓同日生同住于某宿舍,各有姓名相同之女友丙、丁。甲生日,其女友丙寄来蛋糕,乙误以系其女友丁所送,举行庆生会与其他同学共享之,若其原有购买蛋糕庆生,则不得主张其所受利益不存在(支出费用的节省)。在此情形,设乙家境清寒,向无享用生日蛋糕的习惯及支出此项费用的计划,则其使用消费的利益并未曾留存于财产之上,得主张所受利益不存在,即所谓的奢侈支出(Luxusaufwendungen)。②

如上所述,受领人就"所受之利益"原则上得主张所受利益不存在,尤其是在毁损、灭失的情形,其是否有故意或过失,在所不问,对于善意受领人颇为优遇,因此发生应否予以适当限制的问题。学说上有提出

---

① Flessner, Wegfall der Bereicherung (1970); Rengier, Wegfall der Bereicherung, AcP 177 (1997), 438; Halfmeier, Inhalt des Kondiktionsanspruchs und Wegfall der Bereicherung, JA 2007, 492 ff.

② 参见王泽鉴:《使用他人物品之不当得利》,载王泽鉴:《民法学说与判例研究》(第三册),北京大学出版社2009年版,第71—84页。

"矛盾行为禁止原则",作为限制的标准,认为依诚信原则,受领人不得于反于自己之前行为,而为有利于自己的主张。① 准此以言,受领人以受领之物作为犯罪工具而遭没收时,得否主张所受利益不存在,即有研究余地。

(二)受益人的财产上损失:减少所受利益的财产上不利益成立的请求权基础及其竞合关系

16岁的甲骑车撞死乙的A狗,丙误以为其子所为,购同等值的小犬,对乙赔偿之。试问丙对乙行使不当得利时,于下列情形,乙得否主张应扣除其财产上的损失,认其"所受之利益已不存在",免负返还或偿还的责任?

1. 乙为小狗支出医疗费用及美容费用。
2. 小狗有狂犬病咬伤乙之犬。
3. 乙对甲的侵权行为损害赔偿请求权罹于消灭时效。

1. 判断基准:因果关系与信赖原则

"民法"第182条第1项所谓"所受之利益已不存在",系就受领人财产总额加以判断,除"所受之利益"本身不存在外,尚应考虑受领人因得利过程于其财产所受损失。问题在于何种财产上损失应予扣除,其判断基准何在(请阅读前揭案例)。

学说上有认为与受益的事实有因果关系的损害,均得列入扣除。② 本书认为因果关系过于广泛,应作适当限制,受领人得主张扣除的,尚须限于其因信赖受利益具有法律依据而遭受的损害,"最高法院"1998年台上字第937号判决亦明确采此解(本书第477页)。恶意受领人所以应负加重责任,乃因其必须计及受领利益的返还,善意受领人所以得减轻其责任,乃基于信赖其受利益具有法律上原因,法律旨在保护善意受领人的信赖,从而其得主张扣除的,亦应以信赖损害为限。

2. 得扣除的其他财产上损失

据上述信赖原则,善意受领人就其财产上损失得主张扣除的,包括:

(1)因取得该利益所支出的费用,如运费、关税等。

---

① 此为德国学说上常用的案例(Schulbeispiel),参见 Loewenheim, Bereicherungsrecht, S. 148 ff.

② 参见郑玉波:《民法债编总论》,第143页。

(2)对受领物所支出之必要费用及有益费用,如动物的饲料费用、医药费、汽车牌照税等。

(3)受领人相信所受利益不致返还,而将自己之财产给予他人,例如不知无法律上原因而取得投影机,乃将自己原有的投影机捐赠孤儿院。

(4)受领人的权利因该利益的受领而消灭,或因其价值减少所生的损失,此多发生于误偿他人之债的情形。例如,第三人丙因错误对债权人甲清偿乙的债务,甲误信其清偿为有效而受领,致将债权证书毁弃、抛弃担保或该债权罹于消灭时效时,亦得主张扣除,其方法系由甲保留受领的给付,而以其对乙的债权让于丙。①

3. 不得扣减的其他财产上损失

受领人就其财产上的损害,不得主张扣除的:

(1)取得所受利益的价金,例如向第三人支付的价金。例如,乙砍伐甲所有的桧木,出售于恶意之丙,丙作成名贵家具,因加工而取得其所有权(第814条),甲依不当得利规定向丙请求偿金时(第816条),丙不得主张扣除其向乙支付的价金。

(2)不当得利的返还费用,原则上应由受领人负担,不在扣除之列。

(3)受领物对受领人的身体或其他财产造成损害的,亦属有之,例如,对买受的宠物支出医药费;买受的宠物撞倒花瓶、咬坏地毯。其所受损失与信赖无关,不在扣除之列。

有争论的是,受领物具有瑕疵所生的损害,例如,受领之犬,因狂犬病致传染受领人所有的他犬,受领人支出的医疗费用应否列入扣除。有认为此种损害并非信任该利益不致返还而发生,不得扣除。② 亦有认为由于受领物的性质或瑕疵所生损害,与受领物的利益具因果关系,受领人自得主张扣除,惟受领人与有过失,则类推适用"民法"第217条,以资调节。此说可资赞同。

四、思考模式与案例研习

(一)思考模式

不当得利的核心问题,是"民法"第182条规定的不当得利返还范

---

① 参见郑玉波:《民法债编总论》,第143页。
② 参见孙森焱:《民法债编总论》(上册),第180页。

围,尤其是第1项规定:"不当得利之受领人,不知无法律上之原因,而其所受之利益已不存在者,免负返还或偿还价额之责任。"(善意受领人的返还责任。关于恶意受领人的返还责任,参阅本书第353页。)兹将"所受之利益已不存在"(包括本于该利益更有所取得)的思考模式,图示如下,请读者参考前揭案例及本书相关部分自行举例说明(举例说明系法律人的基本能力)。

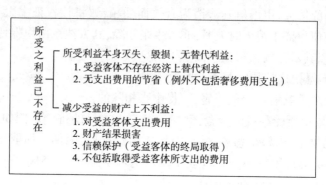

所受之利益已不存在
— 所受利益本身灭失、毁损,无替代利益:
　1. 受益客体不存在经济上替代利益
　2. 无支出费用的节省(例外不包括奢侈费用支出)
— 减少受益的财产上不利益:
　1. 对受益客体支出费用
　2. 财产结果损害
　3. 信赖保护(受益客体的终局取得)
　4. 不包括取得受益客体所支出的费用

(二)案例研习①

1. 案例

甲向经营花店之乙购买玫瑰花(3000元)作为丙的生日礼物,约定由乙送到丙处。乙的使者误送到丁处,丁受领玫瑰花,误认系戊所赠,摆设于客厅。一周后玫瑰花枯萎,丁丢弃之。试问:

(1)谁得向谁主张何种权利?

(2)设丁原预定购买价值2000元的兰花赠送给庚,因受领该玫瑰花,即将玫瑰花转赠给庚。其法律关系有何不同?(请先自行研究,写成书面)

2. 解说

在本案例,受益者系丁,受损者不是甲,甲与丁无任何法律关系。受损者系乙,乙与丁无买卖契约关系,从而应检讨的是乙对丁的不当得利请求权,分二种情形,说明如下。

---

① 本件案例取自 Löwenstein, Bereicherungsrecht, S. 145 f; Wandt, Gesetzliche Schuldverhältnisse, S. 192 f.。

(1) 乙对丁的不当得利请求权

①乙的使者将玫瑰花误送于丁,并为交付,丁取得玫瑰花的所有权及占有(第761条)。

②丁取得玫瑰花是否基于乙的给付?乙对丁无给付目的,其使者交付玫瑰花于丁,不能认系乙的给付。谁对谁为给付应从受领人的观点加以判断。从丁的观点,认为该玫瑰花系其友人戊所赠送而增益其财产,乙仅系戊给付的媒介人,经其使者传达其给付目的表示。丁的友人戊并无任何使乙对丁为交付玫瑰花的情事,乙对丁的交付不能认系其对戊的给付。

③丁所受利益非基于乙或戊的给付,而是因乙的行为致丁受利益,而侵害乙的权益(权益归属内容)。

④丁与乙无买卖契约,其受利益无法律上原因,乙得向丁依"民法"第179条及第181条规定请求返还其所受领的玫瑰花的所有权及占有的利益。惟依"民法"第182条第1项规定,丁受领该玫瑰花不知无法律上之原因(误认系戊所赠),而其所受之利益已不存在(玫瑰花已枯萎并遭丢弃),并且无任何经济上替代利益或节省的费用,故丁免负返还或偿还价额之责任。

⑤结论:乙对丁有不当得利请求权,但丁系善意受领人,免负返还责任。

(2) 丁转赠玫瑰花于庚时,乙对丁的不当得利请求权

丁将其受领之玫瑰花转赠于庚,其所受利益本身固已不存在,惟丁转赠之玫瑰花系替代其原预定购买之兰花(2000元),丁节省其原应支出之费用2000元,则其所受利益仍存在于其财产总额,故丁对乙应偿还价额2000元。

第二项 双务契约上的不当得利请求权①

一、问题提出

关于"所受利益已不存在"的认定,前系就一方的给付(赠与、误偿他人之债)而为论述。双务契约(给付与对待给付)上的不当得利请求权最

---

① 参见陈自强:《双务契约不当得利返还之请求》,载《政大法学评论》1995年第54期。

具争议。兹提出一个案例：

> 甲出售A限量手表(定价10万元)给乙,价金12万元,同时履行之。其后始发现买卖契约不成立或无效时,甲得对乙主张返还A手表所有权的不当得利请求权,乙得对甲主张返还12万元价金的不当得利请求权时,试就下列三种情形说明其法律关系：
> 1. A手表及价金均尚存在。
> 2. 乙受领的A手表因乙的行为或意外而毁损、灭失。
> 3. 甲先为给付A手表,该手表在乙处灭失,乙迄未支付价金(参阅下图)。

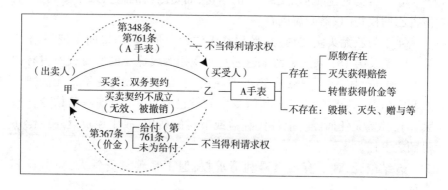

前揭三个情形涉及双务契约的本质、"民法"第182条第1项的规范意旨及法律体系上价值判断,如何处理,颇值研究,请先认真思考,写成书面。

二、德国法上的判例学说

关于如何处理双务契约上的不当得利请求权,台湾地区实务上尚少相关判解。《德国民法典》第818条第3项设有相当"民法"第182条第1项的规定①,德国判例学说历经一百多年的发展,创设基本理论及思考方法②,足供参考,分述如下：

---

① 《德国民法典》第818条第3项规定："于受领人所受的利益,已不存在之限度内,排除其返还或偿还价额之义务。"(Die Verpflichtung zur Herausgabe oder zum Ersatze des Wertes ist ausgeschlossen, soweit der Empfänger nicht mehr bereichert ist.)

② 参见[日]山田幸二：《现代不当得法の研究》,创文社1998年版,第106页以下,对《德国民法典》第818条第3项的解释适用,作有精致的分析讨论,甚值参考。

(一)二不当得利请求权对立说

德国早期学说系采所谓"二不当得利请求权对立说"(Zwei-kondiktionentheorie,或称严格的二不当得利请求权对立说)①,认为当事人各有独立的不当得利请求权,就前揭买卖手表之案例言,出卖人对于买受人有该手表所有权的返还请求权,买受人对出卖人则有价金之返还请求权,各得主张同时履行抗辩。② 其应返还之标的种类相同者(如乙将该手表转售他人,应偿还价额),得互相抵销之。然在一方当事人自他方当事人所受领的原给付全部或一部消灭时,例如,乙所受领的手表因车祸灭失或毁损时,倘乙一方面得依《德国民法典》第 188 条第 3 项(相当于"民法"第 182 条第 1 项)主张所受利益不存在,免负返还或偿还价额的责任,而他方面仍得向甲请求返还其所给付的价金,在此情形发生一方当事人得将所受利益灭失的危险转嫁他方当事人负担,与公平理念及双务契约本质,容有未符。又在出卖人先行交付手表,买受人迄未付款,而该手表灭失时,倘买受人得主张所受利益不存在,免负返还责任,则出卖人应承担先为给付的危险,显非合理。

在德国,严格的二不当得利请求权对立说已遭扬弃,不再有人采此见解。

(二)差额说

1. 基本理论

为克服"二不当得利请求权对立说"的缺点,德国实务及多数学者采取所谓的"差额说"(Saldotheorie),系以整体财产指向的不当得利责任(vermögensorientierte Bereicherungshaftung)为出发点,认为在双务契约上不当得利请求权自始存在于一个基于双方给付的计算之上,而以差额的返还为其内容。③ 差额说强调在双务契约,双方的给付依其经济上交换目的,构成一整体,契约虽然不成立无效或被撤销,但事实上既已履行,给付及对待给付仍应一并观察计算。

关于其具体适用,兹就前揭 A 手表买卖契约不成立之案例说明如下

---

① Oertmann, DJZ 1915, 1063 ff.; v. Tuhr, DJZ 1916, 582.
② Oertmann, DJZ 1915, 1063 ff.; v. Thur, DJZ 1916, 58 (584f).
③ Diesslhorst, Die Natur der Sache als aussergesetzliche Rechtsquelle, verfolgt an der Rechtsprechung zur Saldotheorie (1968); Leser, Von der Saldotheorie zum faktischen Synallagma, Dissertation Freiburg (1959); Reuter/Martinek, S. 595. 简要说明 Medicus/Petersen, Bürgerliches Recht, Rn. 224.

(请再研读案例,思考如何处理):

(1)买受人受领的手表因意外事故灭失,手表市价为10万元,售价亦为10万元时,此二种同类不当得利请求权应相互计算(不须抵销意思表示),其差额(Saldo)为零,所受利益不存在,双方当事人均免负返还责任。

(2)设A手表市价为10万元,此为出卖人得请求偿还的价额,与买受人的对待给付12万元计算之,其差额为2万元,故买受人对出卖人有返还2万元的不当得利请求权。

(3)设A手表市价为13万元时,此为出卖人得请求返还的价额,与买受人的对待给付12万元计算之,差额虽有1万元,但手表既已灭失,买受人得主张所受利益不存在,免负偿还的责任。

(4)在乙受领的手表尚属存在情形,其售价与时价相同时,其差额虽为零,当事人仍得主张不当得利,即出卖人得向买受人请求返还手表所有权,买受人得向出卖人请求返还价金,并有同时履行抗辩的适用。

2. 差额说的限制

值得注意的是,德国实务为顾及双务契约当事人利益及法律上的价值判断,对差额说作有如下的修正,创设例外:

(1)未成年人的保护:当事人一方为未成年人(无行为能力人、限制行为能力人),买卖契约自始无效或不生效力时,依差额说计算的结果,实不啻履行有效的契约,为贯彻保护未成年人的基本原则,未成年人所受领的标的物虽已灭失,仍得请求价金的返还。

(2)标的物返还不能的一方系受他方的诈欺(或胁迫)而订立契约:买受人系因出卖人的诈欺而为买卖的意思表示,依法撤销买卖契约,而买卖标的物在撤销之前纵因买受人的过失而毁损、灭失时,亦无差额说无其适用,乙仍得请求价金的返还。① 此乃基于衡平的考虑,使恶意诈欺者承担标的物意外灭失的不利益。

(3)买受人因物之性质错误而撤销买卖契约:买受人因物之性质错误撤销买卖契约,标的物毁损系因买卖标的物本身的瑕疵时,亦不适用差额说。其理由为基于双务契约事实上或续存的牵连关系理论,买受人若

---

① BGHZ 53, 144 ff.; 对此判决,学者有不同见解,认为于此情形,应适用侵权行为法规定(《德国民法典》第826条、第823条第2项),诈欺本身并不当然提高受领汽车灭失的危险性, Wieling, Bereicherungsrecht, S. 68 f.

依物之瑕疵担保的规定解除买卖契约时,纵买卖标的因其本身的瑕疵而毁损、灭失时,买受人仍得请求全部价金的返还。此项危险分配于不当得利返还请求亦应有其适用,以符不当得利法特别重视的公平原则。[①]

差额说的限制,旨在优惠于不当得利债务人,因其只须返还差额,而不当得利债权人须为全部给付。此亦不利于不当得利债权人。在当事人一方为非完全能力行为人、施行诈欺或胁迫、有暴利行为,或系有瑕疵买卖之物的出卖人而无特别保护的必要时,仍应适用二不当得利请求权对立说。

(三) 限制的二不当得利请求权对立说

差额说虽经修正,但仍受到学者的批评,Canaris 指出差额说具有二个基本性的缺点:其一,就理论言,不当得利请求权的客体乃"所受之利益本身"(Das Erlangte),而非如差额说所云,系财产上差额上的利益(Bereicherung)。其二,就规范目的言,差额说未能提供所受利益客体本身毁损、灭失时危险分配的基准。

Canaris 强调双务契约上的不当得利,在类型上具有其特殊性,在概念上得称之为对待给付不当得利请求权(Gegenleistungskondiktion),学说上称之为限制的二不当得利请求权对立说(eingeschränkte Zwei-kondiktionentheorie)。在方法论上,应本诸《德国民法典》第 818 条第 3 项保护受领人善意信赖的立法意旨,并顾及法体系上的价值判断(尤其是《德国民法典》关于解除契约)的规定,对该条规定作目的性限缩,而适用如下判断原则[②]:

在双务契约,善意受领人(如买受人)除信赖其得终局保有所受领的利益(买卖标的物)外,其信赖亦包括自己须提出对待给付(价金),即惟有认知自己的对待给付亦将终局丧失,始有正当理由任意处置其受领之物,并应自行承担毁损、灭失的危险。从而在对待给付数额的范围内,受领人不值保护。因可归责于己的事由致标的物毁损、灭失时,在对待给付数额的范围内,受领人不得主张所受利益不存在,即善意受领人仅以丧失其自己之对待给付为其牺牲界限。

---

① BGHZ 78, 216 (223f).

② Canaris, Gegenleistungskondiktion, Festschrift für Lorenz (1992), S. 20 ff; Larenz/Canaris, Schuldrecht II/2, S. 321 ff. 关于 Canaris 氏见解的介绍及其在台湾地区民法上的运用,较详细的说明,参见陈自强:《双务契约不当得利返还之请求》,载《政大法学评论》1995 年第 54 期。

三、"民法"的解释适用

关于如何处理双务契约上的不当得利请求权,德国法历经数十年的争辩,目前实务上仍采"差额说",并作必要的修正,学说上多表赞成,亦有主张应扬弃差额说,致力于建立合理的危险分配准则,其解决途径及思考方法,可供"民法"第 182 条第 1 项规定解释适用的参考,兹分五点说明:

1. "民法"第 182 条第 1 项系以一方当事人得向他方当事人行使不当得利请求权为规范对象。双务契约具有给付与对待给付关系,应以"二不当得利请求权对立说"为思考的出发点。"差额说"系对"民法"第 182 条第 1 项规定的限制,并创设若干例外,就问题的呈现及体系言,均值商榷。① 受领给付本身(如买卖的汽车)毁损、灭失危险分配的判断基准应求诸"民法"第 182 条第 1 项的规范目的、双务契约本旨及法律上的利益衡量。

2. 双务契约上的双方当事人均已提出给付,而其所受利益尚存在时,各得行使不当得利请求权,诚如"最高法院"2000 年台上字第 594 号判决所云:"双务契约当事人之一方负担的给付与他方负担的对待给付有牵连关系,此项牵连关系于双务契约罹于无效以后仍然存在。是以,于买卖契约罹于无效后,买方固得以不当得利法律关系请求卖方返还收受之价金,卖方亦得依不当得利法律关系请求返还交付之房屋,双方似得依此为同时履行抗辩权之主张。"② 其给付种类相同者,如一方为价金返还请求权,他方为价额偿还请求权时,则得抵销之。

---

① Esser/Weyers, Schuldrecht II/2, S. 113 f.
② "最高法院"2018 年台再字第 13 号判决:"(1)按买卖契约因约定之解除条件成就而无效,出卖人与买受人基于买卖契约有效成立下所受领之给付,已不具法律上原因,各应依不当得利规定返还其利益,即出卖人应返还所受领之价金,买受人应返还所受领之买卖目标物。买卖双方互负返还上述利益之义务,乃基于同一无效之契约而生,即互有对待给付之关系,应类推适用'民法'第 264 条规定,双方就此得为同时履行之抗辩。惟同时履行之抗辩,以双方之给付均为可能为前提,倘买受人应返还之买卖目标物,因可归责于己之事由而不能给付,出卖人虽因契约自始无效,无从依'民法'第 256 条规定解除契约,惟仍应得基于同一法理,自买受人给付不能时起,免除返还价金之义务。(2)按债务人得主张同时履行抗辩者,于合法提出同时履行之抗辩后,所免除者为给付迟延责任,其原来给付义务仍然存在,于债权人提出给付之同时,仍应为给付。而恶意受领人应依'民法'第 182 条第 2 项前段规定,将知无法律上之原因时所现存之利益,附加利息,一并偿还,该附加利息,性质上仍属不当得利,即其返还义务包括现存利益及附加之利息。"

3. "民法"第182条第1项规定的立法意旨系在保护善意受领人的信赖,在双务契约,一方当事人所信赖的不仅是得保有他方所为的给付,尚应认知其所以得保有他方的给付,并对之为使用、收益或处分,乃是基于对他方为对待给付。于其所受领的给付(如买卖的汽车)毁损、灭失时,自不能一方面主张所受之利益已不存在,另一方面又向他方当事人请求对待给付(如买卖的价金)的返还,将毁损、灭失的危险完全转嫁于相对人,而免偿还价额的责任。有争议的是,此项危险分配,是否须以受领人对于所受利益本身的毁损、灭失具有可归责的事由(故意或过失)为要件。德国多数说认为应本诸《德国民法典》第183条第1项(相当于"民法"第182条),对善意受领人的保护,采合理的分配原则,受领人因可归责于自己的事由(故意、过失)致受领之给付灭失时,应自承担其危险,不得主张所受利益不存在。此项见解,可资赞同。①

4. 前揭双务契约上不当得利请求权关于所受之利益本身毁损、灭失危险的分配原则,于下述二种情形,应受限制,不适用之:①善意受领人为无行为能力人或限制行为能力人,以贯彻"民法"保护未成年人的基本原则。②其毁损、灭失系因所受利益本身的瑕疵(如汽车本身刹车机件具有缺陷)。

5. 双务契约的一方当事人先为给付,如出卖人先行交付买卖的机车,如买卖契约不成立,买受人受领的机车已灭失,不能原物返还时,学说上有主张于此情形尚不发生双务契约对待给付的牵连关系,乃通常信用的危险,应由先为给付者负担。② 本书认为前揭危险分配原则于此情形仍应有适用余地。不当得利受领人亦不能主张所受利益不存在,而免偿还价额的责任。

四、案例研习③

关于双务契约上的不当得利请求权,学说上意见分歧,特以案例加以说明:

---

① Esser/Weyers, Schuldrecht, II/2, S. 114; Larenz/Canaris, Schuldrecht II/2, S. 321 ff., 329 ff., 336 ff.; HK- BGB/Wiese, §818, Rn. 13;陈自强:《双务契约不当得利返还之请求》,载《政大法学评论》1995年第54期。

② Esser/Weyers, Schuldrecht II/2, S. 114.

③ 关于德国民法的解释适用,参见 Wandt, Gesetzliche Schuldverhältnisse, S. 196。

甲出售 A 手表(市价 10 万元)于乙,价金 12 万元,同时履行,之后发现买卖契约不成立(或无效、被撤销),甲向乙依不当得利规定请求返还时,发现 A 手表意外(或因乙的过失)灭失,当事人间的法律关系如何?(请先参阅本书相关部分,自行解答,写成书面)

(一)甲得否向乙依"民法"第 179 条及第 181 条规定请求返还 A 手表价额 10 万元(给付型不当得利)?

1. 要件:乙因甲的给付,受有 A 手表所有权及占有的利益,甲与乙间的买卖契约不成立(或无效、被撤销),乙受利益无法律上原因,应负返还责任(第 179 条)。

2. 效果:A 手表灭失不能原物返还,应偿还其价额 10 万元(第 181 条)。A 手表灭失并未获有替代利益,所受利益不存在(第 182 条第 1 项)。

(1)依二不当得利请求权对立说,乙不负返还价金 10 万元的责任。

(2)依差额说,甲对乙亦无请求权,因为计算双方所受利益,其差额为负,有利于乙,甲对乙无请求权。

(3)依修正的差额说,所受利益是否不存在,应采危险分配原则加以认定,其因可归责于受领人的事由(故意或过失)致应返还之物灭失时,受领人不得主张所受利益不存在,应负返还责任。

3. 结论:①乙非因可归责事由致 A 手表灭失时,甲对乙无不当得利请求权。②乙因可归责事由致 A 手表灭失时,乙不得主张所受利益不存在,依修正的差额说,甲得向乙请求返还 10 万元。

(二)乙得否向甲依"民法"第 179 条规定请求返还 12 万元价金(给付型不当得利)?

1. 要件:甲因乙的给付,受有 12 万元价金的利益,甲与乙间的买卖契约不成立(或无效、被撤销),甲受利益无法律上原因,应负返还责任(第 179 条)。

2. 效果:甲应返还其所受利益 12 万元价金(第 181 条)。

买卖系属双务契约,买受人乙向甲请求返还价金时,如何斟酌买受人乙应返还手表所有权的对待给付?

(1)依严格的二不当得利请求权对立说,每一个请求权系独立于对待给付请求权而行使其权利,故买受人对出卖人有不当得利请求权,得请求返还价金 12 万元。

(2) 依差额说,当事人自始仅能请求给付与对待给付的正差额。买受人乙支付的价金为12万元,灭失的A手表价额为10万元,12万元减去10万元,尚有有利于乙的2万元差额。在本件案例,无对差额说限制的事由(如对未成年人的保护等),故买受人仅得向出卖人请求返还2万元。

(3) 依二不当得利请求权对立说所采的风险归属理论,受领之物(手表)因请求权人自己通常的过失致其灭失时,不得主张"民法"第182条规定的所受利益不存在。在此不涉及返还灭失的A手表,无得否适用所受利益不存在的问题。

3. 结论:买受人乙对出卖人甲有12万元的不当得利请求权,但依差额说仅得请求2万元。

第二款　恶意受领人的返还责任
——"民法"第182条第2项

(一) 试就下列二种情形,说明未成年人甲应负的不当得利返还责任:

1. 乙误16岁之甲为丙,赠与A照相机,甲明知撤销的原因,但其法定代理人不知之。甲于乙撤销前不慎致该相机灭失。

2. 圣诞节前夕,16岁的甲误乙之XO洋酒为亲友所赠而痛饮之。

(二) 甲自乙受领A、B二只名贵波斯猫,于知无法律上原因前,A猫被盗,于知无法律上原因后,B猫被机车压死。甲因受领二猫各支出运费2000元,为饲养二猫支出1万元。试说明甲与乙间的法律关系。

"民法"第182条第2项规定:"受领人于受领时,知无法律上之原因或其后知之者,应将受领时所得之利益,或无法律上之原因时所现存之利益,附加利息,一并偿还;如有损害,并应赔偿。"是为恶意受领人的加重返还义务。兹分就其要件及法律效果说明如下:

一、要件

(一) 受领人知无法律上之原因

受领人应负"民法"第182条第2项所定的严格责任,须以受领时知无法律上原因(自始恶意),或其后知之(中途恶意、嗣后恶意)为要件;但不包括因过失而不知的情形。受领人依其对事实认识及法律上判断,知其欠缺保有所受利益的正当依据时,既为已足,不以确实了解整个法律关系为必要。换言之,知之程度,仅须达于可认识之程度即为已足,并未以受领人于知悉法院确定判决认定其受领为无法律上原因时,始为知无法律上之原因(2003年台上字第553号判决)。

受领人为法人的机关(如董事)时,该机关的明知,即为法人的明知。代理人的明知,应归由本人负责(参阅第105条)。须注意的是,基于得撤销法律行为所为的给付,受领人知其撤销原因时,亦属知无法律上之原因,而有"民法"第182条第2项规定的适用。

(二)受领人为未成年人的认定

1. 问题提出

应提出讨论的,系不当得利受领人为未成年人时,如何认定其是否知无法律上之原因[案例(一)]。按未成年人之负不当得利返还责任,其情形有二:①因给付而受有不当得利:例如,16岁的甲以A物与20岁的乙之B物互易,并依让与合意交付之。设甲父不予承认,甲得依"民法"第767条第1项前段之规定,向乙请求返还A物,但乙仅能依不当得利之规定向甲请求返还B物(所有权),盖甲取得B物(所有权)系纯获法律上利益(第77条但书),物权行为仍为有效。又如,16岁的甲获乙赠送某机车并受让其所有权,设其后乙撤销赠与契约(债权行为)时,甲负有依不当得利规定返还该车所有权于乙的义务。②因给付外的事由而受有不当得利:例如,未成年人未购票而私搭游览车,误他人之洋酒为亲友赠送而痛饮之。

2. 四种见解

在前揭情形如何判断未成年人是否"知"无法律上原因,"最高法院"迄未著判决,学说上亦少讨论,在理论上有四种见解[①]:

(1)未成年人知之与否,不予考虑,概视为善意不当得利受领人。

(2)不论不当得利的事由如何,未成年人是否知无法律上原因,概就法定代理人判断之。

---

① 较详细讨论,参见王泽鉴:《未成年人与代理、无因管理及不当得利》,载王泽鉴:《民法学说与判例研究》(第五册),北京大学出版社2009年版,第96—107页。

(3) 类推适用侵权行为关于识别能力的规定(第187条第1项)。申言之,即未成年人有识别能力时,其是否"知"无法律上原因,就未成年人本身判断之。反之,未成年人无识别能力时,则不生"知"或"不知"的问题,不加重未成年人的责任。

(4) 区别不当得利类型而为判断:在给付型不当得利,就法定代理人而为判断;反之,在非给付型不当得利,尤其是在所谓"权益侵害型不当得利",例如,不购票而乘车、无租赁关系擅住他人海边别墅等,因其与侵权行为类似,应依侵权行为的识别能力规定加以判断。

3. 分析说明

以上各说,均言之成理,惟比较言之,第(1)、(3)、(4)说似仍有斟酌余地。就第(1)说而言,未成年人恒以善意待之,保护太过,忽视法定代理人的监督义务,例如,15岁的学童未购票而乘车,法定代理人知其事而任其为之,自不能主张利益不存在而免责。就第(3)说而言,类推适用侵权行为法关于识别能力的规定,使具有识别能力之未成年人负加重的返还责任,具有说服力,自不容否认。惟不当得利法与侵权行为法的性质及功能究有不同,前者在返还无法律上原因而受领的利益,后者在填补不法侵害他人权益所生的损害,是否具有类推适用的基础,不无疑问。就第(4)说言,区别不当得利类型而异其判断标准,旨在折中不同的论点,自有所据。但"权益侵害型不当得利"与侵权行为的构成要件及功能,实有不同,宜否类推适用侵权行为法关于识别能力之规定,容有疑问。

本书采第(2)说,认为"民法"第182条第2项的"知"无法律上之原因而受利益,就未成年人言①,应依法定代理人而为判断,其理由有三:

(1) 此项判断标准较能保护未成年人的利益,盖未成年人无法律上之原因而受领利益,多出于智虑未周,不能权衡利害,不宜以未成年人为判断标准。

(2) 在现行法上,未成年人缔结契约,未得法定代理人的同意的,其契约不生效力,未成年人不负契约上的责任。倘以其"知"契约不生效力而加重其不当得利的返还责任,法律上的价值判断,显失平衡。

(3) 未成年人无法律上原因受有财产上利益,法定代理人负有管理的权利及义务(参阅第1088条),故法定代理人"知"未成年人受领利益

---

① 参见史尚宽:《债法总论》,第90页亦同此见解。

而无法律上原因时,当无减轻其返还责任的必要,纵使未成年人本身为善意时,亦然。此项判断标准于任何类型的不当得利均应适用。未成年人的行为同时构成不当得利与侵权行为时,例如,因过失误他人的洋酒为亲友赠送而痛饮时,应成立请求权竞合。

二、法律效果

(一)自始恶意受领人的返还责任

1. 加重的返还责任

受领人于受领时知无法律上之原因时,其应负返还义务的范围为:

(1)返还受领时所得之利益

受领时所得之利益,除所受利益外,尚包括本于该利益更有所取得。所得之利益依其性质或其他情形不能返还时,应偿还其价额。恶意受领人不得主张所受利益不存在,而免返还义务。例如,所受之利益为 A 车所有权,客观价额为 50 万元,受领人以 40 万元让售于他人时,仍应偿还 50 万元。设该车被盗或灭失时,亦应偿还 50 万元,受领人有无过失,在所不问。

(2)就受领之利益附加利息①

受领之利益为金钱时,应附加利息,此为实务上常见的重要问题。此项附加之利息应自受领时或知无法律上之原因时起算,尚与"民法"第 233 条第 1 项规定之法定迟延利息或同法第 259 条第 2 款关于契约解除回复原状之加付利息有间(2005 年台上字第 2364 号判决)。利息则按法定利率计算。问题在于受领之利益为非金钱时,应如何再依法定利率计算。学说上有认为如受领人本于原利益更有所得,而其性质与利息相当时,就原来利益即不应再加算利息。若所得利益为少者,受损人得请求返还补足利息的金钱。② 此项见解在文义上虽有依据,但似尚有研究余

---

① "最高法院"2014 年台上字第 2211 号判决:"按出卖人以买受人有债务不履行情事,依买卖契约约定,没收其已付买卖价金充为违约金,并解除契约;买受人主张该约定之违约金额过高,声请法院酌减。就法院减少之部分,出卖人所受利益即失其法律上原因,买受人得依不当得利法则请求返还,并依'民法'第 182 条第 2 项规定,自出卖人知无法律上原因时起,加付利息,一并偿还。该违约金应减少之数额固须待法院判决确定,始能确知;惟出卖人于买受人为此项主张之诉状送达时,已知其情事,为免诉讼延滞影响当事人权益,应类推适用'民法'第 959 条第 2 项规定,即自诉状送达之日起,视为恶意受领人而应加付利息。"

② 参见史尚宽:《债法总论》,第 90 页;郑玉波:《民法债编总论》,第 146 页。

地,分三点言之:

①"民法"第182条第2项关于所受利益附加利息的规定,系仿《日本民法典》第704条,但源自《法国民法典》第1378条规定,日本通说基本上认为所受利益虽非金钱,亦应折算金钱,附加利息。法国学者亦有采此见解,但多数说认为,受领之利益须附加利息的,应以金钱为限,可供参考。①

②将一切非金钱的利益折算金钱再附加利息,实际上颇有困难,物之占有、土地之登记如何折算金钱?又如无法律上原因而取得时值1亿元B画所有权,受领人除返还该画后,尚须支付1亿元之利息,是否合理,似有疑问。

③所领之物非金钱者,虽不折算金钱附加利息,仍可请求损害赔偿,足以维护受损人的利益。

(3) 标的物遭查封

不当得利恶意受领人附加利息返还不当得利责任范围,系以受领人有返还原来利益义务为基础,在买卖契约无效时,买受人应返还之买卖标的物如遭查封,其性质上既属一时不能返还(给付),出卖人于买卖标的物查封期间即免负返还所受领价金利益之义务,自亦无返还附加利息之义务(2018年台再字第13号判决)。

(4) 损害赔偿

恶意受领人返还其所受利益(金钱须附加利息),如仍不足以赔偿受损人的损失,就其不足部分,并应另行赔偿。此项损害赔偿,除积极损害外,应包括消极损害。例如,明知无法律上原因而受领某屋,将之出售后,屋价大涨时,偿还客观的价额,尚不足赔偿受损人的损失,应另为损害赔偿。此项损害赔偿请求权系不当得利法上的制度,非属侵权行为的损害赔偿,不以受领人对损害的发生具有故意或过失为要件。其消灭时效应适用"民法"第125条,因15年间不行使而消灭。

(5) 因遗产所生税捐及费用

因遗产所生之税捐及费用,于继承人内部间,应由继承人按其应继分

---

① Jost, Geschäftsführung ohne Auftrag und Erfüllung einer Nichtschuld als Quasikontrakte im französischen Zivilrecht (1970), S. 181(附有法文资料)。在《德国民法典》及《瑞士债务法》(第66条)均无将所领物折算金钱附加利息的规定。

负担之,继承人中之一人,如以自己财产垫支者,该垫支之人得依不当得利之规定,向他继承人请求返还其应负担部分。该公法上纳税义务,并无由继承人连带负担之明文规定,其垫付遗产税及费用之人,固无从依"民法"第281条第1项规定请求他继承人返还自免责时起之利息,惟如符合"民法"第182条第2项规定情形时,仍得请求偿还利益并附加利息(2014年台上字第1785号判决)。

2. 受领人的支出费用请求权

恶意受领人不得主张所受利益不存在,故就因取得利益所支出费用,如运费、税捐等不得主张扣除。关于对受领物所支出的费用(例如,动物的饲养、医药费的支出),通说认为必要费用固应许其请求返还;有益费用,就返还时现存的增加价额内,亦应许其请求返还。①

(二)嗣后恶意受领人的返还责任

嗣后恶意受领人的返还义务,应分为二个阶段加以处理:

1. 在其知无法律上原因前的阶段,得主张所受利益不存在,仅就现存的利益,负返还责任,从而就其因信赖有法律上原因取得利益所支出费用等,亦得为扣除。

2. 在知无法律上原因之后,应负加重的责任。例如,甲自乙无法律上原因所受领A、B二猫,于知无法律上原因前A猫被盗,于知无法律上原因后B猫遭车祸压死时,甲就A猫不能原物返还,免负偿还价额的责任。对B猫不能原物返还,则应偿还其价额,如有损害,并应赔偿,有无过失均所不问。至于甲对二猫所支出的必要费用,于此情形亦得请求返还。

三、消灭时效

"最高法院"2006年11月14日2006年度第16次民事庭会议决议:"按'民法'第128条所谓请求权可行使时,系指行使请求权在法律上无障碍时而言,请求权人因疾病或其他事实上障碍,不能行使请求权者,时效之进行不因此而受影响[本院1942年11月19日决议(一)]。权利人主观上不知已可行使权利,为事实上之障碍,非属法律障碍。'民法'第182条之附加利息,性质上属不当得利,权利人于不当得利返还请求权发

---

① 参见史尚宽:《债法总论》,第91页。

生时即得请求返还不当得利,其时效自请求权可行使时起算。"

第三款　第三人的返还义务
——"民法"第183条

1. 甲赠 A 表给乙,乙转赠于丙,丙再转赠于丁,于依让与合意交付后,甲以意思表示错误撤销赠与契约。试分就下列情形,说明甲得对乙、丙、丁主张何种权利:
(1) 乙明知撤销原因。
(2) 乙不知撤销原因。
(3) 丙明知撤销原因。
(4) 丙不知撤销原因,而丁知之。

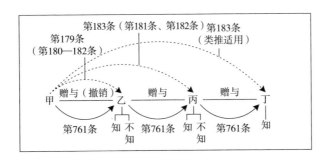

2. 试区别下列二种情形,并说明当事人间之法律关系:
(1) 甲售 A 车给乙,乙赠与丙,移转其所有权后,发现甲与乙间买卖契约实际上并未成立,乙不知其事。
(2) 甲借 A 车给乙,乙擅将该车赠与善意之丙,由丙取得其所有权。

一、"民法"第183条规定的解释适用

(一) 立法理由

依"民法"第182条第1项规定,不当得利受领人不知无法律上之原因,而其所受之利益,已不存在者,免负返还或偿还价额之责任。设不当得利之受领人将其所受领者赠与第三人时,该第三人应否负返还责任?

首先应说明者,系第三人之受利益,系来自不当得利受领人,并未致受损人受损害,并不成立"民法"第 179 条所定的不当得利。但就当事人利益加以衡量,一方面受领人免返还义务,他方面第三人系无偿取得利益,揆诸情理,显失公平,故"民法"第 183 条乃规定:"不当得利之受领人,以其所受者,无偿让与第三人,而受领人因此免返还义务者,第三人于其所免返还义务之限度内,负返还责任。"此乃"民法"第 179 条规定的例外,立法目的在于保护债权人。①

(二) 要件

"民法"第 183 条的适用,应具备以下要件,为便于理解,先图示如下(请参阅前揭案例 2):

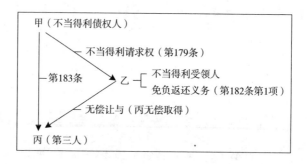

1. 不当得利受领人须为无偿之让与,如赠与或遗赠。若为有偿,无论其对价是否相当,均无"民法"第 183 条规定的适用,惟在半卖半送的廉价买卖(混合赠与),对赠与部分仍有适用。

2. 无偿让与之物须为原受领人所应返还的,包括所受的利益及基于所受利益更有所取得。例如,受领者为 A 酒(所有权),被他人毁损而赔以 B 酒(代偿物),善意受领人将 B 酒赠与第三人时,第三人对受损人仍负有返还 B 酒的责任。受领人将其受领的利益(如 A 画)处分而换取金钱,以该金钱购买物品(如 B 车)赠与时,第三人应返还者,究为该物

---

① "民法"第 183 条立法理由谓:"查民律草案第 944 条理由谓本于不当得利之请求权,以原则论,仅有对人之效力,只能对于受领人主张之。故不当得利之受领人,以其所受利益之全部或一部,让与第三人,而不索报偿时,受领人得免返还义务之全部或一部,(参照前条)第三人亦无返还之责。然似此办理,不足以保护债权人,故本法以第三人为无直接法律上原因而由债务人受利益之人,仍使其负返还之责,以保护债权人之利益。此本条所由设也。"

品,抑或价额,不无疑问。有认为应返还该物品①,本书认为应偿还价额,其理由为原所有人于处分所受领的利益而换取金钱,以该金钱购买物品时,其所应返还于受损人者,本系价额,而非该项物品。

3. 须原受领人因无偿让与而免返还义务,即须原受领人因"民法"第182条第1项规定免返还或偿还价额之责任。诚如"最高法院"2013年台上字第1591号判决谓:"'民法'第183条规定:不当得利之受领人,以其所受者,无偿让与第三人,而受领人因此免返还义务者,第三人于其所免返还义务之限度内,负返还责任。故须利得人免返还义务时,无偿转得人始于利得人免返还义务之限度内,负返还责任。"

恶意受领人将所受领之利益无偿让与第三人时,仍应对受损人负偿还价额之义务,无"民法"第183条规定之适用。例如,甲无权出售处分乙车,将获得价金赠与丙时,丙不负返还义务,甲有无资力,在所不问,至于受损人得否依"民法"第244条规定,撤销该赠与行为,系另一问题。

(三) 法律效果

第三人依"民法"第183条规定所应返还的,限于受领人因无偿让与所免返还的义务。例如,受领的利益为A猫及B猫的所有权,受领人将A猫赠与第三人时,则第三人仅就A猫负返还责任,自不待言。至于第三人应返还的范围应依一般规定定之(第181条、第182条),就上例而言,设第三人复将A猫转赠他人时,原物不能返还,应偿还其价额。第三人为恶意时(明知受领人应负不当得利返还义务),应依"民法"第182条第2项负加重责任。第三人为善意时,依"民法"第182条第1项免负返还或偿还价额责任,此际应类推适用"民法"第183条规定使该转得利益者,负返还之责任(参阅案例1)。②

受损人依"民法"第183条对第三人得主张的返还请求权,其消灭时效期间自无偿让与时起算。

(四) 举证责任

受损人对第三人请求返还其无偿受让之利益时,对于无偿让与及受领人因此免负返还义务,应负举证责任。③

---

① MünchKomm/Schwab, §822 Rn. 10.; Tommas/Weinbrenner, Bereicherungsrechtliche Mehrpersonenverhältnisse nach §822, Jura 2004, 649.

② 参见孙森焱:《民法债编总论》(上册),第185页;MünchKomm/Schwab §822 Rn. 10.

③ MünchKomm/Schwab §822 Rn. 9; Palandt-Thomas §822 Rn. 5.

二、"民法"第183条与无权处分的区别

在"民法"第183条,不当得利受领人以其所受利益无偿让与第三人,系属有权处分,例如,甲售机车给乙,乙转赠于丙,移转其所有权后,发现买卖契约不成立(无效或被撤销)时,甲与乙间的物权行为(第761条)不因此而受影响,乙仍取得其所有权,因无法律上原因,甲得对乙请求返还该车所有权。乙既为该车的所有人,具有处分权,其让与所有权本属有效,不发生无权处分及善意取得的问题[案例2之(1)],甲对丙无不当得利请求权,其理由为丙受利益,并未致甲受损害。"民法"第183条明定甲对丙请求返还其无偿受让的利益,系一项突破"损益变动直接性"(给付关系)的例外规定。

与"民法"第183条应严予区别的,系无偿无权处分的案例。例如,甲借机车给乙,乙擅将该车赠与丙,并依让与合意交付之时,乙系无权处分,丙善意取得该车所有权(第801条、第948条)。在此情形,甲对乙无不当得利请求权,因乙未受利益;甲对丙亦无不当得利请求权,因丙受利益具有法律上原因。又于此情形,"民法"第183条规定的要件,并不具备,亦无"适用"的余地,但衡量"民法"第183条之规范目的及当事人利益,应"类推适用"之,前已论及[参阅案例2之(2)]。

第四节 不当得利的多数当事人:连带责任?

1. 甲、乙共同无权占用丙的房屋,甲住楼上,乙住楼下,试问丙得否主张甲、乙应连带负不当得利之返还责任?

2. 甲误乙、丙共有房屋为其父遗产,购买材料修缮遭台风毁损的屋顶时,甲对乙、丙如何主张其不当得利请求权?

3. 甲向乙、丙购B车,价金20万元,双方履行后,乙、丙各分配价金10万元。设买卖契约无效或被撤销时,当事人间如何行使不当得利请求权?

债的主体有为单数,但亦有为多数,在基于不当得利而发生的债的关系,其当事人为多数的,亦时有之(请阅读案例),债务人为多数时,如何负其责任,尚有争议,提出若干重要案例类型加以讨论。

一、数人共同侵害他人权益

(一)问题的说明

数人共同不法侵害他人权利者,连带负侵权行为的损害赔偿责任(第185条第1项前段)。例如,甲驾机车不慎与乙超速违规驾驶之出租车相撞,致路人丙受伤,甲与乙应对丙负连带损害赔偿责任。数加害人因共同侵害行为(不以成立侵权行为为必要)受有利益的,亦颇常见,其主要情形有三:

1. 共同无权使用或消费他人之物:例如,甲与乙共同无权占有使用丙的汽车。于此情形,其所受的利益系使用或消费他人之物,依其性质不能返还,应偿还其价额,以租金计算之。

2. 共同无权处分:例如,甲与乙通谋窃取丙之古董让售于丁(第345条、第761条),丁因善意而取得其所有权(第801条、第948条、第949条)。于此情形,甲、乙自丁受领的价金,对丙而言,应构成不当得利。

3. 共同出租他人之物:例如,甲与乙乘其邻居丙外出,擅将其屋出租于丁,收取租金。于此情形,甲与乙系无法律上原因受利益,致丙受损害,应负返还的义务。

在上述情形,不当得利的受领人(债务人)均为多数,应否连带负返还所受利益的责任?

(二)"最高法院"1985年台上字第2733号判决

在"最高法院"1985年台上字第2733号判决,甲(上诉人)与诉外人乙(陈○○)共同无权占有丙(被上诉人)的房屋。侵权行为损害赔偿请求权已罹于消灭时效,丙主张甲与乙应负连带责任的不当得利,返还被害人所受相当于租金之损害。原审法院肯定之。"最高法院"则认为:"因不当得利发生之债,并无共同不当得利之观念,亦无共同不当得利应连带负返还责任之规定。同时有多数利得人时,应各按其利得数额负责,并非须负连带返还责任。原审认被上诉人依不当得利之规定,请求上诉人与陈○○连带负返还责任部分为并无不当,已有违误。"①此项见解,可资赞同,已成为"最高法院"实务的通说(2008年台上字第1311号、2007年台

---

① 以下讨论参见王泽鉴:《不当得利之连带债务》,载王泽鉴:《民法学说与判例研究》(第五册),北京大学出版社2009年版,第127页以下(附有较详细之参考文献,可供查阅)。

上字第 1470 号、2003 年台上字第 1774 号、1998 年台上字第 937 号等判决），分二点加以说明：

1. "民法"第 179 条规定，"无法律上之原因而受利益，致他人受损害者，应返还其利益"。依此规定，其应返还的，系实际上所受的利益，就不当得利法言，乃属当然的解释。不当得利法在于使受领人返还其无法律上原因而受的利益，若实际上未受有利益，当无返还之义务。①

2. "民法"关于共同侵权行为虽设有加害人应连带负损害赔偿责任的规定，但对于"共同"不当得利，则乏明文。法定连带债务的规定虽具有类推适用性，但"民法"第 185 条关于共同侵权行为的规定，对"因共同侵权行为"而发生的不当得利，则不得类推适用。盖侵权行为与不当得利制度的功能不同，欠缺类推适用的基础。前者重在侵害行为的共同，以填补被害人所受损害为目的。后者重在所受利得的返还，纵有"共同侵权行为"，若实际上未受有利益，亦不负返还的责任。

据上所述，诚如"最高法院"1985 年台上字第 2733 号判决所云，数人虽因共同侵权行为受有利益，仍应各按其利得数额，负返还责任，不成立连带债务。申言之，即在"共同"无权使用消费他人之物的情形，应各依其实际所使用消费的部分，在"共同"无权处分他人之物的情形，应各依其实际所得的对价（价金），在"共同"出租他人之物的情形，应各依其实际所得租金之数额，负不当得利的返还义务。债务人中一人因所受利益不存在，免负返还义务时（第 182 条第 1 项），债权人不得请求其他债务人负担之。

二、对共有物的附合

动产因附合而为不动产的重要成分者，不动产所有人取得动产所有权（第 811 条），其受有损害者，得依关于不当得利之规定，请求偿还价额（第 816 条）。不动产系共有物时，如何定共有人返还偿金的义务？在解释上应认由各共有人，按其应有部分分担之。

三、违约金数额的核减

出卖人以买受人违约没收其已付价金为违约金，如经法院核减其数额，就该减少部分，出卖人受领的法律上原因即已失其存在，固应负返还

---

① 参见史尚宽：《债法总论》，第 87 页。

其利益之义务。惟得请求其返还不当得利之权利人为受损人,该违约金如系由数买受人共同给付者,仅能由各买受人就自己所受损害部分行使其权利,并非数人有同一债权,应无"民法"第271条规定之适用(1999年台上字第943号判决)。

四、契约无效或被撤销

(一)当事人间无连带责任的约定

契约无效或被撤销时,一方多数债务人关于受领给付的不当得利返还义务,可否成立连带债务?例如,甲与乙出卖共有的A画于丙,价金20万元。甲与乙各依其应有部分自丙受领10万元。于移转该画所有权于丙之后,始发现该买卖契约不成立、无效或被撤销时,如何定其返还责任?

在前揭情形,甲与乙得依不当得利之规定向丙请求返还该画所有权,此属不可分债权,故各债权人仅得为债权人全体请求给付,债务人亦仅得向债权人全体给付(第293条)。又丙亦得依不当得利规定向甲与乙请求返还其所受领的价金。然则,甲与乙应否负不当得利连带债务?对此情形,"民法"未设连带债务之明文,除当事人明示为连带债务之约定外,甲与乙仅负返还其实际所受之利益(10万元)的义务。

(二)当事人有连带责任的约定

甲与乙向丙贷款200万元,为期1年,甲与乙各受领100万元,约定连带负返还责任。设该消费借贷契约无效或被撤销时,甲与乙应否负连带不当得利返还义务?

对此问题,或有采否定说,认为消费借贷契约既已无效或被撤销,关于贷款返还连带债务的约定,随之俱逝,无所附丽;又不当得利返还义务乃法定债之关系,与契约上义务,其法律性质究有不同,契约上连带债务之约定,应无适用余地。本书认为当事人关于消费借贷契约上的返还义务,既有连带债务的约定,则此项约定于不当得利返还债务亦应续为存在。就当事人意思言,亦应作如此解释,始合交易观念及诚信原则,否则债权人必须对个别债务人请求返还其实际所受的利益(100万元),不但诉讼上不经济,而且尚须承担其中一人所受利益不存在或无资力之危险,显非合理。

五、合伙的不当得利债务与合伙人的责任

合伙财产亦属合伙人全体之公同共有(第668条)。"民法"第681

条规定,"合伙财产不足清偿合伙之债务时,各合伙人对于不足之额,连带负其责任",由此可知,"民法"关于合伙人的连带责任,系采补充主义。所谓合伙债务应包括不当得利债务,至于不当得利之发生,究系基于给付或给付以外之事由,均所不问。① 合伙解散,合伙财产于返还各合伙人之出资或按各合伙人应受分配利益之成数分配后(参阅第 698 条、第 699 条),发现尚有不当得利债务迄未清偿时,应如何处理,不无疑问。解释上应认为各合伙人仅就其实际分配所受利益的数额,负返还责任。

第五节 无权占用他人土地不当得利请求权的消灭时效

——困扰"最高法院"数十年的法学方法论上的重要问题

甲趁乙住院长期医疗期间,无权占用乙所有的土地,经营停车场。乙依不当得利法规定向甲请求不当得利(或侵权行为损害赔偿)时,如何定其消灭时效期间? 有无"民法"第 126 条关于租金请求权 5 年短期时效期间规定的适用或类推适用?

第一款 "民法"第 125 条规定的适用: 15 年时效期间

"民法"第 125 条规定:"请求权,因十五年间不行使而消灭。但法律所定期间较短者,依其规定。"关于不当得利请求权的消灭时效,"民法"未设规定,其期间应为 15 年②,自请求权行使时起算(第 128 条)。值得

---

① 关于合伙人的不当得利,参见"最高法院"1996 年台上字第 696 号判决:"合伙人取得应归属合伙之特别财产是否有无效之原因,与合伙人得否以他合伙人侵害其合伙契约之权利,致受有损害为由,请求该他合伙人赔偿损害或返还不当得利无涉。亦即合伙人依法得请求该他合伙人赔偿损害或返还不当得利之权利,不因合伙人取得应归属合伙之特别财产有无效之原因而受影响。"

② 德国民法及日本民法对不当得利请求权的消灭时效,均未设特别规定,其一般时效期间,在《德国民法典》为 3 年(第 195 条),在《日本民法典》为 10 年(第 166 条)。值得注意的是,瑞士债务法关于不当得利请求权与侵权行为损害赔偿请求权,设相同的时效期间,分为:①相对的消灭时效期间(Relative Verjährungsfrist),自请求权人知有请求权时起逾 1 年;②绝对的消灭时效期间(Absolute Varjährungsfrist),自请求权发生起逾 10 年者,其请求权消灭。参见 Keller/Schaufelberger, Das Schweizerische Schuldrceht, Bd. III, Ungerechtfertigte Bereicherung, 2. Aufl. (1983), S. 96。

特别提出的是无权占用他人之物不当得利请求权的消灭时效。

"最高法院"的见解："民法"第 126 条规定的适用或类推适用

关于不当得利请求权的消灭时效，实务上就无权占用他人之物的不当得利请求权，另创短期的消灭时效期间，而不适用"民法"第 125 条规定。"最高法院"1960 年台上字第 1730 号判例谓："租金之请求权因五年间不行使而消灭，既为'民法'第 126 条所明定，至于终止租约后之赔偿与其他无租赁契约关系之赔偿，名称虽与租金异，然实质上仍为使用土地之代价，债权人应同样按时收取，不因其契约终止或未成立而谓其时效之计算应有不同。"据此判决，"最高法院"数十年来一再认为无权占用他人之物的不当得利请求权应适用"民法"第 126 条规定，因 5 年间不行使消灭，举二则判决如下：

1. "最高法院"1996 年台上字第 711 号判决：租金之请求权因 5 年间不行使而消灭，既为"民法"第 126 条所明定，则凡无法律上之原因而获得相当于租金之利益，致他人受损害时，如该他人之返还利益请求权已逾租金短期消灭时效之期间，债务人并为时效之抗辩者，其对于该相当于租金之利益，不得依不当得利之法则，请求返还。

2. "最高法院"2000 年台上字第 1902 号判决：无权占有他人之土地，可获得相当于租金之利益，而土地所有人则受有相当于租金之损失，为社会通常观念，土地所有人自得依"民法"第 179 条前段不当得利之规定，请求无权占有人给付相当于租金之损害金，"最高法院"1972 年台上字第 1695 号判例亦同此意旨。本件上诉人自 1990 年 3 月 10 日向诉外人许〇哲买受系争建物时起，即占有被上诉人所有之系争土地，为上诉人所不争执，其占用被上诉人之系争土地属无权占用，上诉人自属无法律上之原因而受有利益，致被上诉人受有相当于租金之损害。然租金之给付债权，其各期给付请求权，因 5 年间不行使而消灭，"民法"第 126 条定有明文，被上诉人请求相当于租金之损害，自有该条规定之适用，其逾 5 年之请求权已因罹于时效而消灭，又被上诉人自上诉人占用系争土地时，即得行使其请求权，其请求权消灭时效亦应自上诉人占用土地时起算，故被上诉人就上诉人三人之不当得利请求权均应自起诉时即 1997 年 10 月 27 日回溯 5 年即 1992 年 10 月 28 日起算。

无权占用他人之物，系属台湾地区实务上最常见的"权益侵害型不当得利"，其消灭时效期间不仅攸关当事人利益，对理解认识此类不当得利的功能亦深具意义,并涉及法学方法论上法律解释适用的基本问题,值得作较详细的论述。

第二款 分析说明

一、回到原始判例:租金损害的侵权行为损害赔偿的消灭时效与"民法"第126条规定的适用

兹应先行分析讨论的是,"最高法院"1960年台上字第1730号判例,其全文为:"按'民法'第126条租金之请求权因五年不行使而消灭。法律所以对于此项时效特别短促,系以依一般社会事例对于土地孳息之催讨皆系按时为之,无久延之理。至于终止租约后之赔偿与其他无契约关系之赔偿,在法律因其已无契约关系或本无契约关系,名称虽与租金异,然实质上仍为使用土地之代价,债权人应同样按时收取,不因其契约终止或未成立而谓其时效之计算应有不同。本件系争内埔乡老埤段449号及453号土地,上诉人谓被上诉人方面……曾为耕作请求赔偿该期间内租金之损害,原判以上诉人未于五年内行使,既为已因时效完成而消灭,维持第一审法院所为驳回上诉人之诉之判决,于法洵无不合。上诉人犹复提起上诉,不能认为有理由。"应说明者有二:

1. 请求权基础:关于本件判例,首先要澄清的是请求权基础。请求权基础,指得支持一方当事人向他方当事人有所主张的法律规范。就该判例理由中所谓"赔偿""请求赔偿该期间内之租金之损害"等用语观之,上诉人所主张的,应系损害赔偿,而非不当得利。就案例事实观之,其请求权基础应为"民法"第184条第1项前段,"因故意或过失,不法侵害他人之权利者,负损害赔偿责任"。"民法"第216条规定:"损害赔偿,除法律另有规定或契约另有订定外,应以填补债权人所受损害及所失利益为限。依通常情形,或依已定之计划、设备或其他特别情事,可得预期之利益,视为所失利益。"准此以言,土地因遭受他人侵占耕作致不能出租时,所有人得依侵权行为规定向无权耕作人请求赔偿不能出租的损害(所失利益)。

2. 消灭时效:若本件所涉及者,系租金损害的损害赔偿,其消灭时效依"民法"第197条第1项规定:"因侵权行为所生之损害赔偿请求权,自请求权人知有损害及赔偿义务人时起,二年间不行使而消灭,自有侵权行为时起,逾十年者亦同。"为何"最高法院"另创设一个适用或类推适用"民法"第126条关于租金5年短期时效规定的案例?其理由有二:

(1)"民法"第126条租金5年短期时效的立法意旨:租金得按时催讨。

(2)损害赔偿名称虽与租金有异,实质上仍为使用土地之代价,债权人应同样按时催讨。

对此见解,应说明者有三:

①"民法"第126条关于租金之所以设短期时效,因其租赁契约可按期请求给付。占用他人土地,致他人受有租金损害,在无契约的情形,无按期请求给付的义务,依"民法"第126条的立法意旨,应无适用或类推适用"民法"第126条规定的同一法律理由。

②租金作为一种损害赔偿,名称或与契约上的租金无异,实质上纵同为使用土地之代价,债权人无从就其土地被占用而按时收取损害赔偿。

③关于侵权行为损害赔偿,"民法"第197条设有短期消灭时效,"最高法院"另创"民法"第126条5年短期消灭时效规定的适用或类推适用,违反法律规范计划,造成法律适用的困难,实无正当理由。

二、"民法"第126条对占有他人之物不当得利请求权的适用或类推适用

值得特别提出的是,"最高法院"参照1960年台上字第1730号判例,将"民法"第126条关于租金的5年短期消灭时效适用或类推适用于无权占用他人土地的不当得利请求权(参阅前揭1996年台上字第711号、2000年台上字第1902号判决)。

"最高法院"一向认为无权占用他人土地,无法律上原因而受之利益为"相当之租金"。本书认为无权占用他人之物者,其所受之利益,为占有使用本身,"相当之租金"乃是原受利益依其性质不能返还时所计算的价额。又"最高法院"判决再三认为其所受利益系相当于租金之损害,混淆不当得利所受利益与侵权行为损害赔偿,前已详为论及,兹不赘述。

应特别强调的是,无论对无权占用他人土地所受之利益,采取何种见解,均不应据此而认为有"民法"第126条的适用或类推适用:

1. "民法"第126条所谓"租金",系指基于有效成立租赁契约而生的对价,无论如何作最可能的广义解释,均不能包括无权占用他人土地而受的"使用利益",或所谓的"相当之租金",或"相当于租金之损害"。前者基于契约,后者基于不当得利,其法律性质有别,不能作同一解释。

2. "民法"第126条对租金所以设短期消灭时效,乃系因其为定期给付债权,债权人本可从速请求债务履行。无权占用他人之物的不当得利请求权,非属定期给付债权。难期其可从速请求,准其立法意旨,"民法"第126条规定对不当得利请求权,亦无类推适用余地。

须附带说明的是,租赁契约不成立、无效或被撤销时不当得利请求权的消灭时效。租赁契约有效成立时,承租人应依约定日期支付租金(第439条)。租赁契约不成立、无效或被撤销时,承租人应依不当得利规定返还其所受的利益(物之使用),此项利益依其性质不能返还,应偿还其价额,以相当的租金计算之。在此情形,得依"民法"第126条规定计算其时效期间。盖此项不当得利请求权性质上系原租金的替补,应与租金一样,按时收取,故得类推"民法"第126条规定,作同样的处理,以贯彻"民法"关于租金特设短期时效的立法目的。

三、法学方法论

兹从法学方法论检视"最高法院"判决:

(一)法律解释

"民法"第126条关于"租金"之所以为5年短期消灭时效,其立法意旨系因出租人(债权人)得"按时催讨"。无权占用他人土地,其所受利益系占用本身(第179条),因原物不能返还,应偿还相当于租金之价额,无论如何在法律解释上从宽认定,均不能认系租赁契约的租金,应无"民法"第126条5年短期消灭时效规定的适用。

(二)法律漏洞与类推适用:法之续造

问题在于得否类推适用,此须以有法律漏洞存在为前提。首应再强调的是,"民法"关于"无权占用他人土地"应支付相当租金,未设相当于第126条5年短期消灭时效的规定。衡诸前述立法意旨,实无背于"等者等之,不等者不等之"的平等原则,应无法律漏洞存在,不生类推适用"民法"第126条规定的问题,应适用"民法"第125条15年消灭时效,以保护土地所有人的侵权行为损害赔偿请求权及不当得利请求权。

(三)原审法院与"最高法院"法律见解的沟通

1. 原审法院见解

在"最高法院"2013年台上字第2209号判决关于权益侵害型不当得利的判决,原审法院谓:"按共有人如逾越其应有部分之范围使用收益时,即系超越其权利范围而为使用收益,其所受超过利益,要难谓非不当得利。上诉人未征得被上诉人及其他共有人之同意,将系争土地特定部分出租,并收取租金,显系占有该特定部分土地,受有使用此部分土地之利益,被上诉人各按其应有部分比例,依不当得利之法律关系,得请求上诉人返还相当于租金之不当利益。至若侵权行为性质之无权占有,本属损害赔偿之性质,原非租金之替补,本即无按时收取可言。本件侵权行为性质之不当得利,被上诉人本即无按时收取租金或类似之情形,自无'民法'第126条关于五年短期消灭时效规定之适用,而应适用'民法'第125条所定十五年时效时间。"

2. "最高法院"见解

"最高法院"采二个重要的法律见解:

(1)"鉴于不当得利制度并不在于填补损害,而系在于返还其依权益归属内容不应取得之利益,自不以请求人受有积极损害及消极损害为必要。无论何种不当得利返还请求权,均不具损害赔偿之性质,不能以一方受利益,致他方受损害,即推论不当得利返还请求权性质上系属一种损害赔偿。"此项见解实属正确,应值赞同。

(2)"租金之请求权因五年间不行使而消灭,既为'民法'第126条所明定,则凡无法律上之原因而获得相当于租金之利益,致他人受损害时,如该他人之返还利益请求权已逾租金短期消灭时效之期间,对于相当于已罹消灭时效之租金之利益,即不得依不当得利之法则,请求返还。此为本院所持之见解,并经本院前次发回意旨予以指明,依'民事诉讼法'第478条第4项规定,原审应以之为判决基础。乃原审仍以本件相当于租金之返还利益请求权时效系十五年为由,而为上诉人不利之论断,其所持法律上之见解,自有可议。"

对于"最高法院"传统见解,原审法院曾多次提出不同意见。其勇于表示不同见解,而与"最高法院"沟通,令人赞佩。"最高法院"表示"此为本院所持之见解",而认为原审法院"所持法律上之见解,自有可议"。本书认为其有可议,值得检讨的似为"最高法院"的见解。

兹将"民法"第126条关于租金之5年短期消灭时效规定,在无权占用他人土地的适用(或类推适用)法律见解的争议,图示如下:

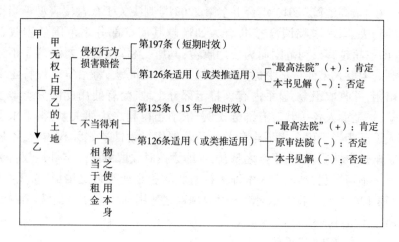

(四)法律安定与法律正义

在无权占用他人土地案例,"最高法院"之所以坚持其适用或类推适用"民法"第126条5年短期消灭时效规定的见解,数十年来虽屡遭质疑(包括下级法院)而不愿变更,应非"最高法院"确信其法律见解正确,乃在顾及法律适用的安定。法律安定与法律正义(等者等之,不等者不等之)是二个法之适用的原则,发生冲突势所难免,应加以调和。关于无权占用他人土地侵权行为损害赔偿请求权及不当得利请求权的消灭时效,似不能期待"最高法院"变更其一再坚持的法律见解,但应可期待"最高法院"能说清楚、讲明白,贯彻法之适用的法学方法论上的诚实性。

第六章 "得依关于不当得利之规定,请求返还所受之利益"

——要件准用(全部准用)或效果准用?

"民法"第179条至第183条就不当得利请求权的成立、排除及法律效果设其规定。值得注意的是,"民法"另于第197条第2项、第266条第2项、第419条第2项及第816条规定,"依关于不当得利之规定",请求返还所受之利益(对待给付、赠与物、价额)。此类规定旨在精简条文,避免重复,在法律适用上则发生一项争论:所谓"依关于不当得利之规定",究系兼指依不当得利的构成要件及法律效果(德国学说上称为Rechtsgrundverweisung,构成要件准用),抑仅指依不当得利的法律效果(德国学说上称为Rechtsfolgeverweisung,法律效果准用),此应就各该相关规定的规范意旨加以判断,兹依条文体例顺序,分述如下:

第一节 侵权行为损害赔偿请求权的消灭与不当得利的返还:"民法"第197条第2项规定

1. 甲有A古董名表,被乙所盗,出售于善意的丙,价金10万元。甲于10年后查知其事。试问甲得对乙主张何种权利?

2. 甲系某专利的权利人,将其专利权授予乙。丙生产自行车上的置物架,批售于丁。甲认丙侵害其专利权,乃提出诉讼,虽遭败诉,仍对丁为警告,声明其终将胜诉。丁遂转向乙购买置物架,甲从乙收取授权费用,获有利益。其后经认定甲不法侵害丙的企业权。丙对甲的侵权行为损害赔偿请求权罹于消灭时效后,得否主张不当得利返还请求权?①

一、构成要件准用说:不当得利请求权与侵权行为损害赔偿的竞合

在前揭案例1,乙盗甲所有的A古董名表,出售于善意的丙,对甲的名表所有权为无权处分,丙善意受让其所有权,甲未于自盗之时起2年之内,向丙请求回复其物,由丙终局取得该表所有权(第948条、第949条)。甲得以乙故意侵害其所有权,向乙请求损害赔偿(第184条第1项前段)。此项因侵权行为所生之损害赔偿请求权,自请求权人知有损害及赔偿义务人时起,2年间不行使而消灭。自有侵权行为时起,逾10年者亦同(第197条第1项)。甲于其表被盗后10年,始查知其事,其对乙的侵权行为损害赔偿请求权,罹于消灭时效。

然依"民法"第197条第2项规定:"损害赔偿之义务人,因侵权行为受利益,致被害人受损害者,于前项时效完成后,仍应依关于不当得利之规定,返还其所受之利益于被害人。"台湾地区实务及学者通说认为此所谓依关于不当得利之规定,兼指构成要件及法律效果而言,从而本项规定乃在明示不当得利请求权,与侵权行为损害赔偿请求权无关,得独立存在,竞合并存。② 是就前揭案例1言,甲得依"民法"第179条规定向乙请求返还其所受之利益(10万元),乙于受领时知无法律上之原因,应将受领时所得利益(10万元),附加利息,一并返还,如有损害,并应赔偿。又此项不当得利返还请求权,依第125条规定,因15年间不行使而消灭

---

① 本案例参照德国联邦法院1978年1月14日民事判决(BGHZ 71,86),此为德国实务上著名的Fahrradgepäckerträger II(自行车上置物架案件)。

② 参见史尚宽:《债法总论》,第217页;孙森焱:《民法债编总论》(上册),第354页。此项见解符合立法理由,参见"民法"第197条第2项立法理由:"查民律草案第976条理由谓侵权行为之损害赔偿请求权,一债权也,因清偿及其他方法而消灭,固属当然之事。至关于消灭时效,则应设特别规定,俾久为社会所遗忘之侵权行为,不致忽然复起,更主张损害赔偿之请求权,以扰乱社会之秩序,且使相对人不致因证据湮灭而有难于防御之患。此第1项所由设也。至损害赔偿之义务人,因侵权行为而受利益,致被害人蒙损害时,于因侵权行为之请求权外,更使发生不当得利之请求权,且此请求权,与因侵权行为之请求权时效无效,依然使其能独立存续。此第2项所由设也。"

(1940年渝上字第1615号判例)。

二、法律效果准用说

"民法"第197条第2项系仿自旧《德国民法典》第852条第3项立法例。① 德国学说上亦有认其所谓"依关于不当得利之规定",系属法律要件的准用(Rechtsgrundverweisung),仅在阐释不当得利请求权与侵权行为损害赔偿请求权的竞合性②,其见解同于台湾地区之通说。值得注意的是,德国实务及学者则采"法律效果准用说",兹以著名的 BGHZ 71, 86 f (98 ff.) 判决(自行车上的置物架案件、案例2)加以说明。

甲系专利权人,授权于乙,甲以丙侵害其专利权,对丙的客户丁等为警告,致丁中止对丙订购其生产的自行车上的置物架。嗣经认定甲不法侵害丙的"设立实施的企业经营权"(Recht am eingerichteten und ausgeübten Gewerbbetrieb,简称企业权、Recht am Unternehmem)。③ 此项侵权行为损害赔偿请求权罹于消灭时效后,发生丙得否对甲主张不当得利请求权的争议。

被告甲主张,其受有利益系来自对乙授权费用,而丙的受损害系因客户中止向其订货,受益与受损不具直接性,并未致原告丙受损害,不成立《德国民法典》第812条所定的不当得利请求权。德国联邦法院则认为旧《德国民法典》第852条第3项所谓"依关于不当得利的规定",系指法律效果准用,不以具备不当得利请求权的要件为必要,乃是基于侵权行为的要件,依不当得利法规定侵权行为损害赔偿义务人的赔偿范围,即以不当得利请求权替代侵权行为损害赔偿请求权,使侵权行为人不得保有其不

---

① BGB § 852 Abs. 3: "Hat der Ersatzpflichtige durch die unerlaubte Handlung auf Kosten des Verletzten etwas erlangt, so ist er auch nach der Vollendung der Verjährung zur Herausgabe nach den Vorschriften über die Herausgabe einer ungerechtfertigten Bereicherung verpflichtet."其文义内容同于台湾地区"民法"第197条第2项规定。应注意的是修正第852条:"Hat der Ersatzpflichtige durch eine unerlaubte Handlung auf Kosten des Verletzten etwas erlangt, so ist er auch nach Eintritt der Verjährung des Anspruchs auf Ersatz des aus einer unerlaubten Handlung entstandenen Schadens zur Herausgabe nach den Vorschriften über die Herausgabe einer ungerechtfertigten Bereicherung verpflichtet. Dieser Anspruch verjährt in zehn Jahren von seiner Entstehung an, ohne Rücksicht auf die Entstehung in 30 Jahren von der Begehung der Verletzungshandlung oder dem sonstigen, den Schaden auslösenden Ereignis an." HK-BGB/Standinger, § 852.
② v. Caemmerer, Festschrift für Rabel, Bd. I (1954), S. 394 ff.
③ 参见王泽鉴:《侵权行为》(第三版),北京大学出版社2016年版,第387页。

法取得的利益。此项见解已成为德国通说,可资赞同。①

三、"最高法院"2015年台上字第1902号判决

(一)法院见解

1. 原审法院

又撤销因被诈欺而为之意思表示,应于发现诈欺后,1年内为之。但自意思表示后,经过10年,不得撤销,"民法"第93条定有明文。上诉人接获台北市政府财政局2013年5月21日函,知悉被诈欺之事实,随即以2013年8月27日函被上诉人撤销前开同意让售之意思表示,固于发现诈欺后1年内行使撤销权,但自其为意思表示后已逾10年,依前开法条规定仍不得撤销。再按因受诈欺而为之买卖,在经依法撤销前,并非无效之法律行为,出卖人交付货物而获有请求给付价金之债权,如其财产总额并未因此减少,即无受损害之可言,即不能主张买受人成立侵权行为而对之请求损害赔偿或依不当得利之法则而对之请求返还所受之利益,惟如出卖人实际受有损害,仍非不得请求损害赔偿。上诉人……若因遭被上诉人诈欺而误为承诺之意思表示,并因而实际受有损害,固非不得对被上诉人请求损害赔偿,然上诉人自认被上诉人之侵权行为时间在2003年4月2日提出承购……不动产申请书之时,距上诉人提出损害赔偿请求时已逾10年之事实,被上诉人复为时效抗辩,上诉人即不得据此请求损害赔偿。至上诉人受诈欺所为意思表示,因逾法定除斥期间而不得撤销,仍非无效之法律行为,被上诉人受让系争土地即难谓为无法律上之原因而受有利益,自与不当得利之要件不符,上诉人依不当得利之法则请求被上诉人返还所受利益,亦属无据。又损害赔偿之义务人,因侵权行为受利益,致被害人受损害者,于前项时效完成后,仍应依关于不当得利之规定,返还其所受之利益于被害人,"民法"第197条第2项定有明文。被害人依此项规定请求义务人返还不当得利,除义务人系负侵权行为损害赔偿之债务人外,另须具备不当得利之要件。而因时效免负义务,虽得认为受利益,但法律规定时效制度,其目的即在使受益人取得其利益,故除另

---

① 此已成为德国通说,Jaurnig/Teichmann, BGB § 853 Rn. 4; HK-BGB/Standinger, § 852; Palandt/Sprau, § 852; Koppensteiner/Kramer, Ungerechtfertigte Bereicherung, S. 739 f.; Larenz/Canaris, Schuldrecht II/2, S. 594 ff.

有不当得利请求权与之竞合之情形外,不能谓无法律上之原因而受利益。上诉人对于被上诉人仅有侵权行为损害赔偿请求权,并无不当得利返还请求权与之竞合,可选择行使之情形存在,其侵权行为损害赔偿请求权既已罹于时效,自无不当得利请求权可行使。故上诉人亦不得依该法条规定请求被上诉人返还其所受利益。

2."最高法院"

按因受诈欺而为之买卖,在经依法撤销前,并非无效之法律行为,出卖人交付货物而获有请求给付价金之债权,如其财产总额并未因此减少,即无受损害之可言,固不能主张买受人成立侵权行为而对之请求损害赔偿或依不当得利之法则而对之请求返还所受之利益。惟该买卖虽未经依法撤销,但出卖人倘已受有实际损害,即非不得依侵权行为之法则,请求买受人损害赔偿,或依不当得利之法则,请求买受人返还所受利益。又因侵权行为所生之损害赔偿请求权,自请求权人知有损害及赔偿义务人时起,二年间不行使而消灭,自有侵权行为时起,逾10年者亦同。损害赔偿之义务人,因侵权行为受利益,致被害人受损害者,于前项时效完成后,仍应依关于不当得利之规定,返还其所受之利益于被害人,"民法"第197条定有明文。上诉人系遭被上诉人诈欺始承诺让售系争土地,其对被上诉人之损害赔偿请求权已罹于消灭时效,为原审认定之事实。果尔,上诉人倘受有实际损害,能否谓其不得依不当得利之规定请求被上诉人返还其所受之利益,自滋疑问。原审未查明上诉人是否受有实际损害,遽以前揭理由为其不利之判决,尚有可议(务请先自行研读分析本件判决)。

(二)分析说明

1. 基本法律关系

本件判决可供认识不当得利与侵权行为法的若干重要问题,特节录其裁判要旨如上,并以下图表示其基本法律关系:

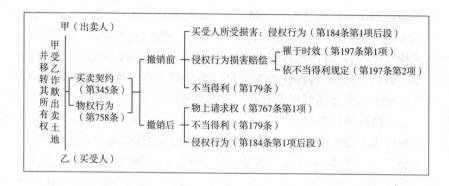

2. 诈欺买卖的撤销

在本件判决,"最高法院"以原审未查明上诉人甲是否受有损害,发回原审判决。"最高法院"谓:"按因受诈欺而为之买卖,在经依法撤销前,并非无效之法律行为,出卖人交付货物而获有请求给付价金之债权,如其财产总额并未因此减少,即无受损害之可言,固不能主张买受人成立侵权行为而对之请求损害赔偿或依不当得利之法则而对之请求返还所受之利益。惟该买卖虽未经依法撤销,但出卖人倘已受有实际损害,即非不得依侵权行为之法则,请求买受人损害赔偿,或依不当得利之法则,请求买受人返还所受利益。"对此见解,应说明的有四:

(1)因受诈欺出卖土地而撤销其意思表示,其撤销的包括买卖契约(第345条)及物权行为(第758条)。

(2)所谓成立侵权行为,系指"民法"第184条第1项后段,即买受人故意以背于善良风俗之方法,侵害出卖人意思自主而订立契约,加损害于出卖人。

(3)出卖人的损害,应依财产总额采差额说加以认定。依此判断基准,出卖人所受损害究属何者,"最高法院"未有说明,是否包括缔约费用、(贱卖土地)价金差额、丧失订约的机会等?若肯定出卖人受有损害,在撤销其法律行为(买卖契约及物权行为)后,似亦得请求损害赔偿?

(4)"最高法院"认为不能依不当得利之法则而对买受人请求返还所受之利益,此项见解,甚值研究:①何谓不当得利之法则?给付型不当得利抑或权益侵害型不当得利?②其所受利益指何而言?若指买卖之土地,在撤销受诈欺的法律行为前,其买卖契约与物权行为均属有效,根本不发生不当得利的问题。

3. 侵权行为损害赔偿请求权

（1）损害赔偿的消灭时效：若肯定不动产出卖人因买受人的侵权行为受有损害而得请求损害赔偿，依"民法"第197条第1项规定："因侵权行为所生之损害赔偿请求权，自请求权人知有损害及赔偿义务人时起，二年间不行使而消灭，自有侵权行为时起，逾十年者亦同。"

（2）关于不当得利之规定："民法"第197条第2项规定："损害赔偿之义务人，因侵权行为受利益，致被害人受损害者，于前项时效完成后，仍应依关于不当得利之规定，返还其所受之利益于被害人。"在本件判决，原审亦采此说，认为被害人得依此规定请求义务人返还不当得利，债务人除负侵权行为损害赔偿之责任外，另具备成立不当得利之要件，此系台湾地区通说，固有所据，前已说明。惟本书认为，就法律体系及规范目的言，非在创设一个独立的不当得利请求权，此仍系侵权行为而生的损害赔偿请求权，仅其范围限于不当得利（法律效果准用），其消灭时效依不当得利之规定（第125条）。

4. 撤销后的法律关系

出卖人得撤销其受诈欺的意思表示，包括买卖契约（第345条）及物权行为（第758条），二者均视为自始无效（第114条第1项），前已说明。在此情形，出卖人得向买受人请求涂销土地所有权登记及返还土地的占有（第767条第1项），出卖人对买受人的侵权行为损害赔偿请求权不因此而受影响。

第二节 因不可归责于当事人双方给付不能的效力与不当得利："民法"第266条第2项规定

甲于9月1日与乙约定以A瓶与乙的B瓶互易，甲于9月2日将A瓶交付于乙，乙预定于9月22日交付B瓶于甲。于9月21日发生地震，B瓶落地灭失，试问甲得对乙主张何种权利？

在前揭案例，甲、乙以A瓶与B瓶互易，乙应给付的B瓶因地震灭失，系因不可归责于双方当事人的事由，致乙的给付全部不能，乙免给付义务（第225条第1项），甲亦免为对待给付之义务（第266条第1项）。

甲已为 A 瓶的对待给付，依"民法"第 266 条第 2 项规定，甲"得依关于不当得利之规定"，向乙请求返还 A 瓶所有权。

"民法"第 266 条第 2 项所谓"依关于不当得利之规定"，学说上有认系指依不当得利的构成要件及法律效果（法律要件的准用）。① 亦有认为系仅指依不当得利的法律效果。② 关键问题在于因不可归责于双方当事人之事由致给付不能时，债之关系是否消灭。

按所谓债之关系，有广狭之别。狭义债之关系指出卖人得向买受人请求支付价金的个别给付关系。广义债之关系指买卖契约整个法律关系而言。因不可归责于双方当事人之事由致给付不能者，买卖契约整个债之关系并未消灭，买受人仍得向债务人请求让与其损害赔偿请求权，或交付其所领之赔偿物（第 225 条第 2 项），其消灭者，系请求支付价金的个别债权。准此以言，上述二说，似以后说（法律效果准用）较为可采。

第三节　赠与的撤销与不当得利：
"民法"第 419 条第 2 项规定

甲赠与 A 屋给其独子某乙。数年后甲投资失败，贫病交迫，乙对甲不履行其扶养义务，知甲将撤销其赠与，乃将该时价 1000 万元的 A 屋以 900 万元出售于他人，用于购买股票，因股市崩盘，仅值 200 万元。甲依法撤销其对乙的赠与后，得向乙行使何种权利？

在前揭案例，受赠人乙对于赠与人甲有扶养义务而不履行，甲得撤销其赠与。③ "民法"第 419 条第 2 项规定："赠与撤销后，赠与人得依关于不当得利之规定，请求返还赠与物。"此之所谓"依关于不当得利之规定"，指其要件而言（构成要件的准用）。盖赠与契约既经撤销，受赠人受

---

① 参见胡长清：《中国民法债编总论》，第 382 页。
② Larenz, Schuldrecht I, Allgemeiner Teil, 14. Aufl. (1987), S. 31; Jauering/Vollkommer §323 Rn. 3. "民法"第 266 条第 2 项相当于《德国民法典》第 323 条第 3 项。
③ 关于撤销赠与和不当得利请求权，实务上案例不少，参见"最高法院"1982 年台上字第 3612 号、1983 年台上字第 802 号、1983 年台上字第 3666 号、1986 年台上字第 803 号、1986 年台上字第 1960 号、1986 年台上字第 1977 号、1987 年台上字第 1325 号、1987 年台上字第 1628 号、1987 年台上字第 2452 号、1987 年台上字第 3080 号等判决。

有赠与的利益,欠缺给付目的,无法律上之原因,应成立不当得利①,其所以设此规定,乃为明确撤销赠与的效力,以防无谓之争论。②

赠与撤销后,不当得利受领人乙应返还其所受之利益(A屋所有权),及本于该利益更有所取得(A屋之使用收益)。乙对甲不履行扶养义务,知有撤销赠与之事由,为恶意受领人,乙将时值1000万元的A屋以900万元出售于他人,不能原物返还,应将其知无法律上之原因时,所现存的利益(A屋的客观价额1000万元),附加利息,一并偿还,如有损害,并应赔偿(第182条第2项)。

第四节 添附与不当得利:"民法"第816条规定

A大学艺术系助理教授甲非因过失误以乙的玉石为其所有,耗时数月,雕刻成精致价值昂贵的玉凤。甲将该玉凤赠与其新识的女友丙。试问乙对甲或丙得主张何种权利?

在前揭案例,甲加工于乙的动产(玉石),因加工所增加的价值显逾材料的价值,其加工物(玉凤)的所有权属于加工人甲(第814条但书)。"民法"第816条规定:"因前五条之规定而受损害者,得依关于不当得利之规定,请求偿还价额。"③"最高法院"2018年台上字第300号判决谓:"因'民法'第811条至第815条之规定而受损害者,得依关于不当得利之规定,请求偿还价额,为同法第816条所明定。所谓'偿还价额',应以受损人因添附丧失其所有权时,该动产之客观价值计算之,是价额计算之准据时点自以该受益者受利益之时为准。"准此见解,在前揭案例,当事人

---

① 参见史尚宽:《债法各论》,第126页。
② "民法"第419条立法理由:"查民律草案第633条理由谓撤销赠与之方法,及其效力,应规定明晰,以防无益之争论。此本条所由设也。"
③ 立法理由谓:(1)之所以删除"丧失权利"系因不当得利之成立只要"受损害"即可,不以"丧失权利"为必要。(2)本条规范意义有二,一为宣示不当得利请求权,纵使财产上损益变动系依法(例如第811至第815条规定)而发生,仍属无法律上原因。其二系指明此本质上为不当得利,故本法第179条至第183条均在准用之列,仅特别排除第181条关于不当得利返还客体规定之适用。因添附而受损害者,依关于不当得利之规定请求因添附而受利益者返还其所受之利益时,仅得适用本法第181条但书规定请求"偿还其价额",不能适用同条本文规定,请求返还"利益原形",以贯彻添附制度重新分配添附物所有权归属、使所有权单一化、禁止添附物再行分割之立法意旨。为求明确将"价金"修正为"价额"。

间的法律关系如下：

1. 甲因加工于乙的玉石而取得加工物（玉凤）所有权，致乙的所有权消灭（第814条但书）。此项基于法律规定而发生的物权变动，乃在技术上调整物权的归属，以维护物的效用及价值，立法意旨非在使加工人终局取得他人动产所有权，是甲取得玉凤所有权，致乙受损害，欠缺法律上原因，应成立不当得利（第179条）。

2. "民法"第816条规定，因"民法"第811条至第815条规定而受损害者，得请求偿还价额。此规定排除"民法"第181条规定，即受损人不得请求受益人返还其所受之利益（玉石所有权），仅得请求偿还价额，即该玉石因甲加工致乙丧失其所有权的客观价值。

3. 甲误乙的玉石为其所有而加工，并将加工物让于丙，系不知无法律上之原因，而其所受利益已不存在，免负偿还价额的责任（第182条第1项）。

4. 不当得利受领人甲，以其所受者，无偿让与第三人丙，甲因此免返还义务。第三人丙于甲所免返还义务限度内，负返还价额责任（第183条）。

第七章 不当得利请求权与其他请求权的关系

第一节 不当得利请求权的独立性

甲出租A屋给乙,租赁关系终止后,乙拒不返还继续使用,致甲不能出租于他人。试问甲对乙得主张何种权利?

在前揭案例,甲出租A屋给乙,租赁关系终了后,乙拒不返还而继续使用,甲对乙得主张契约上的租赁物返还请求权(第455条)、所有物返还请求权(第767条)、侵权行为损害赔偿请求权。此外,尚有二个不当得利请求权,一为使用他人之物的不当得利,另一为占有他人之物的不当得利。因此发生一项问题,不当得利请求权与其他请求权究居于何种关系?

关于不当得利请求权与其他请求权的关系,瑞士实务及学说采取所谓不当得利请求权辅助性说(Subsidiarität)[1],法国通说亦采同样见解。[2] 德国早期亦曾有少数学者倡导此说。[3] 所谓不当得利辅助性有二个意义:第一个意义系指有其他请求权存在时,一方并未受利益,致他方受损害,不当得利请求权的要件不具备,而不发生不当得利请求权。第

---

[1] Oser/Schönenberg, Vorb. 2. zu Art. 62-67. Züricher Kommentar, Das Obligationsrecht, 2 Aufl. (1929). 此项传统见解受到瑞士学者严厉的批评,参见 Keller/Schaufelberg, Das Schweizerische Schuldrecht, Bd. III, Ungerechtfertigte Bereicherung, 2 Aufl. (1983). S. 6。

[2] 关于法国民法上不当得利及其发展,Zweigert/Kötz, Einführung in die Rechtsvergleichung, II, 1969; Jost, Geschäftsführung ohne Auftrag und Erfüllung einer Nichtschuld als Quasikontrake in französischen Zivilrecht (1970), S. 133; Amos and Walton's Introduction to French Law, Third Edition (1967), S. 192, 197。

[3] Schmidt, Die Subsidiarität der Bereicherungsansprüche (1969).

二个意义系指不当得利请求权仅限于当事人不能依其他请求权得到完全满足时,始能行使之。① 台湾地区判例(裁判)学说一向肯定不当得利请求权的独立性,认为不当得利请求权原则上得与其他请求权竞合并存,由当事人选择行使之。② 此项见解,实值赞同,分三点言之:

1. "民法"并无明文规定不当得利请求权不能与其他请求权竞合并存。"民法"第197条第2项规定:"损害赔偿之义务人,因侵权行为受利益,致被害人受损害者,于前项时效完成后,仍应依关于不当得利之规定,返还其所受之利益于被害人。"通说认为系肯定不当得利请求权与侵权行为损害赔偿请求权的竞合。③

2. 请求权是否成立,应各就其构成要件加以判断,不应受其他请求权的影响。例如,在乙无权处分甲所有之画而获得价金时,甲对乙有侵权行为损害赔偿请求权及不当得利请求权,无论在法律逻辑或当事人利益衡量上,不能认为因甲对乙有不当得利请求权,未受有损害,故不发生侵权行为损害赔偿请求权。同理,亦不能以甲对乙有侵权行为损害赔偿请求权,不发生不当得利请求权。

3. 辅助性理论之目的,在于防止不当得利请求权适用范围的扩大,致使其他制度丧失其规范机能。此项顾虑在法国民法上自有所据,因法国民法仅设有非债清偿的规定,不当得利制度系由学说及判例所形成,适用范围未臻明确,特另创辅助性理论以资节制。民法上的不当得利请求权有一定的构成要件及法律效果,有其明确的适用范围,无造成法律体系混乱之虞,应肯定不当得利请求权得与其他请求权独立并存。准此以言,在前揭案例,甲对乙虽有契约上的租赁物返还请求权、物上请求权、侵权行为损害赔偿请求权,但并不妨害甲对乙行使不当得利请求权。惟设甲的利益已因行使其他请求权而获得满足时,自无再行使不当得利请求权的余地。

---

① 参见 Wenner, Die Voraussetzungen des Anspruchs aus ungerechtfertiger Bereicherung unter besonderer Berücksichtigung des Problems der Subsidiarität (1977), S. 135。

② 参见史尚宽:《债法总论》,第98页;郑玉波:《民法债编总论》,第149页;孙森焱:《民法债编总论》(上册),第189页。较详细讨论,参见刘春堂:《不当得利请求权与其他请求权之竞合》,载《民商法论集》,1985年,第57页。德国、日本通说亦采此见解,参见 Koppensteiner/Kramer, Ungerechtfertigte Bereicherung S. 213; Schmidt, Die Subsidirität der Bereicherungsansprüche (1969)。

③ 参见史尚宽:《债法总论》,第217页。

第七章　不当得利请求权与其他请求权的关系

处理民事问题的核心工作,在于探寻请求权基础,关于请求权基础的检查,原则上宜依契约、无因管理、物上请求权、不当得利、侵权行为请求权加以检查。① 以下拟以不当得利请求权为中心,说明与其他请求权的竞合关系,此项竞合的实益在于其构成要件的不同(如不当得利请求权的成立,不以故意或过失为必要)、法律效果的不同(如得依不法无因管理请求侵害他人权利所获得的利益),及消灭时效期间的不同(如不当得利请求权的消灭时效原则上为15年)。兹将其基本法律关系简示如下:

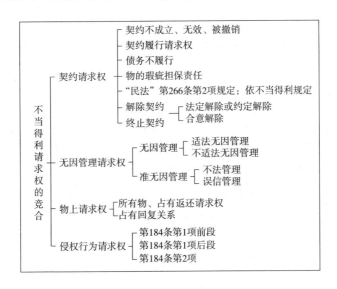

第二节　不当得利与契约

甲向乙购A屋,价金1000万元,甲先付200万元。试问于下列情形,甲对乙有无不当得利请求权:

1. 乙给付迟延,将该屋出租他人,收取租金。
2. 甲发现交付的房屋具有瑕疵,减少价值50万元。
3. 该屋于订约时业已遭火灾灭失。
4. 该屋交付于甲之前,因丙过失发生火灾灭失,丙赔以900

---

① 参见王泽鉴:《民法思维》,北京大学出版社2022重排版,第61页。

万元。

5. 该屋于订约后,因不可归责于双方当事人之事由遭火灾灭失。

6. 甲发现交付的房屋,具有瑕疵而解除契约。

一、契约不成立、无效或被撤销与不当得利请求权

学说上有认为:"无效或得撤销法律行为之当事人,于行为当时知其无效或可得而知者,应负回复原状或损害赔偿责任('民法'第113条、第114条),故:1. 无效或得撤销之法律行为系债权行为时,基于该行为所为之给付得依不当得利之规定请求返还。2. 给付行为为物权契约而归于无效或经撤销时,给付人得依给付物之所有权(或其他物权)请求返还,并得依占有请求返还不当得利。"① 此项见解在结论上可资赞同,但理由构成,似值商榷。此项因契约无效或被撤销而生的不当得利请求权系直接基于"民法"第179条规定,不必以"民法"第113条及第114条为依据。以"民法"第113条及第114条为依据时,其构成要件显受限制,解释适用上应认为"民法"第179条与第113条系处于竞合关系。②

二、基于契约的履行请求权与不当得利请求权

基于有效成立的契约,债务人负有给付之义务(第199条)。债务人未履行其债务时,并不因此而免为给付,无得利可言,自不成立不当得利。债务人在给付迟延中,对于标的物加以利用,例如,乙出卖某屋给甲,届期迟不履行,仍继续使用或出租他人,虽受有利益,但系本于其所有权,并未侵害应归属于甲的权益内容,自不成立不当得利,债权人仅得请求债务人赔偿因迟延而生之损害(第231条)。

---

① 孙森焱:《民法债编总论》(上册),第191页。

② 关于"民法"第113条解释适用问题,参见史尚宽:《债法总论》,第99页;王泽鉴:《"民法"第113条规定规范功能之再检讨》,载王泽鉴:《民法学说与判例研究》(第四册),北京大学出版社2009年版,第41页。值得注意的是,"最高法院"1994年台上字第3022号判决:"本件双方关于系争股份之买卖,违反'公司法'第163条第2项之禁止规定,其让与契约(债权行为)无效。上诉人主张依'民法'第113条规定,得请求被上诉人回复原状,返还价金,本质上仍为返还不当得利。惟本件双方交付股票及价金,均基于不法原因所为之给付,且双方均有所认识。上诉人请求返还价金非特必须主张自己之不法行为,且无异鼓励为不法行为,自不应准许。"此乃"民法"第180条第4款的"类推适用",非谓第113条的回复原状请求权就是不当得利请求权。

关于终止契约而负有返还标的物之债务时,学说上有如下的见解:"例如消费借贷之借用人负有返还其所借数额之金钱或代替物,若不履行返还义务,其债务并不因而消灭,即不能谓借用人对于该借用之物为不当得利。但如给付迟延,于迟延期间,债务人对该标的物得为使用收益,即系受有利益,自属不当得利。"①在应返还之物为租赁物时,承租人给付迟延,继续使用,应成立不当得利。但返还之物为消费借贷上之金钱或代替物时,因其所有权已归属于借用人(参阅第474条),借用人迟延返还,加以使用收益,并非无权使用"他人之物",得否成立不当得利,抑借用人仅负债务不履行损害赔偿责任,尚值研究。

三、债务不履行与不当得利请求权

实务上曾发生如下一则法律问题,对于检讨请求权基础,具有启示性:甲将自用小客车一辆出售于乙,并将车辆及有关证件交于乙,约定应由乙向监理机关办理过户登记。嗣乙逾期未办理该登记手续,致纳税名义人仍为甲,使税捐机关仍向甲征收燃料使用费等税,甲于缴纳后,得依何种法律关系请求?讨论意见,计有四说:甲说:依"不当得利"请求。乙为实际应负担税费者,而由名义人甲缴纳,乙应是无法律上原因受有利益,致使甲受有损害,是甲应依"不当得利"请求。乙说:依"无因管理"请求。甲未受委任,亦无义务,而为乙缴纳税费,且系有利于乙又不违反乙可得推知之意思,是甲应依"无因管理"请求。丙说:依"债务不履行损害赔偿"请求。甲与乙订有车辆买卖契约,并约定乙应向监理机关办理过户登记,且甲已将车辆及有关证件交于乙,则乙如依约履行其应办理过户登记之债务时,该车辆之纳税名义人即可变更为乙,而非仍为甲,税捐机关自不会再对甲征收税费。是甲之仍为纳税名义人需缴纳税费,系因乙不履行其债务,致使其受有此项损害,故甲应依"债务不履行损害赔偿"请求。丁说:依"不当得利"与"债务不履行损害赔偿"请求权竞合。结论:多数赞成丁说。

"司法院"第一厅研究意见认为:①甲出售车辆于乙,既已交付车辆及有关证件,物权自已移转于乙,乙应负纳税之义务,甲仅为纳税名义人,其于缴税之后,自得向乙请求偿还。②乙既为应负担纳税之义务

---

① 孙森焱:《民法债编总论》(上册),第189页。

人,却由甲缴纳,是无法律上原因而受有利益,致甲受有损害,甲得本于不当得利请求乙返还。且甲、乙既订有买卖契约,约定乙应向监理机关办理过户登记,而乙迟延未办,致使甲仍须纳税而受有损害,故甲亦得依债务不履行请求损害赔偿。③研讨结论采丁说,核无不合[1985年12月3日(1985)厅民1字第911号函复高等法院]。

甲得对乙主张债务不履行,应予肯定。有疑问的是,甲对乙是否有无因管理或不当得利请求权。在本件情形,无因管理或不当得利请求权的成立,均须甲无缴纳税捐的义务,并使该项税捐归于消灭为要件。问题在于汽车办理过户在法律上谁为纳税义务人。若肯定甲仍系法律上应负担税费者,其所清偿的,为自己的义务,应不成立无因管理或不当得利,从而亦不发生债务不履行损害赔偿,与无因管理或不当得利请求权竞合的问题。

四、物的瑕疵担保责任与不当得利请求权

在买卖契约,出卖人对物的瑕疵应负担保责任时(参阅第349条至第366条),买受人得请求解除契约或减少价金(参阅第359条)。有疑问的是,买受人得否以标的物因具有减少其价值之瑕疵,出卖人对"溢领"的价金,应成立不当得利?"最高法院"1980年台上字第677号判决采肯定说,认为物之瑕疵担保请求权得与不当得利请求权竞合。此项见解,难以赞同,前已论及(本书第129页)。

五、"民法"第266条第2项规定与不当得利

"民法"第266条规定:"因不可归责于双方当事人之事由,致一方之给付全部不能者,他方免为对待给付之义务;如仅一部不能者,应按其比例减少对待给付。前项情形,已为全部或一部之对待给付者,得依关于不当得利之规定,请求返还。"本条第2项所谓"依关于不当得利之规定",系指依不当得利的法律效果(法律效果的准用),前已论及,兹不赘述(本书第379页)。

六、契约解除后的回复原状请求权与不当得利请求权

契约的解除,有为法定或约定解除权的行使,有为合意解除,关于其回复原状请求权与不当得利请求权的适用关系,向有争论,分述如下:

(一)法定或约定解除权的行使

契约因法定解除权(如"民法"第254条、第256条、第359条),或约定解除权的行使而解除时,当事人如何主张其解除后的权利,"最高法院"1993年台上字第1292号判决可作为讨论的基础。在本件,甲(上诉人)主张与乙(被上诉人)订立不动产买卖契约,由甲将该地所有权移转于乙所指定的第三人(丙)。甲以乙拒付部分价款等理由,认乙违约,依法解除契约,乃依不当得利的法律关系,求为命乙将系争土地所有权移转登记于其所指定的第三人(丁)。"最高法院"谓:"解除契约,系指契约当事人之一方,行使解除权而使契约自始归于消灭者而言。债之契约既溯及的消灭,则因契约之履行而受益之一方,即欠缺法律上之原因,形成不当得利,故因履行契约而为给付之一方,固得依'民法'第259条之规定,行使回复原状请求权,亦得行使不当得利返还请求权,惟不论何者,有请求权之一方,仅得请求不当得利之受领人,返还利益于自己,不得请求返还于其所指定之第三人,该受领人亦无向第三人为给付之义务。"兹分二点作进一步的说明:

1. 解除契约的法律性质与不当得利

台湾地区通说认解除权的行使,使契约自始归于消灭,受领他方给付者,依"民法"第259条规定,应负回复原状的义务。学说上有认此为法律所规定的特殊义务,得与不当得利发生竞合。① 多数学者强调"民法"第259条规定的性质为不当得利,只其返还义务的范围不同,不适用一般不当得利的规定,乃不当得利返还义务的特殊形态。②

在本件,"最高法院"一方面认为契约因解除权的行使,溯及地消灭,因契约之履行而受益之一方,即欠缺法律上之原因,形成不当得利;他方面又认为给付之一方亦得依"民法"第259条规定行使回复原状请求权,其待指出者有三:

(1)"民法"第259条规定回复原状义务,究具何种性质,判决理由未臻明确。

(2)若认此项回复原状义务为法律特别规定的义务,不具不当得利性质,其见解不同于多数说,应有说明的必要。

---

① 参见史尚宽:《债法总论》,第533页。
② 参见郑玉波:《民法债编总论》,第361页;孙森焱:《民法债编总论》(下册),第763页。

(3)若认此项回复原状义务具不当得利的性质,则依其规范目的及内容,似应排除一般不当得利规定的适用,不容其竞合并存。

须注意的是,此项争论涉及解除契约的效力。"最高法院"系采所谓的直接效果说,认为解除权的行使,使契约自始归于消灭。此乃继受德国法上已遭扬弃的见解。通说认为解除权的行使,于双方的给付已履行时,发生了回复原状清算关系(Abwicklungsverhältnis),契约内容虽有变更,其债之关系仍然存在①,根本不成立不当得利。② 准此以言,关于解除契约的效力的学说及上开判决的见解,均有重新思考的余地。

2. 契约关系与第三人

值得赞同的是,"最高法院"在前揭判决强调,不论是解除契约或不当得利,有请求权之一方,仅得请求不当得利的受领人,返还利益于自己,不得请求返还于其所指定的第三人,该受领人亦无向第三人为给付的义务。易言之,解除契约回复原状,或不当得利返还义务,仅发生于契约当事人之间,此亦适用于第三人利益契约。诚如"最高法院"2000年台上字第1769号判决所云,附第三人利益约款之契约,涉及债务人与要约人、要约人与第三人、债务人与第三人间之三面关系,第三人虽得直接向债务人请求给付,但并不因而成为契约当事人。故债务人于给付前,固得依"民法"第270条之规定以契约所由生之一切抗辩,对抗受益之第三人,包括债权未发生或消灭及同时履行抗辩等拒绝给付之抗辩,即于第三人为给付请求时,设债务人已解除契约,得以债务已消灭,拒绝给付而已。倘债务人已为给付后债务人始解除契约,应负回复原状之义务者,依"民法"第259条规定,则为要约人,而非第三人。又倘债务人已为给付后,债务人始主张第三人利益契约无效,应负回复原状之义务者,依"民法"第113条规定,亦为要约人,而非第三人。

(二)契约的合意解除

契约当事人得依合意解除契约(contrarius consersus)时,其契约已全部或一部履行者,如何定其返还义务?"最高法院"1974年台上字第1989号判例谓:"契约之合意解除与法定解除权之行使性质不同,效果亦异。

---

① E. Wolf, Rücktritt, Vertertenmüssen und Verschulden, AcP 153 (1953), 97, Larenz, Schuldrecht I. Allgemeiner Teil, S. 403.; Roth, Rücktrittsrecht und Leistungskondiktion, FS Canaris, Bd. I (2007), S. 1131 ff.

② Reuter/Martinek, Ungerechtfertigte Bereicherung, S. 600 f.;黄立:《民法债编总论》,第551页。

前者为契约行为,即以第二次契约解除第一次契约,其契约已全部或一部履行者,除有特别约定外,并不当然适用'民法'第259条关于回复原状之规定。"又"最高法院"1970年台上字第4297号判例更明确表示:"契约之解除,出于双方当事人之合意时,无论有无可归责于一方之事由,除经约定应依'民法'关于契约解除之规定外,并不当然适用'民法'第259条之规定,倘契约已为全部或一部之履行者,仅得依不当得利之规定请求返还其利益。"(参阅2002年台上字第92号判决,本书第441页)关于此项见解,应说明者有二:

1. 契约的合意解除为契约行为,其法律效果,尤其是给付是否返还及如何返还,应依当事人的约定。

2. 当事人未为约定者,有疑义时,应认契约合意解除具有溯及效力;其主张不具溯及效力的一方当事人,应负举证责任。关于返还义务,台湾地区实务上认为仅得依不当得利的规定请求返还其利益,自有所据。然类推适用"民法"第259条关于契约解除的规定,似较符合当事人的意思及利益状态。①

七、终止契约

终止契约与不当得利请求权系实务上的重要问题(本书第132页)。"最高法院"二个相关判决可供参考:

1. 终止契约与解除契约:2011年台上字第2号判决:当事人在契约有效期间内,如基于有效之契约而受有利益,并非无法律上之原因。本件财产局于2003年12月22日交付系争土地于恒巨公司,嗣于2007年11月26日表示终止双方委托经营关系,为原审所认定,因终止契约,仅使契约自终止之时向将来消灭,并无溯及之效力,则恒巨公司于系争契约终止前因占有土地而受有利益,本难谓其为无法律上原因。惟按契约一经解除,契约即溯及归于消灭,与自始未订立契约同。因此契约解除后,当事人在契约存续期间所受领之给付,即成为无法律上之原因,自亦构成不当得利,该受损害者倘舍解除契约后回复原状请求权而行使不当得利请求

---

① 此为德国通说,Larenz, Schuldrechts I, Allgemeiner Teil, S. 221, Jauring/Vollkornmer §365 Anm. 6b; Palandt/Heinrichs §365 Amn. 3。其主张应适用关于不当得利规定,Erman-Westermann §397 Rdnr. 3。

权,应非法所不许,此观"民法"第 179 条后段立法理由揭橥:"其先虽有法律上之原因,而其后法律上之原因已不存在(如撤销契约、解除契约之类),亦应返还其利益"自明。

2. 终止契约与不当得利:2010 年台上字第 2056 号判决:"按契约之终止,仅使契约关系自终止之时起向将来消灭,并无溯及效力,尚不发生回复原状之问题。倘当事人间有给付物之授受,则因契约之终止,原有法律上之原因,其后已不存在,授予者非不得依不当得利之规定请求受领者返还给付物。"

第三节　不当得利与无因管理

(一)甲有 A 屋,外出期间该屋遭台风毁损,邻居乙雇工修缮,支出 5 万元。试问:

1. 乙得主张何种权利,有无不当得利请求权?
2. 设甲于台风前已决定拆屋兴建大厦时,其法律关系如何?

(二)甲有某匹陶马(时值 10 万元),送请某教授鉴定,该教授病故,其继承人乙以 11 万元出售于善意之丙。试问于下列三种情形,甲得向乙主张何种权利:

1. 乙误该陶马为其父遗产。
2. 乙明知该陶马为甲所有。
3. 乙因过失不知该陶马为甲所有。

一、无因管理[①]

(一)无因管理系受有利益的法律上原因

无因管理,指无法律上义务而为他人管理事务,例如,修缮他人遭台风毁损的房屋。管理事务利于本人,并不违反本人明示或可得推知之意思者,管理人得请求偿还其费用及自支出时起之利息(第 176 条)。于此情形,管理人对本人有无不当得利请求权?关于此点,应采否定说,无因管理系法定债之关系,本人受有利益,具有法律上原因,不成立不当得利。

[①] 关于无因管理基本问题,尤其是适法无因管理及不适法无因管理的区别,及所涉及不当得利,参见王泽鉴:《债法原理》,北京大学出版社 2022 年重排版,第 405 页以下。

诚如"最高法院"1997年台上字第229号判决所云,无因管理与不当得利,分别为债之发生原因之一,其成立要件与效果各别,前者为未受委任,并无义务而为他人管理事务,后者则为无法律上之原因而受利益,致他人受损害。因而适法之无因管理,本人之受利益,既系基于法律所允许之管理人无因管理行为,自非无法律上之原因,仅管理人即债权人对于本人即债务人取得必要或有益费用偿还请求权、债务清偿请求权及损害赔偿请求权;至不当得利之受害人即债权人对于不当得利之受领人即债务人则取得不当得利返还请求权,二者不得牵混。

不当得利与无因管理不生竞合关系,已如上述,如何认定不当得利或无因管理,应研究者有二:

1. 代缴税捐

"最高法院"1993年台上字第172号判决谓:"土地所有权之移转为绝卖者,其增值税向出卖人征收之,'土地法'第182条定有明文。出卖人负有缴纳土地增值税之公法上金钱债务,如由第三人缴纳,不得谓非受有金钱债务消灭之利益,并致该第三人受有损害。苟出卖人对该第三人无受此利益之法律上原因,应构成不当得利,该第三人即有不当得利之返还请求权。"值得注意的是,"最高法院"1983年台上字第3476号判决谓:"关于讼争不动产买卖成立后应缴之税捐,依上述契约书第6条约定:纵其纳税义务人仍为卖方名义,亦应由买方即被上诉人负担。倘上诉人确曾为被上诉人代缴上开公法上之税捐,非不得依无因管理之规定请求被上诉人偿还其支出之费用('民法'第176条规定参照)。"

第三人缴纳税捐,究系不当得利或无因管理,应依其有无为他人管理事务加以认定。若为肯定,则属无因管理,不成立不当得利。

2. 契约不成立或无效

甲受乙委任处理事务,于处理事务之后,始发现委任契约不成立或无效。于此情形,甲自始认为系在履行委任契约上之义务,欠缺为乙管理事务的意思,不成立无因管理,应适用不当得利规定。

甲承揽修理乙所有轮船的部分机件,增加修理其他机件时,得否成立无因管理?"最高法院"1950年台上字第1553号判决谓:"上诉人如确曾就契约外增加修理机件,而其修理之机件又确有利于被上诉人,并不违反被上诉人明示或可得推知之意思者,则上诉人为被上诉人支出之有益费用,依'民法'第176条第1项之规定即非不得请求偿还。"此项判决,原则上可资赞同,即对于本人虽负有契约上义务,如明知超过范围而为事务之管理时,就超过部分仍可成立无因管理。

(二)"民法"第 177 条第 1 项的适用

须注意的是,管理事务不利于本人或违反本人明示或可得推知之意思的,亦属有之,修缮他人预定拆除重建之房屋,即其著例[案例(一)]。在此情形,本人仍得享有因管理事务所得之利益,而以其所得之利益为限,对于管理人负偿还其所支出费用等之义务(第 177 条第 1 项)。本人不主张享有管理事务所得之利益时,当事人间的法律关系应依不当得利规定加以处理。在前揭案例,甲原有拆屋重建大厦的预定计划,乙的修缮,对甲而言,并不具利益,故甲可主张未受有利益,免负偿还价额之义务。

二、准无因管理

准无因管理(亦称不真正无因管理),指具备无因管理的客观要件,但欠缺主观要件的管理。兹分误信管理及不法管理二种情形,说明如下:

(一)误信管理

误信管理,指误信他人的事务为自己的事务而为管理,例如,误他人的田地为己有而开垦种植槟榔树、误他人之画为己有而出售。诸此情形均属不当得利或侵权行为的问题,无适用(或类推适用)无因管理规定的余地。

(二)不法管理

不法管理,指明知他人的事务,仍作为自己之事务而为管理,例如,明知为他人之田地而开垦种植槟榔树,明知为他人之画而出售,明知他人的著作物而为出版,明知他人的专利权而为行使。诸此情形,基本上亦属不当得利(或侵权行为)问题。然本人若基于侵权行为向管理人请求损害赔偿时,只能请求赔偿所受的损害及所失的利益,若基于不当得利而请求返还时,亦只能以所受损害为限度,均不能请求超过其损害之利益。为阻止故意不法侵害他人权利而获取利益,《德国民法典》第 687 条第 2 项乃规定,不法管理人应与无因管理人负同一义务,使本人得请求返还全部利益。台湾地区"民法"原未设类似条文,通说认为应类推适用原"民法"第 177 条规定。现行"民法"第 177 条第 2 项明定:"前项规定,于管理人明知为他人之事务,而为自己之利益管理之者,准用之。"须注意的是,不法无因管理请求权的发生,须以"明知"所管理的为他人事务为要件,其出于过失的,不成立不法无因管理,从而亦不能类推适用"民法"第177条第1项规定,向管理人请求返还管理事务所得的利益。①

三、体系构成

兹为使读者对不当得利、侵权行为与无因管理的规范功能、要件及法律效果有简要的认识及复习,特以甲擅将乙所有时值10万元的版画,以11万元(或8万元)让售于丙,由丙善意取得其所有权为例,图示如下,说明乙对甲得主张的权利,并研究乙得对甲请求返还或赔偿的金额(10万元、11万元或8万元):

案例事实	请求权基础		主观要件	责任内容
甲无权让售处分乙的版画于善意之丙,由丙取得其所有权(第801条、第948条)	不当得利(第179条)		不论甲有无故意过失	返还所受利益(第181—182条) 价额偿还:原则 获利返还:例外(争议)
	侵权行为(第184条第1项)		故意或过失	损害赔偿(第213—216条)
	准无因管理	不法管理(第177条第2项)	明知他人事务	准用无因管理:返还因管理所得利益(第177条第2项):获利返还
		误信管理	有过失:侵权行为	损害赔偿
			不论有无过失:不当得利	返还所受利益

第四节 不当得利与物上请求权、占有回复关系

(一)甲为避免其债权人的强制执行,与乙通谋为A屋之虚伪买卖,并办理所有权移转登记。试问甲、乙死亡后,甲之继承人对乙的继承人得主张何种权利?

(二)甲出租汽车于乙,乙届期拒不返还,而为下列行为时,试说明当事人间之请求权及其竞合关系:

---

① 参见王泽鉴:《债法原理》,北京大学出版社2022年重排版,第420页。

1. 乙对该车支出必要、有益费用。
2. 乙转租该车于他人。
3. 乙让售该车(无权处分)于善意第三人。

(三)甲出售 B 牛给乙,乙勤加喂养,牛生小犊,乙将之出售他人。试就下列情形说明甲与乙间的法律关系:
1. 甲与乙间之买卖契约无效或被撤销。
2. 甲与乙间之买卖契约及物权行为,均为无效或被撤销。

一、所有物、占有返还请求权与不当得利请求权

(一)物上请求权:所有物返还请求权与占有不当得利请求权

无权占有他人之物,事例甚多,例如偷取他人之车,租赁关系消灭后拒不返还租赁物,或买受人基于无效或被撤销的买卖契约及物权行为占有买卖标的物。在诸此情形,所有人对于无权占有或侵夺其所有物者,得请求返还之(第 767 条第 1 项前段)。此外,物的所有人亦得依不当得利规定向无权占有人请求返还物的占有。占有为一种法律上地位,取得占有即取得受法律保护的利益,得发生占有不当得利请求权。是就同一标的物的返还,得成立所有物返还请求权与占有不当得利请求权的竞合。

(二)不动产登记涂销请求权

"民法"第 758 条规定:"不动产物权,依法律行为而取得、设定、丧失及变更者,非经登记,不生效力。"不动产登记后,债权行为及物权行为均为无效者,亦时有之,例如出卖人为受监护宣告之人(第 15 条),买卖当事人通谋虚伪意思表示(第 87 条)。此外,亦可能发生地政机关登记错误的问题,例如将甲所有的空地误以乙的名义登记之。于诸此情形,登记名义人无法律上原因受有"登记"的利益,致他人受损害,受损人得依不当得利或"民法"第 767 条第 1 项中段规定请求涂销所有权(或其他物权)的登记。

值得注意的是,在前揭情形,所有人亦可本于所有权请求涂销登记,其实体法上依据,系"民法"第 767 条第 1 项中段规定的妨害除去请求权。"最高法院"1980 年台上字第 2170 号判决谓:"不动产真正所有人之所有权,不因基于无效原因所为之移转登记,而失其存在,且已登记不动产所有人之除去妨害请求权,虽不在'司法院'大法官会议释字第 107 号

解释范围之内,但依其性质亦无'民法'第 125 条消灭时效规定之适用。所谓已登记不动产所有人,乃指原已依'土地法'办理登记之不动产真正所有人而言,本件系争土地,原登记蔡俊德所有,嗣虽因通谋虚伪意思表示,移转登记予张水德名义;张水德亡故后,并由上诉人为继承登记,但其登记既有无效之原因,土地所有权自仍属蔡俊德所有,被上诉人继承蔡俊德土地所有权,对上诉人行使除去妨害请求权,即请求上诉人分别涂销所有权移转登记及其继承登记,依上说明,自无'民法'第 125 条消灭时效规定之适用。"

由上述可知,关于不动产登记的涂销,其规范基础得为不当得利请求权或所有权妨害除去请求权,成立竞合关系,前者的消灭时效期间为 15 年,后者则无消灭时效规定的适用(参照"司法院"释字第 164 号解释)。

二、占有回复关系请求权与不当得利请求权

关于占有人与回复请求人的关系,"民法"第 952 条以下分别善意占有人及恶意占有人,就占有物的使用收益(尤其是孳息)、占有物的赔偿义务、费用的求偿,设有不同规定。此等请求权与不当得利请求权究处于何种关系,颇值研究。

占有人与回复请求人间有寄托、租赁、地上权等关系时,当事人间的权利义务,可依其基本法律关系处理之。史尚宽先生认为:然无如此正当的法律关系或外形上有之而为无效或被撤销时,则此关系究应依何标准以决定,不免发生问题。于一定情形,虽可适用关于侵权行为或不当得利,然仅此尚不足以充分解决问题,故"民法"第 952 条至第 959 条规定,就无本权之占有人分别善意与否而设有详细规定。[①] 问题在于"民法"关于占有人对于回复请求权人的权利义务设有详细规定,是否因而排除不当得利请求权。郑玉波先生认为基于无因管理、不当得利、侵权行为、契约解除等法律规定,而须将占有物返还于受领权人时,可依法律之规定定其法律关系,"民法"第 952 条以下规定,旨在解决不基于任何既存的法律关系而仍返还占有物之情形。郑玉波先生尚认为:不过占有物返还一事,有时仍不免与无因管理、侵权行为、契约解除等问题相伴而生,斯时究竟适用何种规定,当事人得自由选择之,易言之,如发生请求权竞合

---

① 参见史尚宽:《物权法论》,第 526 页。

时,权利人不妨择其有利者行使。① 他并未特别提到不当得利竞合的问题。倪江表先生则明确肯定竞合性,认为无占有权利之占有人,与回复请求人间之法律关系,往往有与无因管理、不当得利、侵权行为或债务不履行所生之关系并存者。而此所述之各种规定,则并不妨害此等规定之适用,在请求权发生竞合时,由请求权人,自得任择其一,以为行使,如行使其一,不能满足时,则得行使他一种,总以达其目的为足。例如窃盗他人之物,而占有之,经所有人请求回复者,此时占有人不但应负不当得利与侵权行为之责任,一面亦应负本款所述之责任。②

本书认为"民法"关于占有回复后权利义务关系的规定依其立法上的价值判断,未具排他性时,不当得利仍有适用余地。兹就若干重要案例类型说明如下③:

(一)占有物的消费、添附、无权处分

"民法"第953条规定:"善意占有人就占有物之灭失或毁损,如系因可归责于自己之事由所致者,对于回复请求人仅以灭失或毁损所受之利益为限,负赔偿之责。"④又依"民法"第956条规定:"恶意占有人或无所有意思之占有人,就占有物之灭失或毁损,如系因可归责于自己之事由所致者,对于回复请求人,负赔偿之责。"此二条规定应不排除返还之物因占有人消费、添附或无权处分而应成立不当得利。例如甲有A计算机,借乙使用,乙(或其继承人)擅将该计算机让售于善意之丙(丙善意取得其所有权),获得价金时,不论此项无权处分发生在使用借贷契约存续中或使用借贷终了后,亦不论乙(或其继承人)善意与否,甲均得主张不当得利请求权。⑤

(二)使用收益

"民法"第952条规定:"善意占有人于推定其为适法所有之权利范

---

① 参见郑玉波:《民法物权》,第399页。
② 参见倪江表:《民法物权论》,第431页。
③ "民法"第952条以下关于占有回复关系上请求权与其他请求权之适用关系,参见王泽鉴:《民法物权》,北京大学出版社2023年重排版,第710页;谢在全:《民法物权论》(上)(修订七版),2020年版,第536页以下。
④ 史尚宽:《物权法论》(第526页)认为本条规定系采用不当得利的原则。
⑤ 德国通说亦采此见解,Canaris, Das Verhältnis der §§994 ff. BGB zur Aufwendungskondiktion nach §812 BGB, JZ 1996, 334 ff.; Medicus, Bügerliches Recht/Petersen, Bürgerlicher Reeht, S. 284 (Rn. 597 f.); Vieweg/Werener, Sachenrecht (2003), S. 244 f.; Wieling, Sachenrecht, 4. Aufl. (2001), S. 182.

围内,得为占有物之使用、收益。"第958条规定:"恶意占有人,负返还孳息之义务。其孳息如已消费,或因其过失而毁损,或怠于收取者,负偿还其孳息价金之义务。"此二条对物之使用收益设有完整的规定,应认为排除不当得利请求权。

有疑问的是,系当事人间具有给付关系时,应如何处理。例如甲售 B 牛给乙,依让与合意交付后,发现买卖契约不成立时,乙对甲应依不当得利规定返还该牛的所有权,设该牛生有小犊时,本于所受利益更有所取得,并应返还。在甲与乙间买卖契约及物权行为均无效(如甲为受监护宣告之人)或被撤销(如甲撤销其受第三人胁迫而为的意思表示)时,该牛所有权仍属于甲,甲对善意的乙虽得请求返还该牛的占有,但依占有回复关系的规定则不得请求返还该牛的孳息(小犊)。为期平衡当事人的利益,应认在此情形,不当得利请求权仍得并存,故甲得向乙请求孳息(小犊)的返还。①

(三)支出费用

关于支出费用的偿还,"民法"区别占有人善意与否,而设不同的规定,即善意占有人,因保存占有物所支出之必要费用,得向回复请求人请求偿还,但已就占有物取得孳息者,不得请求偿还(第954条);因改良占有物所支出之有益费用,于其占有物现存之增加价值限度内,得向回复请求人请求偿还(第955条)。

至于恶意占有人,依"民法"第957条规定:"恶意占有人,因保存占有物所支出之必要费用,对于回复请求人,得依关于无因管理之规定,请求偿还。"因而发生一个重要问题,恶意占有人得否请求因改良占有物(如粉刷患有壁癌的墙壁,更换破旧的地板为瓷砖)所支出的有益费用?"民法"对此未定明文,立法理由说明所以未设规定,乃在否定恶意占有人的请求权,略谓:"恶意占有人,明知无占有其物之权利,只许将必要之费用,依无因管理之规定,向回复占有物人请求清偿,至其所出之有益费用,不在请求清偿之列。盖此项费用,若许其请求清偿,恶意占有人可于其占有物多加有益费用,借此以难回复占有物人。"

---

① 德国通说,Baur/Stürner Sachenrecht, 17. Aufl. (1999), S. 100 ff.; Medicus/Petersen, Bürgerliches Recht S. 286 (Rdnr. 600 f.)。

问题在于恶意占有人得否主张不当得利请求权？学者有采肯定的见解①，多数说则采否定说，盖恐恶意占有人故意增加费用，以阻挠回复请求权的行使②。"最高法院"1972年台上字第1004号判决采肯定说，认为："必要费用，固得依关于无因管理之规定请求偿还（'民法'第957条），其所支出之有益费用，固亦得依不当得利之规定请求返还，但恶意占有人不得于其所负担使用代价返还扣除之，应另行请求。"③本书曾参酌前揭立法理由，衡量当事人利益，参照德国通说④，而采否定见解。⑤ 兹改采肯定说，认为恶意占有人仍得行使不当得利请求权的存在，其理由有三⑥：

1. "民法"关于占有回复请求关系的规定，乃在平衡占有人因支出费用而发生的财产减少。不当得利则在除去无法律上原因而为生财产增加，其应返还的范围非系占有人实际上对物所为的支出，而是尚存的利益。二者之规范目的不同，不生排除问题。

2. 若采否定说，则占有某物而支出有益费用的，无不当得利请求权，其未占有某物而支出有益费用的，却得主张不当得利请求权。此项差别待遇欠缺合理依据。

3. 采否定说的主要理由，系为避免增加回复请求人的负担，确有所据。然此在不当得利法亦可获得合理解决，即受益人得主张此种强加于其物的支出，对其而言，非属受有利益（或所受利益不存在）。例如甲无权占有乙的房屋，修缮其围墙，乙得主张其围墙原预定拆除，未受有利

---

① 参见史尚宽：《物权法论》，第531页。
② 参见黄右昌：《民法批注》，载《物权编》（下册），第207页；倪江表：《民法物权论》，第430页；郑玉波：《民法物权》，第405页。
③ 《法令月刊》第24卷第7期，第22页。
④ Vgl. Reuter/Martinek, Ungerechtfertigte Bereicherung, S. 698 ff.; BGHZ 41, 157 ff.
⑤ 参见王泽鉴：《恶意占有人对有益费用之不当得利请求权》，载王泽鉴：《民法学说与判例研究》（第一册），北京大学出版社2009年版，第269页。
⑥ Vgl. Koppensteiner/Kramer, Ungerechtfertigte Bereicherung S. 204 ff.; Larenz/Canaris, Schuldrecht, II/2., S. 345 ff.; Löwwnheim, Bereicherungsrecht, S. 118 f. 法制史及比较法的研究，参见Verse, Verwendungen im Eigentümer-Besitz-Verhältnis (1999). 此书的主要论点系认《德国民法典》第954条以下关于占有物支出费用所以区别善意占有人及恶意占有人、必要费用及有益费用而设不同的规定，乃源自罗马法。罗马法所以就必要费用（Impemsae Necessaria）、有益费用（impensae uliles）及奢侈费用（impensae voluptuarie, Luxusverwendungen）的返还设不同的规定，乃因为罗马法上尚未形成不当得利请求权一般原则，关于支出费用的特别规定，乃历史残留之物，在解释适用上应肯定不当得利请求权的适用。

益,不负返还责任。

第五节　不当得利与侵权行为

不当得利因受领人的侵权行为而发生的,颇为常见,例如因故意或过失消费、占用、出租、无权处分他人之物或使用他人的著作权、专利权等(权益侵害型不当得利,本书第182页)。"民法"第197条规定:"因侵权行为所生之损害赔偿请求权,自请求权人知有损害及赔偿义务人时起,二年间不行使而消灭,自有侵权行为时起,逾十年者亦同。损害赔偿之义务人,因侵权行为受利益,致被害人受损害者,于前项时效完成后,仍应依关于不当得利之规定,返还其所受之利益于被害人。"台湾地区通说认为此项规定旨在表示赔偿义务人因侵权行为受有利益时,得发生损害赔偿请求权与不当得利请求权的竞合。① "最高法院"1959年台上字第1179号判例谓:"主债务人因窃取债权人之财物,债权人对之既得基于损害赔偿之法律关系,请求回复原状,同时又得基于不当得利之法律关系,请求返还其所受之利益,此即学说上所谓请求权之并存或竞合,有请求权人之上诉人,得就二者选择行使其一,请求权之行使已达目的者,其他请求权即行消灭,如未达目的者,仍得行使其他请求权。"该判例亦采相同见解,可资参照。

---

① 参见史尚宽:《债法总论》,第218页;郑玉波:《民法债编总论》,第243页;孙森焱:《民法债编总论》(上册),第357页。

第八章 民法上的不当得利请求权与公法上的不当得利请求权

第一节 公法上不当得利请求权的理论基础及其发展

本书旨在论述民法上的不当得利。在公法关系上，无法律上的原因而受利益者，亦可成立不当得利请求权（公法上的返还请求权）①，例如人民自行申报缴纳法律未规定的租税；依税捐稽征机关的课税处分缴纳法律未规定的租税，而该课税处分经人民提起行政争讼而撤销；因社会扶助（如老年年金）申请人资格不符而以伪造资料请领补助，经主管机关废弃给予补助的决定。至于公用地役关系，则不成立私法上的不当得利，或公法上的不当得利，乃公法上的补偿问题。②

公法上不当得利请求权的发展在德国法上历经三个阶段：第一个阶

---

① 参见陈敏：《行政法总论》，2016 年版，第 1253 页以下；Ossenbühl, Staatshaftungsrecht, 5. Aufl. (1998), S. 414 ff.; Reuter/Martinek, Ungerechtfertigte Bereicherung, S. 798 ff.

② 参见"最高法院"1999 年台上字第 3479 号判决："私有土地实际供公众通行数十年之道路使用，公法上应认为已有公用地役关系存在，其所有权之行使应受限制，土地所有人不得违反供公众通行之目的而为使用（'行政法院'1957 年判字第 39 号判例）。而既成道路符合一定要件而成立公用地役关系者，其所有权人对土地既已无从自由使用收益，形成因公益而特别牺牲其财产上之利益……自应依法律之规定办理征收补偿，各级政府如因经费困难，不能对上述道路全面征收补偿，有关机关亦应订定期限筹措财源逐年办理或以他法补偿其损失，固经'司法院'大法官会议释字第 400 号解释在案；惟既成道路之使用既系公法上之公用地役关系，其补偿关系自属公法上之权利义务，此公用地役关系存续时，于此公用目的范围内，要无私法上不当得利之问题。"

段是"直接适用"民法关于不当得利的规定。第二个阶段乃类推适用民法上的不当得利,而称为公法上的不当得利请求权(öffentlich-rechtlichen Bereicherungsanspruch),其后则发展成为一种独立的制度,另称为公法上的返还请求权(Öffentlich-rechtlicher Erstattungsanspruch),成为一种独立的公法上制度,以依法行政为其理论基础,规范国家与人民间无法律上原因的财产移动。

第二节 "司法院"释字第515号解释

在台湾地区行政法理论及实务上,公法上不当得利亦渐受重视。"行政程序法"第127条规定:"授予利益之行政处分,其内容系提供一次或连续之金钱或可分物之给付者,经撤销、废止或条件成就而有溯及既往失效之情形时,受益人应返还因该处分所受领之给付。其行政处分经确认无效者,亦同。前项返还范围准用'民法'有关不当得利之规定……"①"司法院"释字第515号解释提出"公法上之不当得利"的概念,尤具意义。

在"司法院"释字第515号解释,台塑公司向"经济部"工业局承购宜兰利泽工业区之土地,而缴交工业开发管理基金与主管机关,嗣因居民环保抗争,六轻未能兴建,土地及厂房遭主管机关以原价强制买回,台塑公司所缴之管理基金亦被视为买卖价金之一部分,不予返还。该号解释谓:"此一基金系专对承购工业区土地、厂房及其他建筑物兴办工业人课征,用于挹注工业区开发及管理之所需,性质上相当于对有共同利益群体者所课征之特别公课及使用规费,并非原购买土地或厂房等价格之一部分,该条例(编按:'促进产业升级条例')施行细则第96条:'本条例第38条第1项第1款所称原购买地价及原购买价格,不包括承购时随价缴付

---

① 立法理由谓:"一、本条规定受益人不当得利返还义务。二、授予利益之行政处分,其内容系提供一次或连续之金钱或可分物之给付者,经撤销、废止或条件成就而溯及的失其效力时,受益人因该处分而受领之给付,即因丧失法律之原因而构成不当得利,现行法就此种公法上之不当得利欠缺一般之法律依据,为求明确,爰设第一项,以为遵循。该行政处分经确认无效者,亦同。三、第二项则规定前项返还范围,准用'民法'有关不当得利之规定。四、参考《德国行政程序法》第48条第2项。"林明昕:《公法上不当得利之研究——以"行政程序法"第一百二十七条规定为中心》,载《辅仁法学》2008年第35期;詹镇荣:《行政机关之公法上不当得利返还请求权》,载《法学讲座》2003年第23期;萧文生:《公法上不当得利返还请求权之实现》,载《月旦法学杂志》2005年第119期;刘建宏:《行政主体向人民请求返还公法上不当得利之法律途径》,载《台湾本土法学杂志》2004年第64期。

之工业区开发管理基金',此对购买土地及厂房后未能于前开一年内使用而仅缴付价金者,固无不合。惟兴办工业人承购工业区土地或厂房后,工业主管机关依上开条例第38条之规定强制买回,若系由于非可归责于兴办工业人之事由者,其自始既未成为特别公课征收对象共同利益群体之成员,亦不具有缴纳规费之利用关系,则课征工业区开发管理基金之前提要件及目的均已消失,其课征供作基金款项之法律上原因遂不复存在,成为公法上之不当得利。依上开细则之规定,该主管机关仅须以原价买回,对已按一定比例课征作为基金之款项,不予返还,即与保障人民权利之意旨有违,该细则此部分规定,并不排除上述返还请求权之行使。"①

　　本件解释确立了"公法上之不当得利的制度",相对于民法上之不当得利,从而发生如何类推适用的问题。值得提出的是,解释理由书谓:"因不可归责之事由致兴办工业人未能于法定期间内依核定开始使用在工业区购得之土地或厂房,其课征供作基金款项之法律上原因既已不存在,则构成公法上之不当得利,该兴办工业人自得依现行'行政诉讼法'提起给付诉讼。"则难免对此项不当得利请求权的发生须否以因不可归责于承购人(不当得利请求权人)为要件,产生疑问。实则,无论民法上的不当得利或公法上的不当得利,均在调整无法律上原因的财产移动,当事人一方是否故意或过失,有无可归责的事由,均所不问。② 如何建构公法上不当得利制度的理论基础,形成其要件及法律效果,乃行政法学上的重要课题。

第三节　公法上不当得利请求权的成立要件及法律效果

　　"行政程序法"第127条第2项规定"准用'民法'有关不当得利之规定"。"司法院"释字第515号解释使用公法上不当得利的概念,而不采

---

① 关于本件解释的评释,参见陈爱娥:《工业区开发管理基金与公法上之不当得利返还请求权》,载《台湾本土法学杂志》2001年第19期。
② 参见陈爱娥:《工业区开发管理基金与公法上之不当得利返还请求权》,载《台湾本土法学杂志》2001年第19期;谓:"大法官在本号解释中,以给付之(事后)'无法律上的原因'乃非可归责于承购人,为此项返还请求权的成立要件,非仅多余,抑且有害;因其将混淆此项请求权的目的,后者的重点只在于调整不当的财产变动。"

"公法上之返还请求权",由是可知公法上不当得利虽系行政法上固有独立的制度,因其与民法上不当得利具有结构上的类似性,仍得本其公法上的规范目的,而准用或类推适用民法上的相关规定,尚不能完全扬弃与民法上不当得利制度的联系。①

此涉及甚广,争论不少,非本书所能详论。兹分成立要件及法律效果简述如下:

(一)成立要件

公法上不当得利请求权的成立,须具备如下要件:

1. 须在公法的法律关系发生财产上变动,受有利益。此种财产变动得基于一方的给付(如缴纳税捐,给与社会补助),或其他方式(如地方政府擅自开采私人土地的鹅卵石以铺设道路)。②

2. 一方受利益须致他方受损害(给付关系或直接变动)。

3. 须无法律上原因,包括自始无法律上原因(如自行申报法律上未规定的税捐,行政契约自始不成立、无效)及法律上原因其后不存在(如撤销违法的课税处分)。须注意的是,无法律上原因与违法性在公法上系不同的概念。基于违法,但非无效的行政处分而发生的财产移转,其移转并非无法律上原因,但该违法行政处分经撤销者,则自撤销时成为无法律上原因。准此以言,不当得利请求权所调整的,不是违法的财产移转,而是无法律上原因的财产移动。③须注意的是,公法上不当得利请求权的当事人得为民众对行政主体(如退还法律未规定缴纳的税捐)、行政主体对民众(如退还溢付的退税款项)、行政主体对行政主体。民众对行政主体行使不当得利请求权时,应向行政法院提起给付诉讼("行政诉讼法"第8条)。

(二)法律效果

关于公法上不当得利请求权的客体,应准用或类推适用"民法"第181条规定,除返还其所受之利益外,如本于该利益更有所取得者(如就

---

① 德国权威行政法学者 Forsthoff (Verwaltungsrecht, 10. Aufl. 1973, S. 175) 曾倡言在公法上返还请求权的民法支柱已无必要,应予摆脱(Die überflüssigen Krücken des bürgerlichen Recht abzuwerfen)。公法上返还请求权虽具制度上的自主性,但其与民法上不当得利的关联仍属存在,参见 Reuter/Martinek, Ungerechtfertigte Bereicherung, S. 803 f.。

② 此例取自 Ossenbühl, Staatshaftungsrecht, S. 428。

③ 参见陈敏:《行政法总论》,2016年版,第1254页;Ossenbühl, Staatshaftungrecht, S. 426 f.。

金钱已收取的利息),并应返还。但依其利益之性质或其他情形不能返还者,应偿还其价额。

最具争论的是,如何准用或类推适用"民法"第 182 条所定不当得利返还范围,尤其是善意受领人得否主张其所受利益已不存在,而免负返还或偿还责任。① 行政主体为返还义务人时,因其具有返还的财力及依法行政原则,应认其不得主张所受利益不存在。人民为返还义务人时,学说上有认为应区别其受领利益系基于行政处分或非基于行政处分而异。前者应适用公法上信赖保护原则,其明知行政处分违法或因重大过失而不知,而无值得保护者,经行政机关撤销原授益处分时,通常应不得主张所受领之利益已不存在(以公法上信赖保护原则取代民法上所受利益不存在的规定)。后者因无授益处分存在,不适用信赖保护原则,则得主张所受利益不存在,免负返还或偿还的责任。②

第四节 二个判决

一、使用既成道路的公法上公用地役关系:"最高法院"2012 年台上字第 2643 号判决

"最高法院"2012 年台上字第 2643 号判决谓:"按私有土地实际供公众通行数十年之道路使用,公法上应认为已有公用地役关系存在,其所有权之行使应受限制,土地所有人不得违反供公众通行之目的而为使用。另土地所有人于上述公用目的范围内,有容忍他人使用之义务,政府机关为有利于公众之通行使用,就该道路予以铺设柏油,属合乎公共利益之行为,土地所有人亦应容忍。又既成道路成立公用地役关系者,其所有权人对土地既已无从自由使用收益,形成因公益而特别牺牲其财产上之利益,自应依法律之规定办理征收补偿,各级政府如因经费困难,不能对上述道路全面征收补偿,有关机关亦应订定期限筹措财源逐年办理或以他

---

① 早期德国学者有认为《德国民法典》第 818 条第 3 项(相当于台湾地区"民法"第 182 条第 1 项),系基于自我个人主义的私法,不适用于较高伦理性要求的公法[Meier-Branecke, Die Anwendbarkeit privatrechtlicher Normen im Verwaltungsrecht, AöRnF. Bd. 11 (1926), S. 230 ff.]。此项极端见解,应难赞同。

② 参见陈敏:《行政法总论》,2016 年版,第 1257 页;Ossenbühl, Staatshaftungsrecht, S. 432 ff.。

法补偿其损告,固经'司法院'作成释字第400号解释,惟既成道路之使用系公法上之公用地役关系,仅生公法上补偿之权利义务关系,殊无私法上不当得利之问题。本件系争土地不论于1986年间地籍图重测之前后,其'地目'均为'道',且现已属县道一四九甲线斗六市成功路之一部,经被上诉人在其上铺设柏油,长期以来供作为不特定公众通行使用,已成立公用地役关系,为原审本于取舍证据、认定事实之职权行使所确定之事实,依上说明,上诉人自不得请求被上诉人铲除系争柏油路面及给付不当得利。原审本此理由而为上诉人不利之判决,经核于法并无违误。"本件判决,"最高法院"认既成道路之使用系公法上的公用地役关系,仅生公法上补偿之权利义务关系,不发生公法上不当得利请求权,亦无私法上不当得利之问题,可资赞同。

二、不具当选资格议员薪资的不当得利:台北高等行政法院2010年诉字第1656号判决①

(一)事实概要

被告当选原告台北市议会第七届议员(任期为1994年12月25日至1998年12月24日)时具有美国国籍,且未于当选后就职前办理放弃,亦未有丧失美国国籍之记录,依1991年8月2日修正公布之"公职人员选举罢免法"第67条之1规定,视为当选无效,经依法撤销被告当选原告第七届议员之当选人名单。原告乃以被告所受领原告第七届议员任职期间之各项费用共新台币(下同)22700017元(下称"系争款项"),构成公法上不当得利为由,依"行政诉讼法"第8条第1项规定提起本件行政诉讼。

(二)公法上不当得利请求权基础

被告受领原告所发之系争款项,是否构成公法上不当得利?台北高等行政法院认为按公法上不当得利,除"行政程序法"第127条、"税捐稽征法"第28条等特别规定外,尚无统一之不当得利法加以规范。适用之际,除有特别规定者外,其意涵应借助民法不当得利制度来厘清。公法上不当得利请求权,系于公法之法律关系中,受损害者对无法律上之原因而受领给付者,请求其返还所受利益之权利,以调整当事人间不当之损益变

---

① 参见刘昭辰:《不具当选资格议员的薪资不当得利责任》,载《台湾法学杂志》2011年第180期。

动。参诸"民法"第179条规定，公法上不当得利返还请求权需具备以下四要件：(1)须为公法关系之争议。(2)须有一方受利益，他方受损害；于此要件之认定上，进一步区分给付型不当得利与非给付型(侵益型)不当得利，于前者，受领特别给付即为受利益，提供给付即属受损害；于后者，利用他人之物或权利为受利益，自己之物或权利为他人所使用即为受损害。(3)受利益与受损害之间须有直接因果关系。(4)受利益系无法律上原因。

(三)不构成公法上不当得利的理由

台北高等行政法院认为本件不构成公法上不当得利，其理由有二：

1. 以系争撤销当选公告撤销被告当选原告第七届议员之当选人名单，惟因被告担任原告第七届议员之公职人员身份，并非自始当然确定无效，且迄被告担任原告第七届议员任期届满前，主管机关均未依有关条例撤销被告之职务，被告并未丧失其担任原告第七届议员期间之公职身份，已如前述，则被告于任职原告第七届议员期间，依行为时"直辖市自治法"第27条及原告之决议所支领之系争款项，自属有法律上之原因，而不构成公法上不当得利甚明。

2. 公法行为有其公益性、安定性及信赖性；苟有执行公务之外观，且公职人员之职务身份斯时尚未遭解除或撤销，如期所为公法上职务行为自始当然无效，势将使公法秩序之安定性、公益性遭受严重之破坏，是被告虽依行为时"公职人员选举罢免法"第67条之1视为当选无效，惟于主管机关撤销或解除其职务前，被告仍具有公职身份，则其所为执行议员职务之公法行为，固属有效，纵嗣经撤销或解除其公职，亦应向后失其效力，而不影响其遭主管机关撤销或解除所为职务行为之效力。至被告于遭主管机关撤销或解除公职前，为执行职务所支领之相关费用，则属其执行职务之实质对价，且为避免相互主张不当得利而彼此求偿，致双方之法律关系复杂化，甚至影响法安定性，应认为执行职务与支领费用二者间具有不可分之关系，始符衡平法则及社会公益。是以，此际应类推适用行为时"公务人员任用法"第28条第3项："前项撤销任用人员，其任职期间之职务行为，不失其效力；业已依规定支付之俸给及其他给付，不予追还。"所揭橥"事实上公务员"之法理，而认为被告所支领之系争款项不构成公法上不当得利。

(四)分析说明

1. 本件判决肯定公法上不当得利请求权,除有特别规定外得类推适用"民法"第179条规定,此项见解基本上可资赞同。又本件判决强调不当得利区别为给付型不当得利与非给付型(侵害损益型)不当得利,采与"最高法院"相同的见解(2012年台上字第1722号判决),亦值赞同,本件系属给付型不当得利。

2. 台北高等行政法院以二点理由认本件不构成公法上不当得利,值得特别提出的是"事实上公务员"的法理在功能上相当于民法上的"事实上契约关系"(faktischer Vertrag)①,即在劳动契约、合伙契约等继续性债之关系,若其业已实施,于有无效或得撤销的事由时,为顾及双方已为给付,避免相互主张不当得利而彼此求偿,致双方的法律关系复杂化,尤其是在劳动契约不利于受雇人,应认其主张无效或撤销原则上不具溯及力,仅对将来发生效力(Anfechtung ex-nunc-Wirkung)。②

---

① 王泽鉴:《事实上之契约关系》,载王泽鉴:《民法学说与判例研究》(第一册),北京大学出版社2009年版,第83页。

② 参见 Medicus, Allgemeiner Teil der BGB, 10. Aufl. (2010), S. 108 (Rn. 253); 德国实务上通说,BAGE 5, 159 = NJW 1958, 516; 参见 Canaris, Die Vertrauenshaftung im deutschen Privatrecht (München 1971), S. 447 ff.; Kummer, Die Grundzüge der fehlerhaften Gesellschaft bürgerlichen Rechts, Jura 2006, 330 ff.; 综合简要说明,Grigoleit/Auer, Schuldrecht III, Bereicherungsrecht (München 2009), S. 123 (Rn. 375-389)。

第九章 不当得利法的体系构造、请求权基础与案例法的形成

第一节 不当得利法的体系构造

一、建构具可认知性、可学习性、法律适用上可涵摄性的不当得利法

不当得利法旨在调整无法律上原因的财产变动,与契约法、侵权行为法鼎足而立,为债的发生原因,乃私法上的基本制度,"民法"于第179条至第183条加以规定。自1929年"民法"施行以来,实务上的裁判数以千计,丰富的案例及累积的经验使抽象的法律条文获得规范生命(Law in action),使不当得利法成为活的案例法(Case law)。本书旨在借助比较法的研究,整理分析实务上的案例,建构不当得利法的理论体系,使不当得利法具可认知性、可学习性、可涵摄性,期能有助于不当得利法的解释适用,并进而更深刻地了解私法秩序的运作。

不当得利制度源自公平正义的理念,但业已实体法化于一定的构成要件及法律效果。因此不能再以公平正义作为不当得利请求权的基础,基于个案衡平的考虑,认为一方受利益,致他人受损害与公平正义有违而无法律上的原因,应负返还的义务。

二、不当得利类型化及不当得利请求权的检查架构

"民法"第179条对不当得利请求权的成立,设一般原则性的规定。然就不当得利制度的发展史、比较法的共识及事物本质言,不当得利请求

权应可分为"给付型不当得利"与"非给付型不当得利"二个基本类型,而后者更可分为权益侵害型不当得利、支出费用型不当得利及求偿型不当得利等三个次类型。不当得利请求权的类型化是一种开放、动态的体系,得因不同的观点或新的案例的出现而为调整,以促进不当得利法的发展。

不当得利虽分为给付型不当得利与非给付型不当得利,但在其请求权基础仍有重叠性,而具统一的基础构造,兹提出其检查架构如下(本书第 56 页):

---

1. 不当得利法的适用
   首应检讨的是不当得利法得否适用,是否因其他制度(如无因管理)或特别规定而被排除?
2. 不当得利请求权的发生(第179条)
   (1)受利益
   (2)类型
      ①给付型不当得利 ─── 成立(因债权人的给付)
                     └── 排除(第180条)
      ②非给付型不当得利:非因给付致他人受损害
3. 不当得利请求权的效果:内容与范围(第181—183条)

三、不当得利请求权的发生:给付型不当得利与非给付型不当得利

给付型不当得利请求权旨在矫正不能达其给付目的之失败的私法自治上交易计划(如买卖、租赁、雇佣、承揽等契约不成立、无效或被撤销),从而因他方给付而受利益,自始或嗣后欠缺给付目的时,即无法律上原因而受利益,应负返还义务。此种不当得利请求权系以"给付"为其核心概念。所谓给付系指有意识地基于一定目的而增加他人财产,此项给付概念寓有利益衡量价值判断,即给付乃基于特定人间的信赖关系,应由给付者对受领给付者行使不当得利请求权,以维持当事人间的抗辩及破产风险的承担,有助于处理三人关系不当得利请求权。

在非给付型不当得利的类型中,"权益侵害型不当得利请求权"最为重要,以侵害法秩序上应归属于他人的权益内容为判断基准,据以认定受利益,致他人受损害,是否无法律上原因,而应负返还义务。此种不当得利请求权旨在保护他人权益,具权益保护继续作用的机能。权益归属内容有待于具体化,涉及不同权益的保护、竞争秩序及社会经济活动,应慎

审加以认定。例如甲爬登乙后院的大树观赏丙主办的演唱会时,甲对乙或丙均不成立不当得利(请读者自行思考其理由)。值得特别提出的是,人格权的若干法益(如肖像、姓名、声音等)业已因社会经济发展而成为交易客体,予以商业化,具有财产权的性质,故得认定擅自利用他人肖像作商品广告,系受利益,致他人受损害,无法律上原因,应成立不当得利而偿还利用他人肖像通常所应支付的对价。由是可知不当得利请求权亦具有保护人格权的机能。

本书系建立在"给付型不当得利"与"非给付型不当得利"(尤其是权益侵害型不当得利)二个基本类型上,突显二者的规范功能、思考方法,使不当得利请求权问题的呈现,更具透明性,更具论证的说服力。

四、不当得利请求权的法律效果

"民法"关于不当得利请求权的法律效果,主要规定于第181条及第182条。首应特别强调的是,其因不当得利而受利益,系指该利益客体本身而言,如某物的所有权、占有、登记或使用收益,"民法"第179条所谓"而受利益",第181条所谓"返还其所受之利益",均同此意义。又第181条所谓本于该利益更有所取得,如某物的孳息,使用收益,毁损灭失所获的赔偿,但不包括不当得利受领人处分该物所获的对价(有争论)。所受之利益或本于该利益更有所取得者,依其利益或性质或其他情形不能返还者,应偿还其价额,此项价额应依偿还义务发生时的客观价额加以计算。

须特别指出的是,"民法"第182条第1项规定"不当得利之受领人,不知无法律上之原因,而其所受之利益已不存在者,免负返还或偿还价额之责任",旨在体现取除不当得利的基本思想,保护善意不当得利受领人乃不当得利责任的特征(Charakteristikum der Bereicherungshaftung)。[①] 所谓"而其所受之利益已不存在",则系就受领人财产总额加以判断,其应列入考虑的,除"所受利益客体本身"及基于该利益更有所取得外,尚包括善意受领人因信赖受有利益具有正当性而遭受的财产上的损失。在双务契约如何认定所受利益尚否存在,应以"二不当得利请求权对立说"为基础,依"民法"第182条第1项的规范目的、双务契约的本质及法律上的价值判

---

① Vgl. Medicus/Lorenz, Schuldrecht BT, S. 423.

断加以认定。

"民法"第182条第2项规定:"受领人于受领时,知无法律上之原因或其后知之者,应将受领时所得之利益,或知无法律上原因时所现存之利益,附加利息,一并偿还;如有损害,并应赔偿。"立法目的在于加重恶意受领人的责任,以保护相对人的利益。

五、体系构成

不当得利请求权的范围虽因不当得利受领人善意与否而异,但不当得利请求权的发生,其应返还的所受利益本身,则不因受领人善意与否,有无过失而不同,例如甲将乙所有之画(时值10万元),以12万元(或9万元)让售(无权处分)于善意之丙,甲对乙应负返还的所受利益,为12万元(或9万元),甲是否明知该画为乙所有,均所不问。此显示不当得利法乃在判断保有所受利益的正当性,调整无法律上原因的损益变动。至于乙得否对甲请求返还12万元(或9万元)的获利,或10万元的损害赔偿,则为无因管理(第177条第2项)、侵权行为法的问题。不当得利、无因管理、侵权行为具不同的功能,以不同的构成要件及法律效果,共同协力维护财产变动的私法秩序。兹综提出如下不当得利法的体系构成:

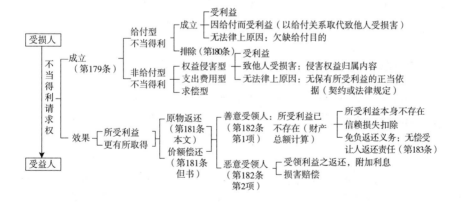

第二节 不当得利请求权基础的思考方法[①]

关于不当得利请求权的理论、类型、成立、效力、竞合等,已详前述,兹设计二个案例,简要综合说明"给付型不当得利"与"非给付型不当得利"的基本问题,以资复习整理,加强处理不当得利实例题在思考方法上的认识(请先行研究,写成书面,再参考以下说明加以研讨补充改正)。

第一款 给付型不当得利

一、案例:养兰者购买西藏獒犬

甲外出,经由其代理人戊出售 A、B 二只西藏獒犬给养兰者乙,价金各 50 万元。双方同时履行后,甲的代理人戊经甲授权以该 100 万元购某绩优股票,大涨。乙用进口牛肉饲养二犬,A 犬生 C 犬,乙将 C 犬(时值 2 万元)赠与善意之丙,丙转赠于善意之丁,丁复以 1 万元出售该 C 犬于他人。A 犬产后突发狂,毁损乙所有时值 60 万元的达摩兰。乙即以 30 万元出售 A 犬。不久,甲回来,以其代理人戊意思表示错误为理由,对乙撤销买卖契约,乙不知撤销的事由。乙获知甲撤销买卖契约后,B 犬遭洗劫兰花园的暴徒以黑心牌手枪击杀。试说明当事人间的法律关系。[②]

二、解说

本件案例在类型上系属于所谓的"给付型不当得利"(Leistungskondiktion)。甲、乙基于买卖契约各为对待给付,甲经由其代理人戊出卖 A、B 二只獒犬于乙(第 345 条),并移转其所有权(第 761 条),乙支付价

---

① 关于请求权基础的思考方法,参见王泽鉴:《民法思维》,北京大学出版社 2022 年重排版,第 34 页。处理实例,不是法律技术性的问题,更要理解不当得利法的理念(不当得利与公平正义),掌握基本概念(给付、侵害权益、支出费用、受有利益、所受利益不存在),分析复杂的法律关系(多人关系的不当得利),建构体系及探寻发现法律上的利益衡量及价值判断,而从事法律适用上的涵摄,促进法律的进步。

② 20 世纪 80 年代台湾地区社会竞相养狗,投机兰花,黑枪泛滥,股市发烧,黑道横行,特设此例,以志其事。

金(第761条)。其后买卖契约因被甲撤销而视为自始无效(第88条、第114条、第113条),使此双务契约一方当事人自他方当事人受领的给付上利益,失其法律上之原因,应负返还义务(第179条)。由此可知不当得利请求权与法律行为制度(总则编)、双务契约(债编)及物权行为无因性(物权编),具有密切关系。

处理实例的基本步骤是,从案例事实去寻找法律规范(尤其是请求权基础),从法律规范去认定法律事实,反复来回,以掌握当事人间的基本法律关系。就本案例言,不当得利的当事人为甲与乙,应分别讨论其应返还的客体(原物返还、价额偿还)、返还范围(因受领人善意、恶意而异)、双务契约的对待给付。丙、丁二人则涉及不当得利关系上第三人的返还责任。为帮助了解,图解其基本法律关系如下:

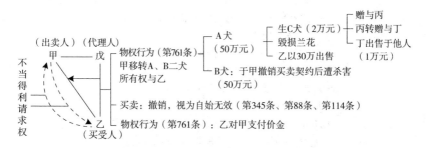

兹依上开图解所显示的当事人基本法律关系,拟定其解题结构如下,请读者查阅本书相关部分的说明,自行作答,写成书面。

一、甲与乙间的法律关系
　(一)甲对乙的不当得利请求权
　　1. 成立[第179条前段或后段(?)]
　　　(1)乙受有利益
　　　　②A犬所有权(第761条):物权行为无因性;A犬占有
　　　　③B犬所有权(第761条):物权行为无因性;B犬占有
　　　(2)因甲的给付
　　　(3)无法律上原因:欠缺给付目的
　　　　①甲以其代理人意思表示错误撤销买卖契约(第88条、第114条)
　　　　②甲之给付目的消灭:欠缺给付目的

2. 排除:无排除的事由(第 180 条)
3. 返还之标的(第 181 条)
   (1) 原物返还(第 181 条本文)
       ① 所受利益:A 犬、B 犬所有权、占有
       ② 更有所取得:C 犬所有权
   (2) 不能原物返还;价额偿还(第 181 条但书)
       ① A 犬:出售,偿还价额 50 万元
       ② B 犬:死亡,偿还价额 50 万元
       ③ C 犬:赠与,偿还价额 2 万元
4. 范围(第 182 条)
   (1) 善意受领人:现存利益的返还(第 182 条第 1 项)
       ① 所受利益本身
       1 A 犬:价额 30 万元
       2 C 犬:赠与他人,免负偿还价额义务
       ② 其他财产损害
       1 扣除项目:饲养费的信赖损害
       2 不扣除项目:兰花毁损
   (2) 嗣后恶意受领人(第 182 条第 2 项)
       ① 加重责任
       1 恶意受领人:知无法律上原因(第 182 条第 2 项)
       2 A 犬、B 犬、C 犬的价额返还,附加利息
       ③ 损害赔偿
       ② 扣除项目:饲养费等必要费用

(二) 乙对甲的不当得利请求权
  1. 成立(第 179 条前段或后段)
     (1) 受有 50 万元价金的利益(第 761 条)
     (2) 因乙的给付
     (3) 无法律上原因
         ① 买卖契约被撤销视为自始无效(第 88 条、第 114 条)
         ② 欠缺给付目的(参阅前述甲对乙相关部分)
  2. 排除:无排除事由(第 180 条)
  3. 返还之标的(第 181 条)
     (1) 原物返还
         ① 50 万元价金
         ② 甲受领金钱 100 万元购买的股票,非属本于所受利益更有所取得

(2)价额偿还:原受领价金不能返还(如存入银行),应偿还其价额 50万元
4. 返还范围
(1)所受利益尚属存在
(2)甲系善意,不必附加利息
(三)甲与乙间的不当得利请求权的关系
1. 二不当得利请求权对立说与差额说
2. 双务契约的对待给付与同时履行抗辩

二、甲对丙关于C犬的不当得利请求权
(一)不当得利请求权(第179条)
1. 丙受有利益:C犬所有权
2. 致甲受损害?
(1)C犬所有权属于乙,丙自乙取得所有权,非"致"甲受损害
(2)甲对丙无给付型或权益侵害型不当得利请求权
(二)不当得利关系上第三人的返还责任(第183条)
1. 要件
(1)不当得利受领人乙将C犬无偿(赠与)让与丙
(2)乙所让与之物系乙所应返还与甲者
(3)善意受领人乙因无偿让与而免负返还或偿还价额之责任
(4)丙于乙所免负返还义务限度内负返还责任
2. 效果:"民法"第182条第1项的适用
(1)丙系善意受领人
(2)丙将C犬转赠与丁:所受利益不存在
3. 丙对甲免负返还或偿还价额之责任

三、甲对丁关于C犬的不当得利请求权
(一)不当得利请求权[第179条(参阅甲对丙部分的说明)]
(二)"民法"第183条的类推适用
1. 要件
(1)丙将C犬无偿(赠与)让与丁
(2)丙所让与之物系丙所应返还者
(3)丙因无偿让与而免负返还义务
(4)丁于丙所免负返还义务限度内负返还责任
2. 效果
(1)丁将C犬出售,原物不能返还,应偿还价额(2万元)
(2)丁系善意受领人,所受利益尚存在(1万元)
3. 丁对甲负偿还1万元的责任

第二款　非给付型不当得利
——权益侵害型不当得利

一、案例：和田玉的无权处分与加工①

甲赴新疆观光，携回一块和田玉石，据专家鉴定值30万元。甲以奇货可居，再度前往收集，将该块玉石寄托乙处。乙获知甲病倒于河西走廊，生命危笃，即擅以自己名义，将该玉石出售于丙，得款32万元。丙以35万元出售于丁。丁雕成玉马，以100万元高价出售于戊。又乙以获得价金32万元，购裕隆速利汽车一部，赠与其子庚，作为新婚礼物。半年后甲安然归来，向乙取回玉石时，查知上开情事。设乙、丙、丁、戊、庚均为恶意时，甲得主张何种权利（设乙、丙、丁、戊或庚为善意时，其法律关系如何，请读者自行研究）？

二、解说

本案例涉及无权处分他人之物及加工，乃"权益侵害型不当得利"（Eingriffskondiktion）的典型案例。其与"给付型不当得利"的主要区别，在于其受利益，并非基于受损人的给付，而是基于受益人自己的侵害行为。此类非给付型不当得利的特色为：(1)法律上原因之有无，应依法秩序上权益归属加以判断。(2)超过客观价额利益应否返还的争论（获利返还责任，Gewinnhaftung）。(3)与其他请求权的竞合关系。此亦为本案例的重点问题。

本案例所提出的问题是甲得对乙、丙、丁、戊、庚主张何种权利。因此发生一个解题技术上的问题，究应先讨论谁对谁的法律关系？初学者多采取所谓历史方法，即依案例事实的发展过程，讨论当事人间的法律关系。此种方法有一个缺点，即前面的法律关系常须视后面之法律关系而定，势必造成重复。因此宜采取所谓"请求权基础方法"②，依序讨论甲对戊、对丁、对丙、对乙、对庚，得主张之权利，其理由有二：(1)甲若能自戊

---

① 日前赴新疆天池旅行，购一和田玉作为纪念，启发构思此例的灵感。
② 王泽鉴：《民法思维》，北京大学出版社2022年重排版，第418页。

取回由玉石雕成之玉马,最符合其利益。(2)后之法律关系可作为认定前之法律关系的基础。兹图示本案例当事人间的基本法律关系,并简示其解题结构如下,以供参考:

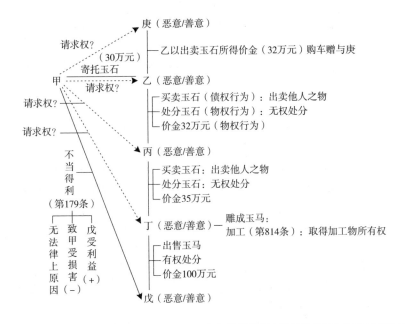

一、甲对戊的不当得利请求权(第179条)
　　(一)戊受有利益:取得玉马所有权
　　1. 甲寄托玉石于乙处(第589条),所有权仍属于甲。
　　2. 乙出售该玉石与丙,其出卖他人之物的买卖契约有效,对玉石所有权的移转(第761条),构成无权处分(第118条),丙系恶意,不能善意取得该玉石所有权。
　　3. 丙将该玉石转售于丁,其买卖契约虽属有效,对玉石所有权的移转,仍属无权处分,丁系恶意,不能善意取得该玉石所有权。
　　　惟丁将玉石雕成玉马,其对他人动产加工,所增之价值显逾材料之价值,该加工物(玉马)的所有权属于加工人丁(第814条但书)。甲因而丧失其所有权。
　　4. 丁将玉马出售于戊,并移转其所有权,系属有权处分,纵戊明知丁加工于他人之物,其取得所有权不因此受影响。

(二) 致甲受损害?
　　1. 戊自丁受让玉马所有权。
　　2. 甲对玉马已无所有权。
　　3. 戊受利益未侵害甲的权益归属内容。
(三) 无法律上原因(在否定戊受益系致甲受损害之后,无须再讨论戊的受利益是否具有法律上原因)
(四) 甲对戊不得依"民法"第179条规定请求返还玉马所有权。

二、甲对丁得主张之权利
　(一) 不当得利请求权(第816条、第179条前段)
　　1. 丁加工于甲的动产(玉石),因加工所增之价值显逾材料的价值,而取得其加工物(玉马)所有权(第814条但书)。
　　2. 甲丧失权利而受损害,得依不当得利之规定,向丁请求偿还价额:
　　　(1) 所谓依不当得利规定,系指不当得利的构成要件及法律效果之准用。
　　　(2) 通说认为价额依动产因加工而丧失所有权时客观价值计算(30万元)。
　(二) 侵权行为损害赔偿请求权(第184条第1项前段)
　　丁系故意不法侵害甲之所有权,应依"民法"第184条第1项前段规定,负损害赔偿责任。
　(三) 不当得利请求权与侵权行为损害赔偿请求权的竞合

三、甲对丙得主张的权利
　(一) 不当得利请求权(第179条)
　　1. 丙受有价金的利益。
　　2. 致甲受损害?
　　　(1) 丙取得价金系基于出售甲的玉石。
　　　(2) 甲丧失所有权,系基于丁的加工,而非基于丙的无权处分、丁的善意取得。
　　　(3) 丙受利益未侵害甲的权益归属内容,无直接因果关系。
　　3. 无法律上原因(不必讨论)。
　　4. 甲对丙无不当得利请求权。
　(二) 侵权行为损害赔偿请求权(第184条第1项前段)
　　丙明知玉石所有权为甲所有而购买,并让售他人,为无权处分,系故意不法侵害甲的所有权,应负侵权行为损害赔偿责任。

(三) 不法管理的请求权(第 177 条第 2 项)
　　1. 第 177 条第 2 项对不法管理的规定。
　　2. 本案例能否准用第 177 条第 2 项？
　　　不能准用，因丁取得玉石所有权，并非基于丙之无权处分(不法管理)。
(四) 甲得否承认丙的无权处分，而对丙主张不当得利或不法管理？
　　1. 甲得承认丙的无权处分(第 118 条第 1 项)。
　　2. 不当得利请求权：客观价额 30 万元。
　　3. 不法管理请求权：返还管理所得利益 35 万元。
　　4. 侵权行为损害赔偿请求权不因此而受影响。

四、甲对乙的请求权
　(一) 契约上请求权(第 226 条)
　(二) 侵权行为损害赔偿请求权(第 184 条第 1 项前段)(请分析其要件)
　(三) 不法管理请求权(第 177 条第 2 项)(请分析其要件)
　(四) 不当得利请求权(第 179 条)(请分析其要件)
　(五) 甲承认乙的无权处分后的不当得利或无因管理请求权(以上请参照甲对丙得主张权利部分的说明)
　(六) 请求权竞合

五、甲对庚的请求权
　(一) 不当得利请求权(第 179 条)
　　1. 庚受利益：汽车所有权。
　　2. 并未侵害甲的权益归属内容，致甲受损害。
　　3. 甲对庚无不当得利请求权。
　(二) 不当得利关系上的第三人返还责任(第 183 条)
　　1. 在甲承认乙对玉石之无权处分前，甲对乙无不当得利请求权，无适用"民法"第 183 条之余地。
　　2. 在甲承认乙对玉石之无权处分时，甲对乙虽有不当得利请求权，但乙系恶意受领人，不免其返还或偿还责任，不具备第 183 条要件。

第三款　请求权基础的思维方法

案例事实的彻底了解是处理实例最基本的步骤，解题结构则在帮助探寻请求权基础，分析构成要件，发现争议问题。这些都是为解题而预备，熟练之后，自然成为一种思考方法。关于上开二则实例的详细解

答,请读者自行为之。有四点应予注意:

1. 确实提出请求权基础。必须明确指出"民法"第179条(前段或后段)、第182条第2项或第183条的适用或类推适用。请求权基础是法律思维与案例研习的出发点。

2. 分析构成要件。不当得利的成立要件有三:(1)受有利益。(2)致他人受损害。(3)无法律上原因。此应分就给付型不当得利或权益侵害型不当得利请求权加以认定。若为肯定时,三者均应说明。若为否定时,应明确指出究竟何项要件不具备,其理由何在。"民法"第180条规定,不当得利请求权的排除,其事由有四,应明确指出,究竟具备何种事由(如第4款的不法原因给付),再分析其构成要件。构成要件的分析,不应作教科书式的概括说明,须根据案例事实,认定具体的事实是否该当于抽象的法律规范,通常多涉及案例事实是否可涵摄(Subsumtion)在某一构成要件因素之下(如受利益是否"致"他人受"损害"),应以争点作为讨论的重心。

3. "民法"第179条至第183条分别对不当得利请求权的成立、排除、标的、范围及第三人返还责任设有规定,层次分明,有助思考。例如甲赠A车给乙,乙转赠给丙,丙再转赠给丁,依让与合意交付后,甲撤销赠与契约。试分别讨论甲对乙、甲对丙、甲对丁的不当得利请求权。设甲系受监护宣告之人时,其法律关系如何(请读者自行研究)?

4. 处理实例题,就是将抽象法律规范适用于具体事实,直接涉及法律的解释或类推适用。

(1)其关于法律解释,例如:

①无权占用他人土地,究受有何种"利益",是否"致"他人受"损害",此所谓"损害",指何而言?

②出卖人因物具有瑕疵而溢领价金,是否具有"法律上原因"?

③就原所受利益依法律行为而取得的对价,是否"本于所受利益更有所取得"。受领时值1万元的某物,以12000元出售时,其应偿还的"价额"多少?

④"所受利益不存在"如何判断?

⑤未成年人"知无法律上之原因",如何认定?

(2)其关于类推适用,例如"民法"第180条第4款关于不法原因给付不得请求返还的规定,得否类推适用于侵权行为损害赔偿请求权。"民法"第183条关于第三人返还责任规定得类推适用于无偿让与的转得者。

有争议的是,第183条对"无偿无权处分"的类推适用。

对于诸此法律解释适用的问题,在解题时应做必要的理由构成。

综合言之,处理实例的基本要领为:彻底了解案例事实,针对所提出的问题,寻求请求权基础,检讨其构成要件,发现争点,以必要的理由构成解释适用法律,判断当事人间的权利义务。若能多练习,常讨论,熟能生巧,必能妥为解释适用法律,此乃法律人的基本能力。

第三节　不当得利案例法的形成

关于不当得利,现行"民法"于第179条至第183条设5个抽象概括的规定。数十年来,"最高法院"著有多达千计的判例判决,阐释其规范意旨,澄清解释适用的疑义,长期累积的丰富案例及益臻成熟的法律见解,使不当得利法成为真正的活法(Living Law)。兹选录65个"最高法院"重要判例判决,本诸类型化的理论,尝试建构不当得利案例法(Case Law on Unjust Enrichment),期能显现不当得利法内容形成及发展的基本问题、规范模式、争点所在及其解决途径,此乃法释义学(法教义学或信条学,Dogmatik)的任务。之所以刊载若干裁判的原审见解及"最高法院"见解,乃在使读者更能深刻体会案件事实与法律适用间的关系,尤其是法律论证过程,避免仅阅读判例或判决要旨而导致法律思维要旨化的缺点。相关裁判系依不当得利法的体系加以编排,并就重要的裁判提出问题争点,作为思考研究之用。

其对读者所期待者有:

1. 请细心、耐心阅读裁判(尽量查阅裁判全文,若干裁判难免详于事实说明,略于法理阐发),彻底了解每一个裁判的事实、法律争点、原审判决内容及"最高法院"的见解。研读理解判决是法律人的基本素养。

2. 分析检讨每一个裁判的法律观点,与本书的说明加以比较,而提出自己批评性的意见,并给每一件裁判适切的名称,以突显其内容,探究其对不当得利制度发展所具的意义。

3. 将法院判决加以案例化,作为案例研习的问题,并借此增强法学想象力、构思案例及说明法律问题的能力。

4. 本书由北京大学出版社在大陆发行简体字版。大陆的读者可思考一个比较法方法论上的核心问题:台湾法上的案例在大陆法上如何处理?其法律依据、理论体系及理由构成的异同?

研读裁判,可以增进洞察引发诉讼的社会经济活动、法律与社会变迁的关系;可以深刻认识不当得利类型化、具体化的思考过程,更可以从事案例比较(Fallvergleich),明辨异同,建构体系,实现个案正义的利益衡量和价值判断。

一、不当得利的类型化:给付型不当得利与非给付型不当得利

> 〔1〕"最高法院"2012年台上字第1722号判决
>
> (本书第27页)
>
> 不当得利类型的区辨
>
> 1. "民法"第179条规定:"无法律上之原因而受利益,致他人受损害者,应返还其利益。虽有法律上之原因,而其后已不存在者,亦同。"系就不当得利请求权设统一的规定。为何通说将其区分为"给付型不当得利"与"非给付型不当得利",其依据、实益何在?
> 2. 甲与乙通谋虚伪为房地的买卖契约及物权移转后,乙擅将该房地设定抵押权于丙,试说明当事人间的法律关系及不当得利的类型。

不当得利依其类型可区分为"给付型不当得利"与"非给付型不当得利",前者系基于受损人有目的及有意识之给付而发生之不当得利,后者乃由于给付以外之行为(受损人、受益人、第三人之行为)或法律规定所成立之不当得利。又于"非给付型不当得利"中之"权益侵害型不当得利",凡因侵害归属于他人权益内容而受利益,致他人受损害,即可认为基于同一原因事实致他人受损害,并欠缺正当性;亦即以侵害行为取得应归属他人权益内容的利益,而不具保有该利益之正当性,即应构成无法律上之原因,成立不当得利。本件原审认双方就系争房地之买卖契约及物权移转行为系出于通谋虚伪意思表示而无效,则张○强似非基于其有意识、有目的的增益张○瑛财产。张○瑛以系争房地为担保,设定抵押权,侵害应归属于张○强之权益,张○瑛因而受有借款利益,似可认系基于同一原因事实致张○强受系争房地附有抵押权之损害,并因张○瑛所受之借款利益实系应归属于房地所有人张○强,而欠缺正当性,构成无法律上之原因,属于非给付型不当得利。原审就此未遑详查究明,遽以张○瑛取得贷款系基于其与银行间之消费借贷法律关系,非无法律上原因,而为不利于张○强之论断,自嫌速断。又原审认张○瑛获有第三人(即张○强)提供担保之利益,复谓张○瑛并无得利可言,前后理由自有矛盾之情形。

> 〔2〕"最高法院"2011 年台上字第 899 号判决
>
> (本书第 196 页)
>
> 不当得利的类型化
>
> 给付型不当得利请求权与权益侵害型不当得利请求权的功能、成立要件与举证责任有何不同?

不当得利依其类型可区分为"给付型不当得利"与"非给付型不当得利",前者系基于受损人之给付而发生之不当得利,后者乃由于给付以外之行为(受损人、受益人、第三人之行为)或法律规定或事件所成立之不当得利。在"给付型不当得利"固应由主张不当得利请求权人(受损人),就不当得利成立要件中之"无法律上之原因"负举证责任;惟在"非给付型不当得利"中之"权益侵害型不当得利",由于受益人之受益非由于受损人之给付行为而来,而系因受益人之侵害事实而受有利益,因此只要受益人有侵害事实存在,该侵害行为即为"无法律上之原因",受损人自不必再就不当得利之"无法律上之原因"负举证责任,如受益人主张其有受益之"法律上之原因",即应由其就此有利之事实负举证责任。又"非给付型不当得利"中之"权益侵害型不当得利",凡因侵害取得本应归属于他人权益内容而受利益,致他人受损害,欠缺正当性,亦即以侵害行为取得应归属他人权益内容之利益,而从法秩序权益归属之价值判断上不具保有利益之正当性者,即应构成"无法律上之原因"而成立不当得利。本件上诉人利用保管郭○敏之存折、印章之便,擅自由郭○敏账户中提领如附表上开编号所示之款项,既为原审合法确定之事实,乃系以侵害行为取得在权益内容本应归属于郭○敏之利益,致郭○敏受损害,核属于"非给付型不当得利"中之"权益侵害型不当得利",而上诉人复未能举证证明其具有保有该利益之正当性,自应成立不当得利。

二、正义公平、衡平原则与不当得利

> 〔3〕"最高法院"1984 年台上字第 4477 号判决
>
> (本书第 32 页)
>
> 不当得利请求权的肯定:衡平原则
>
> 承揽人就其于定作人终止承揽契约前所为工程,得否向定作人主张不当得利请求权?衡平原则与不当得利法的发展及解释适用具有何种关系?

惟查上诉人在原审陈称:上诉人整地已完成部分,业经被上诉人至现场勘视验收,并经双方协议就已完成之整地,向基隆市政府申请建照,被上诉人并签发申请书五份交付上诉人,内载"遵令将内木山六五号等地局部整地,已完成公共设施,检呈图说请核办由",签署之处,被上诉人五人逐次盖章,达二十五次之多,足证当时工程确已完成,其中被上诉人王英智为知名之杰出建筑师,岂能明知整地未完成,而于申请书上盖章之理,上诉人因被上诉人片面终止契约,以致工程无从继续,不可能依约完成全部工程,再行请求报酬,应于被上诉人终止契约时起,由上诉人取得报酬请求权,被上诉人于 1979 年 11 月 24 日终止契约,上诉人于 1981 年 10 月 17 日提起本诉,依"民法"第 128 条之规定,报酬请求权并未罹于时效,又被上诉人就上诉人已完成整平之土地,向基隆市政府申请建照,为被上诉人所自认,且愿分批据以提出申请建照,其具有可分性甚明。就本件而言,上诉人历经辛苦,出钱出力,依约将被上诉人之土地部分整平后,突遭终止契约,而被上诉人之土地因上诉人施工之结果,目前价值已增至 166 倍之多,被上诉人竟拒不支付报酬及返还不当得利,有违衡平原则云云(见原审上更三字卷第 96 页、第 42 页、第 98 页至第 102 页)。原审就此项攻击方法,未于判决理由项下记载何以不足采取之意见,遽为上诉人不利之认定,已有判决不备理由之违法。

且依双方所订合约之内容以观,并未约定上诉人得请求报酬之时期,依"民法"第505条第1项规定,定作人应于工作全部完成时给付报酬。原审认定至被上诉人于1979年11月24日终止契约时,上诉人尚未完成全部工作,则在契约终止前,难谓上诉人已得请求被上诉人给付报酬。如谓上诉人就契约终止前已完成工作之报酬请求权,不因契约终止而消灭,则其报酬请求权于契约终止时始得行使,从而自被上诉人于1979年11月24日终止契约时起,至上诉人于1981年10月17日提起本诉时止,似难谓已逾"民法"第127条第7款所定二年之时效期间。原审并未说明其认定事实之依据,竟依其主观之见解,认定上诉人之报酬请求权应自部分工作完成时起算,而已罹于时效,亦有未合。

再者,承揽契约之定作人,于承揽人完成部分工作后,依"民法"第511条规定终止契约,以致承揽人受有损害,承揽人得依同条但书规定请求定作人赔偿其损害。在被上诉人终止契约后,双方间之契约关系应向将来失其效力。如上诉人就其承揽工作之全部支出费用,因被上诉人终止契约而受有损害,并使被上诉人受有利益,此项利益与上诉人所受损害之间有相当因果关系,即与"民法"第179条后段所定"虽有法律上之原因,而其后已不存在者"之情形相当,上诉人似非不得据以请求被上诉人返还不当得利。原审仅以被上诉人在承揽契约有效期间内,因上诉人完成工作而受利益,系本于契约而来,并非无法律上之原因,不备不当得利之要件,据以认定上诉人对于被上诉人不得为返还不当得利之请求,尤嫌率断。上诉论旨,执以指摘原判决不当,声明废弃,非无理由。

> [4] "最高法院"1988年台上字第69号判决
> (本书第138页)
>
> 不当得利请求权的否定:终止契约无溯及力,
> 承揽有效期间受领承揽人所为工作的给付具有法律上原因
>
> 承揽人就其于定作人终止承揽契约前所为工程,得否向定作人主张不当得利请求权?请分析比较本件判决与"最高法院"1984年台上字第4477号判决的理由构造。

原审审理结果以：双方于1970年4月24日订定土地开发承揽契约，于1972年5月10日领得建筑基地执照，同年10月2日开工，至1973年5月1日停工，被上诉人于1979年11月23日依"民法"第511条规定终止契约，上诉人于1981年10月17日提起本件诉讼，为双方不争之事实。兹就上诉人之请求，审究如下：(1)请求给付报酬部分，查依双方所不争执之土地开发合约第5条、第6条、第7条之记载，并无得分段施工、完工及分段请求报酬之约定，即上诉人亦不否认"合约内并未约定分段完工，土地全部开发完成才可请求给付报酬"。经两次勘验结果，系争土地为山坡地，依其开发工作之性质及报酬，显有不可分之关系，上诉人不得仅就开发完成之部分请求报酬。退而言之，纵上诉人得分段施工，分段请求报酬，惟上诉人主张开发完成之部分土地，经1983年4月7日及1985年11月8日两次实地勘查，并无一符合双方所订土地开发合约之约定。被上诉人申请兴建房屋未获准许，亦可证明。是上诉人请求报酬及损害赔偿，自非有理由。(2)请求不当得利部分，按终止契约，仅使契约自终止之时起向将来消灭，并无溯及之效力，使契约自始归于消灭。故定作人在承揽契约有效期间内，因承揽人所为工作致受利益，乃本于终止前有效之承揽契约而来，并非无法律上之原因，与不当得利之要件不符。故终止契约后，不论被上诉人有无受利益，上诉人如受有损害，仅得依"民法"第511条但书之规定，请求损害赔偿，不生不当得利请求权相与竞合而得选择行使之问题。上诉人所请求者，为支出之费用及土地开发后所增加之价值。姑不论所指支出费用中，终止三七五租约给付佃农之补偿费，系由被上诉人支付，有其提出之觉书复印件二纸附卷可稽。其余之支出，纵属实在，亦属履行契约所支出之费用。连同因工作完成后可得之利益，均属"民法"第511条但书所规定之损害，而非被上诉人之不当得利。至土地之增值，有其主、客观之因素。本件土地所以增值，系受社会经济状况之影响及基隆市政府于该土地内开辟三条道路所致，与上诉人之整地无关。此观隔邻166土地于1982年1月21日始登记为新登录地，地目为"杂"，该年公告现值即已为每平方米2200元，而经上诉人所谓"已整完成"之730之10号土地，每平方米仅700元，有土地登记簿誊本及地价证明附卷为凭。同段131、131之5号土地之公告现值，亦皆以同额增值，甚至1978年邻地之公告现值亦比本件土地之公告现值为高自明。上诉人就"已施工而未完成之地"，被上诉人究有多少之"不当利益"，并未为确切之证明。对其自己究受有如何之损害,支出若干,亦未能提出账簿以供查核。徒以地价上涨,被上诉人受有利益,及提出为被上诉人所否认,复无法证明为真正之支出费用表,主张受有损害,以请求返还不当得利,自难准许。并说明双方其余攻击防御方法,不予论述之理由,因而将第一审所为上诉人败诉判决,判予维持,驳回其上诉及变更之诉。

1. 对于驳回上诉人请求报酬部分,查上诉人于原审一再主张,其整地完成之部分土地,业经被上诉人至现场勘视验收,并协议就该部分先行向基隆市政府申请准许兴建房屋,被上诉人并将其中之5766平方米出售与张子歧、台湾自来水公司等,依衡平法则,应可适用"民法"第505条之规定请求给付报酬等语。原审并已退而认上诉人可分段施工,分段请求给付报酬。惟就此项攻击方法未于判决理由项下记载其取舍之意见,自不足昭折服。上诉人就此部分原判决,求予废弃,非无理由。

2. 关于驳回上诉人请求不当得利部分,经核于法洵无违误。上诉论旨,仍执陈词斤斤指摘原判决违法,声明废弃,难谓有理由。

> 〔5〕"最高法院"1997年台上字第1102号判决
>
> (本书第31页)
>
> 无权占用他人土地,
> 以公平正义作为不当得利的请求权基础?

不当得利请求权之基础,在于公平正义,被上诉人固与巨富公司签订合建契约,而上诉人亦与巨富公司签约预购系争房地,惟巨富公司于兴建中途倒闭停工,并未履行其与被上诉人合建契约之义务,系争房屋由上诉人自行续建完成,巨富公司既未将系争土地交付并办理所有权移转登记与上诉人,系争土地仍为被上诉人管理之祭祀公业业产,为原审确定之事实。则上诉人于巨富公司停工后,自行在被上诉人所管理之系争土地续建系争房屋,长期占有使用系争土地而受有利益,致使被上诉人受有无法使用之损害,与公平正义法则有违,被上诉人自得请求上诉人返还相当于租金之不当得利,原审因而为上诉人败诉判决,难谓违背法令。上诉论旨,徒就原审取舍证据、认定事实,暨解释契约之职权行使,指摘原判决不当,声明废弃,不能认为有理由。

三、不当得利请求权的发生(给付型不当得利)

(一)给付型不当得利请求权的成立

> **[6] "最高法院"2010年台上字第1399号判决**
>
> (本书第69页)
>
> 给付型不当得利的成立要件:受利益的认定基准
>
> 受利益系依某特定给付行为而取得的个别具体利益,而非就受领人的整个财产状态抽象地加以计算。试就下列三例说明其所受利益:
>
> 1. 甲出卖A屋给乙,并为交付及移转其所有权,买卖契约无效;或买卖契约与物权行为均为无效。
> 2. 甲无权占有乙的土地。
> 3. 甲承揽修建乙的房屋,承揽契约不成立。

按侵权行为损害赔偿之义务人,因侵权行为受利益,致被害人受损害者,于侵权行为损害赔偿请求权消灭时效完成后,仍应依关于不当得利之规定,返还其所受之利益于被害人。而上诉人既对王〇民享有借款债权总额达15747140元,复约定以相当于系争土地所有权应有部分三分之二之价款抵偿,而移转系争土地所有权登记与上诉人指定之人蔡〇恭,则上诉人显然因王〇民移转系争土地所有权之行为,而取得上开借款债权满足之具体利益。则上诉人系取得依权益内容应归属于被上诉人之利益,而致被上诉人受有损害。至于上诉人对王〇民之债权虽同时因受清偿而消灭,因此就财产总额为抽象计算虽然并未增加;但因不当得利之认定,系指依某特定给付行为而取得的个别具体利益,而非就受领人的整个财产状态抽象地加以计算,上诉人之具体债权既已获得现实满足,即应认为受有利益。上诉人虽辩称,债权获得满足,乃实现债权之结果,就上诉人之财产总额并无增加,因上诉人对王〇民之债权系因将其金钱借给王〇民而取得,则以系争土地抵偿部分借款债权,其财产总额当然未有增加云云。然上诉人明知王○民以应属被上诉人之部分财产供清偿王○民积欠之债务,其债权获得不当财产供清偿,应认受有不当之得利,所辩即不足采。另王○民虽亦因移转系争土地所有权之行为,而取得上开借款债务消灭之具体利益,惟并不影响上诉人受有利益之事实;仅于王○民与上诉人均应对被上诉人负担不当得利返还义务时,成立不真正连带债务而已。则上诉人明知王○民应受合资购地契约之约制,不得处分系争土地,却与王○民合谋出卖系争土地与蔡○恭,衡情显然系以授意王○民出卖系争土地之事实行为,取得应归属于被上诉人所有之价金利益,故上诉人保有该等利益即欠缺正当性,并不具备法律上原因。亦即上诉人无权与王○民合谋出卖系争土地,却因出卖而由王○民取得价金利益,由其不当清偿自己之债权,自为不当得利。

> [7] "最高法院"2004年台上字第910号判决
>
> (本书第119页)
>
> 给付型不当得利的要件:受利益
>
> 1. 农地买卖契约无效,农地所有权业已移转,农地被政府征收时,出卖人得否向买受人依不当得利规定请求征收补偿金?
> 2. 所受利益的计算方法:买卖契约无效,当事人双方均已履行,若买受人所支付之价金与出卖人所交付的物品之价额相当时,买受人受领标的物是否获有不当得利?

复按上诉人因系争农地买卖契约之订立而将系争农地所有权移转登记于杜○雄、杜○凤。嗣后系争农地经政府征收,杜○雄、杜○凤因此获得补偿金或取得申领抵价地之权利,对政府而言,固非不当得利,但对上诉人而言,应仍属不当得利。原审谓系争农地既被征收,上诉人即不得依不当得利法则请求杜○雄、杜○凤或其继承人给付补偿金或让与申领抵价地之权利,不免误会。末按买卖契约为双务契约,双方之给付,依其经济上之交换目的构成一整体。是以买卖契约纵然无效,倘当事人双方事实上均已履行,则给付与对待给付仍应一并观察计算。若买受人所支付之价金与出卖人所交付物品之价额相当,即难谓买受人受领买卖标的物获有不当得利。本件上诉人将系争农地售与杜○雄、杜○凤是否有此情形,案经发回,宜并予查明。

---

〔8〕"最高法院"2011 年台上字第 990 号判决

(本书第 277 页)

给付型不当得利的要件:因给付而受利益(给付概念)

1. 在给付型不当得利,给付具有何种意义及功能?
2. 法人机关得否代表法人受领给付?

根据"民法"第 179 条之规定,不当得利请求权之成立,须当事人间有财产之损益变动,即一方受财产之利益,致他方受财产上之损害,且无法律上之原因。在给付之不当得利,系以给付之人为债权人,受领给付之人为债务人,而由为给付之人向受领给付之人请求返还利益。所谓给付系指有意识地基于一定目的而增加他人之财产,给付者与受领给付者因而构成给付行为之当事人,此目的乃针对所存在或所约定之法律关系而为之。因此,不当得利之债权债务关系存在于给付者与受领给付者间,基于债之相对性,给付者不得对受领给付者以外之人请求返还利益。又公司为法人,法人为一组织体,自身不能为法律行为,必须由机关(自然人)代表为之,其机关代表法人所为之行为,在法律上视为法人本身之行为。申言之,代表法人之机关(自然人),为法人组织之部门,该机关在其代表之权限范围内所为之行为,视同法人亲自所为之行为,与充作机关之自然人无涉。本件上诉人系惇新公司股东,其所交付之上开款项系给付惇新公司作为增资款,乃原审合法确定之事实,并为上诉人所承认,且上诉人于 2002 年 9 月 16 日、同年 11 月 20 日所汇 851901 元、4648099 元,系汇入惇新公司设于台北银行北投分行之账户,有电汇申请书足凭,复为上诉人所自认,另上诉人托黄○河转交被上诉人 50 万元部分,系作为公司增资之用,亦经证人黄○河证明属实。则上诉人系基于向惇新公司增资之目的而给付上开增资款,被上诉人乃以惇新公司董事长之身份,居于公司代表("公司法"第 208 条第 3 项前段参照)之地位受领增资款,该受领之行为

应视为惇新公司本身之行为,与被上诉人无关。本件上诉人所请求之给付关系既存在于上诉人与惇新公司之间,则被上诉人并未因此受有财产之利益,自不负不当得利返还之义务。

> **[9]"最高法院"2000年台上字第288号判决**
>
> (本书第81页)
>
> 给付型不当得利请求权要件的再构成:致他人受损害
>
> 在给付型不当得利,得否以给付关系取代直接损害变动的因果关系?

按"民法"第179条规定不当得利之成立要件,必须无法律上之原因而受利益,致他人受损害,且该受利益与受损害之间有因果关系存在。从而因给付而受利益者,倘该给付系依有效成立之债权契约而为之,其受利益即具有法律上之原因,尚不生不当得利问题。查被上诉人与诉外人陈丽鸿素有金钱往来,其中被上诉人施翔腾于1994—1995年间曾自上诉人上海商银系争账号兑领支票6张共140万元,被上诉人因此各欲给付陈丽鸿40万元使用,而依陈丽鸿之指示,于上诉人与陈丽鸿婚姻关系存续中之1994年12月16日、1995年2月16日,各将40万元汇入上诉人系争账户等情,为被上诉人所自陈(第一审卷,第175—176页),且有上海商银之函文(第一审卷,第78—84页)为证,果尔?姑不问被上诉人与诉外人陈丽鸿间究为赠与、借贷或何种债权债务关系,要因被上诉人与陈丽鸿间因合意而成立有效之债权契约,在该债之关系未消灭以前,依首开说明,陈丽鸿若自行收受系争款项乃具有法律上之原因,似不构成不当得利。倘若本件被上诉人系因陈丽鸿之指示而将系争款项汇入上诉人系争账号,使上诉人成为代陈丽鸿受领债之标的物之人,上诉人能否因此成为无法律上之原因而受有利益之人?即滋疑义,原审未经详究,遽凭上揭理由为不利于上诉人之判决,尚嫌速断。上诉论旨,指摘原判决不当,求予废弃,为有理由。

> [10] "最高法院"2010年台上字第2071号判决
>
> （本书第85页）
>
> 给付型不当得利的要件：无法律上原因（欠缺给付目的）
>
> 欠缺给付目的之举证责任应如何分配？

主张不当得利请求权存在之当事人，对于不当得利请求权之成立，应负举证责任，即应证明他方系无法律上之原因而受利益，致其受有损害。如受利益人系因给付而得利时，所谓无法律上之原因，系指给付欠缺给付之目的。故主张该项不当得利请求权存在之当事人，应举证证明该给付欠缺给付之目的。被上诉人系主张委德公司、褚○文受领上开汇款构成不当得利，自应举证证明其给付欠缺给付之目的。乃原审未命被上诉人举证证明，徒以委德公司、褚○文与被上诉人间不具借贷、买卖、信托、赠与等契约关系；被上诉人与褚○文非亲非故，不可能无端赠与上开汇款予委德公司或褚○文；上诉人未能证明被上诉人向褚○文借用支票，为供执票人提示兑现，始汇款至委德公司或褚○文所设银行账户为由，认委德公司、褚○文受领上开汇款，系无法律上之原因，无异将举证责任倒置由上诉人负担，自有可议。

> [11] "最高法院"2011年台上字第1605号判决
>
> （本书第105页）
>
> 给付型不当得利举证责任的分配，
> 原告应负举证责任的依据

按主张不当得利请求权之原告，系因自己之行为致原由其掌控之财产发生主体变动，则因该财产变动本于无法律上原因之消极事实举证困难所生之危险自应归诸原告，始得谓平。是以原告对不当得利请求权之成立要件应负举证责任，亦即原告必须证明其与被告间有给付之关系存在,且被告因其给付而受有利益以及被告之受益为无法律上之原因,始能获得胜诉之判决。查本件被上诉人既备位主张上诉人受领其交付之系争票款系为不当得利,揆诸前揭说明,被上诉人自应就上诉人收受该款项缺乏法律上之原因,负举证责任,乃原审竟谓被上诉人虽未能直接证明其所为给付目的之欠缺,然因上诉人就抗辩取得系争支票系因被上诉人为给付伊可分得之土地买卖及中介佣金之事实,并未能证实,被上诉人已证明该给付目的之欠缺,故上诉人受领该笔款项即无法律上之原因,将原应由被上诉人就不当得利法律关系存在之举证责任,转由上诉人负举证之责,并认上诉人不能证明系争150万元支票系因双方共同从事土地买卖及中介,所赚取之金钱先存入被上诉人账户,被上诉人再将上诉人应得之部分开立支票予上诉人兑领之事实,就受领3万元支票则乏任何证明,是其受领系争153万元,即难认有何法律上原因,而为上诉人败诉之判决,依上开说明,显违背举证责任分配之法则。

> **[12]"最高法院"2010年台上字第2019号判决**
>
> (本书第105页)
>
> 给付型不当得利应由谁负举证责任原则?
> 被告负有何种责任?

按主张不当得利请求权存在之当事人,对于不当得利请求权之成立要件应负举证责任,即应证明他方系无法律上之原因而受利益,致其受有损害。如受利益人系因其给付而得利时,所谓无法律上之原因,即指其给付欠缺给付之目的,故主张该项不当得利请求权存在之当事人,自应举证证明其欠缺给付之目的,始符举证责任分配之原则。又当事人就其提出之事实,应为真实及完全之陈述。且当事人对于其请求及抗辩所依据之原因事实,应为具体之陈述,以保护当事人之真正权利,此观"民事诉讼法"第195条第1项之规定及其修正理由自明。惟当事人违反应为真实陈述义务者,并非因此而生举证责任倒置或举证责任转换效果。本件被上诉人既主张上诉人受领系争款项,系无法律上之原因,而依不当得利法律关系以为请求,即应就上诉人欠缺受领给付之目的负举证之责,虽消极事实不存在举证困难,不负举证责任之他方即上诉人应就其抗辩之积极事实存在,负真实陈述义务,使负举证责任之被上诉人有反驳机会,以平衡其证据负担。但非得因此即将举证责任分配予上诉人。乃原审以上诉人辩称其受领系争款项系供清偿借款用,惟为被上诉人所否认,因而将原应由被上诉人应就不当得利法律关系存在之举证责任,转由上诉人就其所称之借贷关系存在负举证之责,并认上诉人不能举证证明有借款如附表所示之金额予被上诉人之事实,则其受领如附表所示之金额,即难认有何法律上原因,而为上诉人败诉之判决,依上开说明,难谓与举证责任分配法则相契合。

〔13〕"最高法院"2010年台上字第503号判决

(本书第105页)

给付型不当得利举证责任的分配

因受损人的行为,致其款项变动至受益人的账户,应否由其就清偿债务不存在的事实负举证责任?

按主张不当得利之原告,如因自己行为致原由其掌控之财产发生主体变动,本于无法律上原因而生财产变动消极事实举证困难之危险,固应归诸原告,由该原告就不当得利请求权之成立特别要件即所清偿债务不存在之事实,负其举证责任。但财产主体之变动倘系被告之行为所致,自应由被告举证证明其受领给付系有法律上之原因。本件被上诉人之账户内款项,系因上诉人与其妻李○华之行为,而发生变动至上诉人账户内,为原审合法认定之事实,则上诉人就其账户受领16352000元扣除回存及代垫共10501471元后之余额5850529元系有法律上原因一节,揆诸上开说明,自应负举证之责任。原审认上诉人就此利己事实未能举证证明,因而为驳回其对此部分上诉之判决,并无分配举证责任及适用证据法则之违误可言。

> **[14]"最高法院"2000年台上字第961号判决**
>
> (本书第124页)
>
> 债权行为与物权行为分离原则、物权行为无因性与不当得利
>
> 本件判决甚具启发性,可供明辨民法上的基本概念,请细读其内容,并建构给付型不当得利的请求权基础。

无法律上之原因而受利益,致他人受损害者,应返还其利益。虽有法律上之原因,而其后已不存在者,亦同。"民法"第179条定有明文。无法律上之原因取得不动产所有权而受利益,致他人受损害者,该他人自得依不当得利规定,请求移转不动产所有权登记,以返还利益,并不发生涂销登记之问题。又物权行为有独立性及无因性,不因无为其原因之债权行为,或为其原因之债权行为系无效或得撤销而失效;而买卖契约与移转所有权之契约不同,买卖契约不过一种以移转物权为目的之债权契约,难谓即为移转物权之物权契约,且出卖人对于出卖之标的物,不以有处分权为必要(本院1948年上字第7645号、1949年台上字第111号判例意旨参看);倘出卖人出卖他人之不动产,并依买受人之指示,使该他人将买卖标的物不动产所有权径移转登记于买受人所指定之第三人,则此第三人与该他人间仅存有移转物权之独立物权契约关系,其间并无何买卖债权债务关系,亦不因其取得所有权之登记原因载"买卖"而受影响;若此,如买受人无法律上之原因,使非买卖当事人之第三人取得不动产所有权,第三人因而受有利益,且该买受人受有损害时,买受人即非不得请求第三人移转不动产所有权登记以返还利益。查上诉人主张被上诉人苏昌信、苏平娇二人为兄妹关系,共同为不履行苏昌信与伊之系争土地、建物买卖契约债务,而通谋由苏平娇登记为系争土地所有人;系争土地之买卖契约存在于富南公司与苏昌信间,该买卖契约成立当时,系争土地非富南公司所有,惟经所有人刘濯清承认,并承担富南公司对苏昌信之移转系争土地登记于苏昌信之义务,刘濯清之所以将系争土地登记于苏平娇,系因苏昌信与苏平娇向刘濯清之配偶李申欣伪称苏平娇系系争土地买受人;刘濯清既负有登记系争土地于买受人苏昌信之义务,苏昌信指示刘濯清登记于苏平娇,刘濯清有将系争土地移转于苏平娇之

意思表示，苏平娇又有受领之意思表示，其物权行为即属有效，其间无通谋虚伪之意思表示，并无瑕疵；伊仅主张苏昌信与苏平娇间为通谋虚伪意思表示，苏昌信与苏平娇间之契约无效，苏昌信对苏平娇有不当得利返还请求权云云（见一审卷第5页正、反面，第56—57页；原审上字卷第21页反面，第22页正、反面，第54页反面；更字卷第40页正、反面）。果尔，若苏昌信、苏平娇间无何法律关系，依上说明，苏昌信是否不能对苏平娇请求移转系争土地所有权以返还不当得利？即不无研求之余地。原审未予尽察，将物权契约关系与其原因之债权关系混淆，而为上诉人不利之论断，于法殊有未合。刘濯清是否由于苏昌信之指定而听由富南公司指示移转系争土地所有权于苏平娇？苏昌信与苏平娇间就苏平娇受领系争土地之所有权移转登记有无法律关系存在？均攸关上诉人代位权行使之合法与否，尤待澄清。本件事实仍属不明，本院即无从为法律上之判断。上诉论旨，指摘原判决不当，求予废弃，非无理由。

> [15]"最高法院"1994年台上字第190号判决
>
> （本书第117页）
>
> 物权行为错误与不当得利
>
> 因代书错误将非双方合意买卖标的之土地移转登记于买受人，出卖人因具有过失不得撤销，或已逾一年的除斥期间时，出卖人得否依不当得利之规定请求买受人返还该土地所有权？

原审以：双方于1991年9月6日，就5楼之2房屋及其基地即系争189之11号土地应有部分0.46%，订立买卖契约，已办妥所有权移转登记。因被上诉人尚有12楼之1房屋，二屋之基地同属一人所有，经地政事务所合并为1.11% 于一张所有权状，承办代书过失，将12楼之1基地即系争土地应有部分0.65%，亦一并办理移转登记于上诉人所有。有土地登记簿誊本、建物改良物权状、买卖契约为证。参以被上诉人在双方订约前之1990年8月23日，就5楼之2房地及12楼之1房地分别为诉外人国泰人寿保险股份有限公司设定抵押权，有土地登记簿誊本可稽。足证5楼之2基地为系争土地之应有部分0.46%，12楼之1基地为系争土地应有部分 0.65%。双方间合意之买卖标的为 5 楼之 2 房地，未提及 12 楼 1 基地，为上诉人所不争。承办代书林〇〇证称："当时讲是卖 5 楼，不知 12 楼土地持分合并在 5 楼。没有讲单价，以建物面积计算，实际算 5 楼。"足见，系代书林〇〇之错误，将 12 楼之 1 基地应有部分 0.65% 办理移转登记于上诉人，然此非双方合意买卖之标的。况该建物为 25 层大楼，双方若只买卖 12 楼之 1 基地而未买卖 12 楼之 1 房屋，显有悖常情。且果有此情形，亦必就 12 楼之 1 房屋如何使用基地，加以约定，而双方所订买卖契约内容并无任何约定。既因错误而将非买卖标的土地移转登记于买受人，纵然无法依错误之法理撤销意思表示。惟因错误造成之物权行为，买受人取得非买卖标的土地，应认为无法律上之原因而受利益，致出卖人受有损害，自应返还其利益。从而，被上诉人依"民法"第 179 条规定，请求上诉人返还不当得利，将系争土地应有部分 0.65%，移转登记于被上诉人，应予准许。因予维持第一审所为上诉人败诉之判决，经核于法洵无违误。上诉论旨，仍执前词，就原审采证认事、适用法律之职权行使，指摘原判决违背法令，求予废弃，非有理由。

[16] "最高法院" 1980 年台上字第 677 号判决

（本书第 129 页）

物之瑕疵担保与不当得利

1. 甲出卖某具有瑕疵之物给乙，乙得否以其物价值不相当于价金，而向甲就其溢收的价金主张不当得利？
2. 甲雇用乙从事某项劳务，甲得否以该劳务不相当于其所支付之报酬，而向乙主张不当得利？
3. 甲之屋顶漏水，由乙承揽修缮，乙完成之工作具有瑕疵，甲得否以该工作不相当于其所支付之报酬，向乙请求不当得利？

本件原审维持第一审驳回上诉人返还不当得利请求之判决，无非以上诉人于 1972 年 12 月 7 日向被上诉人订购坐落台北市大安区坡心段第 35011 号地上白宫大厦 5 楼 F 号房屋一户之买卖契约，始终有效存在，被上诉人基于买卖契约受领价金之给付,并非无法律上之原因而受利益,上诉人亦无受损害之可言,上诉人主张被上诉人所交付之房屋有坪数不足之情形,要属买卖标的物瑕疵担保问题,被上诉人纵有超收价金新台币25038元情事,上诉人仍不得依不当得利之规定请求返还本利云云为其判决之基础。

按"民法"第179条规定所谓无法律上之原因而受利益,就受损人之给付情形而言,对给付原因之欠缺,目的之不能达到,亦属给付原因欠缺形态之一种,即给付原因初固有效存在,然因其他障碍不能达到目的者是,本件被上诉人就其出卖之房屋,固应负瑕疵担保责任,但上诉人主张,被上诉人交付之房屋坪数短少,而有溢收价金之情形,如果属实,被上诉人对于溢收之房屋价金,是否不能成立不当得利,尚有疑问,又上诉人之不当得利请求权与其瑕疵担保请求权如有并存竞合之情形,上诉人择一请求似非法所不许,原审未予斟酌,遽为不利于上诉人之判决,尚不足以昭折服,上诉意旨求为废弃原判决,应认为有理由。据上论结,本件上诉为有理由,依"民事诉讼法"第477条第1项、第478条第1项,判决如主文。①

---

[17] "最高法院"2000年台上字第2877号判决

(本书第131页)

物之瑕疵担保、部分自始给付不能与不当得利

按以不能之给付为契约标的者,其契约为无效。法律行为之一部分无效者,全部皆为无效。但除去该部分亦可成立者,则其他部分,仍为有效,"民法"第246条第1项前段、第111条定有明文。故一部之原始不能,亦可使契约一部无效。此一部无效之行为,在法律行为当时已确定不生效力,即不得依据此一部无效行为取得任何权利。买卖契约

---

① 参见"最高法院"2007年台上字第2929号判决:"'民法'第179条规定所谓无法律上之原因而受利益,就受损害人之给付情形而言,对给付原因之欠缺,目的之不能达到,亦属给付原因欠缺形态之一种,即给付原因初固有效存在,然因其他障碍不能达到目的者是,本件被上诉人就其出卖之房屋,如有应负瑕疵担保责任之情形,上诉人得请求减少价金,则被上诉人自受有溢领价金之利益,于此情形,能否谓被上诉人不能成立不当得利,似非无疑,原审未遑详为推阐明断,徒以被上诉人依买卖契约受领价金,非无法律上之原因,据为不利于上诉人之认定,尚欠允洽。"

如一部无效,而出卖人就该无效部分已收取价金受有利益,致买受人受有损害,仍可成立不当得利。本件上诉人主张系争土地面积,于双方订立买卖契约前已短少30平方米,此部分自始给付不能,伊得依不当得利规定,请求被上诉人返还此面积短少部分溢收之价金云云(更一字卷,第69、118页)。究竟系争买卖契约是否有一部无效之情形?该无效部分已给付之买卖价金,是否发生不当得利?系争买卖契约如一部无效,是否仍可成立物之瑕疵担保?原审并未详查审酌,遽认本件仅属物之瑕疵担保,不生不当得利之问题,因而为不利于上诉人之判决,未免速断。上诉论旨,执以指摘原判决不当,求予废弃,非无理由。

> 〔18〕"最高法院"2002年台上字第92号判决
>
> (本书第391页)
>
> 合意解除契约与不当得利
>
> 合意解除契约时,一方当事人得向他方当事人请求返还其所为全部或一部履行的利益的请求权基础?

契约之合意解除,性质为契约行为,即以第二次契约解除第一次契约,一经当事人双方就解除契约意思表示一致,即生合意解除契约之效力,对于契约已为全部或一部之履行者,如无特别约定,当事人得依不当得利之规定请求返还其利益,不得谓合意解除契约并未成立生效。

> 〔19〕"最高法院"2011年台上字第2号判决
>
> (本书第132页)
>
> 解除契约与不当得利
>
> 解除契约时,当事人在契约存续期间所受领的给付,除回复原状请求权外,得否行使不当得利请求权?"民法"第259条与第182条规定内容有何不同?为何容许请求权人有选择权,依据何在?

当事人在契约有效期间内,如基于有效之契约而受有利益,并非无法律上之原因。本件财产局于2003年12月22日交付系争土地予恒○公司,嗣于2007年11月26日表示终止双方委托经营关系,为原审所认定,因终止契约,仅使契约自终止之时向将来消灭,并无溯及之效力,则恒○公司于系争契约终止前因占有土地而受有利益,本难谓其为无法律上原因。惟按契约一经解除,契约即溯及归于消灭,与自始未订立契约同。因此契约解除后,当事人在契约存续期间所受领之给付,即成为无法律上之原因,自亦构成不当得利,该受损害者倘舍解除契约后回复原状请求权而行使不当得利请求权,应非法所不许,此观"民法"第179条后段立法理由揭橥"其先虽有法律上之原因,而其后法律上之原因已不存在(如撤销契约、解除契约之类),亦应返还其利益"自明。系争契约业经恒○公司于2004年5月19日依法解除,复为原审所确定,依上说明,应溯及于订约时失其效力,则恒○公司于2003年12月22日至2007年11月26日占有系争土地使用,乃属无法律上之原因而构成不当得利,财产局自可据以主张抵销。

---

[20]"最高法院"2010年台上字第2056号判决

(本书第138页)

终止契约与给付物授与的不当得利

终止契约后,当事人间有给付物之授与时,授与者得否依不当得利之规定请求受领者返还给付物?

按契约之终止,仅使契约关系自终止之时起向将来消灭,并无溯及效力,尚不发生回复原状之问题。倘当事人间有给付物之授受,则因契约之终止,原有法律上之原因,其后已不存在,授与者非不得依不当得利之规定请求受领者返还给付物。又依不当得利之法则请求返还不当得利,以无法律上之原因而受利益,致他人受有损害为其要件,故其得请求返还之范围,应以对方所受之利益为度,非以请求人所受损害若干为准。本件系争契约安○公司出资额34401459元,该契约业经荣○化工厂于1997年8月28日终止,为原审确定之事实。荣○化工厂抗辩:双方间技术合作契

约迄至1994年12月13日,伊出资兴建厂房及购买冷气设备等合计71079775元,提出明细分类账复印件为证,而安○公司之汇款1500万元扣除机器设备款后,该公司尚有开办费待补足,故已无余额得返还等情。安○公司则于1994年12月间致函荣○化工厂以:贵厂代伊支付购置机具设备价款共计10613676元,荣○化工厂专户尚留存款余额4386324元;另指陈伊汇付荣○化工厂之1500万元,并非全部用罄,该厂为伊代购机器设备应有余款3553318元等语。倘属非虚,荣○化工厂将其受领安○公司上开出资额支应代购机器设备等款额究为若干？该厂于系争契约终止后就安○公司现金出资额所受利益为何？均有未明。原审未遑详加研求,径认荣○化工厂就安○公司出资额34401459元全数应予返还,遽为该厂不利之认定,自嫌速断。

> ### [21]"最高法院"2001年台上字第1015号判决
>
> (本书第139页)
>
> 多层次承揽契约的终止与不当得利
>
> 在所谓"多层次承揽契约",其主承揽、次承揽或再次承揽与定作人间具有何种关系？在定作人终止主承揽契约前,次承揽人于所属工程阶段工程合约未终止前已完成的工作,在主承揽人之管领下交付于定作人时,该工作物的给付,是否构成不当得利？

系争第一、二阶段工程承揽契约缔结于定作人即被上诉人,与承揽人即唐荣公司之间,唐荣公司与茂泰公司间之协力契约应属"次承揽契约",茂泰公司与上诉人间所缔结之契约,则为学理所称连锁承揽中之"再次承揽契约"。然不论次承揽、再次承揽契约,依债权契约相对性原则,仅得拘束契约当事人,第三人并不受契约双方合意所羁束。主、次、再次承揽契约之履行或终止,而衍生之法律关系,自应分别以观。本件既系被上诉人与唐荣公司缔结承揽契约,唐荣公司与茂泰公司有次承揽关系,茂泰公司就H型钢、钢轨桩部分再由上诉人承揽,H型钢、钢轨桩工程之施作,对被上诉人而言,系唐荣公司以第三人之给付履行其与被上诉人之契约义务。是被上诉人与上诉人间无任何契约关系,而受领该部分之给付时,并非无法律上之原因甚明。按契约终止,使契约效力向将来消灭,故已造作之部分,包括已用于工作或其他已移属于定作人所有之材料,应交与定作人,仅承揽人得请求给付已完成工作之报酬。是承揽契约终止,应向将来失其效力,定作人在终止契约前所受领之给付,具有法律上之原因,自不待言。查系争第一、二阶段工程合约,被上诉人因唐荣公司施工进度落后,分别行使终止权,则自各该契约终止之时起,固分别向后失去效力,但契约双方仍应就契约终止前之权利义务负其责任,终止前已完成之工作,仍有依约交付于被上诉人之义务,被上诉人亦有受领该部份给付之权利,此观"民法"第511条、第512条第2项之规定甚明。H型钢、钢轨桩均于所属阶段工程合约未终止前即已完成,并自唐荣公司之管领下交付于被上诉人,该部份给付既合于债务本旨,被上诉人依契约所赋予权利受领该工作物之移转,显非无法律上原因。

---

[22]"最高法院"2010年台上字第1422号判决

(本书第133页)

借名登记契约终止与不当得利

何谓借名登记契约？借名为土地所有权登记之契约终止时,借名人得否向出名人主张不当得利请求权？

借名登记契约乃当事人约定一方经他方同意,而就属于一方现在或将来之财产以他方名义为所有人或权利人登记而成立之契约。故陈○臣等五人购买系争土地未先登记为其所有,而径登记为陈○进名义,仍不妨成立借名登记。且上开借名登记契约终止后,借名人给付之目的即归于消灭,上诉人仍保有系争土地之所有权登记,自属不当得利,应将所有权移转登记于被上诉人(借名人之继承人),以返还其无法律上原因所受之利益,俾矫正欠缺法律关系之财货损益变动之状态。其消灭时效应自借名登记契约终止时起算。

> [23] "最高法院"2011年台上字第2101号判决
>
> （本书第235页）
>
> 借名登记、无权处分与不当得利
>
> 在借名登记契约，出名人就该登记为自己名义的财产（土地所有权）为违反借名登记契约约定之处分时，是否构成无权处分，得否成立不当得利？

按"民法"第179条规定之不当得利，须当事人间财产损益变动，即一方所受财产上之利益，与他方财产上所生之损害，系由于无法律上之原因所致者，始能成立。无权处分他人之物而取得之利益，因违反权利归属内容，致他人受损害，并无法律上之原因，固应成立不当得利；惟倘所处分者在法律上为自己名义上之物，即不能概论以无权处分而认系成立不当得利。又所谓借名登记契约，乃当事人约定，一方（借名者）经他方（出名者）同意，而就属于一方现在或将来之财产，以他方之名义，登记为所有人或其他权利人。出名人在名义上，为财产之所有人或其他权利人，且法律行为之相对人系依该名义，从形式上认定权利之归属，故出名人就该登记为自己名义之财产为处分，纵其处分违反借名登记契约之约定，除相对人系恶意外，尚难认系无权处分，而成立不当得利。本件附表五编号3土地及附表六编号1、2、5建物系翁○寿借名登记为翁○辉名义，附表五编号1、2土地系翁○寿借名登记为翁○名义，附表六编号3建物，系翁○寿借名登记为翁○阳名义，附表五编号4土地与附表六编号4建物系翁○寿借名登记为翁○文名义，乃原审所认定，倘非虚妄，则翁○辉以次四人，就该登记为自己名义之财产为处分，纵其处分违反借名登记契约之约定，除相对人系恶意外，尚难认系无权处分。原审未遑查明翁○辉以次四人上述处分行为有无违反借名登记契约之约定及相对人是否为恶意，即遽认翁○辉以次四人应成立不当得利，已嫌速断。

(二)给付型不当得利请求权的排除

> **[24] "最高法院"2003年台上字第553号判决**
>
> （本书第156页）
>
> 明知无给付义务而为清偿债务之给付
>
> "民法"第182条第2项规定"知无法律上之原因"，如何认定？须否以确实了解整个法律关系，或知悉法院确定判决为必要？

不当得利之受领人于受领时，知无法律上之原因或其后知之者，应将受领时所得之利益，或知无法律上之原因时，所现存之利益，附加利息，一并偿还，如有损害，并应赔偿。"民法"第182条第2项定有明文。所谓知无法律上之原因时，系以受领人依其对事实认识及法律上判断知其欠缺保有所受利益之正当依据时，既为已足，不以确实了解整个法律关系为必要。换言之，知之程度，仅须达于可认识之程度即为已足，并未以受领人于知悉法院确定判决认定其受领为无法律上原因时，始为知无法律上之原因。原审未查明"警政署"在事实上究系何时认识其受领有无法律上之原因，径以"警政署"于1998年7月9日收受与本件相关之另案本院1998年台上字第1396号判决时，始确知契约无效，故自斯时起"警政署"始知无法律上之原因，会利公司请求不当得利之利息，应自该日起算，对于1991年6月7日起至1998年7月8日止之利息则不得请求，而为会利公司不利之认定，自有未合。

> **[25] "最高法院"2008年台上字第2184号判决**
>
> （本书第156页）
>
> 明知无给付义务而为清偿债务之给付
>
> 明知承作工程未经政府机关发包或追加等程序时，得否依不当得利之规定向政府机关请求返还其所受利益？

无法律上之原因而受利益,致他人受损害者,应返还其利益,固为"民法"第 179 条所明定。但依同法第 180 条第 3 款之规定,明知无给付之义务,仍为给付者,不得请求返还。且被上诉人系属政府机关,其就公共工程之实施,均须以编列预算,撙节公帑,不得浮滥,任意为之。如任何人得未经政府机关之发包或追加等程序,任意为政府无因管理事务,并认系不违反政府机关可得推知之意思,而请求政府偿付管理费用,则"政府采购法"之相关规定,将形同具文,显有违公共秩序,并违背依公平、公开之采购程序之政府采购制度。是上诉人上开主张之施工,无论实际支出之必要或有益费用为何,均不得主张无因管理或不当得利,对被上诉人求偿。……系争工程契约承作桥梁仅为四百四十一座,且系争工程招标方式系依"政府采购法"第 22 条第 1 项第 9 款规定,以限制性招标行之,而系争工程决标金额仅 225 万元,故就超过系争契约金额,自应另依"政府采购法"第 19 条规定,另为招标之程序等情,为原审所合法确定之事实,则上诉人对其承作桥梁超过四百四十一座部分,自系明知无给付之义务,即不得依不当得利之规定,请求被上诉人返还。

> [26]"最高法院"2008 年台上字第 1113 号判决
> (本书第 155 页)
> 明知无义务而为给付与强制执行
> 罹于消灭时效的债务,因法院之强制执行而为给付时,债务人得否依不当得利之规定请求债权人返还?

请求权之消灭时效完成后,依"民法"第 144 条第 1 项规定,债务人得拒绝给付,固系采抗辩权发生主义,债务人仅因而取得拒绝给付之抗辩权,并非使请求权当然消灭。惟如债务人行使此项抗辩权,表示拒绝给付,债权人之请求权利因而确定归于消灭,债务人即无给付之义务,嗣后如因法院之强制执行而为给付,因非基于债务人任意为之,依"民法"第 180 条第 3 款规定之反面解释,债务人自得依不当得利之规定,请求债权人返还。原审既认被上诉人系争债权之请求权业于 2001 年 10 月 24 日罹于消灭时效,其复系依法院之强制执行程序于 2004 年 5 月 26 日领取系争提存款，则能否谓被上诉人未受有不当利得，上诉人不得依不当得利之法则，请求被上诉人返还，即不无研求之余地。

> **［27］"最高法院"2007年台上字第2362号判决**
>
> （本书第169页）
>
> 不法原因给付：不法原因给付的当事人
>
> 遭诈骗集团欺骗，为行贿政府机关而汇款，不法原因给付存在于何方当事人？诈骗集团、行贿汇款之人或二者皆是？

按事实于法院已显著或为其职务上所已知者，毋庸举证，"民事诉讼法"第278条第1项定有明文。近年来台湾地区盛行之诈骗集团以电话、寄发诈骗律师函及中奖通知书，诱使受骗民众汇款于诈骗集团所指定之账户者，已有多端，手法不一而足，除常见报章报导外，亦迭据警政单位公告周知，此属法院已显著且为其职务上所已知之事实，被上诉人虽未举证证明上开律师函、中奖通知书等文书之真正，然核该项文书之内容与已知受骗民众被诈欺之方式雷同，其既系诈骗集团借以行骗之工具，若欲令受害人具体举证证明该文书为真正，实强人所难，有失公平，是原审参酌此项事实及被上诉人所提律师函及中奖通知复印件、账户通报警示、电话断话申请表复印件等文书，认定被上诉人主张其系因受诈骗而汇款至上诉人系争账户，系可相信，揆诸前揭说明，并无违反证据法则及举证责任分配之情事可言。次按不当得利请求权之发生系基于"无法律上之原因而受利益，致他人受损害"之事实，所以造成此项事实，是否基于特定人之行为或特殊原因，在所不问。亦即不当得利所探究，只在于受益人之受益事实与受损事实间之损益变动有无直接之关联及受益人之受益状态是否有法律上之原因（依据）而占有，至于造成损益变动是否根据自然之因果事实或相同原因所发生，并非不当得利制度规范之立法目的。换言之，只要依社会一般观念，认为财产之移动，系属不当，基于公平原则，有必要调节，即应依不当得利，命受益人返还。本件资金之流动，被上诉人既系因受骗而汇款于上诉人，而上诉人亦不否认收受来自被上诉人之系争汇款400万元，上诉人在受领利益与给付利益间，具有直接之损益变动，是由资金变动之关系观察,受损人系被上诉人。上诉人抗辩其合法取得系争400万元,自应就此负举证责任。而上诉人之举证既不足相信,自应受不利之认定。被上诉人依不当得利之法律关系,请求上诉人给付系争400万元本息,于法有据。又不当得利制度乃基于"衡平原则"而创设之具调节财产变动的特殊规范,故法律应公平衡量当事人之利益,予以适当必要之保护,不能因请求救济者本身不清白,即一概拒绝保护,使权益之衡量失其公平,故如已具备不当得利之构成要件,应从严认定不能请求返还之要件,避免生不公平之结果。被上诉人系遭诈骗集团欺骗以行贿香港特别行政区廉政公署而汇款,应认该不法之原因仅存在于诈骗集团,基于前述衡平原则,上诉人以被上诉人系不法原因给付为由,拒绝返还系争400万元,洵非有据。

> [28] "最高法院"2012年台简上字第7号判决
>
> (本书第165页)
>
> 不法原因给付的概念
>
> 为清偿赌债而签发本票,是否构成不法原因"给付",不得请求返还?

按给付,有下列情形之一者,不得请求返还:(1)给付系履行道德上之义务者。(2)债务人于未到期之债务因清偿而为给付者。(3)因清偿债务而为给付,于给付时明知无给付之义务者。(4)因不法之原因而为给付者。但不法之原因仅于受领人一方存在时,不在此限。"民法"第180条定有明文。依本条第3款规定,赌债非债,本不生债之关系。本件被上诉人为清偿赌债而签发系争本票,则旧债务为赌博之债,新债务即系争本票票款自无给付义务可言,于被上诉人未给付时,依法自得拒绝给付,上诉人对赌债并无债权或债权请求权存在,难谓本件有"民法"第180条第3款规定之适用。又本条第4款之规范目的,系认当事人从事不法行为,乃将自己置于法律秩序以外,无予保护之必要,故该款所称之"给付",系指本于受损人之意思所为财产之给予,且当事人给付目的,在使受领者终局保有此项财产给予者而言,至债务之负担仍在给付之前阶段,尚不得谓为给付。被上诉人系向上诉人所营赌博网站签赌，积欠赌债，而签发系争本票以为给付之担保，依上说明，该票据之交付，仅属票据债务之负担，被上诉人应无使上诉人终局保有此项财产之意，尚难谓为"给付"。上诉人抗辩被上诉人签发系争本票交付上诉人，系属不法原因之给付，其对被上诉人取得系争本票债权云云，亦无足取。

> 〔29〕"最高法院"1967年台上字第2232号判例
> （本书第173页）
>
> 不法原因给付不得请求返还之规定
> 对侵权行为损害赔偿请求权的类推适用
>
> 甲拟用金钱力量，使"考试院"举行之考试发生不正确之结果，而受乙诈欺时，甲就此目的而支出的金钱，得否依不当得利之规定向乙请求返还？

按为行使基于侵权行为之损害赔偿请求权，有主张自己不法之情事时，则应类推适用"民法"第180条第4款之规定，认为不得请求赔偿，本件被上诉人等主张，被上诉人等均曾参加1964年"考试院"举办之中医师特种考试，于同年6月20日发榜，被上诉人等均榜上无名，事为在逃之袁庆梁获悉，竟于同年6月21日分别至被上诉人家中，诈称被上诉人考试均有合格，合格与及格不同，及格者立即登报，合格人员，须缴纳规费每人新台币25000元，方可领到执照，并谓伊有朋友即上诉人黄文贵是"保密局"高级人员知其事，可带同往访，翌日即6月22日果带同被上诉人等至上诉人家，上诉人当出示"司法行政部"派令，谓渠系调查局专员，知悉被上诉人等系属合格人员，每人须缴纳规费25000元，嘱照办，被上诉人等信以为真，当日晚上各以25000元交与袁庆梁，由其出具收据交执，嗣被上诉人等收到"考试院"通知均未及格，始知被骗，当经刑事法院判处上诉人诈欺罪刑确定在案，被上诉人被诈欺之款，嗣由调解人何汝经手返还被上诉人朱以炎5000元、刘德富3000元、王年淀7000元，其余均未返还，自应由上诉人负损害赔偿之责等情，求为命上诉人给付陈明开及陈显汀各25000元、朱以炎2万元、刘德富22000元、王年淀18000元之判决,第查被上诉人就拟用金钱力量,使"考试院"举行之考试,发生不正确之结果,而受上诉人诈欺,但其为此不法目的而支出之金钱,按诸首开说明,是否得以被诈欺为理由,而请求损害赔偿,要尚有待审认,原审见未及此,遽为被上诉人有利之判决,殊嫌速断,上诉论旨声明废弃,非无理由。

四、不当得利请求权的发生:非给付型不当得利

(一)权益侵害型不当得利

> **[30]"最高法院"2011年台上字第899号判决**
>
> (本书第196页)
>
> 权益侵害型不当得利的类型
>
> 甲利用保管乙的存折、印章之便,擅自由乙的账户中提领款项。试就此案例说明何谓权益侵害型不当得利,其功能、成立要件与举证责任。

在"非给付型不当得利"中之"权益侵害型不当得利",由于受益人之受益非由于受损人之给付行为而来,而系因受益人之侵害事实而受有利益,因此只要受益人有侵害事实存在,该侵害行为即为"无法律上之原因",受损人自不必再就不当得利之"无法律上之原因"负举证责任,如受益人主张其有受益之"法律上之原因",即应由其就此有利之事实负举证责任。又"非给付型不当得利"中之"权益侵害型不当得利",凡因侵害取得本应归属于他人权益内容而受利益,致他人受损害,欠缺正当性,亦即以侵害行为取得应归属他人权益内容之利益,而从法秩序权益归属之价值判断上不具保有利益之正当性者,即应构成"无法律上之原因"而成立不当得利。本件上诉人利用保管郭〇敏之存折、印章之便,擅自由郭〇敏账户中提领如附表上开编号所示之款项,既为原审合法确定之事实,乃系以侵害行为取得在权益内容本应归属于郭〇敏之利益,致郭〇敏受损害,核属于"非给付型不当得利"中之"权益侵害型不当得利",而上诉人复未能举证证明其具有保有该利益之正当性,自应成立不当得利。

> [31] "最高法院"2001年台上字第2085号判决
>
> （本书第123页）
>
> 通谋虚伪意思表示与不当得利
>
> 甲向乙购买丙所有的某地，再出卖于丁。乙依甲的指示，使丙将该地所有权移转登记于戊，目的在于使甲的债权人丁无法对该地为强制执行，而为通谋虚伪意思表示。其后戊又与庚为该地通谋虚伪买卖及所有权移转登记。在此情形，甲对戊有无不当得利请求权？丁如何对甲主张将该系争土地所有权移转于己？请彻底研读此判决所涉及的复杂法律关系，建构当事人间的请求权基础。

苏○信与苏○娇间、苏○娇与洪○雄间通谋虚伪为系争土地之买卖及移转登记。苏○娇与洪○雄间就系争土地所为之买卖债权行为及所有权移转登记物权行为既均为通谋虚伪意思表示，依"民法"第87条第1项前段规定，自均为无效，系争土地自仍属苏○娇所有，苏○娇即非不得本于"民法"第767条之规定，请求洪○雄涂销所有权移转登记。又无法律上之原因而受利益，致他人受损害者，应返还其利益。虽有法律上之原因，而其后已不存在者，亦同。"民法"第179条定有明文。无法律上之原因取得不动产所有权而受利益，致他人受损害者，该他人自得依不当得利规定，请求移转不动产所有权登记，以返还利益，并不发生涂销登记之问题。又物权行为有独立性及无因性，不因无为其原因之债权行为，或为其原因之债权行为系无效或得撤销而失效；而买卖契约与移转所有权之契约不同，买卖契约不过一种以移转物权为目的之债权契约，难谓即为移转物权之物权契约。且出卖人对于出卖之标的物，不以有处分权为必要；倘出卖人出卖他人之不动产，并依买受人之指示，使该他人将买卖标的物不动产所有权径移转登记于买受人所指定之第三人，则此第三人与该他人间仅存有移转物权之独立物权契约关系，其间并无买卖债权债务关系，亦不因其取得所有权之登记原因载"买卖"而受影响。若此，如买受人无法律上之原因，使非买卖当事人之第三人取得不动产所有权,第三人因而受有利益,且该买受人受有损害时,买受人即非不得请求第三人移转不动产所有权登记以返还利益。本件富南公司系系争土地之出卖人,因买卖契约依买受人苏○信之指示,使原地主刘○清将系争土地之所有权移转登记于苏○娇名下,该移转登记之物权行为,并无通谋虚伪,应认为有效;惟苏○娇之所以同意苏○信自刘○清受移转登记为系争土地之所有权人,乃系因苏○娇与苏○信通谋规避被上诉人对系争土地强制执行而为虚伪意思表示,自属无效。易言之,苏○娇登记为系争土地之所有权人,其对苏○信言即无法律上之原因而受有利益,而使苏○信受有损害,则苏○信自得依不当得利法则,请求苏○娇移转系争土地所有权登记于自己,以返还利益。被上诉人本于与苏○信之买卖契约及"民法"第242条规定,辗转代位苏○娇请求洪○雄涂销系争土地登记,代位苏○信请求苏○娇移转系争土地所有权登记于苏○信,并依"民法"第348条规定,请求出卖人苏○信将系争土地所有权移转登记于己,即无不合。

> [32] "最高法院"1957年台上字第1081号判决
>
> (本书第219页)
>
> 无权占用他人土地所受利益及致他人受损害
>
> 无权占用他人土地成立不当得利,须否以该他人有利用土地的计划为要件?土地所有人不知土地被他人占用时,得否主张不当得利?在权益侵害型不当得利,须否以他人受有实际损害(积极损害或消极损害)为要件?

本件系争虎尾镇牛埔子36号之30田1分6厘2毫2丝,同所36号之31田3厘4毫1丝,同所36号之32田2分,原系被上诉人所有,不惟有被上诉人所提出之土地登记誊本可证,亦为上诉人王天素等所不争。被上诉人以王天素、王弟、张国枪等无法律之原因占耕系争田地,请求判令交还,该上诉人等则以占有该田已逾15年,被上诉人不得请求返还为抗辩。原审以上诉人所为时效之抗辩应先有积极之证明,证人王忠修、钟巡等前后所述与上诉人所述不尽相符,而其前手钟巡更否认有将系争土地卖与上诉人，原审据此认上诉人之主张不能证明，于法洵无不合。关于土库镇马公厝20号田两笔，共2分8厘之为被上诉人所有，上诉人王天素、曾树亦不争执，该上诉人等谓该地原系水沟，1924年嘉南大圳在沟南侧开设有才寮排水沟，原有水沟废而不用，该上诉人等原承种系争地旁张登居之土地，乃填平水沟耕作，迄今30余年，被上诉人不能请求返还云云。原审以根据土地台账不能证明该地原有水沟，张登居、张越、颜为等之证言不能证明该地原为水沟，而为上诉人等所填平，其证言不能为上诉人有利之证明，因而为维持第一审法院所为命上诉人交还土地之判决，于法洵无不合。上诉论旨，谓被上诉人15年内未有收租，被上诉人虽久未收租，然上诉人既未能积极证明其占有已逾15年，即不能谓被上诉人对上诉人之请求权业已消灭，上诉论旨殊无可采。惟关于返还不当得利部分，"民法"第179条载"无法律上之原因而受利益，致他人受损害者，应返还其利益"。是利益之返还必须具备此方受利益又他方受损害之条件，若谓此方受利益即应视为他方受损害，则条文即无双方并举之必要。被上诉人被他人占用土地而不知，显无利用土地之计划，则上诉人为之耕犁施肥究有何损于被上诉人，原审对此未有注意已难谓合，且占有人推定其为以所有之意思善意和平及公然占有者，占有人于占有物上行使之权利，推定其适法有此权利，善意占有人依推定其为适法所有之权利，得为占有物之使用收益，必须恶意占有人始负返还孳息之义务，而善意占有人于本权诉讼败诉时，自其诉讼拘束发生之日起，始视为恶意占有人，"民法"物权编占有章均有明文规定。此种直接规定占有人权利义务之条文，尤不能置而不用，而援引其他条文以为推断，原判既未载有不合于上开条文之事实，何以谓本案诉讼拘束发生以前亦须负返还不当得利之责，原判就此均未有所说明，其所为返还不当得利部分之判决自属理由未备。上诉人就此部分所为上诉，应认为有理由。

第九章 不当得利法的体系构造、请求权基础与案例法的形成 455

> **[33] "最高法院"1976年台再字第138号判例**
> （本书第195页）
>
> 权益侵害型不当得利的要件：
> 须否成立侵权行为或损益内容具相同性？
>
> 甲非因过失不知其父遗物中的某书为乙所有，出卖于丙并移转其所有权，由丙善意取得时，乙对甲有无侵权行为或不当得利请求权？乙向甲主张不当得利请求权时，甲得否以无侵权行为，或其受益（价金）与乙受损（丧失所有权）不具相同内容，而指称不成立权益侵害型不当得利？

按第179条规定之不当得利，凡由于法律行为以外一定之事实，致一方受利益，他方受损害，即可成立。至其损益之内容是否相同及受益人对于受损人有无侵权行为，可以不问。本件原确定判决以再审原告于受再审被告夫妻委托办理坐落高雄县小港乡中大厝段549面积0.2700公顷土地赠与移转登记时，竟乘保管该土地所有权状及再审被告印章之机会，伪造再审被告简黄金叶将该土地设定债权额新台币20万元之抵押权登记于再审原告。致再审原告取得对该土地之抵押权，显为无法律上之原因而受利益，使再审被告受损害，再审被告依不当得利之法律关系，诉请返还其利益，即涂销抵押权之登记，自属正当，因而为不利于再审原告之判决，其适用法规，并无错误，而原确定判决对于上开事实之认定，业已说明其得心证之理由，纵对再审原告所为不足影响判决基础之部分抗辩，未逐指驳，亦难即谓有判决不备理由之违法情形，再审原告据为提起再审之诉之理由，亦无可取。

> **[34] "最高法院"1966年台上字第1949号判例**
> （本书第198页）
>
> 超越应有部分范围使用共有物与不当得利

本件上诉人要求分割共有物及请求被上诉人返还自1953年5月31日起至清偿日止按被上诉人多占面积依375标准计算之不当得利。除分割共有物部分，经第一审判决后，业经确定外。关于返还不当得利部分，原审将第一审所为命被上诉人返还利益之判决废弃，改判驳回上诉人在第一审之诉，无非以：各共有人按其应有部分对于共有物之全部有使用收益之权，法有明文规定，是被上诉人于1938年以来，纵较其应有部分多耕作一分余土地，然既非无法律上之原因，即无返还不当得利之可言等词，以为判断论据。惟查"民法"第818条所规定各共有人按其应有部分对于共有物之全部有使用收益之权，系指各共有人得就共有物全部于无害其他共有人之权利限度内，可按其应有部分行使使用权，无须征求其他共有人之意见而言。因此，所谓应有部分，系指权利所行使之范围，并非指标的物上所划分之范围，故共有人如逾越其应有部分之范围使用收益时，即系超越其权利范围而为使用，其所受之超过利益，要难谓非不当得利。本件被上诉人既逾越其应有部分范围，而耕作土地一分余，为原审认定之事实，则揆诸上开说明，能否谓被上诉人不应按其逾越耕作之面积，返还不当得利？尚非无推求之余地，原审见未及此，率为上诉人败诉之判决，自有未洽。上诉论旨，指摘原判决违法，声明废弃，非无理由。

〔35〕"最高法院"1994年台上字第1139号判决

（本书第216页）

无权出租共有物的不当得利

甲、乙、丙共有A地，甲擅将该地出租于丁，收取全部租金。试问谁得向谁主张不当得利请求权？

不当得利，须以无法律上之原因而受利益，致他人受损害为成立要件，此观"民法"第179条规定自明。土地共有人未经其他共有人同意将整笔土地出租，该租约对于其他共有人固不生效力，但租赁乃特定当事人间所缔结之契约，出租人不以所有人为限，故共有人超出其应有部分，将整笔土地出租，该租约于为出租之共有人与承租人间仍然有效，承租人有依约支付租金之义务，其既未受有相当于租金之利益，其他共有人自不得依不当得利之规定对该承租人为返还利益之请求。……查郑好或其继承人郑谅等将共有之系争土地整笔出租于被上诉人,并向被上诉人收取全部租金,而被上诉人既已依约将全部租金支付于郑好或其继承人郑谅等,则无法律上之原因而受利益,致他共有人即上诉人受损害者,系郑好或其继承人郑谅等。亦即本件情形,不当得利系存在于郑好或其继承人郑谅等与上诉人之间,而非双方之间,上诉人依不当得利之法律关系,对被上诉人为返还利益之请求,自非法之所许。

> **[36]"最高法院"2008年台上字第323号判决**
> **无权占用基地建筑房屋与不当得利**
>
> 甲无权占有乙的基地建筑房屋,丙无权占有甲兴建的房屋,出租于丁营业时,谁得向谁主张不当得利?如何计算其所受利益?

房屋性质不能脱离土地之占有而存在,故房屋租金,自当包括建筑物及其基地之总价额为其基准("土地法"第97条参照),至于房屋所有人因房屋占用他人基地所获得之利益,则应以基地之价额为基准。因此无权占有他人土地建屋而获不当利益者系该建屋之人,受害人为基地所有人,而无权占用上开房屋而获不当利益者为房屋占有人,受害人则为房屋所有人,从而无权占用上开房屋所受之不当利益,与基地所有人所受损害之间,并无直接因果关系,不能混为一谈。质言之,无权占用他人土地建屋所获得之不当得利,固应以基地之价额为基准,而无权占用上开房屋所受之不当得利,自当包括建筑物及其基地之总价额为其基准。房屋所有人得请求房屋占有人给付全部不当得利,至于房屋占有人无权占有他人土地建屋,仅生应否返还不当得利于土地所有人而已,系属别一问题,不影响其得向房屋占有人请求给付其全部不当得利。

> [37] "最高法院"2004年台上字第2438号判决
>
> （本书第242页）
>
> 无权占有被侵害时在不当得利法上的保护
>
> 甲无权占有乙所有的土地，其后丙又无权占有甲所无权占有的土地。甲得否向丙请求相当于租金的不当得利，其理由何在？

陈○基既已无占有之正当权源，上诉人又从无正当权源占有土地之人占有土地，自同属无正当权源，其将系争土地出租于黄○心变为间接占有，亦属无合法正当之权源。双方间之租约已于1996年届满，被上诉人黄○心于租期届满后，仍继续使用系争土地，虽获有相当于租金之不法利益，然所受损害者为系争土地所有权人即台北市政府，上诉人系无权占有人，原不得享有任何利益，即未受有任何损害，是其依不当得利之法则请求黄○心返还所受利益，即与"民法"第179条之规定不合，不应准许。

> [38] "最高法院"2003年台上字第2682号判决
>
> （本书第242页）
>
> 租赁关系消灭后继续占用土地的不当得利
>
> 租赁关系消灭后仍继续使用土地，是否构成不当得利？何种类型的不当得利？除不当得利外，尚有何种请求权基础？

无法律上之原因而受利益，致他人受损害者，应返还其利益，"民法"第179条前段定有明文。是依不当得利之法律关系请求返还不当得利者，须以无法律上之原因受有利益，并因而致他人受损害为要件。又在判断是否该当上开不当得利之成立要件时，应以"权益归属说"为标准，亦即若欠缺法律上原因而违反权益归属对象取得其利益者，即应对该对象成立不当得利。查上诉人就系争土地并无何合法权源存在,则使用收益系争土地之权益,不应归属于上诉人,被上诉人陈○龙于租期届满后仍使用系争土地,虽获有使用收益系争土地之利益,惟因该等利益非应归属上诉人,上诉人自无受到任何损害,故上诉人为此请求,亦无理由。

> [39] "最高法院"2010年台上字第842号判决
>
> (本书第243页)
>
> 侵害知识产权与不当得利
>
> 侵害知识产权,其所受利益指何而言?须否以受有积极损害或消极损害为必要?如何计算其应偿还的价额?依何时点为计算基准?

按不当得利制度不在于填补损害,而系返还其依权益归属内容不应取得之利益,故依不当得利法则请求返还之范围,应以受领人所受之利益为度,非以请求人所受损害若干为准("最高法院"1972年台上字第1695号判例参照),且关于应返还数额之计算,应以返还义务成立时为准。查双方均系经营媒合工作机会之人力银行网站,上诉人因其职员郑○庆等四人非法侵入被上诉人网站之犯罪行为,取得本属被上诉人所有之系争求职数据,并于过滤后对于系争筛选数据之客户寄发邀请登录之电子邮件,且被上诉人2002年度开发每位求职者之平均费用为186元等情,固为原审确定之事实。然上诉人取得系争求职数据之目的,无非在于充实其人力银行数据库,增加求才端为取得人力数据而付费之机会,则其取得数据中,倘有与其原有数据库重复者,或经其发出邀请登录之电子邮件而未回复并在其网站登录加入数据库者,因上诉人仍不得加以利用,能否犹谓其受有此部分"依法应归属权利人即被上诉人权能"之利用利益,非无疑问。至上诉人取得系争求职资料之当时,至多可谓其获有免予支出相当于被上诉人向求才端所收取取得资料费用之利益,与开发费用尚不相涉。原审将上诉人不法取得系争资料、违反权益归属内容所造成被上诉人之损害,认为系上诉人所受之利益,与本件非给付型不当得利,应先认定上诉人实际上所受利益若干,并据以判断被上诉人所受损害,即非以被上诉人所受损害为准,而以上诉人所受利益为度者相悖,已有未合;且以被上诉人为系争求职数据所支出之开发费用,作为计算上诉人就系争 8 万笔求职资料所受利益之依据,忽略上诉人仅就其中 20270 笔为利用,且于利用后并非均得作为其数据库之人力数据而提供求才端付费使用之事实,亦不无误会;另混淆受益之时点与计算受益数额之时点,尤有可议。

> [40] "最高法院"2008 年台上字第 1743 号判决
>
> (本书第 254 页)
>
> 拍卖第三人所有财产与不当得利

按"强制执行法"第 15 条所定第三人异议之诉,系以排除执行标的物之强制执行为目的,故执行标的物经拍卖终结而未将其卖得价金交付债权人时,对于该执行标的物之强制执行程序,不得谓已终结,第三人仍得提起异议之诉,但已终结之拍卖程序不能依此项异议之诉有理由之判决予以撤销。故该第三人仅得请求交付卖得价金,不得请求撤销拍卖程序["司法院"院字第 2776 号解释(一)参照]。因此,执行法院对第三人所有之执行标的物进行拍卖,其卖得价金未交付债权人时,第三人原有请求执行法院交付该卖得价金之权。复按执行债权人仅得对执行债务人责任财产强制执行所得之金额分配受偿,苟拍卖之执行标的物属第三人所有,其卖得价金纵已分配终结,致执行法院无从将该卖得价金交付于第三人,惟该价金既非因执行债务人责任财产拍卖所得之金额,执行债权人对之无可受分配受偿之权,故其就拍卖第三人所有财产所得价金受领分配款,即属无法律上之原因而受利益,致得请求执行法院交付卖得价金之第三人受损害,该第三人自得依不当得利之法则请求执行债权人返还。

> **[41]"最高法院"2007年台上字第2035号判决**
>
> (本书第250页)
>
> 撤销法院拍卖投标应买的意思表示与不当得利
>
> 强制执行的拍定人得否以错误或不知其情事为由,撤销其投标应买的意思表示?撤销后得否向优先受领分配价金的抵押权人主张不当得利请求权?

按意思表示之内容有错误,或表意人若知其事情即不为意思表示者,以其错误或不知事情,非由表意人自己之过失者为限,表意人得将其意思表示撤销之,"民法"第88条定有明文。又依"强制执行法"所为之拍卖,仍属买卖性质,拍定人为买受人,执行法院仅代表出卖人立于出卖人之地位,法并未禁止拍定人得以其错误或不知情事而撤销其投标应买之意思表示。又法律行为经撤销者,视为自始无效,"民法"第114条第1项亦有明定。因此强制执行程序中之拍卖,如拍定人合法撤销其投标应买之意思表示时,即自始无效。执行法院之拍定表示即因投标应买意思表示之欠缺,而不生拍定之法效。乃原审竟谓拍卖经拍定后买卖关系成立,拍卖效力不受买卖契约当事人之意思表示影响,拍定人虽撤销其应买之意思表示,系争拍卖程序未经执行法院撤销前,仍属有效,并以之为不利于上诉人论断之张本,于法自有未合。倘执行法院之拍卖,因投标应买意思表示之无效,而不生拍定之法效时,执行法院本应将拍定人所缴价金退还拍定人,如已分配于抵押权人,因该价金非抵押物卖得之价金,抵押权人对之即无行使抵押权优先受偿可言("民法"第860条参照),故其受领分配款自系无法律上原因。

> **[42]"最高法院"1958年台上字第303号判例**
>
> (本书第259页)
>
> 时效取得的法律上原因

按不当得利,须以无法律上之原因而受利益致他人受损害为其成立要件,此观"民法"第179条之规定自明。又"民法"关于因时效而取得权利或免除义务之规定,系在使受益人保有其财产上之利益,故受益人因此所受之利益即非无法律上之原因自无不当得利之可言。本件被上诉人占有建筑房屋之系争云林县元长乡鹿寮段74之5号基地,前由上诉人对被上诉人提起请求拆除房屋返还基地之诉,业经确定判决,确认此项基地上诉人之返还请求权已因15年以上不行使而消灭,为驳回上诉人之诉在案,有卷附之原确定判决足据,并为双方不争之事实。是被上诉人于前开判决确定后,就系争基地继续使用收益,依上说明,显非无法律上之原因而受利益,乃上诉人竟执是为理由,提起请求返还不当得利之诉,自为"民法"第179条之所不许,原审本此见解认上诉人之诉非属正当,因将第一审所为上诉人败诉之判决判予维持,不得谓为失当。上诉论旨,声明废弃原判决非有理由,至第三审法院应以第二审判决确定之事实为判决基础,"民事诉讼法"第473条第1项定有明文,故在第三审不得提出新攻击方法,兹上诉人在本院主张系争基地其返还请求权15年之消灭时效完成后,历年地税仍由上诉人缴纳致受有损害等情,借为新攻击方法,尤不在应予斟酌之列并予说明。

> [43] "最高法院"2008年台上字第418号判决
>
> (本书第262页)
>
> 添附与不当得利
>
> 1. "民法"第816条(添附)所称得依不当得利之规定请求偿还价额,究系指依不当得利的构成要件,或仅指其法律效果?
> 2. 甲误取乙的肥料,施于其向丙承租的农田,乙得向谁主张不当得利?甲向乙购买肥料,施于其向丙承租的农田,设甲与乙间的买卖契约(或包括物权行为)无效时,乙得向何人主张不当得利?

"民法"第816条系一阐释性之条文,旨在揭橥依同法第811条至第815条规定因添附丧失权利而受损害者,仍得依不当得利之法则向受利益者请求偿金,故该条所谓"依关于不当得利之规定,请求偿还价额",系指法律构成要件之准用。易言之,此项偿金请求权之成立,除因添附而受利益致他人受损害外,尚须具备不当得利之一般构成要件始有其适用。查上诉人就系争房屋所为之修缮,倘如原审所认定,系基于其与郑○尧或与采运公司间之修缮契约所为之给付,系争房屋之所有权人仍为被上诉人,则上诉人就系争房屋所为之修缮,显系基于其与他人之契约所为之给付,诚与被上诉人无涉,就被上诉人而言,即属无法律上原因而受利益。果尔,能否径谓上诉人不得依"民法"第816条所定不当得利之法则向被上诉人请求偿金,非无研求之余地。且关于添附部分如何不具备不当得利之要件,原审并未详叙其得心证之理由,即为上诉人不利之认定,亦有可议。

(二)支出费用型不当得利

> [44] "最高法院"1972年台上字第1004号判决
>
> (本书第400页)
>
> 恶意占有人就占有物支出的有益费用,
> 得否主张不当得利请求权?

本件上诉人承租被上诉人之坐落台北市敦化南路355巷49号房屋,应给付被上诉人自1969年12月16日起至1970年11月15日止每月按新台币2500元计算之房租计27500元,并赔偿自1970年11月16日起至1971年8月6日止按租金额计算之损害金21666元,合计49166元,为上诉人所不争执,惟以被上诉人曾答应房屋排水及自来水给付问题未解决以前,不再计收租金,复经上诉人屡次催告修缮水管、化粪池及屋漏,均置不理,因经自行修缮,此项免除之租金为3个月份,连同修缮费用均在应行扣除之列云云,资为抗辩,原审以上诉人自1969年11月15日承租被上诉人所有上开房屋以后,即于同年12月11日通知被上诉人房屋水管无水可开,大小便亦不能入厕使用,又房屋排水系统纠纷未能解决,促请在1969年12月15日以前解决,否则自同年12月13日起至1970年6月15日止不再付租,被上诉人接受通知后,于 1970 年 12 月 12 日函复上诉人称,可将已收租金全数退还由上诉人在附近暂觅居处,如上诉人不同意则惟有在问题未解决前,不再计收租金,至于所请在 1969 年 12 月 15 日以前解决问题,恐难办到,且如于问题解决后,仍要求嗣后几个月不付租,在情理上未尽恰当等语,有卷附来往信件可稽,嗣上诉人并未迁出,又因被上诉人延不修缮,乃于 1970 年 2 月 17 日雇工改装水管使水流畅通,用去 8750 元已据提出建信水电行收据为证,上诉人主张扣除此项费用核无不当,又被上诉人已同意于修缮前不收租,上诉人已付至 1969 年 12 月 15 日止之租金,其自 1969 年 12 月 16 日起至 1970 年 2 月 15 日止两个月份租金计 5000 元亦非被上诉人可得请求,计应扣除 13750 元,至于上诉人主张扣除之修缮费等有(1)1970 年 2 月 25 日修缮化粪池及水箱用去 9100 元。(2)1970 年 3 月 12 日防漏油漆用去 4700 元。(3)1970 年 7 月 16 日修缮化粪池用去 5700 元。(4)1970 年 11 月 27 日修理化粪池及马桶 1 座用去 7300 元,关于(1)(2)(3)部分上诉人不惟未能提出修缮人名单以供调查,其中(1)(2)部分收据二纸系清洁打蜡包办中心出具,谓由该中心修缮化粪池及防漏油漆,已不足凭信,况上诉人于 1970 年 10 月 17 日致被上诉人之妻戴粹娴函称"关于化粪池部分本人前虽请工清除池内而可使用,惟在近数日来又不能使用"云云,并未提及曾经修缮化粪池,尚难认(1)(3)部分支出系属真实,又上诉人在 1970 年 3 月 12 日所谓修缮防漏以前及 1970 年 7 月 16 日修理化粪池以前,均未限期催告被上诉人修缮,依"民法"第 430 条不得请求偿还其费用或租金中扣除之,依上诉人 1970 年 10 月 17 日函又称屋漏又称化粪池已不堪使用,是纵认该两项修缮为真实,亦已失其现存价值,依同法第 431 条亦不得请求偿还其费用,关于(4)部分纵令属实,但系在被上诉人以上诉人欠租止约起诉请求迁让以后之支出,此项费用已非得认为承租人就租赁物支出之有益费用,"民法"第 430 条、第 431 条有关扣除或偿还之规定已无适用余地,此部分上诉人抵销抗辩亦难成立,从而上诉人应给付之金额为 35416 元,因将第一审就此部分所为不利于被上诉人之判断废弃改判,关于就(1)(2)(3)部分之论决于法并无不合,关于(4)之部分,按恶意占有人因保存占有物所支出之必要费用,固得依关于无因管理之规定请求偿还(第 957 条),其所支出之有益费用,固亦得依不当得利之规定请求返还,但恶意占有人不得于其所负担使用代价返还扣除之,应另行请求,是原判决认(4)之部分之抵销抗辩不能成立,所据理由据上论结,本件上诉为无理由,依"民事诉讼法"第481条、第449条第1项、第78条判决如主文。

(三)求偿型不当得利

> [45] "最高法院"2011年台上字第55号判决
>
> (本书第269页)
>
> 对未成年子女的抚养义务与不当得利:不当得利与身份法
>
> 夫妻于婚姻关系存续中对未成年子女负有保护教养义务,一方代垫他方应分担部分费用时,得否主张不当得利请求权?

按父母对于未成年之子女,有保护及教养之权利义务,"民法"第1084条第2项定有明文。就其中关于保护教养费用之负担,应负生活保持义务,此乃本于为父母子女之身份关系而当然发生。故夫妻于婚姻关系存续中,对其未成年子女保护教养所生费用,应依"民法"第1089条之规定为之,即除法律另有规定外,由父母共同负担之。父母不能共同负担时,由有能力者负担之。因此,如非父母不能共同负担义务,父母之一方已单独支付该费用时,自得依不当得利之规定请求他方偿还代垫其应分担之费用部分。查被上诉人在离婚事件接受社工员访视时,陈称从事槟榔生意后一年所得起码也有两三百万元等语。又于双方婚姻关系存续中,上诉人自1995年起全额负担未成年子女之抚养费,为原审所确认之事实。则被上诉人并非无资力负担未成年子女之抚养费。揆诸前揭说明,上诉人依不当得利之规定请求被上诉人偿还其应分担费用,似非无据。原审未遑推阐明晰,径认双方于离婚前之家庭生活费用,乃多由上诉人负担,且有能力负担,纵因被上诉人对家庭之贡献度确实甚低,惟此乃涉及婚姻解消后之剩余财产分配问题,上诉人负担家庭生活费用,并无代垫款项之情形,进而判决驳回其关于代垫分担费用之请求,自非允洽。

> [46] "最高法院"2003年台上字第1699号判决
> （本书第269页）
> 身份法与不当得利
>
> 父母离婚后，若双方均有抚养能力，而由一方单独抚养时，得否依不当得利之规定，请求他方偿还代垫其应分担之抚养费用？

按父母对其未成年子女之抚养义务，系基于父母子女之身份而来。父母离婚所消灭者，乃婚姻关系，纵因离婚而使一方之亲权处于一时之停止状态，但对于父母子女间之直系血亲关系毫无影响，均应依各自资力对子女负抚养义务。若均有抚养能力时，对于子女之抚养费用均应分担。因此，父母之一方单独扶养，自得依不当得利之规定请求他方偿还代垫其应分担之抚养费用。

五、不当得利请求权的发生：多人关系不当得利

（一）指示给付关系

> [47] "最高法院"1996年台上字第2656号判决
> （本书第288页）
> 指示给付的不当得利：指示给付关系的构造
>
> 甲为周转向乙借钱，并指示乙将借款直接汇入丙的银行账户，以清偿甲对丙的债务。试就此案例说明何谓多人关系上的指示给付关系、对价关系、补偿关系，并讨论乙得否向谁主张不当得利请求权所涉及的受益与受损间的因果关系？得否以给付关系取代损益变动因果关系，作为谁得向谁主张不当得利的基准？（参阅下图）

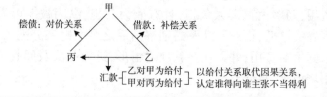

本件上诉人主张：被上诉人与诉外人鲍国亮系同居关系，鲍国亮于1994年4月10日以扩展业务急需周转为由，向伊借款，并指示将借款直接汇入被上诉人设于万通商业银行台中分行之账户内，伊乃分别于1994年4月13日、4月15日、5月10日各汇入上开账户新台币（下同）30万元，共计90万元。惟被上诉人竟称该款项系鲍国亮清偿被上诉人之欠款，与鲍国亮所称"因扩展业务急需周转"之名义不符，鲍国亮亦未自被上诉人账户取走该90万元，双方间又无金钱借贷往来之关系，被上诉人自无任何权利取得该90万元等情，爰本于不当得利之法律关系，求为命被上诉人给付伊90万元，及加计法定迟延利息之判决。

被上诉人则以：伊取得系争90万元系因鲍国亮为清偿前欠之借款，而指示上诉人汇入伊账户内，并非无法律上之原因。系争款项既系鲍国亮向上诉人所借，则在鲍国亮未向上诉人清偿该借款前，上诉人对鲍国亮仍有前开借款债权存在，上诉人并无受有损害可言，上诉人自不得依不当得利之法律关系，向伊请求返还等语，资为抗辩。

原审依审理之结果，以：按"民法"第179条规定不当得利之成立要件，必须无法律上之原因而受利益，致他人受损害，且该受利益与受损害之间应有因果关系存在（"最高法院"1964年台上字第2661号判例参照）。查本件系争90万元系上诉人因诉外人鲍国亮以借款周转为由，依鲍国亮之指示，于上开时间分3次汇入被上诉人在万通商业银行账户内之事实，为上诉人所自认，复有上诉人提出之银行汇款申请书三纸复印件附卷可证（一审卷，第8—9页）。而被上诉人取得系争90万元，系因鲍国亮为清偿被上诉人之欠款，由鲍国亮指示上诉人直接将钱汇入被上诉人之上开账户内，被上诉人从未出面与上诉人接触等情，业据鲍国亮于原审证述在卷（一审卷，第29页），核与鲍国亮于台中地方法院1994年自字第996号刑事案件审理时所供情节相符，有调阅之上开刑事卷可稽，上诉人对被上诉人从未出面向其借款一节亦不争执，自属可信。又同居人间互有金钱之借贷，为社会之常情，且上诉人复无法证明被上诉人与鲍国亮间有共同诈欺情事，另上诉人自诉被上诉人诈欺刑事案件，经原审法院刑事庭判决被上诉人无罪确定在案，有调阅之上开1994年自字第996号刑事卷可佐，亦足为本件认定事实之参考。此外，上诉人又不能举证被上诉人取得系争90万元有何恶意之事实，自难以被上诉人与鲍国亮有同居关系，遽以推定其二人间有共谋诈欺情事。足证上诉人汇系争90万元至被上诉人之账户内,系因鲍国亮以借款周转为由所为之指示。而被上诉人取得系争 90 万元,则系因鲍国亮清偿被上诉人之欠款,两者显非属同一原因事实。上诉人因鲍国亮之行为受有 90 万元之损失,仅能向鲍国亮直接求偿,被上诉人所受清偿之利益,系另一原因事实。上诉人既无法证明被上诉人有恶意情事,自难以系争 90 万元汇入在被上诉人之上开账户内,鲍国亮并未领走,而认其所受之损害与被上诉人之受益有因果关系存在,被上诉人抗辩称伊不负返还其利益之责任云云,于法并无不合。上诉人主张被上诉人取得系争 90 万元有不当得利情事,核与前揭规定要件不符,委不足采。本件被上诉人取得系争 90 万元,对上诉人并不成立不当得利,则上诉人依不当得利之法律关系,请求被上诉人给付 90 万元及法定迟延利息,洵非正当,不应准许。爰维持第一审所为上诉人败诉之判决,驳回其上诉,经核于法并无违背。上诉论旨,仍执陈词,就原审取舍证据、认定事实之职权行使,指摘原判决不当,求予废弃,非有理由。

[48] "最高法院" 1980 年台上字第 3965 号判决

(本书第 296 页)

指示瑕疵、撤销委托付款

甲签发本票,指定乙为受款人,甲所属丙银行分行为担当付款人。甲于到期日前曾撤销付款之委托,丙银行之职员未注意而予兑付,丙银行得否向谁(甲或乙)主张不当得利请求权,其判断基准?

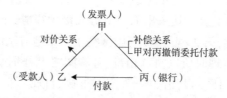

本件被上诉人起诉主张:上诉人签发发票日 1978 年 2 月末、到期日 1979 年 5 月 10 日面额新台币(以下同)192700 元本票(号码 YPC 012249)一纸,指定诉外人葛品朝为受款人,被上诉人所属延平分行为担当付款人,到期日前上诉人虽曾撤销付款之委托,被上诉人之职员未注意而予兑付,但上诉人既属系争本票之付款人,依法负绝对之付款义务,被上诉人

虽于撤销付款委托后，误为兑付，并将为上诉人误付之款，悉数赔付上诉人，惟上诉人既因被上诉人之兑付本票款而免除其本票发票人之义务，受有利益，致上诉人受有损害，自属不当得利，依法应返还予被上诉人等语。上诉人则以：系争本票系借于诉外人葛品朝，嗣因葛品朝通知伊该票为黄东西骗去，乃向被上诉人撤销付款之委托，讵被上诉人之职员疏于注意，于执票人中联信托投资股份有限公司提示时，仍照付款，使伊受有损害，经被上诉人赔偿所误付之款，并非无法律上之原因而受利益等语，资为抗辩。

原审审理结果以：本票发票人之责任，与汇票之承兑人同，"票据法"第120条定有明文，故对本票负有付款之义务，纵令担当付款人未为付款，发票人对其签发之本票，仍应付款。本件上诉人经指定被上诉人为担当付款人，嗣于到期日前撤销付款之委托，被上诉人职员未予注意而为付款，固为双方不争之事实，然上诉人既不能证明执票人中联信托投资股份有限公司取得系争本票，系出于恶意，而有不得行使票据权利之情形，上诉人依"票据法"之规定，对于其签发之本票即负有付款之义务，则被上诉人代上诉人付款，虽已非受上诉人之付款委托，但既发生清偿本件本票债务之效力，而使上诉人对系争本票债务责任消灭，自属受有利益，且被上诉人因代为清偿而受有损害，两者间复有因果关系，上诉人自属不当得利，被上诉人请求返还不当得利，即无不合。并以迟延利息，应以自本件起诉状缮本送达于上诉人之翌日起算，始为合法，第一审准自到期日起算迟延利息尚有未合，爰将第一审所为不利于上诉人之判决，一部维持，一部废弃改判，经核尚无不合。上诉论旨，仍执陈词指摘原判决不利于己部分为不当，声明废弃，难谓有理。

(二)非真正第三人利益契约

> **[49] "最高法院"2008年台上字第176号判决**
>
> (本书第299页)
>
> 非真正第三人利益契约、指示给付关系与不当得利
>
> 甲向乙购买某地，乙受甲的指示将该地所有权移转于丙。其后发现甲与乙间的买卖契约不成立时，乙得向谁（丙或甲）主张不当得利请求权？如何认定其成立要件？

按第三人利益契约,乃当事人之一方与他方约定,由他方向第三人为一定之给付,第三人因此取得直接请求他方给付权利之契约。倘第三人并未取得直接请求他方给付之权利,即仅为当事人与第三人间之"指示给付关系",尚非"民法"第269条所规定之第三人利益契约。又于"指示给付关系"中,被指示人系为履行其与指示人间之约定,始向领取人(第三人)给付,被指示人对于领取人,原无给付之目的存在。苟被指示人与指示人间之关系不存在(或不成立、无效),被指示人应仅得向指示人请求返还其无法律上原因所受之利益,至领取人所受之利益,原系本于指示人而非被指示人之给付,即被指示人与领取人间尚无给付关系存在,自无从成立不当得利之法律关系。原审既认定上诉人已依被上诉人之指示,以买卖为原因,将系争土地各应有部分三分之一移转登记于被上诉人之女孙○慧,而双方就系争土地买卖价金之意思表示未合致,难认该买卖契约已成立,则孙○慧为买受人即被上诉人指定之登记名义人,似未取得直接向上诉人请求给付之权利,揆诸首揭说明,双方间就系争土地买卖契约不成立,上诉人仅得向被上诉人请求返还不当得利(即受有相当于土地价金之利益),而上诉人与孙○慧间尚无给付关系存在,即不生不当得利之问题。原审谓被上诉人免负返还或偿还系争土地价金之责任,而应由孙○慧于被上诉人所免负返还义务之限度内,负返还责任云云,其见解即有可议。

[50] "最高法院" 2006年台上字第1925号判决
第三人利益契约的法律结构与不当得利

甲向乙购买A车赠与丙,甲与乙约定,并对甲有直接请求给付的权利。试就此案例说明第三人利益契约、补偿关系与对价关系。补偿关系之基本契约经依法解除(或不成立、无效、被撤销)时,乙得向何人(甲或丙)主张不当得利请求权?其理由为何?试分析问题争点及"最高法院"见解。

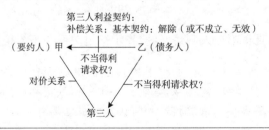

按无法律上之原因而受利益,致他人受损害者,应返还其利益。虽有法律上之原因,而其后已不存在者,亦同。又第三人利益契约系由债权人即要约人与债务人约定由债务人向第三人为给付之契约,基此契约,要约人得请求债务人向第三人为给付,第三人对于债务人亦有直接请求给付之权。此观"民法"第179条、第269条第1项规定自明。在通常情形,要约人与债务人间恒有基本行为所生之法律关系即为补偿关系,如要约人与债务人在其基本行为之契约,订定债务人应向第三人为给付之意旨,即为第三人约款,此第三人约款已构成补偿关系之契约内容,补偿关系即为第三人利益契约之原因,二者互相牵连;至要约人所以使第三人取得利益之原因关系为对价关系,对价关系为要约人与第三人间之关系,与第三人利益契约为要约人与债务人间订定者并不相关连。为补偿关系之契约苟经依法解除而溯及消灭,第三人约款即随之失其存在,债务人依第三人约款向第三人给付之法律上原因即嗣后失其存在,而第三人与要约人间之对价关系虽未因此受影响,要约人不得指第三人之受领利益系无法律上原因,惟第三人基于对价关系之债权系相对权,不得本此对价关系之债权对抗债务人,即无从本于对价关系对于债务人主张其取得之利益为有法律上原因,则债务人于契约解除后,以第三人约款业已失其存在为由,向第三人请求返还不当得利,自非法所不许。原审谓:第三人利益契约中,第三人受领给付之原因,系本于其与要约人之对价关系,要约人与债务人间之契约纵经解除,如对价关系仍然存在,第三人所受领之给付即不生不当得利问题,所持法律见解,非无可议。[1]

---

[1] 在本件判决,"最高法院"认为第三人基于对价关系之债权系相对权,不得本此对价关系对于债务人主张其取得之利益为有法律上原因,其法律见解有无讨论余地? 值得研究。尚有"最高法院"2006年台上字第42号判决:"按第三人利益契约之受益人因补偿关系不存在而丧失其向债务人请求给付之债权,对债务人而言,其所受之利益即欠缺法律上之原因。易言之,债务人既得以受益人无债权而拒绝给付于前,则于给付之后,自得依不当得利之规定请求其返还。"得否以当事人间之给付关系(谁对谁为给付)及第三人利益契约缩短给付的功能作为判断基准?

> **〔51〕"最高法院"1999年台上字第657号判决**
>
> （本书第302页）
>
> 第三人利益契约的法律构造与不当得利
>
> 第三人利益契约上的补偿关系之基本契约解除时，债务人得向谁（要约人或受领给付的第三人）主张不当得利请求权？请比较前则"最高法院"2006年台上字第1925号判决，分析检讨其判决理由。

按保险契约如约定第三人为受益人，使受益人享有赔偿请求权，即属附有第三人利益契约之保险契约。又第三人利益契约之要约人，所以约定由债务人向第三人给付，常有其使第三人受利益之原因，此原因即为对价关系，第三人受领给付，即系基于其与要约人间之对价关系。故要约人与债务人之基本契约纵经解除，如第三人与要约人间之对价关系仍然存在，第三人受领之给付，即与无法律上之原因而受利益或虽有法律上之原因而其后已不存在之情形有别，不生不当得利之问题。

六、不当得利请求权的法律效果

（一）所受利益与返还客体：原物返还、价额返还

> **〔52〕最高法院1942年上字第453号判例**
>
> （本书第38、263页）
>
> 侵害权益型不当得利的所受利益与返还客体
>
> 甲向乙购地，明知买卖契约无效，仍强行耕种，使用籽种、肥料、牛工、人工等。乙收取甲耕种所获的农产品时，甲得否向乙主张不当得利？乙受有何种利益（农产品或籽种、肥料）？如何返还或偿还？

第九章 不当得利法的体系构造、请求权基础与案例法的形成　473

上诉人在双方因确认卖约无效案判决确定后,仍将系争地强行耕种,其所用籽种、肥料及牛工、人工等损失,非由于被上诉人之侵权行为,固不得请求赔偿。但被上诉人就上诉人耕种所获之农产品,如已收取,显系无法律上之原因而受利益,致他人受有损害,则上诉人所施用之籽种、肥料牛工、人工等项,依不当得利之法则,尚非无请求返还之权。

> [53]最高法院1941渝年上字第40号判例
> （本书第328页）
>
> 不当得利返还的客体:所受利益与价额偿还
>
> 甲出卖某车(价值10万元)于乙,乙以11万元(或9万元)转售于丙。其后发现甲与乙间买卖契约不成立(无效或被撤销)时,如何认定甲得向乙请求返还其所受的不当得利?

不当得利之受领人,依其利益之性质或其他情形不能返还者,依"民法"第181条但书之规定,固应偿还其价额,惟受领人因将原物出卖而不能返还者,其所受之利益既仅为卖得之价金,即应以卖得之价金为应偿还之价额。

> [54]"最高法院"1972年台上字第1695号判例
> （本书第331页）
>
> 不当得利的返还范围:所受利益与所受损害
>
> 甲无权占用乙的土地,甲受有何种利益？乙得否以所应缴纳的地价税计算甲应偿还不当得利的数额？

依不当得利之法则请求返还不当得利,以无法律上之原因而受利益,致他人受有损害为其要件,故其得请求返还之范围,应以对方所受之利益为度,非以请求人所受损害若干为准,无权占有他人土地,可能获得相当于租金之利益为社会通常之观念,是被上诉人抗辩其占有系争土地所得之利益,仅相当于法定租金之数额尚属可采,地价税为土地所有人所应缴纳,而与被上诉人之无权占有无关,上诉人以其所受损害即相当于地价税之数额计算不当得利金额,请求被上诉人返还尚难采取。

> [55]"最高法院"2001年台上字第190号判决
>
> （本书第329页）
>
> 无权占用他人土地设置摊位收取租金应偿还的不当得利
>
> 无权占用他人土地设置摊位收取租金,如何计算其所受利益或应偿还的价额?

按市场摊位之承租人,不仅在其承租之摊位得以营商,并得享受整个市场之特殊利益,其应付租金不仅为使用摊位之对价,且包括此项特殊利益之对价在内,自非普通之房屋兼土地之承租可比,故不受"土地法"第97条及"实施都市平均地权条例"第48条(旧)所定,房租及地租最高限制之拘束,"最高法院"1965年台上字第1528号著有判例。被上诉人系占用系争土地设置摊位收取租金,原审按"土地法"第97条规定,以系争土地申报地价总额年息10%,作为上诉人请求返还相当于租金额之不当得利之计算基础,已有未合。且依不当得利之法则请求返还不当得利,以无法律上之原因而受利益,致他人受有损害为其要件,故其得请求返还之范围,应以对方所受之利益为度,非以请求人所受损害若干为准。被上诉人占用系争土地设置摊位收取租金,扣除清洁、水电及营业损失,其所受之利益为若干?原审未遑详查,遂按上开标准计算被上诉人相当于租金之不当得利,亦有未洽。次查,受领人于受领时知无法律上之原因或其后知之者,应将受领时所得之利益或知无法律上之原因时所现存之利益,附加利息,一并偿还,为"民法"第182条第2项前段所明定,此项附加之利息应自受领时或知无法律上之原因时起算,与"民法"第233条规定法定迟延利息不同。上诉人在原审请求被上诉人给付自1987年4月25日起至1996年2月24日止,按所收租金依周年利率5%计算利息之不当得利,并非请求迟延债务之迟延利息,而系主张该利息之收入亦属不当得利之一部分等语。原审疏未注意查明上诉人是否依上开规定为其请求之依据,遽依债务迟延支付迟延利息之法则为上诉人不利之判决,亦有可议。

> **[56] "最高法院"2003年台上字第324号判决**
>
> (本书第330页)
>
> **无权占用他人之物,应偿还相当租金之计算**
>
> 无权占有他人土地,如无客观具体数据可资计算,可能获得相当于租金利益时,得否以请求人所受损害之数额,作为计算不当得利的标准?

无权占有他人土地,可能获得相当于租金之利益,为社会通常之观念。其依不当得利之法则请求返还不当得利,以无法律上之原因而受利益,致他人受有损害为其要件,故得请求返还之范围,固应以对方所受之利益为度,非以请求人所受损害若干为准("最高法院"1972年台上字第1695号判例参照),惟于审酌对方所受之利益时,如无客观具体数据可资计算,请求人所受损害之数额,未尝不可据为计算不当得利之标准。查景海公司向"林务局"承租系争土地及其上建物设施,依其先后与"林务局"所签订之垦丁森林游乐区海滨区游乐设施投资经营合约约定,租金均按公告地价年息5%计缴,即景海公司及"林务局"似均认该租金数额系利用系争土地及建物设施可得之最低利益。果尔,系争土地及其上建物设施全由景天公司予以无权占用,景海公司无法开发利用而获利,却须负担按公告地价年息5%计算之租金,则原法院于斟酌系争土地之面积、公告地价、位置、使用状况、附近环境及景天公司尚未完全依投资改善计划完成各项设施,以利经营等情状后,认景海公司得请求相当于租金之不当得利或损害金,以申报总价(公告地价八成)年息2%计算为适当,是否足以反映景海公司与"林务局"订约时所认系争土地及建物设施之可得利益?非无详加研求之余地。

(二)善意受领人的返还范围

> **〔57〕"最高法院"1952 年台上字第 637 号判例**
> （本书第 338 页）
>
> 善意受领人所受利益已不存在的判断标准
>
> 1. 甲不知无法律上原因，受领乙给付的稻谷，因食用稻谷而免其他财产消费时，得否主张所受利益不存在？
> 2. "民法"第 182 条第 1 项所称"所受之利益"已不存在，与"民法"第 179 条所称无法律上之原因而"受利益"，其意义有无不同？如何判断认定？

卷查陈福记祭祀公业之土地，原为双方三房所共有各有持分 1/3，业据被上诉人提出 1934 年(即原昭和 9 年)之分爨承诺书，及 1944 年(即原昭和 19 年)日据台湾时期台中地方法院确认持分之确定判决可资证明，已为上诉人所不争执。被上诉人以自 1935 年起至 1943 年止之稻谷，均由上诉人收取，其应得之租额不予返还显系不当得利，请求给付其各应得之稻谷，上诉人虽以被上诉人请求给付之稻谷，为上项确认持分判决确定前之利益，当时上诉人并不知无法律上之原因，且所受利益已不存在，依第 182 条之规定应免负返还或偿还价额之责任为抗辩。第按该条所谓其所受之利益已不存在者，非指所受利益之原形不存在而言，原形虽不存在而实际上受领人所获财产总额之增加现尚存在时，不得谓利益已不存在，上诉人所收陈福记祭祀公业之稻谷，除完粮纳税及正当开支外，并无不存在之理由，虽因消费其所受利益而其他财产得免消费，结果获得财产总额之增加，其利益自应视为现尚存在，其抗辩为无可采，业经原审予以认定，并于原判决阐明其理由，至上诉人买受其胞兄陈铨浚之持分，仅为其本房 1/2 即全体 1/6，并非全体 1/2，并经原审斟酌其所呈土地持分权，买卖契约书所载内容，与日据时期确定持分判决所载陈铨涛之持分两相比对为适法之认定，爰予维持第一审关于该部分之判决，而驳回上诉人之上诉，并按被上诉人缩减请求为 922 石之原数，扣除上诉人买受陈铨浚持分 1/2 亦即全体 1/6，计 153 石 6 斗及 1935 年、1936 年之稻谷 340

石其请求权已因时效完成而消灭,应为 428 石 4 斗按三房分配后,再按被上诉人每股应得之数额计算,基于被上诉人之附带上诉,将第一审判决关于驳回上项其余之诉部分之判决废弃,判命上诉人应再给付被上诉人如原判决主文所示之稻谷数额,于法尚无不合。兹上诉人仍执其抗辩,为不服原判决之论据,固无可采,其以空言主张 1937 年、1938 年之稻谷陈铨浚经收半数,不能并由其负返还责任,指摘原判决违法,亦不能认为有理由。

> [58] "最高法院"1998 年台上字第 937 号判决
>
> (本书第 342 页)
>
> 善意受领人所受利益不存在:信赖损失的扣除
>
> 因土地征收计划而受领补偿费,其后征收计划被撤销时,受领人于返还补偿费时,得否扣除因领取补偿费而放弃耕作导致无栽种果树的损失?

按不当得利之受领人,不知无法律上之原因,而其所受之利益已不存在者,免负返还或偿还价额之责任,为"民法"第 182 条第 1 项所明定。故利得人为善意者,仅负返还其现存利益之责任;所谓现存利益,系指利得人所受利益中于受返还请求时尚存在者而言;于为计算时,利得人苟因该利益而生具因果关系之损失时,如利得人信赖该利益为应得权益而发生之损失者,于返还时亦得扣除之,盖善意之利得人只需于受益之限度内还尽该利益,不能因此更受损害。查被上诉人于土地征收计划未核定前,亟须使用土地,对上诉人先行发放系争补偿费,上诉人则同意将土地先行提供于被上诉人施工使用,既为原审确定之事实。则上诉人放弃耕作以提供土地,系因信赖双方先行使用土地之约定,得领取系争补偿费,其受领自难谓非善意,虽因征收计划撤销,解除条件成就,致系争补偿费之受领失其权源,然依上说明,其应负返还责任者,仅被上诉人请求返还时之现存利益而已;倘彼时上诉人有因领取补偿而放弃耕作致生果树之损失,于计算利益时即得扣除之。

(三) 双务契约、不当得利请求权与同时履行抗辩

> **[59]"最高法院"2000年台上字第594号判决**
>
> (本书第350页)
>
> 双务契约、不当得利请求权与同时履行抗辩
>
> 甲出卖A屋于乙,双方履行后,发现买卖契约无效,甲乙双方当事人各得如何行使其不当得利请求权?二者具有何种关系?得否主张同时履行抗辩权?设甲移转所有权于乙的房屋,因火灾、地震或乙的过失灭失时,如何处理当事人间的不当得利请求权?

按因契约互负债务者,于他方当事人未为对待给付前,得拒绝自己之给付,第264条第1项前段定有明文。又按双务契约当事人之一方负担的给付与他方负担的对待给付有牵连关系,此项牵连关系于双务契约罹于无效以后仍然存在。是以,于买卖契约罹于无效后,买方固得以不当得利法律关系请求卖方返还收受之价金,卖方亦得依不当得利法律关系请求返还交付之房屋,双方似得依此为同时履行抗辩权之主张。查双方间就系争房屋之买卖契约因违反第106条禁止双方代理之规定而林姓宗庙又提起本件诉讼拒绝承认当时双方法定代理人林灯所订立之系争房屋买卖契约,使系争买卖契约因此溯及地不生效力,为原审认定之事实。果尔,双方间基于买卖双务契约互负之对待给付牵连关系,于契约罹于无效后,此牵连关系对于林姓公司应负之返还价金义务与林姓宗庙应负之返还房屋义务似仍然存在,则林姓公司所为于林姓宗庙未移转系争房屋所有权之前,得拒绝返还受领价金之同时履行抗辩权之行使,是否全无足采?即非无斟酌之余地。原审以双方间事实上并无双务契约存在,双方互负之义务,亦非因同一双务契约所生之对待给付,而遽为林姓公司同时履行抗辩权之行使为无理由之认定,已嫌速断。

(四)不当得利请求权的行使

> **[60]"最高法院"2007年台上字第1470号判决**
>
> (本书第364页)
>
> 连带侵权责任与连带不当得利返还责任
>
> 甲、乙两人共同无权占有丙的土地作为停车场,丙得否请求甲、乙连带负侵权行为损害赔偿责任?或连带返还其所受不当利益?

侵权行为乃对于被害人所受之损害,由加害人予以填补,俾回复其应有状态之制度,而不当得利系剥夺受益人之得利,使返还予受损人之制度,二者之直接目的不同,得请求之范围当然未必一致。是以依不当得利之法则请求返还不当得利,以无法律上之原因而受利益,致他人受有损害为其要件,故其得请求返还之范围,应以对方所受之利益为度,非以请求人所受损害若干为准("最高法院"1972年台上字第1695号判例参照)。如因不当得利同时有多数利得人所生之债,原即应各按其利得之数额负责,并非须负"连带"返还责任。原审同时依侵权行为及不当得利二种法律关系判决被上诉人胜诉,并谓上诉人就不当得利部分应负连带返还之责。其所持之见解,显有违误。

> **[61]"最高法院"1995年台上字第1460号判决**
>
> (本书第4页)
>
> 受损人得否提起附带民事诉讼请求返还不当得利?

惟查因犯罪而受损害之人,于刑事诉讼程序得附带提起民事诉讼,对于被告及依"民法"负赔偿责任之人,请求回复其损害,"刑事诉讼法"第487条第1项定有明文。而不当得利系以无法律上之原因而受利益,致他人受损害为其成立要件。如受损害之人所受之损害,系由于受益人犯罪所致，则受损害之人提起附带民事诉讼，请求返还不当得利，以回复其损害，自非法所不许。原审认四维公司提起刑事附带民事诉讼，应以侵权行为损害赔偿请求权为基础，不得依不当得利法则请求返还不当得利，已有可议。次查损害赔偿，除法律另有规定或契约另有订定外，不仅须填补债权人所失利益，并须填补债权人所受损害，而依不当得利法则请求返还不当得利，则以无法律上之原因而受利益，致他人受有损害为其要件，故其得请求返还之范围，应以受领人所受之利益为度。是请求损害赔偿之范围与请求返还不当得利之范围未必一致，前者以填补债权人所受损害为目的，后者以返还债务人所受利益为范围。

> [62] "最高法院" 1960 年台上字第 1730 号判例
> （本书第 367 页）
>
> 不当得利请求权消灭时效：
> "民法"第 126 条关于租金短期消灭时效的类推适用？
>
> 　　无权占用他人土地所受不当得利，究为占用土地本身，抑为相当之租金？所谓相当之租金究为所受利益，抑所受利益（占用土地本身），依其性质不能返还，应偿还的价额？其所涉及的究系"民法"第 126 条的适用或类推适用？应予类推适用的理由何在？甲无权占用乙的土地，乙有无"按时"收取相当于租金不当得利的义务？其依据何在？

　　按"民法"第 126 条租金之请求权，因 5 年不行使而消灭，法律所以对于此项时效特别短促，系以依一般社会事例，对于土地孳息之催讨皆系按时为之，无久延之理，至于终止租约后之赔偿与其他无契约关系之赔偿，在法律因其已无契约关系或本无契约关系，名称虽与租金异，然实质上仍为使用土地之代价，债权人应同样按时收取，不因其契约终止或未成立而谓其时效之计算应有不同。本件系争内埔乡老埤段 449 号 453 号土地，上诉人谓被上诉人方面于 1947 年至 1951 年之间曾为耕作，请求赔偿该期间内租金之损害，原判以上诉人未于 5 年内行使，认为已因时效完成而消灭，维持第一审法院所为驳回上诉人之诉之判决，于法洵无不合，上

第九章 不当得利法的体系构造、请求权基础与案例法的形成 481

诉人犹复提起上诉,不能认为有理由。①

七、不当得利请求权与其他请求权的竞合

> [63] "最高法院"1993年台上字第1292号判决
>
> (本书第389页)
>
> 解除契约时回复原状请求权与不当得利请求权的竞合
>
> 甲出卖某车给乙,甲先为交付移转所有权后,因乙支付部分价金延迟,甲解除契约前(或解除后)该车因意外事故灭失时,甲得向乙主张何种权利?其请求权基础究为"民法"第259条(回复原状),或第179条以下(不当得利)?二者得否并存?一方当事人选择回复原状,他方当事人选择不当得利时,如何处理?

按解除契约,系指契约当事人之一方,行使解除权而使契约自始归于消灭者而言。债之契约既溯及地消灭,则因契约之履行而受益之一方,即欠缺法律上之原因,形成不当得利,故因履行契约而为给付之一方,固得依"民法"第259条之规定,行使回复原状请求权,亦得行使不当得利返还请求权,惟不论何者,有请求权之一方,仅得请求不当得利之受领人,返还利益于自己,不得请求返还于其所指定之第三人,该受领人亦无向第三人为给付之义务。本件上诉人主张系争买卖契约已经解除,依不当得利之法律关系,请求被上诉人将系争土地所有权移转登记于上诉人所指定非

---

① 另请参见"最高法院"1996年台上字第711号判决:"原审斟酌全辩论意旨及调查证据之结果认:被上诉人占用系争土地建筑房屋,并无正当权源,为三审判决确定之事实,依社会通常观念,无权占有他人之土地可获得相当于租金之利益,并使土地所有人受有相当于租金之损害,故上诉人主张被上诉人自占有时即获有相当于租金之利益,自属可采。惟土地所有人请求无权占有人给付相当于租金之不当得利,名称虽与租金异,然实质上仍为使用土地之代价,依其性质,债权人应按时收取,自应有'民法'第126条短期时效规定之适用。被上诉人既执以为时效抗辩,则上诉人请求被上诉人返还相当于租金之不当利益,逾越5年部分即属无理由。……按租金之请求权因5年间不行使而消灭,既为'民法'第126条所明定,则凡无法律上之原因而获得相当于租金之利益,致他人受损害时,如该他人之返还利益请求权已逾租金短期消灭时效之期间,债务人并为时效之抗辩者,其对于该相当于租金之利益,不得依不当得利之法则,请求返还。"

买卖契约当事人之第三人张仲达,依上开说明,自属不合。

> [64] "最高法院"1997年台上字第229号判决
>
> (本书第393页)
>
> 不当得利与无因管理
>
> 甲的房屋遭台风毁损,乙施工修缮,乙就其支出之费用,得否对甲主张不当得利请求权?设甲预定拆除该屋,乙不知其事而为修缮时,乙对甲得否主张无因管理或不当得利?请举例说明何谓适法之无因管理及非适法之无因管理?并讨论其与不当得利的适用关系。

惟按无因管理与不当得利,分别为债之发生原因之一,其成立要件与效果各别,前者为未受委任,并无义务而为他人管理事务,后者则为无法律上之原因而受利益,致他人受损害。因而适法之无因管理,本人之受利益,既系基于法律所允许之管理人无因管理行为,自非无法律上之原因,仅管理人即债权人对于本人即债务人取得必要或有益费用偿还请求权、债务清偿请求权及损害赔偿请求权;至不当得利之受害人即债权人对于不当得利之受领人即债务人则取得不当得利请求权,二者不得牵混。本件被上诉人主张依不当得利及无因管理之法律关系而为同一之请求,为客观的诉之竞合之合并。于此情形,法院应审理其一,如认原告之请求成立,即可据而判决,如认其请求不成立,始应就另一法律关系为审判,非谓应将此两种法律关系混合论断。原审将前开两种法律关系牵混,合并论断,既谓已成立无因管理,复谓亦应属不当得利,究依何者判命上诉人给付?所命给付究为偿还费用或返还不当得利?尚有未明。上诉论旨,指摘原判决不当,求予废弃,非无理由。

第九章 不当得利法的体系构造、请求权基础与案例法的形成

> **〔65〕"最高法院"1959年台上字第1179号判例**
> （本书第401页）
>
> **债务不履行、侵权行为损害赔偿请求权**
> **与不当得利请求权的竞合**
>
> 甲受雇于乙，并偷取乙的物品，乙对甲得主张何种权利？试列举其请求权基础、竞合关系，并说明诉讼上如何处理。设丙为乙的保证人时，应否就乙的不当得利负返还所受利益的责任？

本件被上诉人为诉外人林星之连带保证人，保证林星在上诉人所属路竹储运处充当工友，林星于1954年9月间伙同他人窃取该储运处第三仓库之食盐104包，计价新台币12047元，除追回部分外，尚短欠9102元，此为被上诉人不争之事实，上诉人请求被上诉人赔偿损害，或返还该项不当得利。被上诉人则以上诉人之损害赔偿请求权，已因2年间不行使而消灭，为拒绝履行之抗辩。原审虽以上诉人对于其损害赔偿请求权，已因2年间不行使而消灭一节既不否认，而居于保证人地位之被上诉人，并未因林星之侵权行为而受利益，自无返还所受利益之可言等词，维持第一审不利于上诉人之判决。第查称保证者，谓当事人约定一方于他方之债务人不履行债务时，由其代负履行责任之契约。本件诉外人林星为上诉人之债务人，因其窃取上诉人库存之食盐，上诉人对之既得基于损害赔偿之法律关系，请求回复原状，同时又得基于不当得利之法律关系，请求返还其所受之利益，此即学说上所谓请求权之并存或竞合，有请求权人之上诉人，得就二者选择行使其一，请求权之行使已达目的者，其他请求权即行消灭，如未达目的者，仍得行使其他请求权。今被上诉人既不否认其为林星之保证人，及该林星所短欠之盐价，则在林星不履行债务（无论为损害赔偿或返还不当得利）时，当然应由被上诉人代负履行责任，至于被上诉人是否因林星之侵权行为而受利益，要非所问，从而上诉人对于林星之损害赔偿请求权，虽已因时效而消灭，但其又基于不当得利之法律关系，请求被上诉人代负履行之责任，依上说明，自非不应准许，原审未加注意，遽将上诉人之第二审上诉予以驳回，其适用法规即属不当。上诉论旨，就此声明废弃原判决，非无理由。

主要参考书目

一、中文书籍(依姓氏笔画排序)

1. 教科书及专著

王千维:《在给付行为之当事人间基于给付而生财产损益变动之不当性》,新学林出版公司 2007 年版。

王伯琦编著:《民法债编总论》,正中书局 1962 年版。

史尚宽:《债法总论》,1954 年自版。

林诚二:《债法总论新解:体系化解说》(上),瑞兴 2010 年版。

邱聪智:《新订民法债编通则》,2003 年自版。

孙森焱:《民法债编总论》,1999 年自版。

梅仲协:《民法要义》,1954 年自版。

黄立:《民法债编总论》,2006 年自版。

黄茂荣:《不当得利》,植根法学丛书编辑室 2011 年版。

杨芳贤:《不当得利》,三民书局 2009 年版。

刘昭辰:《不当得利》,五南图书 2012 年版。

蔡秀雄:《民法上不当得利之研究》,台北商务印书馆 1969 年版。

郑玉波:《民法债编总论》,陈荣隆修订,三民书局 2002 年版。

2. 论文

吴志正:《论民事不当得利损益内容之认定——净损益概念初探》,载《台北大学法学论丛》2012 年第 83 期。

林大洋:《不当得利之发展与演进——以实证研究为中心并兼论与没收新制的冲突》,载《法令月刊》2018 年第 69 卷第 3 期。

梁松雄:《不当得利法上之三角关系》,载《东海大学法学研究》1985 年第 2 期。

许惠佑:《不当得利法上所受利益之不存在》,政治大学法律学研究所 1980 年硕士学位论文。

陈自强:《委托银行付款之三角关系不当得利》,载《政大法学评论》1996 年第 56 期。

陈自强:《双务契约不当得利返还之请求》,载《政大法学评论》1995 年第 54 期。

陈自强:《双务契约给付返还不当得利之适用》,载《中正大学法学集刊》2022 年第 74 期。

曾世雄:《论"所受利益已不存在"——有关不当得利之法学理论》,载《法学丛刊》1964 年第 9 卷第 2 期。

叶新民:《由国硕案论专利侵权不当得利之双重意义——以"民法"第 197 条第 2 项的自有规范内容为中心》,载《万国法律》2019 年第 224 期。

刘春堂:《不当得利返还请求权与其他请求权之竞合》,载《法学丛刊》1979 年第 24 卷第 2 期。

二、日文书籍

〔日〕山田幸二:《现代不当利得法の研究》,1989 年版。

〔日〕加藤雅信:《事务管理·不当利得·不法行为》,2005 年版。

〔日〕加藤雅信:《财产法の体系と不当利得法の构造》,1986 年版。

〔日〕四宫和夫:《事务管理·不当利得·不法行为》(上卷),1981 年版。

〔日〕谷口知平:《不当利得の研究》,1949 年版。

〔日〕松阪佐一:《事务管理·不当利得》(新版),1973 年版。

〔日〕近江幸治:《事务管理·不当利得·不法行为》,2007 年版。

〔日〕泽仁裕:《事务管理·不当利得·不法行为》,2001 年版。

〔日〕藤原正则:《不当利得法》,2000 年版。

三、德文书籍

1. 教科书

V. Emmerich, BGB-Schuldrecht, Besonderer Teil, 12. Aufl., 2009

Esser/Weyers, Schuldrecht, Bd. II, Besonderer Teil, Teilband 1, 8.Aufl., 1998; Teilband 2, 8. Aufl., 2000

Fikentscher/Heinemann, Schuldrecht, 10. Aufl., 2006

Hirsch, Schuldrecht Besonderer Teil, 2. Aufl., 2011

Larenz/Canaris, Lehrbuch des Schuldrechts, Zweiter Band: Besonderer Teil, 2. Halbband, 13. Aufl., 1994

Looschelders, Schuldrecht BT, 6. Aufl., 2011

Medicus/Lorenz, Schuldrecht II, Besonderer Teil, 15. Aufl., 2010

Medicus/Petersen, Bürgerliches Recht, 23. Aufl., 2011

Schlechtriem/Schmidt-Kessel, Schuldrecht, Besonderer Teil, 6. Aurl., 2003

Schwarz/Wandt, Gesetzliche Schuldverhältnisse, 4. Aufl., 2011

2. 注释书

Bamberger/Roth, Kommertar zum Bürgerlichen Gesetzbuch, Bd. 3. Besonderes Schuldrecht, 1979

Erman, Handkommentar zum Bürgerlichen Gesetzbuch, Band 1, 13. Aufl., 2011

Jauernig, Bürgerliches Gesetzbuch, 14. Aufl., 2011

Münchener Kommentar zum Bürgerlichen Gesetzbuch, Bd. 4 (§§611 – 704), 5. Aufl., 2008; Bd. 5 (§§705–853), 5. Aufl., 2009

Palandt, Bürgerliches Gesetzbuch, 71. Aufl., 2012

Prütting/Wegen/Weinreich, BGB Kommentar, 6. Aufl., 2011

v. Staudinger, Kommentar zum Bürgerlichen Gesetzbuch, Teilbände zum Besonderen Schuldrecht z. T. 13. Bearb., 1995 ff., z. T. Neubearbeitun-gen, 2002 ff.

3. 专著、论文

Berg, Hans: Bereicherung durch Leistung und in sonstiger Weise in den Fällen des §951 Abs. 1 BGB, AcP 160, 505.

Caemmerer, Ernst: Bereicherungsansprüche und Drittbeziehungen, JZ 1962, 285.

—Bereicherung und unerlaubte Handlung, Festschrift für E. Rabel, 1954, S. 335.

—Irrtümliche Zahlung fremder Schulden, Festschrift für H. Dölle, 1963, Band I, S. 135.

Canaris, Claus-Wilhelm: Der Bereicherungsausgleich im Dreipersonenver-hältnis, Festschrift für K.Larenz, S. 799.1973.

Flume, Werner: Der Wegfall der Bereicherung in der Entwicklung vom römischen zum geltenden Recht, Festschrift für H. Niedermeyer, 1953, S. 103.

Gördicko, Bereicherung und Dogmatik, 2002

Hadding, Walter: Der Bereicherungsausgleich beim Vertrag zu Rechten Dritter, 1970.

Hasso, Gerhard: Zur Leistung im Dreipersonenverhältnis, 1981.

Joerges, Christian: Bereicherungsrecht als Wirtschaftsrecht, Eine Untersuchung zur Entwicklung von Leistungs-und Eingriffskondiktion, 1977.

Kellmann, Christof: Grundsätze der Gewinnhaftung, Rechtsvergleichender Beitrag zum Recht der ungerechtfertigten Bereicherung, 1969.

Köndgen, Johannes: Wandlungen im Bereicherungsrecht, in: Dogmatik und Methode, Festgabe für J.Esser, 1975.

König, Detlef: Ungerechtfertigte Bereicherung, 1985.

Koppensteiner/Kramer: Ungerechtfertigte Bereicherung, 2.Aufl. 1988.

Kötter, Hans-Wilhelm: Zur Rechtsnatur der Leistungskondiktion, AcP 153, 193.

Kunisch, Hermann Adolf: Die Voraussetzungen für Bereicherungsansprüche in Dreiecksverhältnissen, Rückgriffskondiktion und Kondiktion gegenDrittempfänger, 1968.

Kupisch, Berthold: Gesetzespositivismus in Bereicherungsrecht, Zur Leistungskondiktion im Drei-Personen-Verhältnis, 1978.

Lorenz, Werner: Zur Frage des bereicherungsrechtlichen Durchgriffs in Fällen des Doppelmangels, JZ 1968, 51.

—Gläubiger, Schuldner, Dritte und Bereicherungsausgleich, AcP 168, 286.

—Bereicherungsrechtliche Drittbeziehungen, JuS 1968, 441.

Loewenheim, Bereicherungsrecht, 3. Aufl., 2007.

Maier, Georg: Irrtümliche Zahlung fremder Schulden, AcP 152, 97.

Meyer, Udo: Der Bereicherungsausgleich in Dreiecksverhältnissen unter besonderer Berücksichtigung der Anweisungsfälle, 1979.

Moschel, Wernhard: Fehlerhafte Banküberweisung und Bereicherungsausgleich, JuS 1972, 297.

Reeb, Hartmut: Grundprobleme des Bereicherungsrechts, 1975.

Reuter/Martinek, Ungerechtfertigte Bereicherung, 1983.

Scheyhing, Robert: Leistungskondiktion und Bereicherung "in sonstiger Weise", AcP 157, 371.

Schlechtrim, Peter, Restitution und Bereicherungsausgleich in Europa I , 2000.

Weitnauer, Hermann: Die Leistung, Festschrift für E.v.Caemmerer, 1978, S. 255.

Westermann, Harm Peter: Die causa im französischen und deutschen Zivilrecht, 1967.

Wieling, Hans: Bereicherungsrecht, 4. Aufl., 2007.

Wilburg, Walter: Die Lehre von der ungerechtfertigten Bereicherung nach österreichischem und deutschem Recht-Kritik und Aufbau, 1934.

Wilhelm, Jan: Rechtsverletzung und Vermögensentscheidung als Gundlagen und Grenzen des Anspruchs aus ungerechtfertigter Bereicherung, 1973.

Zimmermann, Reinhard: Grundstrukturen eines europäischen Bereicherungsrecht, 2005.

德文略称

AcP	Archiv für die civilistische Praxis
Anm.	Anmerkung
Aufl.	Auflage
BGHZ	Entscheidungen des Bundesgerichtshofs in Zivilsachen
BverfGE	Entscheidungen des Bundesverfassungsgerichts
ff.	folgende
JuS	Juristische Schulung
JZ	Juristenzeitung
MDR	Monatsschrift für Deutsches Recht
NJW	Neue Juristische Wochenschrift
Rn	Randnumer
S.	Seite
VersR	Versicherungsrecht

索　引

二画

二人关系不当得利　272
二不当得利请求权对立说　347
人格权　246

四画

无权处分　198
无体财产权　243
无法律上原因　195, 224, 316
无法律上原因无权处分　211
无偿无权处分　207
支出费用型不当得利　265, 463
不当得利与无因管理　7, 392, 482
不当得利与占有回复关系　395
不当得利与物上请求权　395
不当得利与契约　7, 385
不当得利与侵权行为　8, 401
不当得利返还的范围　337
不当得利返还的客体　321
不当得利非统一说　35, 45
不当得利的多数当事人　362
不当得利类型化　53, 424
不当得利统一说　43
不当得利请求权的法律效果　318

不当得利请求权的独立性　383
不当得利请求权的消灭时效　366
不法原因给付　157, 449
不法管理　394
日本法上的不当得利　14
公平正义　31, 429
公序良俗　167
公法上不当得利　402, 404
双务契约上的不当得利请求权　345
双重不当得利请求权　214
双重瑕疵　282

五画

占有　67
占有回复关系与不当得利　397
处分行为　59, 158
出租他人之物　215
对价关系　287, 300

六画

权益归属说　186
权益侵害型不当得利　182, 418
有偿的无权处分　201
同时履行抗辩　478
价额　283

多人关系不当得利 272,466

七画

违法转租 218
违法性说 185
求偿型不当得利 268
更有所取得 322
时效取得 259
补偿关系 290,298,301

八画

附合 260,364
现存利益 338
英美法上的不当得利 17
直接因果关系 74
非给付型不当得利 182
非债清偿 83,85,313
明知无债务之清偿 154
罗马法上的不当得利 11
物权行为无因性 58
物权行为错误与不当得利 115
物的瑕疵担保 33,388
使用利益 324,370
使用消费他人之物 341
征收 247,254
所有物返还请求权与不当得利 177,225
所受利益已不存在 340
学说继受 29
承揽契约终止 137,139

九画

指示给付关系 299,466
查封拍卖非属债务人的财产 253

相当于租金之损害 219,226
相当因果关系 79
保证 307
保险契约 107,302
信赖损失 477
差额说 121,347
举证责任 103,196,361
误偿他人之债 312
除去所受利益 4
给付 70,151
给付目的 84
给付目的不达不当得利 89
给付关系 81,110,286
给付连锁 281
给付型不当得利 37,53
给付型不当得利请求权的排除 151,446

十画

损害赔偿 357
获利返还 332
恶意受领人的返还责任 353
致他人受损害 72,80,202,223
债务承担 306
债权让与 303
债权行为错误与不当得利 114
消灭时效 258,358
请求权竞合 384
请求权基础 184,201,209,266

十一画

基于自然事件而生的不当得利 182
基于法律规定而生的不当得利 258
移转登记 116

第三人利益契约 297
第三人的返还义务 359
第三人清偿 309
清偿期前之清偿 153
添附 260
混合 260
善意取得 202,259
善意受领人的返还责任 337

十二画

强行法规 166
强制执行 247
强迫得利 335
登记 67,235

十三画

瑞士法上的不当得利 14

十四画

缩短给付 283
撤销付款委托 296

十五画

德国民法上不当得利 13
履行道德上的义务 151

十六画

衡平原则 173,426